nuevos DESTINOS

nuevos DESTINOS

Spanish in Review

Cynthia B. Medina
York College of Pennsylvania

Boston   Burr Ridge, IL   Dubuque, IA   Madison, WI   New York   San Francisco   St. Louis
Bangkok   Bogotá   Caracas   Lisbon   London   Madrid
Mexico City   Milan   New Delhi   Seoul   Singapore   Sydney   Taipei   Toronto

DEDICATORIA

To all of my students past, present, and future.

CBM

McGraw-Hill

A Division of The McGraw·Hill Companies

This is an ⟨EBI⟩ book.

Nuevos Destinos
Spanish in Review

This book is printed on acid-free paper.

3 4 5 6 7 8 9 0 DOW DOW 9 0 0 9

ISBN 0-07-059333-7 (Student Edition)
ISBN 0-07-027514-9 (Instructor's Edition)

Editorial director: Thalia Dorwick
Sponsoring editor: William R. Glass
Development editor: Scott Tinetti
Marketing manager: Cristene Burr
Project manager: Sharla Volkersz
Production supervisor: Tanya Nigh

Interior and cover designer: Vargas/Williams Design
Art editor: Nicole Widmyer
Editorial assistant: Christine Kmet
Compositor: York Graphic Services, Inc.
Typeface: Sabon
Printer: R. R. Donnelly & Sons

Grateful acknowledgment is made for use of the following:

Readings: *Page 47* Reprinted with permission of Ernesto Padilla; *91* Reprinted with permission of the heirs of Antonio Machado; *91* Reprinted with permission of the heirs of Juan Ramón Jiménez; *135* © Julio Cortázar; *174* "Nocturno (III)" by José Asunción Silva from *Poesía modernista hispanoamericana y española* (Madrid: Taurus, 1986); *211* "Letanía del mar" by Julia de Burgos from *Antología poética* (San Juan, P.R.: Editorial Coquí, 1967); *212* Reprinted from *En el país de las maravillas* © 1982 by Luz María Umpierre-Herrera, by permission of Third Woman Press, Berkeley, Calif.; *250* Reprinted with permission of Elena Poniatowska; *285* "En paz" by Amado Nervo from *Elevación* (Buenos Aires: Espasa-Calpe, 1942).

Realia *Page 21* Cambio 16; *67* © Quino/Quipos; *128* © Quino/Quipos; *292* © Gibson Greetings, Inc. Reprinted with permission of Gibson Greetings, Inc. Cincinnati, Ohio 45237. All rights reserved.

Photographs: *Page 9* Badische Landesbibliothek; *31* Robert Fried/Stock Boston; *32* © Jack Messler/D. Donne Bryant Stock; *184* Reuters/Corbis-Bettmann; *276* © Charlie Johnson/D. Donne Bryant Stock.

Library of Congress Catalog Card No.: 97-076472

http://www.mhhe.com

Tabla de materias

Comunicación

Cultura   *Para terminar*

Comunicación

Cultura

Para terminar

Actividades finales

Comunicación

Cultura

Para terminar

Actividades finales

Prefacio

Nuevos Destinos: Cinco años después

Flashback Five Years Ago: Five years ago, the aging Mexican industrialist Fernando Castillo hired Raquel Rodríguez—a skilled lawyer—to investigate a case involving claims made about his past in Spain. After accepting the case, Raquel traveled to Spain where she began her search for a woman who had written a letter to don Fernando, a letter that prompted don Fernando to reveal a secret to his family that he had kept for more than 50 years. What was the secret? And what effect would it have on him and his family at this point in his life? Thus began the adventure for Raquel, whose investigative skills ultimately led her to Argentina, Puerto Rico, and Mexico, in search of the truth. Of course, along the way there were also some intriguing developments in her personal life . . .

This journey was the basis for the highly successful *Destinos* Spanish series, which premiered in 1992. This 52-episode series with accompanying print materials has since introduced thousands of students of Spanish to a unique language learning experience, rich in cultural diversity and compelling human stories. In fact, viewers have become so involved with the story of Raquel and the Castillo family that they wonder what has happened to these characters in the meantime.

Flashforward to the Present: After successfully solving the Castillo family mystery, Raquel returned to her law practice in Los Angeles. Five years have now passed, during which time Raquel has had little contact with the Castillos. This changes, however, when she receives a letter from Ramón Castillo, the son of don Fernando. Ramón has written to inform Raquel of the death of his uncle Pedro, don Fernando's brother. Lucía Hinojosa, a young lawyer from Mexico, has been hired to handle the estate. Ramón has requested that Raquel assist Lucía in any way that she can. Gladly offering her services, Raquel looks forward to meeting Lucía.

So begins another adventure for Raquel Rodríguez, the adventure of *Nuevos Destinos*. In this new four-hour video series, Raquel and Lucía endeavor to unravel numerous legal complications involving the Castillo family and the family estate, La Gavia. Important to the new case, however, are details from Raquel's original investigation. Thus, as the new mystery unfolds, students view a summarized version of the original *Destinos* story and learn what has happened to many of the original characters.

As with the original *Destinos* series, *Nuevos Destinos* provides students a unique video-based language learning experience. The print materials serve to support viewing and discussion of the video, provide cultural content, review vocabulary and grammar, and further develop reading and writing skills in Spanish.

Flexibility: Using *Nuevos Destinos* in Two Different Courses

The *Nuevos Destinos* video provides the foundation for a new Spanish program. It is accompanied by a core student textbook and two separate student manuals that make the text appropriate for two different courses: 1) an intensive or high beginner course, and 2) an intermediate grammar review course. Certain features of the textbook, in conjunction with the two separate student manuals, give the *Nuevos Destinos* program the flexibility necessary to serve these two different courses. Information about the print materials—and how these provide flexibility for use in different courses—is provided below.

The Student Textbook

Comprised of a preliminary chapter and 15 regular chapters that correspond to the 15 video episodes, the Textbook offers a comprehensive *review* of vocabulary and major grammatical structures found in most beginning Spanish texts.

Activities are appropriately challenging for all students who have a basic foundation in Spanish (i.e., approximately two years of high school Spanish or one year of college Spanish). Additionally, many activities contain a feature (¡Un desafío!) that challenges the more advanced students. Although intended for use by instructors who are using *Nuevos Destinos* in an intermediate review course, the ¡Un desafío! feature can also be used in intensive or high beginner courses if deemed appropriate by the instructor.

Chapter Structure

- The **Metas** section of the chapter opening page provides a brief summary of the video storyline (**La trama**) and also identifies the communicative and cultural objectives (**Comunicación, Cultura**) of the chapter.
- **El vídeo** contains pre- and post-viewing video activities that focus on the storyline. The inclusion of a unique feature called **Hace cinco años** helps students distinguish between the original story and the new story.
- The **Enfoque léxico** section contains the chapter's theme vocabulary and vocabulary-based activities. In **Vocabulario del tema**, students are presented with vocabulary lists, often accompanied by visuals. Focused vocabulary practice activities follow. Some chapters also have an **Ampliación léxica** feature that contains additional vocabulary items as well as useful information about vocabulary usage. The brief **Nota cultural** boxes are often found in the **Enfoque léxico** sections. These features present useful information about daily life, customs and celebrations, society, and similar topics related to the Spanish-speaking world.
- The **Enfoque cultural** section presents cultural information about the Spanish-speaking world, generally focusing on major regions, prominent figures, and historical facts. These engaging passages are followed by activities that assess students' comprehension of the cultural information and also help them make comparisons and contrasts with their own cultural background.
- Grammar points are presented in **Enfoque estructural** sections. Characterized by clear, concise explanations, each grammar point is

followed by a set of practice activities that include both structured and open-ended material. The grammar points are numbered consecutively within each chapter and are reflected as such in the **Metas** section of each chapter opener (for example, P.1 is **Capítulo preliminar**, grammar point one; 4.2 is the second grammar point in **Capítulo 4**, and so forth).
- Each chapter ends with **Para terminar: Actividad final**, a culminating activity that ties together the chapter theme, vocabulary, and grammar presented in the chapter.
- Authentic literary selections (**Lectura**) are presented after every other chapter, beginning with **Capítulo 1**. These selections serve to introduce students to some of the important literary works of the Spanish-speaking world while also helping to improve their reading skills in Spanish.

The Student Manuals

Depending on the course and the level of the students, instructors will want to have students purchase either The Student Manual for Intensive and High Beginner Courses (Cynthia B. Medina, York College; Ana María Pérez-Gironés, Wesleyan University; José Luis Suárez, University of Texas at El Paso) *or* The Student Manual for Intermediate Grammar Review Courses (Cynthia B. Medina, York College; Ana María Pérez-Gironés, Wesleyan University; José Luis Suárez, University of Texas at El Paso). The former serves courses that provide an intensive review of first-year Spanish, while the latter is intended for intermediate level courses. While some material is similar in both Student Manuals, the majority of the content is different and unique to each. The Student Manuals serve different courses, and the content reflects this distinction in level as noted below.

Distinguishing Features of the Student Manuals

The Student Manual for Intensive and High Beginner Courses

- Chapters begin with **El vídeo,** a set of activities (both written and listening-based) that offer additional activities to assess students' comprehension of the storyline. At the end of this section, in **Más allá del episodio,** students will *read* additional information about the characters and related aspects of the video.

- In **Práctica oral y auditiva,** students will complete listening-based activities that focus on the vocabulary and grammar from the Textbook.
- Students will also do additional review work with their Spanish pronunciation in the section called **Pronunciación,** included in the **Capítulo preliminar** and **Capítulos 1–7.**
- In **Práctica escrita,** students will find additional focused written practice of vocabulary and grammar from the Textbook. This section contains a balanced combination of form-focused and open-ended activities.
- In **¿Cuál se usa?,** students will also review words that are often problematic for English-speaking learners of Spanish, such as **volver/devolver.**
- The **Enfoque cultural** feature found in this Student Manual parallels the same feature found in the Textbook. Here, students will read about different aspects of the culture of the Spanish-speaking world. This feature in the Student Manual is related to, but not the same, as that found in the Textbook.
- Finally, students will end each lesson with a writing task in **¡Manos a la obra!** These activities serve to further develop students' writing ability within a structured framework.

The Student Manual for Intermediate Grammar Review Courses

- Chapters begin with **El vídeo,** a set of activities (both written and listening-based) that offer additional activities to assess students' comprehension of the storyline. At the end of this section, in **Más allá del episodio,** students will *hear* additional information about the characters and related aspects of the video.
- In **Práctica oral y auditiva,** students will complete listening-based activities that focus on the vocabulary and grammar from the Textbook.
- In **Práctica escrita,** students will find additional focused written practice of vocabulary and grammar from the Textbook. This section

contains a balanced combination of form-focused and open-ended activities.

- Additionally, students will be presented with expansion grammar structures generally dealt with in intermediate grammar courses. These structures, found in **Ampliación estructural,** are not found in the Textbook. Focused practice activities for these sections are also provided.
- In **¿Cuál se usa?,** students will also review words that are often problematic for English speaking learners of Spanish, such as **volver/devolver.**
- Students will end each lesson with a writing task in **¡Manos a la obra!** These tasks require greater production at the discourse level and thus are appropriately challenging for students at this level.
- There is also a literary passage (**Lectura**) with pre- and post-reading activities after every other chapter, starting after **Capítulo 2.**

A Word about the Past Tense

You might be struck by the early use of the past tense forms (both preterite and imperfect) in the Textbook and Student Manuals. The unique nature of the *Nuevos Destinos* video, which retells a story from five years ago while simultaneously revealing the current storyline, necessitates the introduction of the past tense almost immediately. In order to present activities that are based on the original storyline, past tense forms are utilized.

Although it is assumed that students will be able to recognize and understand these forms, to expect students to produce these forms before they are actively reviewed in **Capítulo 3** (preterite) and **Capítulo 6** (imperfect) is to expect too much. Therefore, only minimal and very guided production of these forms is required before they are formally presented in the later chapters.

Nonetheless, it is recommended that students quickly review the preterite and imperfect tenses before beginning *Nuevos Destinos*. This rapid review will ensure that all students are starting with the minimal knowledge necessary to complete the activities successfully. (See the Instructor's Manual for additional suggestions and sample activities for reviewing the simple past tenses.)

Multimedia: *Nuevos Destinos* Video, CD-ROM, and Website

Video

This is Raquel Rodríguez, a Mexican-American lawyer from Los Angeles, California. Five years ago, Raquel investigated a case for the wealthy Castillo family of Mexico. Now, another case involving the Castillo family has arisen, one that is puzzling right up to the very end.

This is Lucía Hinojosa, a lawyer from Mexico City. Lucía, the executor of the Castillo estate, has been asked to consult Raquel about the original investigation carried out five years ago. Her task is to solve the current mystery surrounding the Castillo family.

The engaging four-hour video that provides the foundation for the *Nuevos Destinos* materials is comprised of 15 episodes, each approximately 15 minutes in length. This manageable length allows instructors to show the episodes in class if they desire or if time permits. Other instructors may decide to assign the viewing of the video as an out-of-class lab assignment. Either decision is compatible with the pedagogy of *Nuevos Destinos*.

In each episode, students will watch the story unfold between Raquel and Lucía as they investigate the current legal mysteries surrounding the Castillo family. There will also be numerous flashback scenes from the original *Destinos* series as Raquel recounts that investigation to Lucía.

CD-ROM

An optional CD-ROM accompanies the *Nuevos Destinos* materials. This 15-lesson CD provides an interactive task-based language learning experience in which students serve as Raquel's assistant in her law office. In each lesson, as students complete various tasks, they gather additional information about the video story. They also learn interesting extra details about the characters and the story, details that can be found only in the CD-ROM.

The tasks that students complete include: reading letters from the video characters, newspaper articles about their lives, as well as other documents; receiving and making phone calls; organizing notecards and photo albums; and sending and receiving faxes and e-mail messages. These real-world tasks also provide students exciting opportunities to review grammar and vocabulary further and develop their four skills in Spanish in a uniquely engaging, purposeful fashion.

Many of the documents (both written and listening-based) include a ¿**cuánto entiendes?** feature that assesses students' comprehension of the document.

A set of reference materials available on the CD-ROM gives students access to family albums, correspondence and publications from the lessons, and Raquel's notecards and audiocassettes describing her original journey. There is also an album containing "magic maps" of Spain, Argentina, Puerto Rico, and Mexico, the four countries visited in the original *Destinos*. These maps, enhanced by the use of video clips, audio, and graphics, provide general information about each country as well as story specific information about certain cities.

Nuevos Destinos on the Web

Beginning in early 1998, students and instructors will be able to access an intermediate Spanish website. The site will contain additional materials and information about the *Nuevos Destinos* video series and characters. It can be found at **www.spanish.mhhe.com**.

Other Supplementary Materials

- Written by Rodney Bransdorfer (Central Washington University), the **Instructor's Edition** of the student text contains on-page suggestions for activities and information found in the Textbook, as well as supplementary exercises for developing listening and speaking skills. The ¡**Un desafío!** feature identifies optional activities and information that are considered slightly more challenging, and therefore more appropriate for students in intermediate grammar review courses.
- The **Instructor's Manual, Testbank, Tapescripts,** and **Videoscript** offer general teaching guidelines for using the *Nuevos Destinos* video and CD-ROM, as well as guidelines for using the print materials, including suggestions for lesson planning and supplementary exercises. The Testbank portion includes materials that assess students' comprehension of the video storyline, as well as their knowledge of grammar, vocabulary, and cultural content from each of the chapters. Integrated into these materials is a focus on the assessment of students' four skills: reading, writing, speaking, and listening. Also included in this supplement are the Tapescripts for each of the Student Manuals, as well as a complete Videoscript of the *Nuevos Destinos* video.
- The **Picture File** contains 50 color photos of key characters and scenes taken from the original *Destinos* and the *Nuevos Destinos* videos.
- The **Instructor's Guide to the CD-ROM** contains a more detailed explanation of the contents of the CD-ROM, as well as suggestions for using the CD-ROM.

Acknowledgments

I would like to gratefully acknowledge the following friends and colleagues for their suggestions, advice, and involvement in this project.

- Dr. Bill VanPatten (University of Illinois, Urbana-Champaign), whose innovative and creative work on the original *Destinos* provided the foundation and inspiration for *Nuevos Destinos*.
- Dr. Robert Blake (University of California, Davis), whose role as Chief Academic Consultant on the video and CD-ROM set a standard of creativity and excellence for the entire *Nuevos Destinos* project.
- Margarita Casas (Colorado State University, Fort Collins), María Sabló-Yates (Delta College), and Vanisa Sellers (Ohio University), whose additional writing added creative insight to the book.
- Rodney Bransdorfer (Central Washington University), whose creative and helpful Instructor's Edition annotations provide useful suggestions and notes for experienced and novice instructors alike.
- Ana María Pérez-Gironés (Wesleyan University), for her brilliant work in weaving the old and new storyline together. Her wonderful work can also be seen in the CD-ROM, as she cowrote those materials.
- Susan Giráldez, for her work on the CD-ROM.
- Laura Chastain (El Salvador), whose invaluable contributions to the text have contributed to its linguistic and cultural authenticity.
- Theodore Sicker (WGBH), whose role as executive producer and project director for the video and CD-ROM is evident in the high production quality seen in those products.
- Erin Delaney and Christina Ragazzi (WGBH), for their roles in providing video and CD-ROM materials for publication in this book.
- Members of the Annenberg/CPB Project and WGBH Advisory Board, for their valuable input and comments on all phases of this project:
  - Dr. Deborah Baldini (University of Missouri, St. Louis)
  - Dr. Ray Elliott (University of Texas, Arlington)
  - Dr. Otmar Foelsche (Dartmouth College)
  - Dr. Sharon Foerster (University of Texas, Austin)
  - Dr. John Underwood (Western Washington University)
  - Dr. Barbara Welder (Bee County Community College)
  - Dr. Philippa Brown Yen (Cleveland State College)

In addition, the publishers wish to acknowledge the suggestions received from the following instructors and professional friends across the country. The appearance of their names in this list does not necessarily constitute their endorsement of the text or its methodology.

Diana Frantzen
Indiana University

Florence Moorehead-Rosenberg
Boise State University

Gretchen Trautmann
University of Georgia

Many individuals at McGraw-Hill deserve my thanks and appreciation for their help and support: Karen Judd and the McGraw-Hill production group, especially Tanya Nigh and Sharla Volkersz, whose efficient project management skills ensured that the production process ran smoothly; Francis Owens and Juan Vargas for the wonderful design of the book; Nicole Widmyer, who beautifully coordinated the art program; and Cristene Burr and Margaret Metz, for their eager and continuous support in the marketing of the *Nuevos Destinos* program.

Special thanks to my publisher, Thalia Dorwick, for all of her work on the original *Destinos* series and for getting this project off the ground. Thanks also go to William R. Glass, for his support and upbeat attitude as he monitored every aspect of the project and for his helpful and patient guidance throughout the entire writing process. A big thank-you goes to Scott Tinetti for his wonderful developmental editing work and fine attention to detail as he carefully edited and refined readings, activities, and exercises throughout the book.

A very special thank-you goes to the following people as well:

- My family—Ricardo, Brian, Mark, and Erik—for their love, patience, and inspiration throughout the course of this project.
- Steve, for his faith in my ability as a writer.
- Lucy, for her encouragement and good cheer throughout the entire project.
- Tara, for her invaluable input from a student's perspective.
- All of my colleagues at York College, for their continued support and enthusiasm.

Cynthia B. Medina
York, Pennsylvania
December 1997

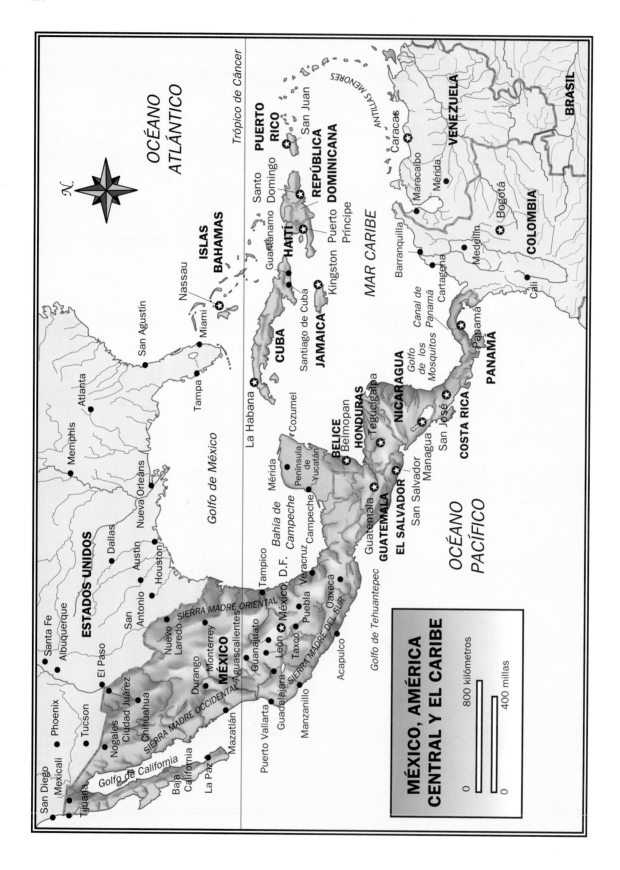

MÉXICO, AMÉRICA
CENTRAL Y EL CARIBE

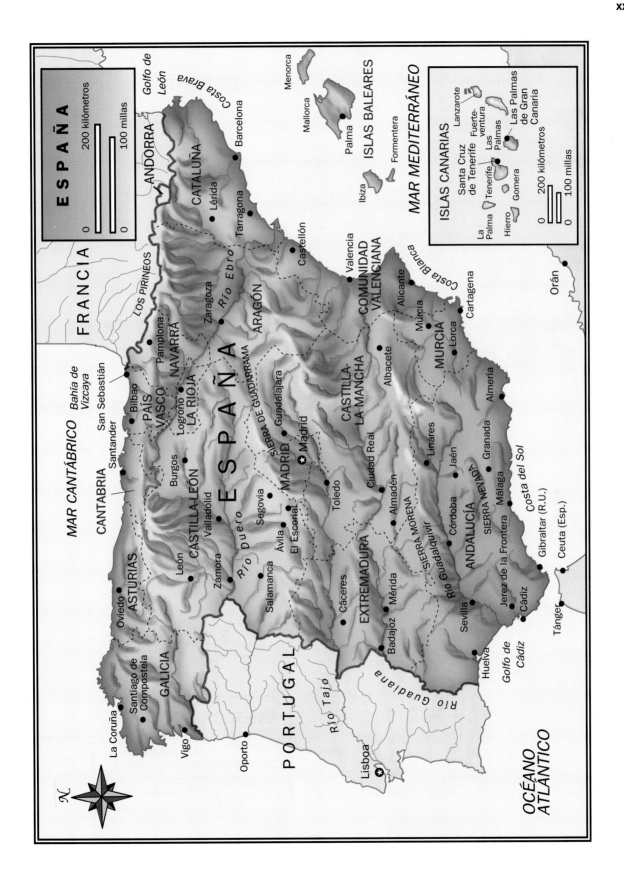

MAR CARIBE

OCÉANO ATLÁNTICO

Maracaibo
Barranquilla
PANAMÁ
Caracas
VENEZUELA
GUAYANA
Georgetown
Medellín
Paramaribo
Panamá
Río Orinoco
Cayena
Bogotá
COLOMBIA
SURINAM
GUAYANA FRANCESA
Cali

Quito
Ecuador
ECUADOR
Río Amazonas
Guayaquil
Belém
Manaus
PERÚ
BRASIL
Recife
CORDILLERA DE LOS ANDES
Cuzco
Lima
La Paz
Brasília
Arequipa
BOLIVIA
Sucre

PARAGUAY
Antofagasta
Río de Janeiro
CHILE
Trópico de Capricornio
Asunción
San Miguel de Tucumán
São Paulo
OCÉANO PACÍFICO
La Serena
OCÉANO ATLÁNTICO
Córdoba
Valparaíso
Rosario
URUGUAY
Santiago
ARGENTINA
Montevideo
Concepción
Buenos Aires
Río de la Plata
Bahía Blanca
Puerto Montt
Bariloche
Chiloé

Islas Malvinas
Estrecho de Magallanes
Punta Arenas
Tierra del Fuego
Cabo de Hornos

AMÉRICA DEL SUR

0   1500 kilómetros

0   1000 millas

preliminar

METAS

LA TRAMA

Raquel Rodríguez is an important character that you will come to know as you watch the *Nuevos Destinos* video series. In this chapter, she will introduce herself in a letter and provide some background information on the series.

RAQUEL: ¡Lucía! ¡Adelante!
LUCÍA: Buenos días. ¿Qué tal?
RAQUEL: Muy bien.

CULTURA

As you work through the chapter, you will also find out about

- an unlucky day for many Spanish speakers (**Nota cultural: El martes trece**)
- the origins of the Spanish language and where it is spoken today (**Enfoque cultural: El origen y la extensión del español**)

COMUNICACIÓN

In this chapter of *Nuevos Destinos*, you will

- greet people and ask questions (**Enfoque léxico: ¡Hola!**)
- talk about classroom items (**Enfoque léxico: En el salón de clase**)
- talk about and describe people, places, and things (**Enfoque estructural P.1, P.2**)
- say to whom something belongs (**P.3**)
- talk about actions and states in the present (**P.4**)

El vídeo

| Introducción | Una carta de Raquel Rodríguez |

You are about to embark on an exciting adventure filled with travels to many interesting places, mystery, intrigue, romance, nostalgia, laughter—and lots of Spanish as well!

Throughout the fifteen video episodes of *Nuevos Destinos,* you will meet many characters, both from the present and the past, involved in the investigations conducted by a Mexican American lawyer, Raquel Rodríguez.

In the letter on the following page, Raquel introduces herself to you and tells you some of the facts behind her original investigation. So read on, and welcome to *Nuevos Destinos!* The adventure is about to begin . . . again!

Actividad

La carta de Raquel

Paso 1 Lee la carta de Raquel Rodríguez que aparece en la siguiente página.

PALABRAS Y EXPRESIONES ÚTILES DE LA CARTA

inquietantes	unsettling
orgulloso/a	proud
herencia	heritage
me da gusto	it gives me pleasure
disfrutar	to enjoy

Paso 2 Contesta las siguientes preguntas sobre la carta de Raquel.

1. ¿Dónde vive Raquel?
2. ¿Qué profesión practica?
3. ¿Qué recibió don Fernando Castillo?
4. ¿Quién contrató a Raquel para el caso?
5. ¿Cuánto tiempo hace que Raquel trabajó en el caso?

Para pensar*

En la carta, Raquel escribe de una investigación que tuvo lugar (*took place*) hace cinco años. También te informa que vas a saber más de esa investigación. ¿Qué crees que va a pasar? ¿Te va a contar toda la historia del caso? ¿Van a aparecer (*appear*) personajes de esa investigación? ¿Va a surgir (*arise*) un nuevo caso?

***Para pensar** means *Something to think about.* This repeating feature will suggest things for you to think about as you work with the video and textbook.

11759 Wilshire Boulevard
Los Angeles, CA 90025
Telephone: (310) 555-3201 Fax: (310) 555-1212

Queridos estudiantes:

Me llamo Raquel Rodríguez y vivo en Los Ángeles, California. Soy abogada y trabajo en la firma de Goodman, Potter & Martínez.

Hace cinco años, trabajé en un caso muy interesante para la familia Castillo. Resulta que un señor mexicano, quien se llamaba Fernando Castillo Saavedra, había recibido una carta con unas noticias sorprendentes e inquietantes. Don Fernando consideró que era muy importante para él y para su familia verificar si la información en la carta era cierta o no. Su hermano, Pedro, era abogado, pero como ya no era joven, no quiso hacer él mismo la investigación. Pedro admiraba mis habilidades como investigadora y me pidió que yo hiciera ese trabajo. Nunca me imaginé que esa investigación iba a ser tan complicada y que me llevaría a tantos lugares... ¡y que me traería tantas sorpresas también!

En las próximas semanas ustedes van a descubrir el secreto de esa carta. También van a conocer a la familia Castillo y a otros personajes interesantes. Han pasado muchas cosas desde que trabajé en ese caso. Todavía mantengo contacto con algunos miembros de la familia, pero no los he visto recientemente porque tengo mucho trabajo aquí en Los Ángeles.

Me gusta que ustedes quieran estudiar el español. Yo estoy muy orgullosa de mi herencia cultural, y siempre me da gusto saber que otras personas tienen interés en nuestro idioma y en nuestra cultura. Espero que disfruten de sus estudios y les deseo mucha suerte.

Cordialmente,

Raquel Rodríguez

Lengua y cultura

VOCABULARIO DEL TEMA

Saludos y despedidas

RAQUEL: **Soy Raquel Rodríguez.**
ELENA: **Elena Ramírez. Mucho gusto.**

Here are three dialogues that contain useful words and phrases that you may remember from your previous encounters with Spanish. You can use these expressions to greet people, introduce yourself, and say good-bye. More helpful expressions are listed on the inside front and back covers of this text.

1. —Buenas tardes. ¿Cómo se llama usted?
   —Me llamo Raquel Rodríguez.
   —Soy Miguel Ruiz. Encantado, señorita Rodríguez.
   —Igualmente.

2. —Hola, Raquel. ¿Cómo estás?
   —Bien, Pedro, gracias. Y usted, ¿cómo está?
   —Muy bien. Hasta pronto, ¿eh?
   —Sí. Adiós.
3. —¿Qué tal, Ramón?
   —Regular. Y tú, Carlos, ¿cómo estás?
   —Más o menos.

Actividad

¿Cómo te llamas?

Paso 1   Con un compañero / una compañera de clase, preséntense (*introduce yourselves*) según el modelo. Recuerden darse la mano (*to shake hands*) en el momento de saludarse.

MODELO: ESTUDIANTE 1 (E1): Buenas tardes. ¿Cómo te llamas?
          ESTUDIANTE 2 (E2): Hola. Me llamo Kevin.

E1: Mucho gusto, Kevin. Mi nombre es Amanda.
E2: Mucho gusto. (Encantado.)
E1: ¿Cómo estás?
E2: Bien, gracias...

Paso 2   Ahora en grupos de cuatro estudiantes, preséntense. Primero, indiquen quiénes van a hacer las presentaciones.

MODELO: E1: Hola. Me llamo Amanda y éste es mi amigo Kevin.
E3: Encantada. Mi nombre es Caitlin. Les presento a (*I'd like to introduce you to*) mi amiga, Ana.
TODOS: Mucho gusto.

VOCABULARIO DEL TEMA

Las palabras interrogativas

¿adónde?	where (to)?
¿cómo?	how?
¿cuál(es)?	what? which (one)?
¿cuándo?	when?
¿cuánto/a?	how much?
¿cuántos/as?	how many?
¿de dónde?	from where?
¿dónde?	where?
¿por qué?	why?
¿qué?	what? which?
¿quién(es)?	who? whom?

¡OJO! Note the written accents used on these interrogative words. Also note the upside-down question mark associated with Spanish questions.

AMPLIACIÓN LÉXICA

Note that **¿qué?** and **¿cuál(es)?** can both mean *what?* or *which?* Here is a quick explanation of the correct word to use, depending on the context.

■ **¿Qué?** asks for a definition or an explanation.

¿Qué es eso?	*What is that?*
¿Qué quieres?	*What do you want?*

■ **¿Qué?** can also be directly followed by a noun.

| **¿Qué** vídeo buscas? | *What video are you looking for?* |

■ **¿Cuál(es)?** expresses *what?* or *which?* in all other circumstances.

| **¿Cuál** es tu teléfono? | *What's your telephone number?* |

¿Quién es esta persona? ¿Cómo se llama? ¿Dónde vive? ¿Qué importancia tiene en la historia de *Nuevos Destinos*?

Actividad

Algunos documentos importantes

Primero examina estos documentos: una tarjeta de presentación (*business card*) y un pasaporte. Luego contesta las siguientes preguntas, basando tus respuestas en la información contenida en los documentos.

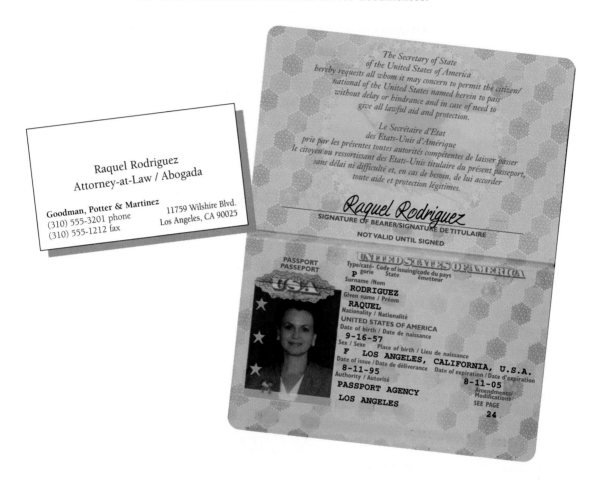

1. ¿De quién son estos documentos?
2. ¿Qué profesión tiene esta persona?
3. ¿Cómo se llaman los socios (*partners*) de la oficina?
4. ¿Cuál es la dirección completa de la oficina?
5. ¿Cuál es el número de teléfono de la oficina? ¿y el del fax?
6. ¿Cuándo nació (*was born*) esta persona?
7. ¿Dónde nació?
8. ¿Cuándo vence (*expires*) su pasaporte?

Actividad

Tengo algunas preguntas

Paso 1 Completa cada pregunta con la palabra interrogativa apropiada.

1. ¿_____ estás? ¿Bien? ¿Regular?
2. ¿_____ te llamas?
3. ¿De _____ eres?

4. ¿_____ vives ahora?
5. ¿Con _____ vives?
6. ¿_____ son tus clases este semestre/trimestre, fáciles o difíciles?
7. ¿_____ clases tienes? ¿Tres? ¿Cuatro? ¿Más de cuatro?
8. ¿_____ es tu clase favorita?

Paso 2 Con un compañero / una compañera, háganse (*ask each other*) y contesten las preguntas del Paso 1.

Enfoque léxico   En el salón de clase

VOCABULARIO DEL TEMA

Cosas y personas en la clase

1. el pupitre
2. el estudiante
3. la estudiante
4. la profesora
5. la pizarra
6. el mapa
7. la mesa
8. la silla
9. la puerta
10. las luces
11. el lápiz
12. la mochila
13. el libro
14. el cuaderno
15. el bolígrafo
16. el reloj
17. el papel

Más cosas

la computadora (portátil)	(laptop) computer
el escritorio	(instructor's) desk
la pared	wall
la ventana	window

Los colores

amarillo/a	yellow	marrón, pardo/a	brown
anaranjado/a	orange	morado/a	purple
azul	blue	negro/a	black
blanco/a	white	rojo/a	red
gris	gray	verde	green

Actividad   **¿Qué hay* en el salón de clase?**

Paso 1   Con un compañero / una compañera, digan si en el dibujo del salón de clase (página 7) hay las siguientes cosas y personas.

MODELOS: una mesa →
E1: ¿Hay una mesa?
E2: Sí, hay una.

una computadora →
E1: ¿Hay una computadora?
E2: No, no hay.

1. unos estudiantes
2. un mapa
3. una pizarra
4. una puerta
5. unas luces
6. unas computadoras

7. unos pupitres
8. un profesor
9. un escritorio
10. unos lápices
11. una mochila
12. una ventana

Paso 2   Ahora comparen su salón de clase con el del dibujo y hagan oraciones para indicar las diferencias.

MODELO: En el salón del dibujo, no hay ventanas, pero en nuestro (*our*) salón sí hay unas.

Actividad   **¿De qué color son?**

Con otro/a estudiante, indiquen los colores de los artículos del salón de clase en el dibujo (página 7).

MODELO: los pupitres / anaranjados →
E1: ¿De qué color son los pupitres? ¿Son anaranjados?
E2: No, no son anaranjados. Son rojos.

1. la pizarra / negra
2. los lápices / amarillos
3. la puerta / verde
4. la silla / negra
5. la mochila / azul

6. la mesa / anaranjada
7. el papel / blanco
8. el libro / morado
9. el cuaderno / gris
10. el bolígrafo / marrón

Enfoque cultural

El origen y la extensión del español

¿Cuál es el origen de la lengua española? ¿Dónde se habla? ¿Cuántas personas hablan el español como lengua nativa? En este Enfoque cultural, aprenderás (*you will learn*) más sobre el idioma que estudias.

---

*The verb form **hay** means *there is* or *there are*. Unlike other verbs in Spanish, **hay** does not change for number agreement.

¿Qué es el español?

El español tiene su origen en el latín vulgar, la lengua que hablaban los romanos que invadieron la Península Ibérica unos doscientos años a.C. (antes de Cristo). El español también se llama castellano porque fue la lengua de la región de Castilla en el centro del país. La palabra **España** viene de **Hispania**, nombre que en el latín de aquel entonces quería decir[a] «tierra de conejos».[b]

El castellano pertenece[c] a la familia lingüística conocida como neolatina o romance. Este nombre no se relaciona con lo «romántico», sino[d] con lo «romano». Además del español o castellano, son parte de esta familia el portugués, el francés, el italiano, el rumano, el provenzal, el gallego, el catalán y otros dialectos de la región del Mediterráneo. En 1492, el mismo año de la llegada de Cristóbal Colón a América, Antonio de Nebrija publicó la primera gramática del español. *La gramática castellana* fue también la primera gramática de una lengua romance.

Aquí se ve parte de un manuscrito de Ramón Llull, filósofo español del siglo XIII. El folio está escrito en catalán y latín.

[a]quería... *meant* [b]«tierra... *"land of rabbits"* [c]*belongs* [d]*but rather*

¿Dónde se habla español?

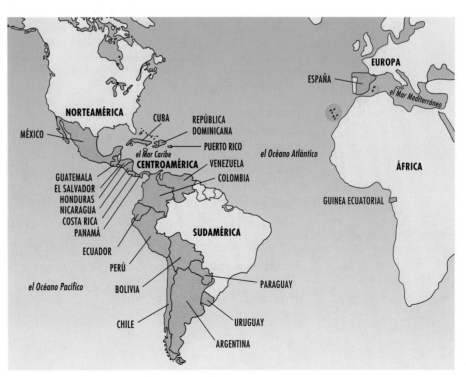

Los países del mundo hispánico

El español se habla en muchas partes del mundo, y es el más difundido[e] de los idiomas de origen romance. Es la lengua oficial de 21 naciones que se extienden desde el Mediterráneo en el este, la Tierra del Fuego en el sur y hasta Norteamérica. El país de habla española más poblado es México, y el de mayor extensión territorial es la Argentina. El país de habla española más pequeño es El Salvador.

Hasta[f] en los Estados Unidos hay más de 22 millones de hispanohablantes. Este grupo de personas de culturas variadas ha hecho[g] grandes contribuciones a la cultura y vida estadounidense. En el Capítulo 1, aprenderás más sobre los hispanos en los Estados Unidos.

[e]widespread   [f]Even   [g]ha... has made

Actividad **¿Cuánto recuerdas?**

Indica si las siguientes afirmaciones (*statements*) sobre el origen y la extensión del español son ciertas (**C**) o falsas (**F**).

C F **1.** El español tiene su origen en otro idioma que hablaban los romanos invasores de la Península Ibérica.

C F **2.** El castellano es, además del español, otro idioma que se habla en España.

C F **3.** Los idiomas romances se identifican con el amor (*love*) y las relaciones amorosas.

C F **4.** El libro *La gramática castellana* fue escrito por Cristóbal Colón antes de hacer su primer viaje a las Américas.

C F **5.** Entre el español, el francés y el italiano, el español es el idioma más hablado.

C F **6.** Los hispanos en los Estados Unidos son personas de herencias culturales distintas que han enriquecido (*enriched*) la cultura de este país.

Actividad **¿Dónde está?**

Paso 1   Estudia el mapa de los países del mundo hispánico en la página anterior. Fíjate en (*Pay attention to*) los nombres de los países, los continentes y los cuerpos (*bodies*) de agua.

Paso 2   Con un compañero / una compañera, háganse y contesten preguntas sobre el mapa que ustedes acaban de estudiar. A continuación hay una lista de expresiones útiles que pueden usar.

MODELO: E1: ¿Dónde está Guatemala?
          E2: Está en Centroamérica (al sur de México, al norte de Honduras...).

Expresiones útiles: al norte de (*to the north of*), al sur de (*to the south of*), al oeste de (*to the west of*), al este de (*to the east of*); al lado de (*next to*), cerca de (*close to*), lejos de (*far from*)

NOTA *cultural* • *El martes trece*

E n los países de habla española, el martes es un día considerado, supersticiosamente, de mala suerte. Si este día coincide con la fecha 13, la mala suerte se duplica, igual que el viernes 13 en este país. No se sabe el origen exacto de esta superstición, pero tal vez se relacione con Marte, el dios de la guerra entre los romanos. Como la guerra se asocia con la muerte y el sufrimiento, muchos ven el martes (el día de Marte) como un día fatal. ¿Y lo de la fecha 13? Pues, como ya te puedes imaginar, la creencia de que el número 13 es un número de mala suerte es universal.

"On Tuesday, neither get married nor set sail."

Para pensar   Y a ti, ¿te preocupa salir de casa el viernes 13? ¿Haces algo para evitar la mala suerte? ¿Qué es?

Enfoque estructural

P.1   Los sustantivos y los artículos: Género y número

In Spanish, all nouns are either masculine or feminine. When a Spanish noun refers to a human being or an animal, the gender of the noun "agrees" with the gender of that person or animal (**el gato** = *the* [*male*] *cat;* **la profesora** = *the* [*female*] *professor*). The gender of other types of nouns does not follow any logical pattern. In other words, there is nothing inherently feminine about a chair (**la silla**) nor masculine about a book (**el libro**).

In addition to gender, all nouns also have number; that is, they are singular or plural.

Here are some general guidelines about the gender and number of nouns in Spanish.

● Most nouns ending in **-o** are masculine and are used with a masculine article.

	SINGULAR		PLURAL	
los artículos definidos **los artículos indefinidos**	**el niño** **un niño**	*the boy* *a boy*	**los niños** **unos** **niños**	*the boys* *some* *boys*

● Most nouns ending in **-a** are feminine and are used with a feminine article.

		SINGULAR		PLURAL	
los artículos definidos **los artículos indefinidos**	**la** niña **una** niña	*the girl* *a girl*	**las** niñas **unas** niñas	*the girls* *some girls*	

¡OJO! There are a few exceptions to this rule: some nouns that end in **-a** are masculine and some nouns that end in **-o** are feminine.

MASCULINO:

el día *day* el mapa *map*
el idioma *language* el problema *problema*

FEMENINO:

la mano *hand* la radio *radio* (medium)

Note: Some feminine words that end in **-o** are actually abbreviations of feminine words that end in **-a**: **la foto(grafía)** (*photograph*), **la moto(cicleta)** (*motorcycle*).

● Words that end in **-dad, -tad, -tud,** and **-ión** are feminine.

la universi**dad** *university* la acti**tud** *attitude*
la liber**tad** *liberty* la educa**ción** *education*

● Feminine words beginning with a stressed **a-** or **ha-** use the masculine definite article **el** for the singular form. This is done for ease of pronunciation and does not change the gender of the word.

el agua *water* las aguas *waters*
el águila *eagle* las águilas *eagles*
el hacha *hatchet* las hachas *hatchets*

● Some nouns use the same form for males and females. The article identifies the gender of the person spoken about: **el estudiante, la estudiante; el cliente, la cliente.**

● The gender of some nouns isn't governed by any of these general rules and must be memorized: **el lápiz, la luz.**

● Nouns are made plural by adding **-s** to words that end in an unaccented vowel and **-es** to those that end in an accented vowel (very uncommon) or a consonant.

el libro *book* los libros *books*
la mesa *table* las mesas *tables*
la clase *class* las clases *classes*
el papel *paper* los papeles *papers*

If a word ends in **-z**, the **-z** changes to **-c** before adding **-es** for the plural.

el lápiz *pencil*   los lápices *pencils*
la luz *light*   las luces *lights*

If a word ends in an unstressed vowel with an **-s**, the singular and plural forms of the word are the same.

la crisis *crisis*   las crisis *crises*
el lunes *Monday*   los lunes *Mondays*

Práctica

Asociaciones

Paso 1 Indica lo que (*what*) asocias con las siguientes palabras. No te olvides de (*Don't forget*) usar el artículo definido con las asociaciones.

MODELO: el cuaderno → el papel, el bolígrafo, la composición...

1. el pupitre
2. el diccionario
3. la luz
4. el reloj
5. la mano
6. la mochila
7. el salón de clase
8. el lápiz

Paso 2 Compara tus asociaciones con las de un compañero / una compañera. ¿Son semejantes (*similar*) o diferentes sus asociaciones?

Práctica

¡No es cierto!

Inventa oraciones usando las indicaciones a continuación. Puedes incluir tantos detalles como quieras. **¡OJO!** Inventa algunas de tus oraciones con información incorrecta. Tu compañero/a debe indicar si tus oraciones son ciertas o falsas, y cuando dice que alguna oración es falsa, debe dar la información correcta.

MODELOS: lápiz →
     E1: El lápiz es amarillo. Se usa para escribir.
     E2: Es cierto.

     cuaderno →
     E1: Para guardar los libros se usa un cuaderno.
     E2: No es cierto. Para guardar los libros se usa una mochila. (Un cuaderno se usa para tomar apuntes [*take notes*].)

Frases útiles: Es una persona (cosa, lugar...) que... ; Se usa para...

Verbos útiles: aprender (*to learn*), enseñar (*to teach*), leer (*to read*), llevar (*to take, carry*), poner (*to put, place*), sentarse (ie) (*to sit down*)

1. cuaderno
2. papel
3. profesora
4. mesa
5. libro
6. estudiante
7. computadora portátil
8. silla
9. calendario
10. salón de clase

P.2   Los adjetivos descriptivos

To describe the characteristics of a person, place, or thing, use the verb **ser** and an adjective. Here are the present tense forms of **ser**.

ser (to be)			
SINGULAR		**PLURAL**	
soy	*I am*	somos	*we are*
eres	*you* (fam.) *are*	sois	*you* (fam., Sp.) *are*
es	*you* (form.) *are;* *he/she/it is*	son	*you* (form.) *are;* *they are*

Most adjectives agree in gender and number with the nouns they describe. In Spanish, adjectives usually *follow* the nouns they describe. The plural of adjectives is formed by the same rules that apply to nouns.

Mi *profesora* de español es muy simpática y divertida, pero sus *exámenes* son muy largos y difíciles.

My Spanish professor is very nice and lots of fun, but her exams are very long and difficult.

Here are some common adjectives used to describe people, places, and things.

aburrido/a	boring	guapo/a	handsome; pretty
alto/a	tall	joven	young
antipático/a	mean	malo/a*	bad
bajo/a	short	moreno/a	brunette, dark-haired
bonito/a	pretty	nuevo/a	new
bueno/a*	good	pequeño/a	small, little
delgado/a	thin	perezoso/a	lazy
divertido/a	fun	rubio/a	blond(e)
feo/a	ugly	simpático/a	nice
gordo/a	fat	trabajador(a)	hard-working
grande	big	viejo/a	old

When an adjective ends in **-dor**, add a final **-a** for feminine gender agreement.

un hombre conserva**dor**
un profesor trabaja**dor**
(*hard-working*)

una mujer conserva**dora**
una profesora trabaja**dora**

---

*The adjectives **bueno/a** and **malo/a** may be placed in front of the noun they modify. When this occurs, they shorten to **buen** and **mal**, respectively, when describing masculine singular nouns: **un buen estudiante, un mal día,** *but* **una buena estudiante, unos malos días.**

When an adjective of nationality ends in a consonant, add a final **-a** for feminine gender agreement.

un niño español   una niña española
un estudiante francés   una estudiante francesa

Some adjectives do not show gender agreement. However, they do show number agreement.

un profesor difícil   una clase difícil
unos profesores difíciles   unas clases difíciles

un libro verde   una mochila verde
unos libros verdes   unas mochilas verdes

If an adjective is used to talk about a group that includes both masculine and feminine nouns, the masculine plural form is used.

Los profesores de esta universidad son muy buenos.
The professors (both male and female) *at this university are very good.*

Práctica **A**

El amigo / La amiga ideal

Paso 1 Piensa en el amigo / la amiga ideal e indica las tres cualidades que, en tu opinión, él/ella debe tener.

Mi amigo/a ideal es...

_____ cómico/a	_____ realista
_____ divertido/a	_____ responsable
_____ extrovertido/a	_____ sabio/a (*wise*)
_____ generoso/a	_____ sensible (*sensitive*)
_____ honrado/a (*honest*)	_____ simpático/a
_____ inteligente	_____ trabajador(a)
_____ justo/a (*fair*)	_____ tranquilo/a (*easy-going*)

Paso 2 Compara tus impresiones con las de otro/a estudiante.

MODELO: E1: Mi amiga ideal es divertida, cómica y extrovertida. ¿Y tu amigo
                 ideal?
           E2: Mi amigo ideal es generoso.

Paso 3 Ahora, con toda la clase, comparen las respuestas de todos para saber cuáles son las características más apreciadas en los amigos.

Práctica **B**

¿Cómo son los personajes (*characters*) de *Nuevos Destinos*?

Antes de ver el primer episodio de *Nuevos Destinos,* vamos a conocer a algunos de los personajes. En la siguiente página hay unas fotos de seis de los miembros de la familia Castillo.

Paso 1 Con un compañero / una compañera, describan las características físicas de los personajes en las fotos. Escojan una o dos descripciones entre las opciones de la lista que sigue el modelo en la página 16.

MODELO: E1: ¿Cómo es Maricarmen?
          E2: Es pequeña y bonita.

alto/bajo
delgado/gordo

joven/viejo
guapo/bonito/feo

pequeño/grande
rubio/moreno

1. Mercedes

2. Consuelo

3. don Fernando

4. Carlitos

5. Juan

Paso 2   ¿Cómo creen ustedes que son estos personajes? Agreguen (*Add*) detalles a sus descripciones, concentrándose en la personalidad de ellos.

MODELO: E1: ¿Cómo es Consuelo?
          E2: Creo que es muy simpática y divertida.

P.3   Los adjetivos posesivos

There are several ways to indicate possession in Spanish. One way is with the verb **ser** and the preposition **de.**

Esta casa **es de** Guillermo.

This is Guillermo's house. (This house belongs to Guillermo.)

Another way to express possession is with possessive adjectives. These correspond to English *my, your, his,* and so forth. The possessive adjective refers to the owner/possessor, but the agreement is with the thing or things possessed. In Spanish, all possessive adjectives agree in number with the item that is possessed. Only the forms of **nuestro** and **vuestro** agree both in number *and* gender.

LOS ADJETIVOS POSESIVOS

my	**mi** cuaderno/silla	*our*	**nuestro** cuaderno **nuestra** silla
	mis cuadernos/sillas		**nuestros** cuadernos **nuestras** sillas
your (fam.)	**tu** cuaderno/silla	*your* (fam., Sp.)	**vuestro** cuaderno **vuestra** silla
	tus cuadernos/sillas		**vuestros** cuadernos **vuestras** sillas
your (form.)		*your* (form.)⎫	**su** cuaderno/silla
his ⎫	**su** cuaderno/silla	*their* ⎬	**sus** cuadernos/sillas
hers ⎬	**sus** cuadernos/sillas		
its ⎭			

● In order to clarify the meaning of **su** and **sus, ser + de** is often used.

—¿Es **su** casa?	—*Is it his house?*
—Sí, es la casa **de él.**	—*Yes, it's his house.*

Práctica   **Mis cosas favoritas**

Paso 1   Con un compañero / una compañera de clase, comenten sus preferencias en las siguientes categorías, según el modelo. ¡OJO! Usa **¿cuáles son?** cuando la categoría es plural.

MODELO: materia →
E1: ¿Cuál es tu materia favorita?
E2: ¡Mi materia favorita es español! ¿Y tú? ¿Cuáles son tus materias favoritas?
E1: Mis materias favoritas son la historia y la música.

Categorías: canciones (*songs*), deporte (*sport*), libro, película (*film*), programas de televisión, restaurantes

Paso 2   Ahora comparte (*share*) con el resto de la clase la preferencia más interesante de tu compañero/a.

MODELO: La película favorita de Emily es...

Práctica   **¿Qué piensan ustedes de su universidad?**

Con otro/a estudiante, comenten las siguientes cosas y personas en su universidad.

MODELO: E1: ¿Qué piensas de la cafetería aquí?
E2: Nuestra cafetería es muy buena.

Categorías: biblioteca, campus (*m.*), estudiantes, gimnasio, librería, profesores, residencias

P.4 | Los pronombres personales; el tiempo presente de los verbos regulares; la negación

Los pronombres personales

As in English, Spanish subject pronouns are used to indicate who is performing an action. Here is the complete list of Spanish subject pronouns.

yo	*I*	nosotros, nosotras	*we*
tú	*you*	vosotros, vosotras	*you*
usted (Ud.)	*you*	ustedes (Uds.)	*you*
él	*he*	ellos	*they* (males; males and females)
ella	*she*	ellas	*they* (females only)

● Note that there are several ways of addressing someone as *you*. When speaking with someone in Spanish, you must decide whether to use the polite, formal pronoun **usted (Ud.)** or the familiar **tú.** There is not a precise rule that guides this decision, but it is best to use **usted** with someone you do not know well, with someone in a position of authority, or with someone who is older than you. Some people are less formal than others and may prefer to use **tú.** If you have doubts about how to address someone, it is often best to use **usted** and wait until he or she suggests using **tú.**

● **Vosotros** forms are generally used only in Spain and with a group of people singularly addressed as **tú. Ustedes (Uds.)** is more commonly used in Latin America with a group of people you would individually address as **tú** and is used in both areas with a group of people individually addressed as **usted.**

● The use of subject pronouns with conjugated verbs is often optional in Spanish. They are most often used for emphasis or clarification.

> **Yo** no hablo ruso, pero **ella** sí.   *I don't speak Russian, but she does.*

El tiempo presente de los verbos regulares

The present tense forms of verbs in Spanish correspond to the following English equivalents.

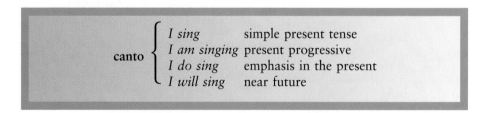

—¿Quién **canta**?
—Es Isabel. Siempre **canta**. Ella **canta** en el coro.

—*Who's singing?*
—*It's Isabel. She's always singing. She sings in the chorus.*

—¿Tú **cantas**?
—Yo sí **canto,** pero no como Isabel. Esta noche **cantamos** en el auditorio.

—*Do you sing?*
—*I do sing, but not like Isabel. Tonight we're going to sing in the auditorium.*

Regular verbs are those verbs whose endings follow a predictable pattern and whose stems do not change when conjugated. Here are the present-tense conjugations of regular verbs.

-ar: cantar (to sing)	-er: comer (to eat)	-ir: escribir (to write)
(yo) canto	como	escribo
(tú) cantas	comes	escribes
(Ud., él, ella) canta	come	escribe
(nosotros/as) cantamos	comemos	escribimos
(vosotros/as) cantáis	coméis	escribís
(Uds., ellos/as) cantan	comen	escriben

Here are some common regular verbs in Spanish.

bailar	to dance	**necesitar**	to need
comprar	to buy	**practicar**	to practice; to play (*a sport*)
escuchar	to listen to		
hablar	to speak	**tocar**	to play (*a musical instrument*)
mirar	to watch		
		tomar	to take; to eat or drink
		trabajar	to work
beber	to drink	**leer**	to read
asistir (a)	to attend, go to (*a function*)	**vivir**	to live

La negación

To make a statement negative, place the word **no** before a conjugated verb.

—Estudio español. **No** estudio francés.
—¿Necesitas ayuda?
—**No, no** necesito ayuda en este momento.

—*I study Spanish. I don't study French.*
—*Do you need help?*
—*No, I don't need help right now.*

¡OJO! There is no Spanish equivalent to the English auxiliary verb *do*.

—¿Estudias portugués?   —*Do you study Portuguese?*
—No.   —*No. (No, I don't.)*

Práctica **A**   ### En la clase de español

Paso 1 Indica las actividades que lógicamente se asocian con la clase de español.

En la clase de español, es común...

1. _____ hablar español.
2. _____ cantar en español.
3. _____ leer cuentos (*stories*) de terror.
4. _____ escribir oraciones.
5. _____ tomar apuntes (*notes*).
6. _____ mirar vídeos.
7. _____ comer dulces (*candy*).
8. _____ bailar.
9. _____ practicar la pronunciación.
10. _____ beber cerveza (*beer*).

Paso 2 Ahora haz oraciones completas según tus respuestas en el Paso 1.

MODELO: Hablamos español en clase. No leemos cuentos de terror.

Práctica **B**   ### ¿Con qué frecuencia?

Paso 1 Indica en una escala del 1 al 5 la frecuencia con la que haces estas actividades.

  1 = nunca (*never*)
  2 = casi (*almost*) nunca
  3 = de vez en cuando (*once in a while*)
  4 = con frecuencia
  5 = siempre (*always*)

1. _____ llamar a tus padres/hijos por teléfono
2. _____ asistir a una fiesta
3. _____ consultar con un profesor / una profesora en su oficina
4. _____ comprar comida
5. _____ mirar la televisión
6. _____ limpiar (*to clean*) tu cuarto/apartamento/casa
7. _____ practicar algún deporte, como el béisbol o el vólibol
8. _____ levantarte (*to get up*) después de las once de la mañana
9. _____ comer en un restaurante
10. _____ trabajar

Paso 2 Con un compañero / una compañera, comparen la frecuencia de sus actividades.

MODELO: E1: ¿Llamas a tus padres por teléfono?
     E2: Sí, llamo a mis padres con frecuencia. ¿Y tú?
     E1: No, casi nunca llamo a mis padres.

Práctica **¿Sí o no?**

Paso 1

Con otro/a estudiante, háganse y contesten preguntas con información verdadera para Uds.

MODELO: mirar mucho la televisión →
        E1: ¿Miras mucho la televisión?
        E2: Sí, miro mucho la televisión. (No. No miro mucho la televisión. / Casi nunca miro la televisión.)

1. escuchar música todos los días
2. trabajar hoy
3. comer en la cafetería de la universidad
4. vivir en una residencia
5. tocar un instrumento musical
6. leer muchas novelas
7. comprar mucha ropa (*clothing*)
8. escribir muchas composiciones
9. beber cerveza
10. tomar apuntes en todas las clases

Paso 2

¡UN DESAFÍO!   Ahora háganse preguntas para saber más detalles sobre las respuestas que Uds. dieron (*gave*) en el Paso 1. Usen las palabras interrogativas que estudiaron al principio de este capítulo.

MODELOS: E1: ¿Miras mucho la televisión?
        E2: Sí, miro mucho la televisión.
        E1: ¿Qué programas miras?
        E2: Miro las noticias (*news*) y los programas de detectives.

        E1: ¿Miras mucho la televisión?
        E2: No. Casi nunca miro la televisión.
        E1: ¿Por qué no?
        E2: Porque me gusta más leer un buen libro.

TIEMPO QUE DEDICAN A SUS AFICIONES	
(Media de minutos diarios)	
Ver la televisión	**120**
Tomar copas	**60**
Pasear	**22**
Leer libros	**15**
Escuchar música	**15**
Oír la radio	**8**
Hacer deporte	**9**
Practicar *hobbies*	**8**
Leer la prensa	**6**
«Juegos»	**4**

Para terminar

Actividad final — Vamos a conocernos mejor

En este capítulo preliminar de *Nuevos Destinos*, empezaste (*you began*) el repaso de varios grupos temáticos y puntos gramaticales. También conociste (*you met*) a algunos de tus compañeros de clase. En esta actividad final, vas a conocerlos mejor y continuar repasando y mejorando tu conocimiento (*knowledge*) del español.

Paso 1 Hazles preguntas a tus compañeros de clase, según las categorías que aparecen a continuación. Tus compañeros de clase deben contestar con oraciones completas. Si alguien contesta afirmativamente, pide su firma (*ask for his/her signature*) en una hoja de papel aparte (*separate sheet of paper*). Si contesta negativamente, dale las gracias y hazle la misma pregunta a otra persona. Sigue el modelo.

MODELO: vivir en un apartamento →
  E1: ¿Vives en un apartamento?
  E2: No. Vivo en una residencia.
  E1: Gracias. Y tú, ¿vives en un apartamento?
  E3: Sí, vivo en un apartamento con dos compañeros de cuarto.
  E1: ¡Firma aquí, por favor! (*Sign here, please!*)

1. comer y mirar la televisión al mismo tiempo
2. tomar Coca-Cola u otro refresco por la mañana
3. vivir en una residencia
4. leer el periódico todos los días
5. recibir por lo menos (*at least*) dos revistas
6. manejar (*to drive*) su carro para ir (*to go*) a la universidad
7. tocar por lo menos dos instrumentos musicales
8. trabajar más de treinta horas a la semana

Paso 2 ¿Sacaste (*Did you get*) firmas para todas las categorías? Compara tus resultados con los de tus compañeros de clase. ¿Hay alguna categoría que nadie (*no one*) firmó? ¿Qué aprendiste (*did you learn*) de tus compañeros de clase?

ocabulario

¡Hola!

¿Cómo te llamas? ¿Cómo se llama usted?
   Me llamo... / Mi nombre es... / Soy...
Mucho gusto. Encantado/a. Igualmente.
¿Cómo estás? ¿Cómo está usted? ¿Qué tal?
   (Muy) Bien. Más o menos. Regular.
Buenos días. Buenas tardes. Buenas noches.
Adiós. Hasta luego. Hasta mañana. Hasta pronto.

Las palabras interrogativas

¿adónde?	where (to)?
¿cómo?	how?
¿cuál(es)	what? which (one)?
¿cuándo?	when?
¿cuánto/a?	how much?
¿cuántos/as?	how many?
¿de dónde?	from where?
¿dónde?	where?
¿por qué?	why?
¿qué?	what? which?
¿quién(es)?	who? whom?

En el salón de clase

el bolígrafo	pen
la computadora (portátil)	(laptop) computer
el cuaderno	notebook
el escritorio	(instructor's) desk
el lápiz (*pl.* lápices)	pencil
el libro	book
la luz (*pl.* luces)	light
la mesa	table
la mochila	backpack
el papel	(sheet of) paper
la pared	wall
la pizarra	chalkboard
la puerta	door
el pupitre	(student's) desk
el reloj	clock; watch
la silla	chair
la ventana	window

Cognado: el mapa

el/la amigo/a	friend
el/la compañero/a de clase	classmate
el/la estudiante	student
el/la profesor(a)	professor

Los colores

amarillo/a	yellow
anaranjado/a	orange
azul	blue
blanco/a	white
gris	gray
marrón	brown
morado/a	purple
negro/a	black
pardo/a	brown
rojo/a	red
verde	green

Los verbos

hay	there is, there are
asistir (a)	to attend, go to (a function)
bailar	to dance
beber	to drink
cantar	to sing
comer	to eat
comprar	to buy
escribir	to write
escuchar	to listen to
hablar	to speak
leer	to read
llamar por teléfono	to call on the phone
mirar	to watch
necesitar	to need
practicar	to practice
practicar deportes	to practice, play sports
ser (*irreg.*)	to be
tocar	to play (*a musical instrument*)
tomar	to take; to eat or drink
tomar apuntes	to take notes
trabajar	to work
vivir	to live

Los adjetivos

aburrido/a	boring
alto/a	tall
antipático/a	mean
bajo/a	short
bonito/a	pretty
buen, bueno/a	good
delgado/a	thin
difícil	difficult, hard
divertido/a	fun
fácil	easy
feo/a	ugly
gordo/a	fat
grande	big
guapo/a	handsome; pretty
joven	young
mal, malo/a	bad
moreno/a	brunette, dark-haired
nuevo/a	new
pequeño/a	small, little
perezoso/a	lazy
rubio/a	blond(e)
simpático/a	nice
trabajador(a)	hard-working
viejo/a	old

Los adjetivos posesivos

mi(s), tu(s), su(s), nuestro/a/os/as, vuestro/a/os/as, su(s)

¿Con qué frecuencia?

siempre	always
con frecuencia	often
de vez en cuando	once in a while
casi nunca	almost never
nunca	never

Palabras y expresiones útiles

el café	coffee
la cerveza	beer
la comida	food
el hombre	man
la mano	hand
la mujer	woman
la residencia (estudiantil)	dormitory

1 DOS abogadas

METAS

LA TRAMA

Día 1: Five years ago, Raquel Rodríguez, a lawyer from Los Angeles, California, worked on a case for the Castillo family of Mexico. Today she receives some bad news about that family. Lucía Hinojosa, a young lawyer from Mexico City, has been assigned to work with Raquel on a new case pertaining to the bad news that Raquel received.

LUCÍA: Lucía Hinojosa, ¿bueno?
RAQUEL: Buenos días. Habla la abogada Raquel Rodríguez de la oficina de Los Ángeles...

CULTURA

As you work through the chapter, you will also find out about
- Hispanics in the United States **(Enfoque cultural: Los hispanos en los Estados Unidos)**
- the diversity of names for the general term *Hispanic* **(Nota cultural: ¿Qué hay en un nombre?)**

COMUNICACIÓN

In this chapter of *Nuevos Destinos,* you will
- talk about daily activities, as well as use affirmative and negative words and expressions **(Enfoque léxico: Las actividades diarias)**
- talk about actions in the present **(Enfoque estructural 1.1)**
- talk about actions generally expressed with English *-self* or *-selves* **(1.2)**
- express likes and dislikes **(1.3)**
- talk about future events **(1.4)**

El vídeo

Episodio 1: Día 1

Preparación para el vídeo

Actividad

In **Episodio 1** of the CD-ROM to accompany *Nuevos Destinos*, you can read the entire letter from Ramón Castillo to Raquel Rodríguez.

Una carta con malas noticias

Paso 1

En este episodio, Raquel Rodríguez va a recibir una carta con noticias tristes. ¿De qué se tratará (*will deal with*) la carta? A continuación hay una serie de oraciones sobre esa carta, algunas ciertas y otras falsas. Indica si piensas que cada oración sobre la carta es probable (**P**) o improbable (**I**).

La carta...

P I **1.** es de sus padres.
P I **2.** dice que alguien está muy enfermo.
P I **3.** anuncia la muerte de alguien.
P I **4.** dice que un médico necesita hablar con Raquel.

INDUSTRIAS
CASTILLO SAAVEDRA S. A.
Las Almendras No 465 • 20065 Toluca, México
Teléfono: (52) (42) 07 02 66 • Fax: (52) (42) 07 02 68

Licenciada Raquel Rodríguez
Goodman, Potter & Martinez
11759 Wilshire Boulevard
Los Angeles, CA 90025

Toluca, 18 de febrero

Estimada Raquel:

Lamento tener que informarle de la muerte de mi tío Pedro. Ha sido algo inesperado que nos ha dejado a todos profundamente consternados. Como Ud. bien sabe, Pedro no sólo era muy unido a todos nosotros, sino que también era el principal asesor de nuestra familia.

P I **5.** es de México.
P I **6.** dice que una abogada necesita hablar con Raquel.
P I **7.** da detalles sobre un accidente trágico.

Paso 2 Después de ver el Episodio 1, verifica tus respuestas.

¿Qué tal es tu memoria?

Actividad **A**

¿Quién es?

¿A quién se refiere cada una de las siguientes oraciones?

¡UN DESAFÍO! Indica a los personajes sin mirar las opciones de abajo.

1. Era el tío de los Castillo.
2. Va a llevar los asuntos del testamento (*will*).
3. Recibe una carta de la familia Castillo.
4. Murió de un ataque al corazón.
5. Escribe una carta dando las malas noticias.
6. Narra la historia de la familia Castillo.

Opciones: don Fernando, Lucía, Pedro, Ramón, Raquel.

Actividad **B**

ADIVINANZA

No tiene pies y camina
desde lejanos[a] lugares,
sin hablar te da noticias
de amigos y familiares.

[a]*faraway*

▶ *Hace cinco años* ◀ **¿Quién era don Fernando?**

En este episodio hay mucha
información sobre don Fernando
Castillo. ¿Cuáles de las siguientes
palabras o frases se aplican a él?
Indica si lo que dice cada una es
cierto (**C**) o falso (**F**).

Don Fernando era...

C F **1.** español.
C F **2.** dueño (*owner*) de
   un castillo en España.
C F **3.** esposo de Rosario.
C F **4.** hermano de Pedro.
C F **5.** un hombre con mala suerte en los negocios.
C F **6.** abogado.
C F **7.** dueño de una hacienda mexicana.

Lengua y cultura

Enfoque léxico

Las actividades diarias

VOCABULARIO
DEL TEMA

correr

almorzar (ue) *

vestirse (i) *

manejar

nadar

levantarse

pasear

Algunas actividades

caminar	to walk
cenar	to have (eat) dinner
desayunar	to have (eat) breakfast
descansar	to rest
dormir (ue) *	to sleep
llegar	to arrive
llevar	to take; to carry; to wear
preparar	to prepare
recibir	to receive
regresar	to return
visitar	to visit

La rutina diaria†

acostarse (ue) *	to go to bed
afeitarse	to shave
bañarse	to take a bath
cepillarse los dientes	to brush one's teeth
despertarse (ie) *	to wake up
dormirse (ue) *	to fall asleep
ducharse	to take a shower
peinarse	to comb one's hair

---

*These verbs are stem-changing verbs, as indicated by the vowel changes in parentheses. You will learn more about these verbs in **Enfoque estructural 1.1** and **1.2.**

†All the verbs in this section are *reflexive* verbs, meaning actions that one does to one's self. **Me baño** means *I take a bath* or, literally, *I bathe myself*. You will learn more about these verbs in **Enfoque estructural 1.2.**

Expresiones indefinidas y negativas

algo ≠ **nada**	something/nothing
alguien ≠ **nadie**	someone, anyone/ no one, nobody
algún ≠ **ningún**	some, any/none, not one
alguno/a/os/as ≠ **ninguno/a**	some, any/none, not one
también ≠ **tampoco**	also/neither
Repaso: **siempre** ≠ **nunca**	

¡OJO! En español se suele usar (*is usually used*) la doble negación, es decir, construcciones con **no** + una palabra negativa. También se puede poner la palabra negativa al principio de la oración, pero sin usar **no**.

No como sopa *nunca.*
Nunca como sopa.   } I never eat soup.

AMPLIACIÓN LÉXICA

Más expresiones de frecuencia y tiempo

a veces	sometimes
una vez	once
esta mañana (tarde); esta noche	this morning (afternoon); tonight
por la mañana (tarde, noche)	in the morning (afternoon, evening)
todas las mañanas (tardes, noches)	every morning (afternoon, evening; night)
mañana	tomorrow
pasado mañana	the day after tomorrow
la semana pasada	last week
la próxima semana	next week

Actividad **A**

Asociaciones

Paso 1

Relaciona cada verbo a continuación con una de las palabras en la lista de sustantivos. Puede haber más de una asociación lógica en algunos casos.

MODELO: dormir→
la cama, el cuarto, ...

VERBOS	SUSTANTIVOS
1. _____ correr	**a.** el carro
2. _____ almorzar	**b.** la casa
3. _____ nadar	**c.** el baño
4. _____ descansar	**d.** el parque
5. _____ vestirse	**e.** los dientes
6. _____ visitar	**f.** las cartas
7. _____ cepillarse	**g.** la cama
8. _____ regresar	**h.** los amigos
9. _____ manejar	**i.** el cuarto
10. _____ recibir	**j.** la cocina
11. _____ pasear	**k.** la cafetería
12. _____ ducharse	**l.** la piscina

Paso 2   Con un compañero / una compañera, hagan oraciones completas con las asociaciones que formaron en el Paso 1.

¡UN DESAFÍO!   Agrega tantos detalles como puedas a tus oraciones.

MODELO: Con frecuencia recibo cartas de mi novio. Él vive en otro estado.

Actividad **B**

Las rutinas diarias

Paso 1   Con un compañero / una compañera, háganse y contesten preguntas sobre lo que Uds. hacen en un día típico. Tomen apuntes sobre lo que dice su compañero/a. También deben tratar de incluir palabras de la lista a continuación cuando sea posible.

MODELO: E1: ¿Qué haces por la mañana?
          E2: Primero, me levanto a las ocho. Luego, desayuno y después me ducho...

Palabras útiles: antes de (*before*), después (de) (*after*), luego (*then, next*), primero (*first*)

Paso 2   Ahora cuéntales a los demás miembros de la clase cómo es la rutina diaria de tu compañero/a. Haz comparaciones entre su rutina diaria y la tuya (*yours*).

MODELO: Kelly se levanta todos los días a las ocho, pero yo me levanto a las siete. Ella desayuna antes de ducharse, pero yo prefiero ducharme primero y desayunar después...

REFRÁN

《 *El que no arriesga, nada tiene.* 》 *

Actividad **C**

No quiero nada

Paso 1   Contesta las siguientes preguntas con respuestas negativas, según el modelo.

MODELO: ¿Quieres tomar algo? →
          No, no quiero tomar nada.

1. ¿Hay alguien estudioso en la clase de español?
2. ¿Practicas algún deporte?
3. ¿Quieres visitar a alguien este verano?
4. ¿Hay algunas personas talentosas en tu familia?
5. ¿Te gustaría (*Would you like*) comer algo en la cafetería?
6. ¿Siempre llegas a esta clase a tiempo (*on time*)?
7. ¿Hay algo en particular que te gusta desayunar?

Paso 2   Con un compañero / una compañera, háganse y contestan preguntas basadas en las del Paso 1. Cambien los detalles para que las oraciones sean verdaderas para Uds.

---

*"*Nothing ventured, nothing gained.*"

MODELO: E1: ¿Quieres tomar algo?
              E2: Sí, me gustaría tomar una cerveza. (No, no quiero tomar nada
                   en este momento. Acabo de* tomar un refresco.)

Enfoque cultural

Los hispanos en los Estados Unidos

En los Estados Unidos hay varios grupos de gente de origen hispánico. Algunos grupos comparten ciertas tradiciones y costumbres, mientras que otros no. Pero todos tienen por lo menos dos cosas en común: la lengua española y su contribución al enriquecimiento[a] y diversificación de la cultura estadounidense.

Los mexicoamericanos

Los mexicoamericanos forman el grupo más numeroso de los hispanos que viven en los Estados Unidos: constituyen el 62 por ciento. Muchos de ellos son descendientes de personas que vivían en el oeste y el suroeste de los Estados Unidos cuando esta región pertenecía a México. Otros han inmigrado más recientemente.

Estos mexicoamericanos celebran el Cinco de Mayo en San Francisco, California.

La región del suroeste pasó a ser parte de este país como consecuencia de la guerra entre los Estados Unidos y México (1846–1848). Muchas de las tradiciones de los habitantes de esta región datan de la época colonial, cuando México se llamaba Nueva España. Estas personas y sus tradiciones han influido mucho en la vida y cultura de esta región. Esta influencia se puede ver en muchas áreas distintas: en la música, la comida, el arte y hasta en el idioma inglés. Por ejemplo, la palabra inglesa *canyon* viene de cañón, que se refiere al espacio entre dos montañas. Y el nombre del estado de Colorado significa *red*.

Muchos de los inmigrantes mexicanos llegan a los Estados Unidos en busca de mejores oportunidades económicas para ellos y sus familias. Como muchas familias mexicoamericanas que han vivido en el suroeste desde hace siglos, muchos de los recién llegados se han instalado en ciudades fronterizas,[b] como San Diego, California, y El Paso, Texas. Y el número de inmigrantes sigue aumentando. Se proyecta que para el año 2050, las personas de ascendencia hispánica constituirán la mitad de la población del estado de California.

[a]*enrichment*   [b]*border*

---

*To say that you or others have just done something, use **acabar** + **de**: **Acabamos de jugar al tenis** (*We just played tennis*).

Los caribeños

Otro de los grupos hispánicos que predomina en los Estados Unidos es el de los caribeños: los dominicanos, los puertorriqueños y los cubanos. Es notable, sobre todo, la influencia de estos dos últimos grupos.

El 11 por ciento de los hispanos de este país es de origen puertorriqueño, y se concentran principalmente en Nueva York y Nueva Jersey, en el este de los Estados Unidos. En 1898, como resultado de la guerra de este país contra España, la entonces colonia española de Puerto Rico pasó a ser de los Estados Unidos. Ahora Puerto Rico es Estado Libre Asociado a los Estados Unidos, y los habitantes de la Isla son ciudadanos estadounidenses. Por eso, no se puede considerar a los puertorriqueños como inmigrantes propiamente dicho. Y aunque la Isla es territorio estadounidense, conserva su soberanía.[c]

Otro grupo caribeño que se destaca[d] en este país es el de los cubanos. Muchos de ellos emigraron a los Estados Unidos para escapar de la tiranía del dictador comunista Fidel Castro, quien se mantiene en el poder en Cuba desde 1959. La mayoría de ellos se ha establecido en Miami, Florida, a sólo unos 180 kilómetros de distancia de Cuba, donde el clima tropical es muy semejante al de su tierra natal. Su influencia se nota tanto que más del 50 por ciento de la población de Miami es de habla española. Tanto han influido los cubanoamericanos en la vida y cultura de Miami que al famoso barrio Calle Ocho también se le llama la Pequeña Habana.

Un festival en el barrio Calle Ocho de Miami.

Los centroamericanos

El grupo más reciente llegado a los Estados Unidos es el de los centroamericanos. Muchos de ellos han emigrado, no sólo por razones económicas, sino también por razones políticas, pues Centroamérica ha sido últimamente escena de desastrosas guerras civiles. Pero las regiones de este país donde muchos salvadoreños, guatemaltecos y nicaragüenses se han establecido, como el área de la Bahía de San Francisco, en California, se han beneficiado mucho de las ricas tradiciones y herencia cultural que estas personas aportan.

[c]*sovereignty*   [d]*se... stands out*

Actividad **A**   **¿Cuánto entiendes?**

Todas las siguientes afirmaciones sobre los hispanos en los Estados Unidos son falsas. Modifícalas para que sean (*they are*) ciertas.

1. Todas las personas de ascendencia (*ancestry*) mexicana que viven en los Estados Unidos son recién llegados.
2. El gobierno de los Estados Unidos compró territorios al gobierno mexicano en 1848.
3. Hoy en día, muchos inmigrantes mexicanos prefieren instalarse tan lejos de México como pueden.
4. Últimamente, la población hispánica de California va disminuyendo (*is growing smaller*) poco a poco.
5. Los inmigrantes de los países hispánicos han perdido toda su identidad cultural.
6. Los puertorriqueños necesitan pasaporte y visado para viajar entre la Isla y los Estados Unidos.
7. Muchos cubanos emigran de Cuba a la Florida porque les gustan las playas y el ambiente (*environment*) relajado.

Actividad **B**   **En el extranjero**

Imagínate que tuvieras que (*you had to*) irte a vivir a otro país para siempre. ¿A qué país te irías (*would you go*)? ¿Cuáles de las tradiciones y costumbres que tienes ahora continuarías practicando en ese lugar? ¿Cómo crees que influiría en ti la cultura de tu nuevo país?

Paso 1   En grupos de tres o cuatro estudiantes, imagínense que se van a vivir a otro país. Comenten a qué lugar van, qué hacen allí para ganarse la vida (*earn a living*) y qué tradiciones y costumbres de este país llevan a su nuevo país. Después, escriban sus ideas en uno o dos párrafos.

Paso 2   Presenten su plan ante el resto de la clase. ¿En qué difieren los planes de todos los grupos? ¿En qué son similares? ¿Hay algo que a todos les interese o preocupe? ¿Qué es?

Enfoque estructural

1.1   El presente de indicativo de los verbos de cambio radical y de los verbos irregulares

Los verbos de cambio radical

In the **Capítulo preliminar** you reviewed the present indicative of regular **-ar,** **-er,** and **-ir** verbs. There are also a number of verbs which have changes in their *stem* or *root*. These verbs are called **verbos de cambio radical.** Examples of such verbs are grouped below according to the type of stem change which occurs. Word lists in *Nuevos Destinos* will include the type of stem change in parentheses after the verb listed.

For stem-changing verbs in the present tense, stem changes occur in all verb forms except the **nosotros** and **vosotros** forms.

● e → **ie** verbs

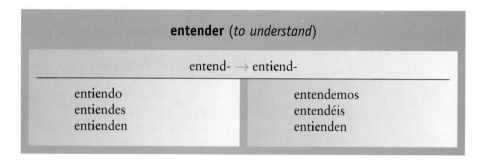

entender (*to understand*)	
entend- → entiend-	
entiendo	entendemos
entiendes	entendéis
entienden	entienden

Here are some other common **e** → **ie** stem-changing verbs.

-ar		-er	-ir
cerrar	to close	**querer** to want	**preferir** to prefer
comenzar	to begin		
empezar	to begin		
pensar (**en**)	to think (about)		

● o → **ue** verbs

encontrar (*to find*)	
encontr- → encuentr-	
encuentro	encontramos
encuentras	encontráis
encuentra	encuentran

Here are some other **o** → **ue** stem-changing verbs.

-ar		-er	-ir
almorzar	to have (eat) lunch	**poder** to be able; can	**dormir** to sleep
contar	to tell; to count	**volver** to return	**morir** to die
jugar (**a**)*	to play (*a sport*)		
mostrar	to show		
soñar (**con**)	to dream (about)		

---

*Although **jugar** does not have an **-o** in the stem, it is listed with the **o** → **ue** stem-changing verbs because it follows the same pattern. It is the only **u** → **ue** stem-changing verb in Spanish.

● e → i verbs

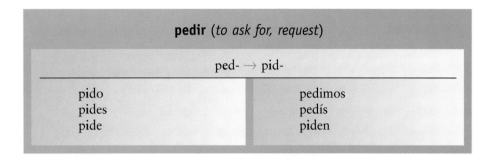

pedir (*to ask for, request*)	
ped- → pid-	
pido	pedimos
pides	pedís
pide	piden

Here are some other **-ir** verbs with the **e → i** stem change.

repetir to repeat   **seguir** to follow; to continue

Los verbos irregulares

● **Verbs with an irregular first-person singular** (*yo*) **form** These verbs fit into two categories in Spanish. The first category includes verbs that have an **-oy** ending in the **yo** form. (Note also the stressed syllables on some forms of **estar.**)

dar (*to give*)		**estar** (*to be*)	
doy	damos	estoy	estamos
das	dais	estás	estáis
da	dan	está	están

The second category of irregular verbs in the **yo** form are those that end in **-go.**

decir (*to say, tell*)	**hacer** (*to do; to make*)	**oír*** (*to hear*)	**poner** (*to put, place*)	**tener** (*to have*)	**traer** (*to bring*)	**venir** (*to come*)
digo	hago	oigo	pongo	tengo	traigo	vengo
dices	haces	oyes	pones	tienes	traes	vienes
dice	hace	oye	pone	tiene	trae	viene
decimos	hacemos	oímos	ponemos	tenemos	traemos	venimos
decís	hacéis	oís	ponéis	tenéis	traéis	venís
dicen	hacen	oyen	ponen	tienen	traen	vienen

---

*Note that some forms of **oír** have an **i** to **y** change, which occurs in the conjugations in which the **-i** would come between two vowels.

● **Other Irregular Verbs** Finally, there are several irregular verbs that do not fit any specific category. They are conjugated below.

ir (*to go*)	**saber** (*to know facts, information*)	**ser** (*to be*)	**ver** (*to see*)
voy	sé	soy	veo
vas	sabes	eres	ves
va	sabe	es	ve
vamos	sabemos	somos	vemos
vais	sabéis	sois	veis
van	saben	son	ven

● The forms of **ir** are almost always followed by the preposition **a**. You will learn more about the use of **ir** + **a** and **ir** + **a** + *infinitive* in **Enfoque estructural 1.4.**

> **Voy al** supermercado. *I'm going to the supermarket.*
> ¿Quieres algo? *Do you want anything?*
>
> No puedo salir esta noche *I can't go out tonight because*
> porque **voy a** estudiar. *I'm going to study.*

● When used with an infinitive, **saber** means *to know how to* (*do something*).

> —¿**Sabes patinar** en línea? —*Do you know how to in-line*
> *skate?*
> —No, pero sí **sé patinar** sobre hielo. —*No, but I do know how to ice*
> *skate.*

● As you have seen by now, **ser** and **estar** both mean *to be*. You will learn more about the uses of **ser** and **estar** in **Enfoque estructural 2.1.**

Práctica **Las actividades de Lucía**

Mira los dibujos en la siguiente página que narran un día típico de Lucía Hinojosa, la abogada de la oficina en México, D.F. Usa las indicaciones en la lista de actividades u otras palabras, si quieres. También incluye las expresiones de tiempo que ves debajo de cada dibujo.

Actividades: almorzar con una amiga, hacer ejercicios, ir a la oficina, jugar al tenis, mostrar la evidencia, pedir información sobre sus clientes, pensar en asuntos legales, ver la televisión, volver a casa

MODELO: **1.** todos los días
Todos los días Lucía hace ejercicios.

2. por la mañana

3. a lo largo del (*throughout the*) día

4. dos veces a la semana

5. a veces

6. de vez en cuando

7. con frecuencia

8. a las siete u ocho

9. todas las noches

Práctica ¡Firma aquí, por favor!

Paso 1   Hazles preguntas a tus compañeros de clase para averiguar quiénes de la clase hacen las siguientes actividades. Tus compañeros de clase deben contestar con oraciones completas. Si alguien contesta afirmativamente, pide su firma en una hoja de papel aparte («¡Firma aquí, por favor!»). Si contesta negativamente, dale las gracias y hazle la misma pregunta a otra persona. Sigue el modelo.

MODELO: soñar con ser rico/a algún día →
E1: ¿Sueñas con ser rica algún día?
E2: Sí, ¡siempre sueño con ser rica!
E1: ¡Firma aquí, por favor!

1. soñar con tener familia e hijos
2. saber cocinar bien
3. jugar al ráquetbol
4. oír música mientras estudiar
5. ir a museos con frecuencia
6. tener una mascota (*pet*)
7. preferir la comida china a la comida mexicana
8. contar muchos chistes (*jokes*)

Paso 2   Ahora, Uds. deben examinar sus hojas de papel con las firmas de sus compañeros. ¿Hay alguna pregunta que quedó (*was left*) sin firma?

1.2   Los verbos reflexivos

REFRÁN

《De la suerte y de la muerte no hay quien *se escape*.》 *

Many of the verbs used to talk about daily routines are reflexive. These verbs can be easily recognized because of the pronoun -se that follows the infinitive ending. When a verb is reflexive, the subject performing the action also receives the action of the verb. A reflexive pronoun is used to show who is receiving the action and comes before the conjugated verb. Here is the complete list of reflexive pronouns in Spanish.

REFLEXIVE PRONOUNS	
me	nos
te	os
se	se

*"Death and taxes are inevitable." (lit. "From fate and death there's none that will escape.")

● Many reflexive verbs can also be used nonreflexively. Observe the contrast between the reflexive and nonreflexive use of the verbs in the drawings below.

Me acuesto a las
once y media.

Acuesto a mis
hijos a las nueve.

Mi esposo y yo **nos
despertamos** temprano.

También **despertamos**
a los niños temprano.

● When a reflexive verb is used in the infinitive, the reflexive pronoun is attached to the infinitive.

Prefiero **acostarme** a las once y media.	*I prefer to go to bed at eleven thirty.*
Mi esposo y yo queremos **levantarnos** temprano.	*My husband and I want to get up early.*

● Here are some common reflexive verbs. You have already seen and used many of them in this chapter.

acostarse (ue)	to go to bed
afeitarse	to shave
bañarse	to take a bath
cepillarse los dientes	to brush one's teeth
despertarse (ie)	to wake up
divertirse (ie)	to have fun, enjoy oneself
dormirse (ue)	to fall asleep
ducharse	to take a shower
enamorarse (de)	to fall in love (with)
enfermarse	to get sick
enojarse	to become angry
levantarse	to get up
olvidarse de	to forget
peinarse	to comb one's hair
ponerse	to put on (*clothing*)
quitarse	to take off (*clothing*)
vestirse (i)	to get dressed

● Note that some verbs slightly change in meaning when a reflexive pronoun is added.

dormir   to sleep   **poner**   to put, place
dormirse to fall asleep   **ponerse** to put on (*clothing*)

Práctica **A**   ## ¿Con qué frecuencia lo haces?

Paso 1   Indica la frecuencia con que haces las siguientes actividades.

a. NUNCA
b. 1–3 VECES A LA SEMANA
c. TODOS LOS DÍAS
d. SIEMPRE
e. ¿OTRO?

1. _____ Me baño/ducho.
2. _____ Me afeito.
3. _____ Me cepillo los dientes.
4. _____ Me levanto tarde para alguna clase.
5. _____ Me enojo con alguien.
6. _____ Me enamoro.
7. _____ Me enfermo.

Paso 2   Ahora con un compañero / una compañera de clase, háganse y contesten preguntas, basándose en las respuestas que dieron en el Paso 1.

MODELO: E1: ¿Con qué frecuencia te bañas o te duchas?
          E2: Me ducho todos los días.

Práctica **B**   ## ¿Qué hace tu compañero/a?

Paso 1   Pregúntale a un compañero / una compañera de clase si hace las siguientes actividades. Escribe sus respuestas en una hoja de papel aparte.

MODELO: acostarse antes de las diez →
          E1: ¿Te acuestas antes de las diez?
          E2: Sí. Me acuesto a las nueve y media.

1. acostarse antes de las diez
2. ducharse por más de veinte minutos
3. despertarse antes de las siete de la mañana
4. enfermarse antes de un examen
5. divertirse en la clase de español.
6. vestirse en menos de cinco minutos
7. dormirse en alguna clase (¿cuáles?)
8. olvidarse de la tarea con frecuencia
9. ponerse ropa elegante para ir a clases
10. quitarse los zapatos al llegar a casa

Paso 2   Comparte los resultados de tu entrevista con todos los miembros de la clase.

MODELO: Juan se acuesta temprano, por lo general. Se acuesta a las nueve y media.

1.3 Para expresar gustos

The Spanish verb **gustar** is used to express likes and dislikes. Although **gustar** is often translated as *to like,* the verb is more similar in structure to English *to appeal* or *to please*. The verb form of **gustar** always agrees with the thing that is appealing or pleasing. The following phrases are all accompanied by indirect object pronouns, which you will learn more about later in **Enfoque estructural 5.1**. But for now, you can use the following phrases to tell what you and others like and don't like.

me gusta(n)	I like	**nos gusta(n)**	we like
te gusta(n)	you (*fam.*) like	**os gusta(n)**	you (*fam., Sp.*) like
le gusta(n)	you (*form.*) like; he, she likes	**les gusta(n)**	you (*form.*), they like

Nos gusta hablar español.   **Le gusta** enseñar.   **Me gusta** leer.

Note that the third-person singular form of **gustar** is used when the verb is followed by an infinitive.

A prepositional phrase can be used with **gustar** to add clarification for **le** or **les,** as well as emphasis. Use the preposition **a** before the noun or pronoun that refers to the person who likes or dislikes an activity.

—¿**Te gusta** la comida mexicana?   —*Do you like Mexican food?*
—Sí, **a mí me gusta** mucho.   —*Yes, I like it a lot.*

¡OJO! The third-person plural form of **gustar** is used when the thing that is appealing or pleasing is plural.

—¿**A ti te gustan** los tacos?   —*Do you like tacos?*
—No, no **me gustan** mucho.   —*No, I don't like them very much.*

NOTA *cultural* • ¿Qué hay en un nombre?

En los Estados Unidos, hay más hispanohablantes que cualquier otro grupo minoritario. Sin embargo, no hay consenso sobre el término más apropiado para referirse a la gente originaria de los lugares de habla española, aunque la palabra más común en los Estados Unidos es *Hispanic*.

En general, el término *Hispanic* se usa muy poco entre la gente «hispana». Se usan con orgullo los términos más específicos que identifican a la persona con su lugar de origen: *mexicano, colombiano, puertorriqueño, cubano*, etcétera. También es común el uso del término *latino,* aunque esta palabra tampoco es muy precisa. Otros términos y palabras tienen alguna connotación que los distingue de otros. Por ejemplo, *chicano* y *la raza* implican una postura política, lo que los hace diferentes del término *mexicoamericano.*

Entonces, ¿cuál es la solución de este problema que presentan los nombres? No se puede ofrecer una respuesta definitiva. En gran parte, una persona es lo que siente que es. Lo importante es respetar la individualidad de cada persona que forma parte de la cultura en cuestión.

Práctica **¿Qué (no) les gusta hacer?**

Haz ocho oraciones lógicas para expresar los gustos o disgustos de las personas en la primera columna.

MODELO: A mis hijos (no) les gusta comer en restaurantes elegantes.

A mí		jugar al...
A ti		correr
Al presidente de los		dormir
Estados Unidos		ir al cine / a fiestas
A mi profesor(a)		bailar
A nosotros, los	gusta	llorar (*to cry*)
estudiantes		estudiar
A los bebés		trabajar
A los artistas de cine		comprar regalos
A mis padres/hijos		enseñar
¿ ?		¿ ?

Práctica **Los gustos de mis compañeros**

¿Cuáles son los gustos y preferencias de tus compañeros de clase? En grupos de tres estudiantes, háganse preguntas usando las indicaciones en la siguiente página. Contéstenlas según el modelo.

¡UN DESAFÍO!   Agreguen detalles para explicar más a fondo (*in depth*) sus gustos y preferencias.

MODELO: E1: ¿Te gusta más el día o la noche?
          E2: Me gusta más el día (porque tengo más energía).

          E1: ¿Te gustan más las ciencias o los idiomas?
          E2: Me gustan más los idiomas (porque son más prácticas para la carrera que pienso seguir).

1. los perros / los gatos
2. la primavera / el otoño
3. viajar en tren / en avión
4. leer novelas / mirar la televisión
5. las frutas y verduras / los dulces y pasteles
6. practicar deportes / ver una película
7. ir a las fiestas / estudiar
8. estar en casa / salir con amigos

Práctica **C**   ### Las actividades favoritas del grupo

Paso 1   A continuación hay una lista de diez actividades. Para cada una de las actividades, escribe el orden de preferencia (del 1 al 10) para ti, usando el número 10 para tu actividad favorita.

a. _____ bailar	**f.** _____ ir de compras
b. _____ mirar la televisión	**g.** _____ leer
c. _____ afeitarse	**h.** _____ practicar un deporte
d. _____ pasear	**i.** _____ estudiar
e. _____ oír música	**j.** _____ dormir

Paso 2   En grupos de tres o cuatro estudiantes, sumen el total para cada actividad y comparen los resultados con el resto de la clase.

MODELO: En nuestro grupo, la actividad que más nos gusta es oír música. (En nuestro grupo, no hay una sola actividad favorita; nos gustan diferentes actividades.)

Para hablar del futuro inmediato: *ir; ir + a +* el infinitivo

1.4

In this section, you will review three uses of the verb **ir.** See **Enfoque estructural 1.1** for the present-tense forms of **ir.**

● **Ir** is used to say where you or others are going.

Mis padres **van al*** cine.   *My parents are going to the movies.*

● **Ir** can be used with the preposition **a** and an infinitive to describe actions or events in the near future.

Voy a repasar los verbos irregulares esta noche.   *I'm going to review the irregular verbs tonight.*

● Use **vamos a** plus an infinitive to say *Let's . . .*

¡Vamos a celebrar tu cumpleaños!   *Let's celebrate your birthday!*

---

*Use **al** or **a los** if the noun that follows is masculine, **a la** or **a las** if the noun is feminine.

Práctica **¿Qué vas a hacer?**

Trabajando con otro/a estudiante, háganse preguntas sobre sus planes en el futuro. Pueden usar las opciones de abajo u otras, si quieren.

¡UN DESAFÍO!   Continúen la conversación con otras preguntas para saber más de los planes futuros.

MODELO: esta tarde →
　　　　　E1: ¿Qué vas a hacer esta tarde?
　　　　　E2: Voy a estudiar.

Desafío:

　　　　　E1: ¿Qué vas a estudiar?
　　　　　E2: Voy a estudiar para un examen de antropología.

　1. mañana a las diez
　2. este fin de semana
　3. durante las próximas vacaciones
　4. esta noche
　5. después de graduarte
　6. antes del próximo examen

Actividades: asistir a la clase de _____, correr, dormir, estudiar _____, hacer ejercicio, salir con amigos, trabajar en _____, viajar a _____, visitar a _____, ¿ ?

Práctica **¿Adónde vas?**

Trabajando con la misma persona, pregúntense adónde van.

MODELO: hoy a las dos de la tarde →
　　　　　E1: ¿Adónde vas hoy a las dos de la tarde?
　　　　　E2: Voy a mi casa.

　1. este fin de semana
　2. para estudiar
　3. esta noche

　4. cuando quieres estar solo/a (*alone*)
　5. cuando sales con tus amigos
　6. después de esta clase

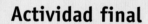

Para terminar

Actividad final   **¿Qué término usas?**

En este capítulo supiste diferentes aspectos sobre los hispanos en los Estados Unidos. El propósito (*purpose*) de esta actividad final es el de reunir tus conocimientos de este grupo dinámico y hacer algunas conclusiones.

Paso 1 Haz asociaciones entre los términos y las descripciones a continuación, según tu opinión. Escribe todas las letras aplicables.

a. hispano/a   **e.** cubano/a   **i.** guatemalteco/a

b. estadounidense   **f.** argentino/a   **j.** ecuatoriano/a

c. mexicano/a   **g.** puertorriqueño/a   **k.** colombiano/a

d. latino/a   **h.** español(a)

1. _____ Una mujer nació (*was born*) en Puerto Rico, su primer idioma es el español y ahora vive en Nueva York.

2. _____ Un niño nació en los Estados Unidos de padre mexicano y madre estadounidense. Habla inglés sin acento y no habla casi nada de español.

3. _____ Una niña nació en la Argentina y llegó a los Estados Unidos a los dos años con sus padres argentinos. Habla poco español y ahora es ciudadana de los Estados Unidos.

4. _____ Un hombre nació en Guatemala y llegó a los Estados Unidos hace veinte años. Habla español como primer idioma e inglés con acento muy fuerte. No es ciudadano de los Estados Unidos.

5. _____ Una mujer nació en Texas. Se fue a vivir a México con sus tíos por quince años pero regresó a los Estados Unidos el año pasado. Es bilingüe y habla los dos idiomas casi sin acento.

6. _____ Un hijo de padres colombianos nació en los Estados Unidos y habla bien el español y el inglés. Sus padres son ciudadanos de Colombia.

7. _____ Una mujer llegó de Cuba a los Estados Unidos hace 35 años. Es ciudadana de los Estados Unidos y habla los dos idiomas: el español con acento cubano y el inglés con acento.

8. _____ Un hombre de México se casó con (*married*) una mujer de los Estados Unidos. Tiene hijos nacidos en los Estados Unidos, pero él es ciudadano de México.

9. _____ Una muchacha nació en el Ecuador y habla español. Se casó con un hombre de los Estados Unidos. Ahora es ciudadana de los Estados Unidos y tiene dos hijos bilingües.

10. _____ Una niña nació en Ohio. Sus abuelos maternos eran de Puerto Rico y todos sus otros parientes maternos todavía viven allá. Sus padres nacieron en New Jersey y se mudaron (*moved*) a Ohio hace viente años.

Paso 2 En grupos de cuatro, comparen sus respuestas. Expliquen cómo decidieron qué término(s) usar.

Paso 3

¡UN DESAFÍO! Entrevista a tres personas hispanohablantes originarias de diferentes países. Léeles las descripciones del Paso 1 como punto de partida (*point of departure*) y pídeles que te describan su situación personal. Luego, pregúntales qué término(s) de la lista usarían para identificarse. Presenta los resultados al resto de la clase.

Vocabulario

Los verbos

almorzar (ue)	to have (eat) lunch
caminar	to walk
cenar	to have (eat) dinner
cerrar (ie)	to close
comenzar (ie)	to begin
contar (ue)	to tell; to count
correr	to run; to jog
dar (*irreg.*)	to give
decir (*irreg.*)	to say, tell
desayunar	to have (eat) breakfast
descansar	to rest
divertirse (ie)	to have fun, enjoy oneself
dormir (ue)	to sleep
empezar (ie)	to begin
enamorarse (de)	to fall in love (with)
encontrar (ue)	to find
enfermarse	to get sick
enojarse	to become angry
enseñar	to teach
entender (ie)	to understand
estar (*irreg.*)	to be
hacer (*irreg.*)	to do; to make
ir (*irreg.*)	to go
jugar (ue) (a)	to play (*a sport*)
llegar	to arrive
llevar	to take; to carry; to wear
manejar	to drive
morir (ue)	to die
mostrar (ue)	to show
nadar	to swim
oír (*irreg.*)	to hear
olvidarse de	to forget
pasear	to take a walk, stroll
pedir (i)	to ask for, request
pensar (ie) (en)	to think (about)
poder (ue)	to be able; can
poner (*irreg.*)	to put, place
preferir (ie)	to prefer
preparar	to prepare
querer (ie)	to want
recibir	to receive
regresar	to return (*to a place*)
repetir (i)	to repeat

saber (*irreg.*)	to know (*facts, information*)
seguir (i)	to follow; to continue
soñar (ue) (con)	to dream (about)
tener (*irreg.*)	to have
traer (*irreg.*)	to bring
venir (*irreg.*)	to come
ver (*irreg.*)	to see
visitar	to visit
volver (ue)	to return (*to a place*)

Repaso: **ser**

La rutina diaria

acostarse (ue)	to go to bed
afeitarse	to shave
bañarse	to take a bath
cepillarse los dientes	to brush one's teeth
despertarse (ie)	to wake up
dormirse (ue)	to fall asleep
ducharse	to take a shower
gustar	to be pleasing
levantarse	to get up
peinarse	to comb one's hair
ponerse (*irreg.*)	to put on (*clothing*)
quitarse	to take off (*clothing*)
vestirse (i)	to get dressed

Expresiones indefinidas y negativas

algo	something
alguien	someone, anyone
algún, alguno/a/os/as	some, any
también	also
nada	nothing
nadie	no one, nobody
ningún, ninguno/a	none, not one
tampoco	neither

Repaso: **nunca, siempre**

Otras palabras y expresiones útiles

el/la abogado/a	lawyer
el/la dueño/a	owner
vamos a + *inf.*	let's (*do something*)

Lectura 1

Antes de leer

Vas a leer un poema escrito por Ernesto Padilla (1944–), poeta mexicoamericano que vive en California. El poema presenta algunos problemas de comunicación que enfrenta un niño extranjero.

Actividad

Paso 1 Échale un vistazo (*Take a quick glance*) al poema. Nota que el poeta escribe en inglés y en español. Pronuncia en voz alta el título del poema. ¿A qué se refiere el título? ¿Sabes qué significa? ¿Por qué lo escribe así el poeta?

Paso 2 Emigrar a otro país puede ser muy difícil, sobre todo para los niños. Haz una lista de problemas que la emigración le puede causar a un niño / una niña. Luego, con un compañero / una compañera de clase, comparen sus listas. ¿Pensaron en los mismos problemas?

Ohming Instick

«The Peacock
as you see in Heidi's drawing here,
is a big colorful bird.
it belongs to the same family as . . .»
5   ...Habla de Pavos^a
   ya yo sueño
      de pavos magníficos
  con
   plumas^b azules;
10   como el cielo
     cuando él se esconde 'tras las nubes^c
  a mediodía,
   plumas rojas:
que se hacen anaranjosas^d
15   como en la tarde
  al caer bajo
las sierras,
    el sol tira para todo
el cielo^e rayos

^a*Peacocks* (**pavo real** is the usual term for *peacock*) ^b*feathers* ^c*se... hides behind the clouds* ^danaranjadas ^e*tira... casts over the whole sky*

20   anaranjándose
      con tiempo...

«. . . and the pigeon, which all of you should already know
what it looks like. The pigeon can be trained to return to his
home, even if it is taken far away . . .»

25   ...¡Ahora habla de palomas! . . .
«. . . This is called the Pigeon's 'homing instinct,' and . . .»
      ...Mi palomita, Lenchita,
         que me quitaron
         porque iba a volar[f] en las olimpiadas
30   ¡lloré entonces!
      y lloré también
      cuando entre las miles de palomas que
      enseñaron[g] en la televisión
      el primer día
35   de las olimpiadas,
      ¡Yo miré a mi Lenchita!

      y después Lenchita volvió a casa
      ya lo sabía...

«ALRIGHT!
40 Are you kids in the corner paying attention?»
«Armando, what is a Peacock? What does homing instinct
mean? . . .»
¿A MÍ ME HABLA?
¡SOY MUY TONTO!

45 «Aohming instick eis . . . eis . . . como Lenchita . . .»
«Armando, haven't I told you not to speak Spa . . .»
      ¡Caramba,
      me van a pegar![h]...
«It's bad for you . . . Go see Mr. Mann»
50   ...Mañana
      sí iré con papá.

      ¡Piscaré mucho algodón... [i] ■

[f] to fly [g] mostraron [h] to hit [i] ¡Piscaré... I'll pick a lot of cotton . . .

Después de leer

Actividad **A**

Comprensión

Selecciona la respuesta apropiada, según el poema.

1. _____ Las personas del poema están en...
   a. una clase
   b. una casa
   c. una iglesia
2. _____ Mientras habla la maestra, Armando...
   a. sueña con México
   b. piensa en otras cosas
   c. habla con otro estudiante
3. _____ Lenchita es...
   a. la novia de Armando
   b. la madre de Armando
   c. un animal
4. _____ Después de las olimpiadas, Lenchita...
   a. vuelve a su casa
   b. desaparece
   c. muere
5. _____ Mañana, Armando...
   a. va a asistir a la escuela
   b. va a ir con su papá a trabajar
   c. va a pasar el día con Mr. Mann

Actividad **B**

Opinión

1. En tu opinión, ¿cuál es el mensaje de este poema? De las afirmaciones a continuación, indica la que te parece más apropiada. Piensa en algunas razones para justificar tu selección.
   ☐ La mejor manera de adaptarse a un nuevo país es aprender la lengua predominante y olvidarse del pasado.
   ☐ Todos los inmigrantes deben recibir tratamiento especial, como el estudiar en programas bilingües.
   ☐ La asimilación es necesaria si una persona quiere ser parte de una nueva cultura.
   ☐ Es posible ser «un buen ciudadano» y también mantener los valores y las tradiciones de otra cultura.
   ☐ ¿Otro?
2. ¿Piensas que para los extranjeros la asimilación es siempre la mejor manera de adaptación? ¿Cuáles son algunas otras opciones que tienen?
3. En tu opinión, ¿cómo es Armando? Indica todos los adjetivos que lo describen a él.

_____ arrogante	_____ impresionado	_____ resentido (*resentful*)
_____ contento	_____ malo	_____ solitario
_____ enojado	_____ nervioso	_____ tímido
_____ estúpido	_____ nostálgico	_____ triste

Compara tus respuestas con las de otra persona. ¿Tienen opiniones semejantes?

4. El «Ohming Instick» se les aplica a las palomas en este poema. ¿A quién(es) más se le(s) aplica?

Actividad **C**

Expansión

¿Qué problemas tienen los extranjeros en un nuevo país con una cultura diferente de la de ellos? ¿Qué problemas tienen en la escuela? ¿en casa? Piensa en la lista que hiciste en el Paso 2 de Antes de leer. En grupos de tres o cuatro, identifiquen las dudas, preocupaciones o problemas de las personas a continuación. Después, indiquen unos posibles consejos o soluciones para resolver los problemas.

1. una mujer mexicana que ha vivido diez años en los Estados Unidos
2. una familia mexicana recién llegada a los Estados Unidos

2

Encuentros

METAS

LA TRAMA

Día 2: You will join Raquel as she meets Lucía in person and tells her about don Fernando's family and the secret that he kept from them for so many years. And you will find out more about the family hacienda, La Gavia. Also, Raquel and Lucía talk about the similarities among their family origins.

LUCÍA: Una familia bastante grande... ¿Y qué sabes de La Gavia?
RAQUEL: La Gavia es una hacienda colonial preciosa y muy grande...

CULTURA

As you work through the chapter, you will also find out about

- [ ] last names in Hispanic countries (**Nota cultural: Los apellidos**)
- [ ] different cultural perceptions regarding families (**Enfoque cultural: La familia hispánica**)

COMUNICACIÓN

In this chapter of *Nuevos Destinos,* you will

- [ ] talk about family relationships, as well as review ordinal numbers (**Enfoque léxico: La familia**)
- [ ] discuss different ways of expressing *to be* (**Enfoque estructural 2.1**)
- [ ] talk about *this one* or *that one* (**2.2**)
- [ ] use the Spanish equivalents of words like *it* and *them* to talk about people and things (**2.3**)
- [ ] make comparisons (**2.4**)

El vídeo

Actividad **A**

¿Qué pasó?

Paso 1 Al comienzo del Episodio 1, conociste a Raquel Rodríguez. Lee las siguientes oraciones e indica si son ciertas (**C**) o falsas (**F**).

C F **1.** Raquel recibió una carta de don Fernando.
C F **2.** Pedro Castillo ya murió (*already died*).
C F **3.** Ahora Raquel va a llevar los asuntos del testamento de don Fernando.
C F **4.** Lucía Hinojosa y Raquel ya son muy buenas amigas.
C F **5.** Lucía es una abogada de la oficina filial de México.

Paso 2 Trabajando con un compañero / una compañera, modifiquen las oraciones falsas para que sean ciertas.

Actividad **B**

In **Episodio 2** of the CD-ROM to accompany *Nuevos Destinos,* you can read a magazine article about don Fernando.

▶ *Hace cinco años* ◀ **Don Fernando y su secreto**

En el episodio previo, Raquel reveló unos detalles sobre el caso original. ¿Qué información recuerdas? Empareja información de las dos columnas.

1. _____ el país de origen de don Fernando
2. _____ el nombre de la primera esposa de don Fernando
3. _____ la persona que le escribió una carta a don Fernando
4. _____ el acontecimiento trágico que les separó a don Fernando y su primera esposa
5. _____ el país a que don Fernando se fue después de la guerra

a. México
b. la Guerra Civil española
c. España
d. Teresa Suárez
e. Rosario

Episodio 2: Día 2

Preparación para el vídeo

Actividad

¿Qué va a pasar?

Contesta las siguientes preguntas de acuerdo con lo que tú crees que va a pasar en este episodio.

1. ¿Quiénes van a conocerse (*meet each other*)?
2. ¿Quién va a viajar a Los Ángeles?
3. ¿Dónde va a quedarse (*to stay*) esa persona?
4. ¿Crees que van a llevarse bien (*get along well*) esas personas?

Actividad

¿Raquel, Lucía o las dos?

Ya sabes algo sobre Raquel y Lucía, pero en este episodio vas a saber más de ellas. ¿A quién crees que se refiere cada una de las descripciones a continuación, a Raquel (**R**), a Lucía (**L**) o a las dos (**D**)?

R   L   D   **1.** Es de México.
R   L   D   **2.** Es abogada.
R   L   D   **3.** Sus padres viven en Los Ángeles.
R   L   D   **4.** Vive en California.
R   L   D   **5.** Conoce a toda la familia Castillo.

¿Qué tal es tu memoria?

Actividad

La familia de don Fernando

Completa las siguientes oraciones sobre la familia de don Fernando. Usa las opciones de las listas de abajo. ¡OJO! No se usan todas las opciones.

1. Pedro Castillo era el _____ menor de don Fernando.
2. Don Fernando tenía una hija, que se llama _____, y tres hijos que se llaman _____, _____ y _____.
3. _____ es profesor de literatura y vive en _____.
4. Carlos vivía antes en _____, pero ahora Raquel no sabe con seguridad dónde vive.
5. Ramón y su esposa, _____, viven en La Gavia.
6. Juan está casado con _____.
7. _____ es la esposa de Carlos y tienen dos hijos, _____ y _____.
8. Carmen era la _____ de don Fernando. Murió años antes que él.

Los nombres: Carlitos, Carlos, Consuelo, Gloria, Juan, Juanita, Maricarmen, Mercedes, Pati, Ramón

Las relaciones familiares: esposo, esposa, hermano, hermana, hijo, hija

Los lugares: España, La Gavia, México, Miami, Nueva York

Lengua y cultura

Enfoque léxico   La familia

VOCABULARIO DEL TEMA

Miembros de la familia

| los esposos | el esposo/marido | husband |
| | la esposa/mujer | wife |

| los padres | el padre | father |
| | la madre | mother |

| los hijos | el hijo | son |
| | la hija | daughter |

| los hermanos | el hermano | brother |
| | la hermana | sister |

| los abuelos | el abuelo | grandfather |
| | la abuela | grandmother |

| los nietos | el nieto | grandson |
| | la nieta | granddaughter |

| los tíos | el tío | uncle |
| | la tía | aunt |

| los primos | el primo | (male) cousin |
| | la prima | (female) cousin |

| los sobrinos | el sobrino | nephew |
| | la sobrina | niece |

AMPLIACIÓN LÉXICA

Los parientes políticos

el suegro	father-in-law
la suegra	mother-in-law
el yerno	son-in-law
la nuera	daughter-in-law
el cuñado	brother-in-law
la cuñada	sister-in-law

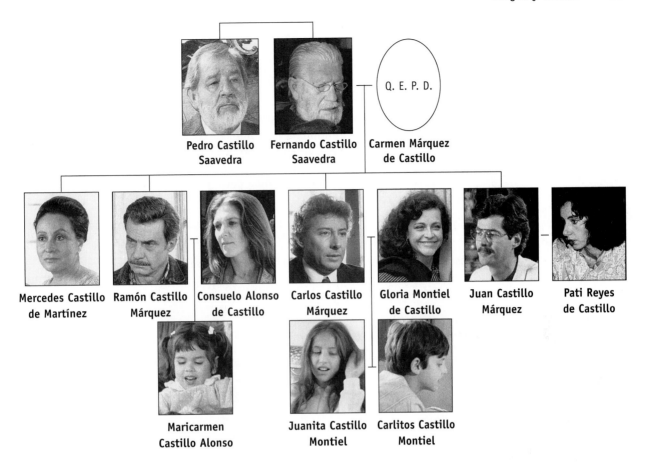

Pedro Castillo Saavedra

Fernando Castillo Saavedra

Q. E. P. D.

Carmen Márquez de Castillo

Mercedes Castillo de Martínez

Ramón Castillo Márquez

Consuelo Alonso de Castillo

Carlos Castillo Márquez

Gloria Montiel de Castillo

Juan Castillo Márquez

Pati Reyes de Castillo

Maricarmen Castillo Alonso

Juanita Castillo Montiel

Carlitos Castillo Montiel

Actividad **A**

La familia Castillo

Paso 1 Con un compañero / una compañera, háganse y contesten las siguientes preguntas, usando el árbol genealógico de la familia Castillo como referencia. ¡OJO! No todas las respuestas se refieren al parentesco (*family relationship*) entre los Castillo.

¡UN DESAFÍO! Trata de hacer la actividad sin mirar el árbol genealógico.

Episodio 2 of the CD-ROM to accompany *Nuevos Destinos* contains an activity based on the Castillo family tree.

1. ¿Cuál es el apellido completo de don Fernando?
2. ¿Cuál es el apellido de soltera de la esposa de don Fernando?
3. ¿Cuántos sobrinos tiene Pedro Castillo?
4. ¿Cuántos nietos tiene don Fernando?
5. ¿Cuántas hijas tiene don Fernando?
6. ¿Cuántos sobrinos tiene Juan Castillo?
7. ¿Quién es el padre de Maricarmen?
8. ¿Quiénes son los primos de Maricarmen?

Paso 2 Ahora, inventen preguntas para conseguir más información sobre la familia Castillo. Pueden usar las preguntas y respuestas del Paso 1 como punto de partida o pueden mirar el árbol genealógico para hacer las preguntas.

MODELO: E1: ¿Cómo se llama la esposa de don Fernando?
         E2: Se llama Carmen Márquez de Castillo.

REFRÁN

《 **De tal palo, tal astilla** 》 *

Actividad **B**

Mi árbol genealógico

Paso 1 ¿Cómo es tu familia? ¿Es grande? ¿pequeña? ¿Tienes muchos parientes? Descríbele tu familia a un compañero / una compañera. Dile los nombres de esas personas y el parentesco que cada una tiene contigo. Tu compañero/a tiene que dibujar (*draw*) tu árbol genealógico. Luego, tu compañero/a te va a describir su familia para que tú hagas un dibujo del árbol genealógico de él/ella.

MODELO: Tengo una familia bastante grande. Primero, están mis padres, Jack y Margaret. Tienen siete hijos: dos hombres y cinco mujeres...

Paso 2 Ahora mira el árbol genealógico que dibujó tu compañero/a. ¿Representa bien a tu familia?

NOTA *cultural* • *Los apellidos*

En los países hispánicos, es común usar dos apellidos. En un nombre, primero va el apellido del padre, y luego el de la madre. Mira esta parte del árbol genealógico de la familia Castillo. ¿Cuál es el apellido completo de don Fernando? ¿Cuál es el apellido de soltera[a] de doña Carmen?

Después de que se casó, Carmen era conocida como la señora de Castillo o Carmen de Castillo porque era la esposa de Fernando Castillo. De todas maneras, en todos sus documentos oficiales, tales como su pasaporte y su licencia de manejar, aparecía sólo su apellido de soltera. Esto se les aplica a las mujeres españolas y a otras hispanas también, pero el sistema varía de país en país.

¿Cuál es tu apellido completo, según el sistema hispánico?

[a]apellido... *maiden name*

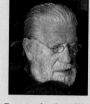

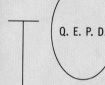

Q. E. P. D.

Fernando Castillo Saavedra —— **Carmen Márquez de Castillo**

Para pensar En los Estados Unidos, es cada vez más frecuente ver apellidos compuestos. ¿Es esta costumbre similar a la de los países hispánicos o es diferente?

---

*"Like father, like son." (lit. "From such a stick comes such a splinter.")

VOCABULARIO DEL TEMA

Los números ordinales

¿Quién era la **primera** esposa de don Fernando? No era Carmen; ella era la **segunda**. Rosario era su **primera** esposa.

Who was don Fernando's first wife? It wasn't Carmen; she was the second one. Rosario was his first wife.

The ordinal numbers from first to tenth in Spanish are:

primero/a   segundo/a   tercero/a   cuarto/a   quinto/a
sexto/a   séptimo/a   octavo/a   noveno/a   décimo/a

The final **-o** of **primero** and **tercero** is dropped before a singular masculine noun.

En el **primer** episodio, supimos del secreto de don Fernando. ¿Qué vamos a saber en el **tercer** episodio?

In the first episode, we learned about don Fernando's secret. What are we going to learn in the third episode?

Actividad

Mis parientes favoritos

Paso 1   Haz una lista de por lo menos cuatro de tus parientes favoritos y ponlos en orden de preferencia para ti. Piensa también en las razones por las cuales son tus parientes favoritos.

¡UN DESAFÍO!   Haz una lista de tus cinco parientes favoritos.

Paso 2   Trabajando con un compañero / una compañera, describe a cada uno de tus parientes en el orden de preferencia para ti y di por qué éste es uno de tus favoritos. Debes usar los números ordinales.

MODELO: Mi primer pariente favorito es mi tío Juan. Es mi favorito entre todos porque es muy cómico.

Enfoque cultural · La familia hispánica

Tanto en la cultura estadounidense como en la hispánica, la unidad familiar es muy importante. Sin embargo, los valores culturales influyen en la idea que tenemos de la familia. Aunque es una generalización, se puede decir que el concepto hispánico de la familia es más amplio[a] que el estadounidense porque incluye no sólo a la familia nuclear, es decir, a los padres e hijos, sino también

a los abuelos, tíos, primos, sobrinos y, a veces, a los compadres.* En el mundo hispánico, es muy común que algunos miembros de la familia «extendida» vivan en la misma casa. Esto ocurre, sobre todo, en el caso de los abuelos u otros parientes ancianos que necesitan de mucho cuidado personal o médico. La idea de mandar a los mayores a un sanatorio[b] es muy ajena[c] a la conciencia hispánica.

Una de las diferencias culturales más importantes en cuanto a la familia es el valor que se da al aspecto de la independencia. Mientras que en los Estados Unidos se considera esencial educar a los hijos para ser independientes, en los países hispánicos, la tendencia de los jóvenes de vivir aparte de su familia después de terminar sus estudios es menos común, ya que[d] muchos viven con sus padres hasta casarse. Y muchas veces, aun después de casarse, los hijos viven cerca de la casa de sus padres, como en el caso de Ramón Castillo. Sin embargo, hay muchas excepciones a esta norma, como ocurre con Carlos y Juan, los hijos de don Fernando que viven en los Estados Unidos.

[a]*broad*   [b]*rest home*   [c]*foreign*   [d]*ya... since*

Actividad

Encuesta: ¿En qué consiste la familia ideal?

Paso 1   Las afirmaciones a continuación expresan algunas ideas sobre lo que se considera lo ideal en una familia. Expresa tu opinión sobre estas ideas de la siguiente manera.

4 = super importante
3 = importante
2 = Me da igual (*It's all the same to me*) o no estoy seguro/a.

1 = poco importante
0 = nada importante

*****Los compadres** son **los padrinos** (*godparents*) de los hijos de uno. Por ejemplo, si un buen amigo es el padrino de tu hija, se dice que ese amigo es tu compadre. Esto significa que, en cuanto a tu hija, los dos hombres —el padre y el padrino— cumplen el papel de padre de ella, especialmente en el caso de que el padre se muera o sea incapaz de cuidarla.

a. _____ La familia ideal se reúne con frecuencia.

b. _____ Los miembros de la familia «extendida» también se ven con frecuencia.

c. _____ Los abuelos o tíos cuidan a los nietos cuando los padres no están en casa.

d. _____ Los miembros de la familia comen juntos por lo menos una vez al día.

e. _____ Celebran juntos los días festivos.

f. _____ Comparten los mismos intereses y se divierten juntos.

g. _____ Van de vacaciones juntos.

h. _____ La familia vive cerca de otros miembros de la familia (abuelos, tíos, etcétera).

i. _____ Cuando los abuelos no pueden cuidarse solos, viven con sus hijos.

j. _____ Cuando uno de los miembros tiene problemas económicos, lo ayudan los otros.

Paso 2   Suma los puntos del Paso 1 y encuentra tu calificación abajo.

Total: _____

De 27 a 40 puntos:

Eres una persona muy tradicional en cuanto a tu concepto de la familia. Las relaciones con otras personas pueden ser importantes, pero para ti, la familia viene primero. Te gusta la idea de vivir cerca de los parientes y de pasar mucho tiempo con ellos.

De 14 a 26 puntos:

Consideras que es bueno mantener buenas relaciones con tus parientes, sin depender demasiado de ellos. No te molesta la idea de vivir lejos de la familia, aunque te parece importante mantenerte en contacto con sus miembros y ayudarlos en caso de necesidad.

De 0 a 13 puntos:

Tienes ideas menos tradicionales en cuanto a la familia. Pones más importancia en la libertad y la autonomía del individuo que en los valores tradicionales de familia y hogar (_home_). Es posible que busques excusas para no pasar los días festivos con la familia. Y tal vez hayas tenido (_you may have had_) malas experiencias que afectan tu perspectiva de la familia ideal.

Paso 3   Ahora compara tus respuestas con las de los otros miembros de la clase. ¿Cuántos de la clase tienen ideas muy tradicionales? ¿menos tradicionales?

Para pensar

¿Qué piensas de la encuesta? ¿Crees que las afirmaciones representan bien el concepto de la familia? ¿Crees que la calificación que sacaste te describe adecuadamente? ¿Cuál de las afirmaciones es la más importante para ti?

Enfoque estructural

2.1   *¿Ser o estar?*

The English verb *to be* can be expressed by a number of verbs in Spanish. The two most common are **ser** and **estar**. In some expressions, a different verb is used (see **Enfoque estructural 6.3** for some examples using **tener**). In this chapter, you will learn some of the uses of **ser** and **estar**.

● **ser**

You have already seen and used forms of the verb **ser**. For a review of the forms, see **Enfoque estructural P.2**.

Ser can be used:

◾ to identify a person or object in various instances

> *origin:* Raquel Rodríguez **es** de Los Ángeles.
> *nationality:* ¿**Eres** (tú) mexicana?
> *profession:* Lucía Hinojosa y Raquel Rodríguez **son** abogadas.
> *relationship:* Raquel y Lucía **son** colegas.
> *physical characteristics:* Don Fernando **es** viejo.
> *personality traits:* Raquel **es** simpática.
> *definition or identification:* **Es** una telenovela llena de misterio.

◾ to express the time, date, and place of an event

> *time:* —¿Qué hora **es**?
> —**Es** la una. (**Son** las tres.)
> *date:* —¿Qué día **es** hoy?
> —Hoy **es** el cinco de octubre.
> *event:* —¿Dónde **es** el examen?
> —**Es** en este salón.

¡OJO! **Ser** is used when referring to the location of an event. —¿Dónde **es** la fiesta? —**Es** en mi casa.

◾ with **de** to indicate possession or the material that something is made of

> *possession:* —¿**De** quién **es** la hacienda La Gavia?
> —**Es de** la familia Castillo.
> *material:* La fuente del patio de la hacienda **es de** piedra.

◾ with **para** to indicate for whom something is intended

> *recipient:* La carta de Ramón **es para** Raquel.

Here are some useful expressions with **ser** to talk about families or family relationships.

Es soltero/a.	*He/She is single.*
Es viudo/a.	*He/She is a widower/widow.*

● **estar**

You have also seen and used **estar** in a number of situations. For a review of the forms of **estar**, see **Enfoque estructural 1.1.**

Estar can be used:

■ to tell the location of people and things

> ¿Dónde **está** la carta que escribió Teresa Suárez?

■ to talk about someone's health or feelings at a given moment

> *health:* —¿Cómo **está** Raquel?
> —**Está** cansada.
> *feelings:* Parece que **está** muy triste por la muerte de Pedro.

■ with the present progressive tense* to talk about something that is happening right now

> En este momento, Lucía y Raquel **están hablando** de la familia Castillo.

Here are some useful expressions with **estar** to talk about families or family relationships.

Está casado/a.†	*He/She is married.*
Está divorciado/a.	*He/She is divorced.*
Está vivo/a.	*He/She is alive (living).*

¡OJO! Many English speakers would express the opposite of **Está vivo/a** as **Está muerto/a**, but this is not entirely correct. The more common and correct phrase to express that someone is dead would be **(Ya) Murió** (*He/She [already] died.*)

¡OJO! Remember that **hay** is used to express *there is* or *there are*.

> En la familia Castillo **hay** tres nietos.   *There are three grandchildren in the Castillo family.*

Práctica   **A**

¿Ser o estar?

Completa las siguientes oraciones con la forma correcta del presente de **ser** o **estar**.

1. Este episodio de *Nuevos Destinos* _____ sobre la familia de don Fernando Castillo.
2. Don Fernando _____ de España, pero llegó a México hace muchos años.
3. Lucía y Raquel _____ tristes a causa de la muerte de Pedro.
4. Los hijos de don Fernando _____ Mercedes, Ramón, Carlos y Juan.
5. El secreto de don Fernando _____ en una carta importante.
6. El gran misterio ahora _____ Rosario: ¿dónde _____ ella ahora?
7. Lucía _____ en Los Ángeles para informarse sobre la familia Castillo.

---

*You will learn more about the progressive tenses in **Enfoque estructural 6.2.**
†In some Spanish-speaking countries, people tend to say **Es casado/a.** Although both are correct, they tend to mean slightly different things. **Está casado/a** usually means *He/She is married,* while **Es casado/a** generally translates as *He/She is a married person.*

Práctica **B**

Hablando de tu mejor amigo/a

Paso 1   Con un compañero / una compañera, háganse y contesten preguntas sobre el mejor amigo / la mejor amiga de cada uno/a. Usen las indicaciones de abajo para formar sus preguntas.

¡UN DESAFÍO!   Inventen tres preguntas originales para hacerle a tu compañero/a.

MODELO: ¿quién? →
E1: ¿Quién es tu mejor amigo o amiga?
E2: Es Jenny.

¿lugar ahora? →
E1: ¿Dónde está Jenny ahora?
E2: Está en Arizona.

1. ¿quién?
2. ¿de dónde?
3. ¿lugar ahora?
4. ¿personalidad?
5. ¿características físicas?
6. ¿estado civil (*marital status*)?

Paso 2   Trabajando con otra pareja, cuéntales cómo es el mejor amigo / la mejor amiga de tu compañero/a.

MODELO: La mejor amiga de Terri es Jenny. Ahora Jenny está en Arizona, pero es de Massachusetts...

2.2 Adjetivos y pronombres demostrativos

Los adjetivos demostrativos

The function of demonstrative adjectives is to point out (demonstrate) nouns. In English, there are four demonstrative adjectives; *this, that, these,* and *those.* Notice that English demonstrative adjectives show number agreement. In Spanish, demonstrative adjectives must agree in number *and* gender with the noun they modify. In Spanish, there is also a way to indicate something far away from the speaker and/or listener (**aquel** and its various forms).

<table>
<tr><td colspan="5" align="center">LOS ADJETIVOS DEMOSTRATIVOS</td></tr>
<tr><td colspan="2" align="center">SINGULAR</td><td></td><td colspan="2" align="center">PLURAL</td></tr>
<tr><td>*this*</td><td>**este** libro</td><td>**esta** mesa</td><td>*these*</td><td>**estos** libros</td><td>**estas** mesas</td></tr>
<tr><td rowspan="2">*that*</td><td>**ese** libro</td><td>**esa** mesa</td><td rowspan="2">*those*</td><td>**esos** libros</td><td>**esas** mesas</td></tr>
<tr><td>**aquel** libro (allí)</td><td>**aquella** mesa (allí)</td><td>**aquellos** libros (allí)</td><td>**aquellas** mesas (allí)</td></tr>
</table>

Episodio 2 of the CD-ROM to accompany *Nuevos Destinos* contains information and an activity on La Gavia.

La Gavia es una hacienda hermosa. **Esta** fuente está en el patio principal. **Esa** capilla era uno de los lugares favoritos de don Fernando. Y **aquella** muralla al otro lado del patio rodea toda la propiedad.

La Gavia is a beautiful estate. This fountain is in the main patio. That chapel was one of don Fernando's favorite places. And that wall (over there) on the other side of the patio surrounds the entire property.

The neuter forms **esto, eso,** and **aquello** are used to refer to an idea, concept, or a noun of unknown gender.

¿Qué es **esto**?	*What is this?*
No sé nada de **eso**.	*I don't know anything about that.*
¡Aquello es terrible!	*That's terrible!*

Los pronombres demostrativos

The same demonstrative forms can be used as pronouns to say *this one, that one, these* or *those*. An accent mark is added to indicate that the adjective is being used as a pronoun.*

Aquel hombre en el fondo es don Fernando y **ésos** son sus hijos y los esposos de ellos.

That man in the background is don Fernando and those (people) are his children and their spouses.

Práctica

¿Quiénes son?

Con un compañero / una compañera, háganse y contesten por lo menos cinco preguntas según el modelo en la siguiente página. Indica quién es cada persona y su parentesco con respecto a don Fernando.

---

*According to the **Real Academia de la Lengua** of Spain, it is now acceptable to omit the accent on these forms when context makes the meaning clear and no ambiguity is possible.

¡UN DESAFÍO!   En vez de señalar con el dedo (*pointing*) a las personas en las fotos, descríbelas.

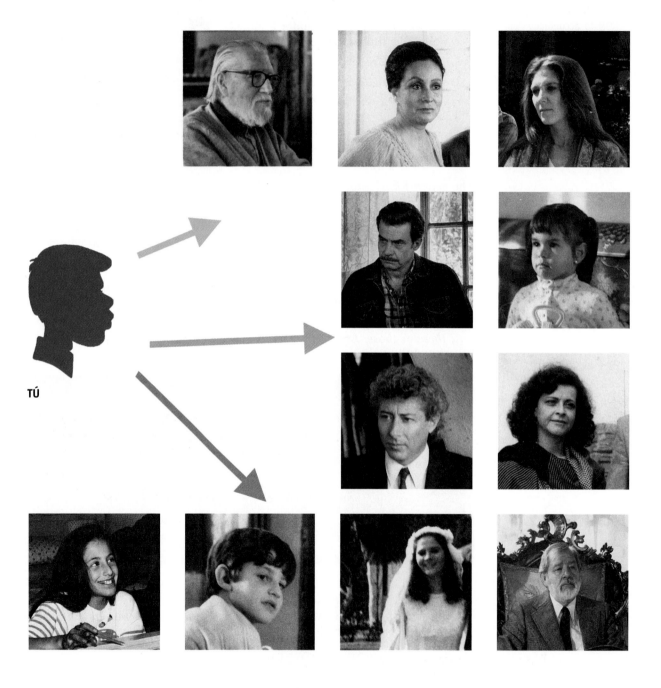

TÚ

MODELO: E1: ¿Quién es *este* hombre viejo?
           E2: Es don Fernando.
           E1: ¿Y quiénes son *aquellos* niños?
           E2: Son Juanita y Carlitos, nietos de don Fernando.

2.3 Los complementos directos; la *a* personal

Los complementos directos y sus pronombres

In Spanish, just as in English, a direct object indicates *whom* or *what* receives the action of a verb.

Don Fernando recibió una carta.   *Don Fernando received a letter.*

In the above sentence, **una carta** answers the question "Whom or what did don Fernando receive?"; thus, it is the direct object of the sentence.

A direct object pronoun can be used to avoid repeating a noun that has already been mentioned. The pronoun used must agree in number and gender with the noun it replaces. It is placed before a conjugated verb and can be attached to an infinitive.

LOS PRONOMBRES DE COMPLEMENTO DIRECTO			
me	me	**nos**	us
te	you (*fam. sing.*)	**os**	you (*fam. pl., Sp.*)
lo	you (*form. sing.*), him, it (*m.*)	**los**	you (*form. pl.*), them (*m., m.* + *f.*)
la	you (*form. sing.*), her, it (*f.*)	**las**	you (*form. pl.*), them (*f.*)

For example, your teacher may ask, "**¿Tienes tu libro?**" You could answer, "**Sí, tengo *mi libro*,**" but it sounds more natural to respond, "**Sí, *lo* tengo,**" because you both know that you are talking about the book.

La *a* personal

When the direct object of a verb is a person, the **a personal** is used.

—¿Viste **a** tu mamá ayer?   *Did you see your mom yesterday?*
—Sí, **la** vi.   *Yes, I saw her.*

Note that when you answer the question with a direct object pronoun, the **a personal** is not used.

¡OJO! The **a personal** has no English equivalent.
Observe the use of the **a personal** from the following conversation between Raquel and Lucía in Episodio 2.

RAQUEL: ¿Conoces **a** todos los miembros de la familia Castillo?
LUCÍA: No, no **a** todos.

Práctica

Preguntas sobre la historia

Paso 1   Para cada pregunta a continuación, identifica el complemento directo.

MODELO: ¿Quién escribe la carta con malas noticias sobre Pedro Castillo? →
la carta

1. ¿Quién guarda el secreto por muchos años?
2. ¿Quién escribe la carta sobre Rosario y su hijo?
3. ¿Quién contrata a Raquel para la investigación?
4. ¿Quién visita muchos países durante la investigación?
5. ¿Dónde enseña literatura Juan?
6. ¿Quién toma el vuelo a Los Ángeles para hablar con Raquel?
7. ¿Quién cuenta la historia de la familia Castillo?
8. ¿Quién tiene muchos documentos sobre don Fernando y su familia?

Paso 2   Ahora contesta las preguntas del Paso 1, reemplazando los complementos directos con pronombres.

MODELO: ¿Quién escribe la carta con malas noticias sobre Pedro Castillo? →
La escribe Ramón Castillo.

Práctica

Preguntas personales

Con un compañero / una compañera, háganse y contesten las siguientes preguntas, usando pronombres del complemento directo.

1. ¿Dónde estudias el español, generalmente?
2. ¿Con quién o quiénes practicas el español?
3. ¿Cómo escribes tus composiciones, en una computadora o a mano?
4. Por lo general, ¿cuándo haces la tarea, por la mañana o por la noche?
5. ¿Con qué frecuencia ves a tus padres (hijos, abuelos, tíos...)?
6. ¿Con quién o quiénes ves los episodios de *Nuevos Destinos*?
7. ¿Con qué frecuencia escribes cartas?

2.4   Los comparativos y superlativos

Comparaciones de desigualdad

REFRÁN

《《*Más* vale pájaro en mano *que* cien volando.》》*

● When we speak about the qualities of people, places, things, or general concepts, we often like to make comparisons. These comparisons may be made by using the following pattern.

$$\left.\begin{array}{l} \text{más} \\ \text{menos} \end{array}\right\} + \left\{\begin{array}{l} \textit{adjective} \\ \textit{noun} \\ \textit{adverb} \end{array}\right\} + \text{que}$$

---

*"A bird in the hand is worth two in the bush."

El estado de California es **más grande que** el estado de Nuevo México.

California is bigger than New Mexico.

En Idaho hay **menos hispanohablantes que** en Arizona.

In Idaho there are fewer Spanish speakers than in Arizona.

En Los Ángeles se oye hablar español **más frecuentemente que** en Portland.

In Los Angeles you hear Spanish more often than in Portland.

The following irregular comparatives are exceptions to the formula above and do not include the word **más.**

mejor better	**menor** younger
peor worse	**mayor** older

Raquel es **mayor que** Lucía.

Raquel is older than Lucía.

Comparaciones de igualdad

To make a comparison of equality using an adjective or adverb, the following pattern is used.

$$\textbf{tan} + \begin{Bmatrix} adjective \\ adverb \end{Bmatrix} + \textbf{como}$$

Mercedes está **tan triste como** sus hermanos por la muerte de su tío.

Mercedes is as sad as her brothers about the death of their uncle.

Lucía ejerce su profesión **tan bien como** Raquel.

Lucía practices her profession as well as Raquel (does).

To make a comparison of equality using a noun, use the form of **tanto** that agrees with the noun to which it refers. Use the following formula.

tanto/a/os/as + *noun* + **como**

La Gavia tiene **tantas habitaciones como** algunos hoteles.

La Gavia has as many bedrooms as some hotels (do).

Los superlativos

 To indicate that something is the "most" or "least" in a category, a formula similar to that of comparatives is used. However, for superlatives a definite article and noun are used with an adjective, and the word **de** replaces **que** in the formula. The article must agree in number and gender with the noun to which it refers.

el/la/los/las + *noun* + **más/menos** + *adjective* + **de**

Para la familia Castillo, La Gavia es **la hacienda más bonita de** todo México.	*For the Castillo family, La Gavia is the most beautiful estate in all of Mexico.*

Superlatives can also be used with irregular comparatives. In this case, you simply use the definite article with an irregular comparative plus **de**.

Juan es **el menor de** los hermanos Castillo.	*Juan is the youngest of the Castillo siblings.*

Práctica **A**

Haciendo comparaciones

Escribe por lo menos cinco oraciones en las que haces comparaciones entre las personas del siguiente dibujo.

Mickey
21 años

Ana
23 años

Práctica **B**

En la clase de español

Paso 1   Escribe oraciones en las que identificas a un compañero / una compañera de clase que es...

1. el/la más alto/a
2. el/la más cómico/a
3. el/la más extrovertido/a
4. el/la más hablador(a) (*talkative*)
5. el/la más serio/a

Paso 2   Ahora escribe dos oraciones que te describen a ti, usando las oraciones del Paso 1 como modelo. ¡Sé (*Be*) honesto/a!

Para terminar

Actividad final | Haciendo papeles

En este capítulo, repasaste el tema de la familia en general y supiste (*you found out*) más sobre la familia Castillo en particular. En esta actividad final, vas a trabajar con otra persona para resumir los detalles de la familia Castillo y de la investigación que Raquel llevó a cabo (*carried out*) hace cinco años.

Paso 1 Con un compañero / una compañera, escojan una de las siguientes tres situaciones para hacer los papeles de los personajes indicados.

Situaciones:

1. **Raquel** le cuenta a **Lucía** la historia de don Fernando y las razones por las cuales hizo su investigación original.
2. **Pedro** le cuenta a **Raquel** la historia de la carta que don Fernando recibió de Teresa Suárez. Piensa contratar a Raquel para hacer la investigación.
3. **Don Fernando** le cuenta a su hermano **Pedro** de la carta que acaba de recibir de Teresa Suárez. Le pide consejos (*advice*) a su hermano, que también es su abogado, sobre la mejor manera de saber la verdad de la carta.

Paso 2 Entre los/las dos, determinen quién va a hacer cada papel. Si vas a hacer el papel de un personaje que recibe información, haz una lista de por lo menos cinco preguntas que puedes hacerle a la otra persona. Si tu personaje es uno que le da datos (*information*) importantes al otro, haz una lista de esos datos.

Paso 3 Ahora interpreten los papeles en un diálogo breve. Deben tratar de incluir tantos detalles como puedan. Si tu profesor(a) lo desea (*wishes*), pueden hacer el diálogo para la clase entera.

Paso 4

¡UN DESAFÍO! En una composición breve, explica la decisión que toma don Fernando (la de ir en busca de una señora a quien no conoce). Debes expresar tu punto de vista sobre esa decisión, incluyendo las razones por las cuales estás de acuerdo con él o no.

Vocabulario

Los verbos

conocer (*irreg.*) — to know, be familiar with; to meet

Repaso: estar, ser

La familia

el/la abuelo/a	grandfather, grandmother
el/la esposo/a	husband, wife
el/la hermano/a	brother, sister
el/la hijo/a	son, daughter
la madre	mother
el marido	husband
la mujer	wife
el/la nieto/a	grandson, granddaughter
el padre	father
el/la primo/a	cousin
el/la sobrino/a	nephew, niece
el/la tío/a	uncle, aunt

Expresiones para referirse a las personas

es soltero/a	he/she is single
es viudo/a	he/she is a widower/widow
está casado/a	he/she is married
está divorciado/a	he/she is divorced
está vivo/a	he/she is alive (living)
(ya) murió	he/she (already) died

Otras palabras y expresiones útiles

el apellido	last name, family name
el apellido de soltera	maiden name
el estado civil	marital status
el parentesco	family relationship
unido/a	close, close-knit

Los números ordinales

primer(o/a), segundo/a, tercer(o/a), cuarto/a, quinto/a, sexto/a, séptimo/a, octavo/a, noveno/a, décimo/a

Los adjetivos demostrativos

este/a, estos/as
eso/a, esos/as
aquel, aquella, aquellos/as

eso, esto, aquello

Los pronombres demostrativos

éste/a, éstos/as
éso/a, ésos/as
aquél, aquélla, aquéllos/as

Los comparativos

más... que	more . . . than
menos... que	less . . . than
tan... como	as . . . as
tanto/a/os/as... como	as much/many . . . as
mejor	better
peor	worse
mayor	older
menor	younger

Los superlativos

el/la mejor	the best
el/la peor	the worst
el/la mayor	the oldest
el/la menor	the youngest

3

EL viaje comienza

METAS

LA TRAMA

Día 2 (*continuación*): Raquel tells Lucía about the beginning of her investigation, which took her first to Sevilla and then to Madrid. Raquel describes the obstacles she encountered while attempting to locate the woman who wrote don Fernando the important letter. As Raquel tells Lucía about her trip, an important package arrives for Lucía. What could it be?

RAQUEL: ¿La Sra. Suárez nunca le habló de Rosario o de don Fernando?
ELENA: No. Nunca. Jamás. Posiblemente le haya mencionado algo a mi esposo.

CULTURA

As you work through the chapter, you will also find out about
- holiday bonuses in Spanish-speaking countries (**Nota cultural: El aguinaldo**)
- "education" in Spanish-speaking countries (**Nota cultural: La «educación» en los países hispánicos**)
- two distinct regions of Spain (**Enfoque cultural: Dos regiones de España: Castilla y Andalucía**)

COMUNICACIÓN

In this chapter of *Nuevos Destinos,* you will
- talk about education and professions (**Enfoque léxico: El trabajo**)
- describe actions completed in the past (**Enfoque estructural 3.1**)
- talk about how long something has been happening or how long ago something happened (**3.2**)
- use **por** and **para** to express a number of situations (**3.3**)

El vídeo

Actividad **A** **Lucía Hinojosa**

Paso 1 En el Episodio 2, supiste algo más sobre Lucía Hinojosa. Lee las siguientes oraciones e indica si son ciertas (**C**) o falsas (**F**).

C F **1.** Lucía nació en México pero ahora vive en California.
C F **2.** Ella es menor que Raquel.
C F **3.** Lucía era la asistente de Raquel durante la investigación original.
C F **4.** La familia de Lucía vive en Los Ángeles.
C F **5.** Ella es una sobrina de Pedro Castillo.

Paso 2 Ahora compara tus respuestas con las de un compañero / una compañera de clase.

Actividad **B** ▶ *Hace cinco años* ◀ **La familia de don Fernando**

Paso 1 Raquel le contó a Lucía muchos detalles de la familia de don Fernando. ¿A quién se refiere cada una de las siguientes oraciones? Escoge entre los nombres de la lista. **¡OJO!** No se usan todas los nombres.

¡UN DESAFÍO! Trata de recordar los nombres sin mirar la lista de opciones.

1. Era el hermano menor de don Fernando.
2. Es profesor de literatura en Nueva York.
3. Está casado con Gloria.
4. Es la esposa de Ramón.
5. Es la única hija de don Fernando.
6. Era la madre de cuatro hijos de don Fernando.
7. Son los hijos de Carlos.
8. Es la esposa de Juan.
9. Era la primera esposa de don Fernando.
10. Es el hijo mayor de don Fernando.

Nombres: Carlitos, Carlos, Carmen, Consuelo, Gloria, Juan, Juanita, Maricarmen, Mercedes, Pati, Pedro, Ramón, Rosario

Paso 2 Con un compañero / una compañera, comparen sus respuestas. ¿Acertaron (*Did you get right*) todas las respuestas? Si no las acertaron todas, hagan los cambios necesarios.

Episodio 3: Día 2 (*continuación*)

Preparación para el vídeo

Actividad A

¿Qué le va a contar Raquel a Lucía?

En este episodio Raquel continúa relatando información sobre la investigación de la carta de Teresa Suárez. ¿Qué crees que le va a decir a Lucía? Indica lo que crees para cada una de las siguientes frases.

Raquel le va a dar a Lucía información sobre...

_____ el destino (*fate*) de Rosario, la primera esposa de don Fernando
_____ la amistad (*friendship*) entre Teresa Suárez y Rosario
_____ los padres de don Fernando
_____ la autenticidad de la carta de Teresa Suárez

Actividad B

La búsqueda de Teresa Suárez

¿Cómo va a ser la búsqueda que hace Raquel para encontrar a Teresa Suárez? Lee las siguientes oraciones e indica tu opinión sobre cada una de ellas.

Opiniones:

a. Es muy probable.
b. Es posible, pero lo dudo.
c. ¡Imposible! Eso no va a pasar.

1. _____ Raquel va a encontrar a Teresa Suárez en el lugar de la dirección de la carta.
2. _____ Raquel va a descubrir que Teresa Suárez ya murió.
3. _____ Raquel va a conocer a una persona llamada Teresa Súarez, pero no va a ser la misma (*the same one*) que le escribió una carta a don Fernando.
4. _____ Raquel va a tener que viajar a otra ciudad para conocer a Teresa Suárez.
5. _____ Un hijo de Teresa Suárez va a llevar a Raquel a la casa de su madre.
6. _____ Ramón le va a recomendar a Raquel que suspenda (*that she temporarily stop*) la búsqueda.

¿Qué tal es tu memoria?

Actividad **A**

In **Episodio 3** of the CD-ROM to accompany *Nuevos Destinos,* you can listen to and watch a summary of Raquel's train trip from Sevilla to Madrid.

▶ *Hace cinco años* ◀ **«Ando buscando a una señora»**

¿Qué pasó en Sevilla hace cinco años? Indica si las siguientes afirmaciones son ciertas (**C**) o falsas (**F**). Si son falsas, modifícalas para que sean ciertas.

C F **1.** Raquel va al Barrio de Triana en tren.
C F **2.** Raquel busca el número 21 de la calle Pureza.
C F **3.** En la calle, Raquel conoce a los hijos de Teresa Suárez.
C F **4.** Los chicos dicen que ahora Teresa Suárez vive en Barcelona.
C F **5.** En el mercado, Raquel conoce a Elena Ramírez, la nuera de Teresa Suárez.
C F **6.** Esa misma noche, conoce a Miguel Ruiz, esposo de Elena.
C F **7.** Raquel tiene que viajar a Madrid para hablar con Teresa Suárez.

Actividad **B**

▶ *Hace cinco años* ◀ **De Sevilla a Madrid**

Paso 1 Los siguientes acontecimientos tienen que ver (*have to do*) con el viaje que toma Raquel de Sevilla a Madrid. Pon los acontecimientos en el orden cronológico apropiado, del 1 al 7.

_____ Raquel conoce a Alfredo Sánchez, un reportero.
_____ Raquel deja su cartera en el taxi.
_____ El tren de Raquel llega a Madrid después de un viaje de seis horas y media.
_____ Alfredo le acompaña a Raquel hasta la parada de taxis (*taxi stand*).
_____ Raquel se despide de (*says good-bye to*) la familia Ruiz.
_____ Raquel conoce a Federico Ruiz, uno de los hijos de Teresa Suárez.
_____ Alfredo le hace muchas preguntas a Raquel en el vagón comedor (*dining car*).

Paso 2

⬤ ¡UN DESAFÍO! En un párrafo breve, describe lo que pasó en el viaje de Raquel de Sevilla a Madrid. No te olvides de usar palabras de transición como **primero, luego, antes** (**de**)**, después** (**de**)**,** etcétera.

Lengua y cultura

VOCABULARIO DEL TEMA

Las profesiones y los oficios

Pati: *profesora*

Raquel y Pedro: *abogados*　　　　**Roberto:** *taxista*

Jaime y Miguel: *estudiantes*　　　　**Alfredo:** *reportero*

Profesiones

el/la contador(a)	accountant	el/la trabajador(a) social	social worker
el/la enfermero/a	nurse		
el hombre / la mujer de negocios	businessman, businesswoman	el/la traductor(a)	translator
el/la maestro/a	teacher		
el/la periodista	journalist		
el policía / la mujer policía	policeman, policewoman		

Cognados: el/la arquitecto/a, el/la banquero/a, el/la dentista, el/la ingeniero/a, el/la médico/a, el/la piloto/a, el/la psicólogo/a, el/la psiquiatra, el/la veterinario/a

Oficios

el bombero/la mujer bombero	firefighter
el/la cajero/a	cashier
el/la cartero/a	mail carrier
el/la cocinero/a	cook
el/la comerciante	merchant
el/la mesero/a	server (*restaurant*)
el/la obrero/a	worker
el/la peluquero/a	hairstylist
el/la vendedor(a)	salesperson

Cognados: **el/la carpintero/a, el/la electricista, el/la fotógrafo/a, el/la mecánico/a, el/la músico, el/la pintor(a), el/la plomero/a, el/la secretario/a, el/la técnico/a**

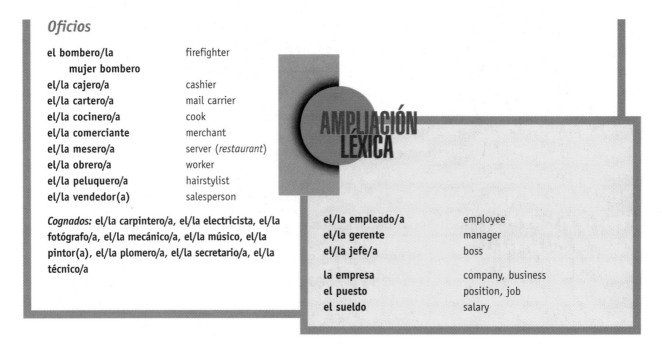

AMPLIACIÓN LÉXICA

el/la empleado/a	employee
el/la gerente	manager
el/la jefe/a	boss
la empresa	company, business
el puesto	position, job
el sueldo	salary

Actividad **A**

¿Para qué carrera estudias?

Paso 1 En grupos de cuatro estudiantes, busquen la siguiente información sobre cada uno de los miembros del grupo.

MODELO: Megan está en segundo año y estudia para enfermera.*

NOMBRE	AÑO	CARRERA

Paso 2 Ahora determinen cuáles son las tres características más importantes para cada una de las especializaciones de los miembros del grupo. Pueden escoger entre las cualidades de la lista en la siguiente página.

---

*When talking about professions in this manner, the verb **ser** is often implied and can be omitted: **...estudia para (ser) enfermera.**

MODELO: Para ser buena enfermera, uno debe ser puntual, paciente y eficiente.

Cualidades: agresivo/a, ambicioso/a, curioso/a, discreto/a, eficiente, entusiasta, honesto/a, independiente, inteligente, organizado/a, paciente, puntual, responsable, serio/a

¿Cuáles son las características necesarias para ser reportero?

Actividad

Descripciones

Con un compañero / una compañera, hagan descripciones de profesiones u oficios, sin decir cuáles son. La otra persona tiene que adivinar (*guess*) qué profesión u oficio se describe. Cada persona debe hacer por lo menos tres descripciones.

MODELO: E1: Esta persona ayuda a cuidar a las personas enfermas. Generalmente lleva ropa blanca. Hoy en día hay cada vez más hombres que ejercen esta profesión.
E2: ¿Es un enfermero o una enfermera?
E1: ¡Sí!

NOTA *cultural* • *El aguinaldo*

E n muchos países hispánicos, los empleados reciben un aguinaldo que representa el equivalente del sueldo que uno gana en quince días[a] de trabajo. El propósito de ese dinero es agradecer[b] al empleado / a la empleada por el trabajo que hace y ayudarlo/la con los gastos extras que tiene durante la época de Navidad. También existe una ley que obliga a una empresa a darles a los empleados que renuncian a[c] su puesto o que son despedidos[d] un porcentaje de su sueldo de acuerdo con el número de años que trabajó en esa empresa.

[a]quince... dos semanas [b]*to thank* [c]renuncian... *quit* [d]*fired*

Para pensar ¿Existe en este país la costumbre de darles un aguinaldo a los empleados? ¿Te parece que es una buena idea? ¿Por qué? Y a las personas de este país que renuncian a su puesto, ¿también se les da un porcentaje de su sueldo? ¿Bajo qué circunstancias?

VOCABULARIO DEL TEMA

Las especializaciones y las materias

Las ciencias naturales y las matemáticas

el álgebra	el cálculo
la anatomía	la física
la astronomía	la geometría
la biología	la química

Las ciencias sociales

la antropología	la geografía
las ciencias políticas	la historia
las comunicaciones	la psicología
la economía	la sociología

Hace cinco años, Miguel Ruiz Ramírez tenía siete materias, pero sus favoritas eran las ciencias naturales.

Las humanidades

el arte	las lenguas extranjeras	la música	el teatro
la filosofía	la literatura	la religión	

Actividad

¿Qué se necesita* estudiar?

Paso 1 Indica las materias que uno debe estudiar para ejercer cada una de las profesiones a continuación.

MODELO: médico/a →
Se debe estudiar la anatomía, la biología y la química.

Profesiones: contador(a), ingeniero/a, hombre/mujer de negocios, maestro/a, periodista, psiquiatra, traductor(a)

Paso 2 Comparte tus ideas con un compañero / una compañera. ¿Indicaron Uds. las mismas materias para cada profesión?

Paso 3 Ahora todos de la clase deben preguntarle a su profesor(a) qué materias se estudian para ser profesor(a) de español.

---

*The phrase **se necesita** may be translated in English as *one needs,* as in "What does one need to study?" This use of **se**, known as the **se impersonal**, will be presented in **Enfoque estructural 5.3.**

NOTA *cultural* • *La «educación» en los países hispánicos*

Cuando se piensa en la palabra **educación**, lo primero que viene a la mente es la escuela. Pero en español, la palabra **educación** se refiere al proceso total de educar[a] al individuo. Por lo tanto, se usa la expresión «mal educada» para describir a una persona grosera[b] o a alguien que no tiene buenos modales.[c] Para referirse sólo a la instrucción que uno recibe en la escuela, es común usar la palabra **enseñanza**.

[a]preparar la inteligencia y el carácter de los niños para poder participar en la sociedad   [b]*rude*   [c]*manners*

Enfoque cultural

Dos regiones de España: Castilla y Andalucía

In **Episodio 3** of the CD-ROM to accompany *Nuevos Destinos,* you can work with an atlas that shows the geography of Spain.

España es un país de contrastes. Políticamente se divide en diecisiete comunidades autónomas,[a] cada una con determinadas características geográficas y culturales y, en el caso de algunas, con su propia lengua. A continuación, vas a examinar dos de ellas: Castilla, en la parte central del país, y Andalucía, al sur. Ambas son ricas en historia y tradiciones.

Castilla

La región de Castilla consiste en dos comunidades: Castilla–León y Castilla–La Mancha. Entre las dos, hay otra comunidad llamada Madrid, donde se encuentra la capital del país. Las dos Castillas toman su nombre de los famosos castillos[b] españoles que datan de la época histórica llamada la Reconquista (718–1492). Durante esta etapa los cristianos españoles luchaban por reconquistar la península ocupada entonces por los musulmanes,[c] quienes habían invadido España desde África.

Castilla–León, con sus antiguas ciudades medievales, fue una de las primeras regiones en ser recuperadas por los cristianos y, por consiguiente, representa la España tradicional. Salamanca, en donde se encuentra la primera universidad española, Segovia con su acueducto romano, y Ávila con sus muros[d] antiguos, son ciudades típicas de Castilla–León. Varios sistemas de montañas separan los muchos pueblos pequeños de esta región.

Castilla–La Mancha está en una meseta alta en donde el clima es, por lo general, seco y árido. Los molinos de viento[e] (hechos famosos por Miguel de Cervantes en su novela *Don Quijote*) se usan para extraer agua para regar los cultivos[f] de cereales, uvas[g] y aceitunas.[h] En esta región está la ciudad de Toledo, antigua capital de España e importante centro musulmán durante la Reconquista.

[a]comunidades... *autonomous regions (similar to states in the U.S.)*   [b]*castles*   [c]*Moslems or Moors*   [d]*city walls*   [e]molinos... *windmills*   [f]regar... *irrigate the crops*   [g]*grapes*   [h]*olives*

Madrid es el centro de la vida política del país. Es una ciudad animada, llena de cafés al aire libre, cines, plazas y jardines públicos, museos y teatros, en donde es común que, a la una de la mañana, las calles sigan llenas de gente. Es notable que, a pesar de ser una ciudad de más de cuatro millones de habitantes, mantiene un ambiente acogedor[i] que atrae a muchos turistas.

Andalucía

Andalucía, cuyo[j] nombre viene del que le dieron los árabes —Al Andalus—, está situada en el extremo sur del país. Ésta es la España de los carteles turísti-

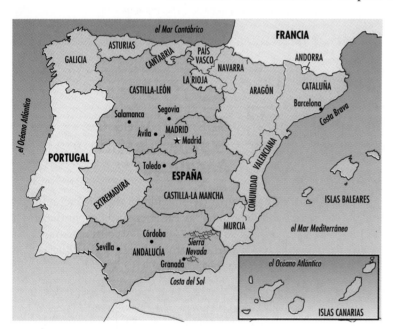

cos: tierra de la música y el baile flamencos, de gitanos[k] y de corridas de toros. El clima de esta región es cálido[l] y se presta al cultivo de naranjas, aceitunas, maíz, trigo[m] y hasta caña de azúcar. Aquí se encuentran las playas de la Costa del Sol, destino de la mayoría de los turistas que visitan el país cada año.

En esta comunidad, hay muchos ejemplos magníficos de la refinada arquitectura de la cultura árabe: la Alhambra, el palacio del último rey musulmán en España, en Granada; La Giralda, la Torre del Oro y el Alcázar, en Sevilla; la impresionante Mezquita, originalmente un templo musulmán, en Córdoba. Esta última ciudad era la capital de la España musulmana y en ella se reunían los sabios[n] y escritores más importantes de la época. Su universidad era famosa y era el centro de estudio de la medicina en Europa. Sevilla, un puerto fluvial,[o] era, durante la época colonial, el destino de los barcos que volvían del Nuevo Mundo cargados[p] de oro, plata y productos exóticos.

[i]ambiente... *friendly atmosphere*   [j]*whose*   [k]*gypsies*   [l]*warm*   [m]*wheat*   [n]*scholars*   [o]*river*   [p]*loaded*

Actividad

Una comparación entre dos países

En los Estados Unidos, como en España, hay regiones que se diferencian por su geografía, su clima y su cultura.

Paso 1   En grupos de tres o cuatro estudiantes, nombren dos regiones diferentes de los Estados Unidos (las costas del oeste o del este, el suroeste, el sur, etcétera). Luego, describan la geografía, el clima, los productos agrícolas que se cultivan y algunos aspectos de la cultura de esas regiones.

Paso 2 Ahora contesten las siguientes preguntas.

1. ¿Cuáles son las semejanzas y diferencias entre las dos regiones de España presentadas en el Enfoque cultural y las dos regiones que escogió el grupo?
2. En cuanto a la cultura, ¿en qué categorías se ve la influencia de los varios grupos de inmigrantes?

   ☐ la comida   ☐ la arquitectura   ☐ ¿ ?
   ☐ la lengua   ☐ los días festivos

¡UN DESAFÍO!   Den ejemplos específicos para cada categoría.

Paso 3 Presenten los resultados de su discusión de los Pasos 1 y 2 al resto de la clase. Comparen las presentaciones de los otros grupos. ¿Cuántas regiones distintas se mencionaron? Para las regiones que mencionaron varios grupos, ¿coincidieron en nombrar los mismos aspectos de esas regiones en cuanto a la cultura?

Enfoque estructural

3.1   Hablando del pasado usando el pretérito

Spanish has two simple past tenses: the preterite and the imperfect. (The imperfect tense is presented in **Enfoque estructural 6.1.**) To talk about events begun and completed in the past, the preterite tense is used. The preterite of regular verbs is formed by replacing the infinitive ending with preterite endings, according to the chart below. Note that **-er** and **-ir** verbs have the same endings.

-ar	-er	-ir
estudiar	comer	decidir
estudié	comí	decidí
estudiaste	comiste	decidiste
estudió	comió	decidió
estudiamos	comimos	decidimos
estudiasteis	comisteis	decidisteis
estudiaron	comieron	decidieron

Cambios ortográficos

For verbs ending in **-car, -gar,** and **-zar,** the last letter in the verb stem undergoes a change in the first-person singular (**yo**) form of the preterite.

> buscar: bus**qué,** buscaste, buscó...
> llegar: lle**gué,** llegaste, llegó...
> comenzar: comen**cé,** comenzaste, comenzó...

Other common verbs of this type that you have seen and used include the following.

> **-car:** explicar, practicar, sacar, tocar
> **-gar:** jugar, pagar
> **-zar:** almorzar, empezar

-Ar and **-er** stem-changing verbs in the present tense do not have the stem change in the preterite.

	PRESENT	PRETERITE
cerrar (e → ie) **encontrar** (o → ue)	tú cierras yo encuentro	tú cerraste yo encontré

Cambios radicales

For **-ir** verbs that have a stem change in the present tense, the stem vowel in the preterite changes from **e → i** or from **o → u** only in the third-person singular and plural forms.

	PRESENT	PRETERITE
preferir (ie, i)*	él prefiere Uds. prefieren	él prefirió Uds. prefirieron
dormir (ue, u)*	Ud. duerme ellas duermen	Ud. durmió ellas durmieron

Other common verbs of this type that you have seen and used include the following.

> **(i → i):** conseguir, divertirse, repetir, seguir, servir, vestirse
> **(o → u):** morir

---

*-**Ir** verbs with a stem change in the preterite will be displayed with both present and preterite stem changes in *Nuevos Destinos* vocabulary lists.

● When the stem of a regular -er or -ir verb ends in a vowel, the -ió ending changes to -yó in the third-person singular (**Ud./él/ella**) form. The -ieron ending changes to -yeron in the third-person plural (**Uds./ellos/ellas**) form.

> **caerse** (*to fall down*): ella **se cayó**, ellas **se cayeron**
> **creer** (*to think, believe*): él **creyó**, ellos **creyeron**
> **oír**: ella **oyó**, ellas **oyeron**

Another verb of this type that you have seen and used is **leer**.

Verbos irregulares en el pretérito

Some verbs do not follow the aforementioned patterns. Here are some common irregular verbs in the preterite. (Additional irregular verbs in the preterite are presented in **Enfoque estructural 4.2.**)

ser/ir	dar	hacer
fui	di	hice
fuiste	diste	hiciste
fue	dio	hizo*
fuimos	dimos	hicimos
fuisteis	disteis	hicisteis
fueron	dieron	hicieron

¡OJO! **Ser** and **ir** have the same preterite forms. Context clarifies the meaning.

Mis abuelos **fueron** maestros.	*My grandparents were teachers.*
Fueron a Londres en su luna de miel.	*They went to London on their honeymoon.*

Práctica

▶ *Hace cinco años* ◀   **La investigación comienza**

A continuación hay ocho preguntas y respuestas sobre el comienzo de la investigación de Raquel. Empareja cada pregunta con la respuesta apropiada.

- **a.** con sorpresa
- **b.** en taxi
- **c.** su cartera
- **d.** Madrid
- **e.** Federico Ruiz
- **f.** Sevilla
- **g.** con Elena Ramírez
- **h.** a Alfredo Sánchez

1. _____ ¿Cómo llegó Raquel al Barrio de Triana?
2. _____ ¿Con quién habló Raquel en el mercado?
3. _____ ¿Cómo reaccionó Elena ante las noticias de Raquel?
4. _____ ¿En qué ciudad subió (*got on*) el tren Raquel?
5. _____ ¿Para dónde salió Raquel después de estar en Sevilla?
6. _____ ¿A quién conoció Raquel en el tren?
7. _____ ¿Qué dejó Raquel en el taxi en Madrid?
8. _____ ¿Quién llegó al hotel en Madrid para conocer a Raquel?

---

*In order to maintain intact the [s] sound of the infinitive, the -c- changes to a -z- in the third-person singular form of **hacer** in the preterite.

Práctica **B**   **¿Qué hicieron?**

¿Qué hicieron las siguientes personas para cumplir con los oficios de su profesión? Usa las indicaciones de abajo u otras, si quieres. **¡OJO!** Algunas personas pudieron haber hecho (*could have done*) varias actividades.

MODELO: la fotógrafa →
            La fotógrafa sacó fotos.

1. la contadora
2. la mujer de negocios
3. el maestro
4. el periodista
5. el psicólogo

6. la veterinaria
7. la reportera
8. el cartero
9. el carpintero
10. el secretario

Actividades: construir (**¡OJO!**) una casa, contestar el teléfono, cuidar a perros y gatos, dar un reportaje en la televisión, enseñar matemáticas e historia, entregar cartas y paquetes, escribir artículos, escuchar problemas, hacer llamadas telefónicas importantes, investigar casos, organizar el archivo (*files*), reunirse con clientes, revisar las cuentas (*bills*), trabajar al aire libre (*outdoors*).

Práctica **C**   **¿Qué hizo ayer?**

Paso 1   ¿Qué hizo ayer tu profesor(a) de español? Escribe cuatro oraciones indicando lo que hizo (¡probablemente!).

MODELO: El profesor Salazar dio una clase de literatura.

Paso 2   Ahora cada estudiante debe leer una de sus oraciones. El profesor / La profesora va a indicar si las oraciones son ciertas o no. Todos deben apuntar (*jot down*) lo que dice el profesor / la profesora.

Paso 3   Usando tus apuntes del Paso 2, escribe un párrafo comparando tu día de ayer con el del profesor / de la profesora.

3.2   *Hace* con expresiones de tiempo

To talk about how long an action has been going on, or to say how long ago an event took place, Spanish uses expressions with **hace** in the following manner.

 For an event that began in the past and continues into the present, use **hace** + *time* + **que** + *present tense.*

Hace dos años que estudio español.

I've been studying Spanish (for) two years.

You can also begin the sentence with the verb. In this case you delete the word **que**, and add **desde** (*for, since*) to the sentence.

Estudio español **desde hace** dos años.

I've been studying Spanish (for) two years.

⬤ For an event that began and/or ended some time ago, use **hace** + *time* + **que** + *preterite tense.*

> **Hace tres años que estudié**   *I studied French three years*
> francés.   *ago.*

You can also begin this type of sentence with the verb. In this case you still omit the word **que**, but do not use **desde.**

> Estudié francés **hace tres años.**   *I studied French three years*
>   *ago.*

Práctica **A**

Vamos a conocernos mejor

En una hoja de papel aparte, apunta (*jot down*) las siguientes actividades. Luego, hazles preguntas a tus compañeros de clase para saber quiénes las hacen. Cuando encuentres a alguien que conteste afirmativamente, pregúntale cuánto tiempo hace que practica esa actividad y pídele que firme tu hoja de papel.

¡UN DESAFÍO!   Hazles otras preguntas a tus compañeros para saber más información.

MODELO: usar una computadora →
E1: ¿Usas una computadora?
E2: Sí.
E1: ¿Cuánto tiempo hace que la usas?
E2: Hace cinco años que la uso. (La uso desde hace cinco años.)
E1: ¡Firma aquí, por favor!

Desafío:

E1: ¿Qué tipo de computadora usas?
E2: Uso una Power Mac.

1. usar una computadora
2. tomar una clase de ciencias naturales
3. saber esquiar
4. tocar algún instrumento musical
5. practicar algún deporte
6. participar en las actividades de algún club universitario
7. estar casado/a

Práctica **B**

¿Cuándo lo hiciste?

Con un compañero / una compañera, háganse y contesten preguntas sobre lo que hicieron en el pasado, según el modelo.

MODELO: E1: ¿Cuándo empezaste a estudiar español?
E2: Hace tres años que empecé a estudiar español. (Empecé a estudiar español hace tres años.)

1. ¿Cuándo empezaste a estudiar español?
2. ¿Cuándo conociste a tu compañero/a de cuarto (novio/a, esposo/a, mejor amigo/a)?

3. ¿Cuándo empezaste a trabajar?
4. ¿Cuándo aprendiste a andar en bicicleta (nadar, leer, manejar)?
5. ¿Cuándo sacaste la peor nota (*grade*) de tu vida?
6. ¿Cuándo te graduaste en la escuela secundaria?

3.3   Usos de *por* y *para*

REFRÁN

«*Por* uno que salga chueco, no todos están torcidos.»*

The Spanish words **por** and **para** have many uses and are often translated as English *for* or *by*. However, sometimes their translation is not equivalent to either of these English words. In any case, their uses in Spanish are not interchangeable.

por
Use the preposition **por** to express the following.

▪ cause or motive

> Los hijos de don Fernando están preocupados **por** la salud de su padre.
> *Don Fernando's children are worried about the health of their father.*

▪ motion

> El tren pasó **por** muchos pueblos antes de llegar a Madrid.
> *The train went through many towns before arriving in Madrid.*

▪ means of transportation

> Raquel viajó a España **por** avión.
> *Raquel traveled to Spain by plane.*

▪ period of time

> Raquel conoció a Elena Ramírez **por** la tarde.
> *Raquel met Elena Ramírez in the afternoon.*

▪ exchange

> El taxista recibió dinero **por** llevar a Raquel al Barrio de Triana.
> *The taxi driver received money for taking Raquel to the Barrio de Triana.*

▪ unit of measure

> ¿Cuántos kilómetros **por** hora viaja el rápido de Sevilla a Madrid?
> *How many kilometers per hour does the rapid train from Sevilla to Madrid travel?*

---

*Don't judge a group by one of its members." (lit. One's turning out twisted doesn't mean that all are crooked.)

Por is also used in many fixed expressions. Here are some of the more common ones.

por ejemplo	for example	**por lo menos**	at least
por eso	for that reason; that's why	**¿por qué?**	why?
por favor	please	**por suerte**	luckily
por fin	finally	**por supuesto**	of course

⬤ **para**

Use the preposition **para** to express the following.

◗ destination in space or time

> Raquel va a salir **para** Madrid pasado mañana.
> *Raquel's going to leave for Madrid the day after tomorrow.*

> Miguel Ruiz tiene que terminar una composición **para** el miércoles.
> *Miguel Ruiz has to finish a composition by Wednesday.*

◗ purpose

> Raquel está en España **para** investigar el secreto de don Fernando.
> *Raquel is in Spain to investigate don Fernando's secret.*

◗ intended recipient

> La carta llegó de España **para** don Fernando.
> *The letter arrived from Spain for don Fernando.*

Práctica **A**   ▷ *Hace cinco años* ◁   **Más sobre la investigación de Raquel**

Completa las siguientes oraciones con **por** o **para**, según el contexto.

¡UN DESAFÍO!   Inventa tres oraciones más sobre la investigación de Raquel, usando **por** y **para**.

1. La familia Castillo está triste _____ la enfermedad de don Fernando.
2. Raquel salió _____ España en avión.
3. _____ las noches, Raquel resume sus apuntes.
4. _____ fin, Raquel conoció a algunos miembros de la familia de Teresa Suárez.
5. El taxista y Raquel encontraron a los nietos de Teresa Suárez caminando _____ el Barrio de Triana.
6. Raquel viajó _____ tren a Madrid.
7. Raquel espera hablar con Teresa Suárez _____ saber más de la vida de Rosario.
8. Alfredo Sánchez piensa que el caso de don Fernando puede ser interesante _____ un reportaje de la televisión.
9. Federico Ruiz invita a Raquel a su casa _____ cenar con él y su madre.

Práctica **B**   **Oraciones originales**

Inventa por lo menos cinco oraciones originales usando palabras de las tres columnas u otras, si quieres.

yo	preocuparse por	el próximo examen
tú, (*nombre*)	salir para	a Europa para las próximas
mi compañero/a de cuarto	escribir composiciones para	vacaciones
(novio/a, esposo/a, hijo/a)	caminar por	el parque todos los días
nosotros, los estudiantes	estudiar para	el viernes (jueves, miércoles, ¿ ?)
el profesor / la profesora	pensar viajar por avión	la universidad muy temprano
de español	(barco, tren, ¿ ?)	por la mañana
¿ ?	¿ ?	la salud de la familia
		¿ ?

Para terminar

Actividad final   Escogiendo una carrera

En este capítulo, exploraste más a fondo el mundo del trabajo. Como sabes, hay muchos factores importantes que considerar cuando uno piensa en la carrera que va a seguir y el tipo de trabajo que va a hacer. ¿Ya has escogido tú la carrera que quieres? (¿Ya ejerces esa profesión?) Para ti, ¿qué es lo más importante de considerar antes de tomar esa decisión? En esta actividad final, vas a indicar lo más importante para ti en cuanto a la selección de una carrera.

Paso 1   A continuación, hay una lista de siete factores que tomar en cuenta al escoger tu futuro trabajo. (Puedes agregar otro a la lista.) Indica tu opinión sobre la importancia para ti de cada factor al escoger una carrera y un futuro trabajo. Escribe del 1 (el más importante) al 7 u 8 (el menos importante).

1. _____ el salario que puedo ganar
2. _____ la contribución que puedo hacer a la sociedad
3. _____ las otras personas con quienes voy a trabajar
4. _____ la responsabilidad del puesto
5. _____ la oportunidad de viajar
6. _____ el horario de trabajo
7. _____ mis intereses y habilidades
8. _____ (otro)

Paso 2   En parejas o en grupo, comparen las prioridades indicadas por cada persona. Expliquen por qué escogieron esos factores.

Paso 3

¡UN DESAFÍO!   Haz una presentación oral a la clase en la cual explicas tus planes para el futuro y cómo escogiste tu especialización y la carrera que piensas seguir. Incluye información sobre tus intereses y habilidades para explicar el porqué de tu elección.

Vocabulario

Los verbos

caer (y)	to fall
creer (y)	to think, believe
ejercer (ejerzo)	to practice (*a profession*)
mudarse	to move (*residence*)
salir *(irreg.)*	to leave
subir	to get in or on (*a car, bus, train, etc.*)

Profesiones y oficios

el bombero / la mujer bombero	firefighter
el/la cajero/a	cashier
el/la cartero/a	mail carrier
el/la cocinero/a	cook
el/la comerciante	merchant
el/la contador(a)	accountant
el/la enfermero/a	nurse
el hombre / la mujer de negocios	businessman, businesswoman
el/la maestro/a	teacher
el/la mesero/a	server (*restaurant*)
el/la obrero/a	worker
el/la peluquero/a	hairstylist
el/la periodista	journalist
el policía / la mujer policía	policeman, policewoman
el/la trabajador(a) social	social worker
el/la traductor(a)	translator
el/la vendedor(a)	salesperson

Cognados: el/la arquitecto/a, el/la banquero/a, el/la carpintero/a, el/la dentista, el/la electricista, el/la fotógrafo/a, el/la ingeniero/a, el/la mecánico/a, el/la médico/a, el/la músico, el/la piloto/a, el/la pintor(a), el/la plomero/a, el/la psicólogo/a, el/la psiquiatra, el/la reportero/a, el/la secretario/a, el/la taxista, el/la técnico/a, el/la veterinario/a

Repaso: el/la abogado/a, el/la estudiante, el/la profesor(a)

Las especializaciones y materias

Las ciencias naturales y las matemáticas: el álgebra, la anatomía, la astronomía, la biología, el cálculo, la física, la geometría, la química

Las ciencias sociales: la antropología, las ciencias políticas, las comunicaciones, la economía, la geografía, la historia, la psicología, la sociología

Las humanidades: el arte, la filosofía, las lenguas extranjeras, la literatura, la música, la religión, el teatro

Expresiones con por

por ejemplo	for example
por eso	for that reason; that's why
por favor	please
por fin	finally
por lo menos	at least
por suerte	luckily
por supuesto	of course

Repaso: ¿por qué?

Otras palabras y expresiones útiles

el aguinaldo	holiday bonus
la carrera	career
desde	from, since
hace + *time* + que + present	I (you, he . . .) have/has been (*doing something*) for (*time*)
hace + *time* + que + preterite	I (you, he . . .) (*did something*) (*time*) ago

Lectura 2

La poesía del poeta y escritor sevillano Antonio Machado (1875–1939) es de profunda espiritualidad. Se concentró en los temas del tiempo, de la muerte y de Dios. El poema que vas a leer (número XXIX) es parte de una colección que se llama «Proverbios y cantares».

Juan Ramón Jiménez (1881–1958) también es español. Escribió muchos poemas y su mayor preocupación fue la estética.* En 1956, poco antes de morir, recibió el Premio Nóbel de Literatura. «El viaje definitivo» es uno de sus poemas más conocidos.

Actividad

Paso 1 ¿Qué asocias con la muerte? Entre todos de la clase, escriban en la pizarra un mapa semántico de la muerte. Deben incluir todo lo que se asocia con ese concepto. Aquí están algunas ideas para comenzar.

Paso 2 Ahora, piensen en todo lo relacionado con la vida y hagan un mapa semántico de ese concepto.

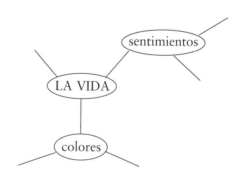

---

*In English: *aesthetics*, or that which is concerned with emotion and sensation as opposed to intellectuality.

XXIX

Caminante, son tus huellas^a
el camino, y nada más;
caminante, no hay camino,
se hace camino al andar.
5 Al andar se hace camino
y al volver la vista atrás
se ve la senda que nunca
se ha de volver a pisar.^b
Caminante, no hay camino,
10 sino estelas,^c en la mar. ■

^a*footprints* ^bnunca... *one never has to tread on again* ^c*wakes*

El viaje definitivo

... Yo me iré.* Y se quedarán los pájaros
cantando;
y se quedará mi huerto,^a con su verde árbol,
y con su pozo^b blanco.
5   Todas las tardes, el cielo será azul y plácido;
y tocarán, como esta tarde están tocando,
las campanas del campanario.^c
    Se morirán aquellos que me amaron;
y el pueblo se hará^d nuevo cada año;
10 y en el rincón aquel de mi huerto florido y encalado,^e
mi espíritu errará, nostáljico... ^f
    Y yo me iré; y estaré solo, sin hogar, sin árbol
verde, sin pozo blanco,
sin cielo azul y plácido...
15 Y se quedarán los pájaros cantando. ■

^a*garden* ^b*well* ^c*bell tower* ^dse... *will become* (**hará** = *irregular form of* **hacer** *in the future tense*) ^e*whitewashed*
^e*antigua manera de deletrear* **nostálgico**

Después de leer

Actividad **A**

Comprensión

1. El uso del lenguaje figurado es muy común en la poesía. Una de las
    razones por esto es que, por lo general, un poema consiste de pocas
    palabras, y una sola palabra bien intencionada puede provocar varios

---

*me iré = *I will go;* many verbs in this poem are used in the future tense, which will be reviewed in
Enfoque estructural 13.1. For now, just learn to recognize verb forms with the following
construction: *infinitive* + -é, -ás, -á, -emos, -éis, -án.

sentimientos. A continuación hay una lista de palabras que aparecen en el poema número XXIX de «Proverbios y cantares». Primero busca la definición literal, y después escribe su sentido figurado.

	DEFINICIÓN LITERAL	SENTIDO FIGURADO
el caminante el camino la senda		

2. En «El viaje definitivo» se hacen varias referencias a la naturaleza. Busca todas esas referencias. ¿Se refieren a cosas «permanentes» o «temporales»? ¿Qué colores se asocian con estas cosas?

3. Vuelve a los mapas semánticos que hiciste en Antes de leer. Ahora que has leído los poemas, haz más asociaciones en los mapas. Compara tus nuevos mapas con los de un compañero / una compañera.

4. El mensaje principal de los dos poemas es...

_____ Sólo se puede vivir la vida una vez, y hay que disfrutarla.

_____ No hay vida después de la muerte.

_____ Es imposible evitar la muerte y tenemos que estar preparados para morir.

_____ Aunque exista la muerte, la vida va a continuar.

_____ ¿otro?

Actividad **B**

Opinión

1. Completa la siguiente oración según lo que opinas. Usa la siguiente escala.

1 = siempre   2 = a veces   3 = nunca

Hablar de la muerte es...

_____ mala suerte   _____ aterrador   _____ interesante
_____ triste   *(frightening)*   _____ necesario
_____ de mal gusto   _____ terapéutico   _____ difícil
                                        _____ deprimente

2. ¿Qué emociones sientes al leer estos dos poemas? Indica todos los adjetivos que describen lo que te sentías al leer los poemas.

_____ tristeza   _____ depresión
_____ felicidad   _____ miedo
_____ tranquilidad   _____ ¿otro?
_____ resignación

Actividad **C**

Expansión

Se dice que en el momento de morir, uno recuerda los momentos más importantes de la vida. Imagínate que estás a punto de morir. ¿Qué episodios de tu vida vas a recordar? ¿En qué vas a pensar?

CAPÍTULO

4

DATOS importantes

METAS

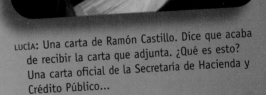

LA TRAMA

Día 2 (*continuación*): At the end of the previous episode, Lucía received a package. Who sent the package and what important information does it contain? Meanwhile, Raquel continues her story about the search for Teresa Suárez, the only person who could tell her about Rosario. What do you suppose she found out?

LUCÍA: Una carta de Ramón Castillo. Dice que acaba de recibir la carta que adjunta. ¿Qué es esto? Una carta oficial de la Secretaría de Hacienda y Crédito Público...

COMUNICACIÓN

In this chapter of *Nuevos Destinos*, you will
- talk about your home and household activities (**Enfoque léxico: La vida en casa**)
- use more reflexive verbs to talk about emotions and other actions (**Enfoque estructural 4.1**)
- continue to talk about events in the past (**4.2**)
- learn another way to talk about to whom something belongs (**4.3**)

CULTURA

As you work through the chapter, you will also find out about
- how some rooms of a house are used in many Spanish-speaking countries (**Nota cultural: La vida en casa**)
- more regions of Spain (**Enfoque cultural: Otras regiones de España: el País Vasco, Cataluña y Galicia**)

El vídeo

El episodio previo

Actividad **A**

▶ *Hace cinco años* ◀ **¿De quién se habla?**

Paso 1 Lee las siguientes oraciones sobre los personajes del Episodio 3 e indica a quién se refiere cada una.

¡UN DESAFÍO! Haz el ejercicio sin mirar las opciones de la lista a continuación.

1. _____ Es la abuela de Miguel y Jaime Ruiz.
2. _____ Tienen dos hijos jóvenes.
3. _____ Lleva a Raquel al Barrio de Triana.
4. _____ Quiere que Raquel vaya a Madrid.
5. _____ Vive en México y está muy enfermo.
6. _____ Está en el mercado cuando llega Raquel al Barrio de Triana.
7. _____ Ayuda a Raquel a buscar la casa de Teresa Suárez.
8. _____ Era la esposa de don Fernando antes de la Guerra Civil española.
9. _____ Llevan a Raquel al mercado a buscar a la madre de ellos.
10. _____ Le cuenta la historia de la carta a Elena Ramírez.

Nombres: don Fernando, el taxista, Elena, Jaime, Miguel (hijo), Miguel (padre), Raquel, Rosario, Teresa Suárez

Paso 2 Trabajando con otro/a estudiante, comparen sus respuestas y hagan los cambios necesarios.

Actividad **B**

▶ *Hace cinco años* ◀ **Una semana decisiva**

Paso 1 Los siguientes acontecimientos tuvieron lugar hace cinco años durante una semana muy decisiva en la vida de la familia Castillo. Pon los acontecimientos en el orden cronológico apropiado, empezando con el número 1.

_____ Raquel viajó a Sevilla en busca de Teresa Suárez.
_____ Don Fernando recibió una carta de Teresa Suárez.
_____ Raquel fue al Barrio de Triana.
_____ Miguel, el hijo de Teresa Suárez, conversó con su madre sobre la llegada de Raquel a España.
_____ Raquel conoció a Federico, el hijo menor de Teresa Suárez.
_____ Raquel encontró a Elena en el mercado.
_____ Don Fernando reveló el secreto a su familia.
_____ Raquel dejó su cartera en un taxi.
_____ Pedro habló con Raquel y ella aceptó el caso.
_____ Raquel conoció a un reportero en el tren.

Paso 2 Con un compañero / una compañera, verifiquen sus respuestas.

Episodio 4: Día 2 (*continuación*)

Preparación para el vídeo

Actividad **A**

Otra carta de Ramón

En este episodio Lucía recibe un paquete. El paquete contiene una carta de Ramón Castillo más otro documento importante. Indica si las siguientes oraciones son ciertas (**C**) o falsas (**F**), según lo que crees que va a pasar.

C F **1.** El documento que acompaña la carta de Ramón es el testamento de Pedro Castillo.

C F **2.** El gobierno mexicano hace reclamaciones (*claims*) sobre la propiedad de La Gavia.

C F **3.** Otro miembro de la familia Castillo murió.

C F **4.** En su carta, Ramón dice que no quiere que Lucía esté involucrada (*involved*) en el caso de la familia Castillo.

C F **5.** Raquel y Lucía tienen que viajar a México.

C F **6.** Lucía se entera de que es una de los herederos del testamento de Pedro.

Actividad **B**

Episodio 4 of the CD-ROM to accompany *Nuevos Destinos* contains the magazine article about don Fernando that Teresa Suárez read, as well as a tape-recorded summary of Raquel's visit to Madrid.

▶ *Hace cinco años* ◀ **El encuentro con Teresa Suárez**

Paso 1   En este episodio, Raquel va a conocer a Teresa Suárez. ¿Cómo será ese encuentro? Escoge las palabras o frases que mejor reflejen tu opinión.

1. Raquel va a conocer a la Sra. Suárez en...
   a. un hotel   **b.** un restaurante
   c. la casa de la Sra. Suárez

2. La Sra. Suárez va a ser... con Raquel.
   a. simpática   **b.** tensa   **c.** reservada

3. La Sra. Suárez dice que le escribió la carta a don Fernando porque quería informarle sobre...
   a. Rosario
   b. una herencia que dejó Rosario
   c. un hijo que él tuvo con Rosario

4. La Sra. Suárez va a decirle a Raquel que Rosario...
   a. ya murió   **b.** vive en otro país   **c.** no quiere ver a don Fernando

5. La Sra. Suárez le va a mostrar a Raquel...
   a. cartas de Rosario   **b.** una foto reciente de Rosario
   c. la foto de bodas (*wedding*) de don Fernando y Rosario

Paso 2   Después de ver el Episodio 4, vuelve a leer tus respuestas y haz los cambios necesarios.

¿Qué tal es tu memoria?

Actividad

Episodio 4 of the CD-ROM to accompany *Nuevos Destinos* contains the letter from the Mexican government and Lucía's flight schedule back to Mexico, as well as accompanying activities.

Una reclamación del gobierno mexicano

Lucía recibió una carta de Ramón sobre una reclamación del gobierno mexicano. ¿Cuánto sabes de esa situación? Completa las oraciones según lo que supiste en el episodio.

1. La carta que recibió Ramón era... (¿de qué oficina del gobierno?)
2. El gobierno reclama... (¿qué?)
3. El motivo de la reclamación es que... (¿por qué lo hace el gobierno?)
4. Lucía necesita mandar... (¿qué tiene que mandar al gobierno?)
5. Lucía tiene que viajar... (¿adónde?)
6. Para viajar hoy, es necesario cambiar... (¿qué?)
7. Raquel va a hacerle a Lucía el favor de... (¿qué va a hacer Raquel?)

INDUSTRIAS
CASTILLO SAAVEDRA S. A.

Las Almendras No 465 • 20065 Toluca, México
Teléfono: (52) (42) 07 02 66 • Fax: (52) (42) 07 02 68

Toluca, 24 de febrero

Licenciada Lucía Hinojosa Dávila
Goodman, Potter & Martinez
Avenida Chapultepec 870, Colonia Juárez
01020 México, D.F.

Estimada licenciada Hinojosa:
Acabo de recibir la carta que adjunto. No tenemos ninguna idea de los motivos para esta reclamación. Por favor, llámeme en cuanto sepa algo.

Gracias.

Ramón Castillo
Ramón Castillo

Actividad

Episodio 4 of the CD-ROM to accompany *Nuevos Destinos* contains a tape-recorded summary of the events mentioned in **Actividad B.**

▶ *Hace cinco años* ◀ **Noticias interesantes sobre Rosario**

En Madrid, Raquel conversó con Teresa Suárez y la información que ésta le dio va a afectar el resto de su investigación. Indica si las oraciones a continuación son ciertas (**C**), falsas (**F**) o no se sabe (**NS**), según lo que dijo Teresa Suárez.

Rosario...

C F NS **1.** vivió un tiempo en Madrid después de la Guerra Civil española.
C F NS **2.** conoció a Teresa Suárez en Sevilla.
C F NS **3.** pensaba que don Fernando la abandonó.
C F NS **4.** leyó noticias sobre don Fernando en una revista.
C F NS **5.** tuvo un hijo a quien le puso el nombre de Ángel.
C F NS **6.** se casó de nuevo, esta vez con un hombre venezolano.
C F NS **7.** tuvo otros hijos con su segundo esposo.

Lengua y cultura

La vida en casa

VOCABULARIO DEL TEMA

Los cuartos y otras partes de una casa o un apartamento

el dormitorio*
el estante
la cómoda
el armario
el pasillo
el primer piso
la escalera
la mesa
la silla
el horno
el lavaplatos
el fregadero
el (horno de) microondas
la cocina
la nevera
el refrigerador
el comedor
la planta baja
la alfombra
la mesita
el sillón
el sofá
el cuadro
la sala
el inodoro
el lavabo
el espejo
la bañera
la ducha
la cama
la mesa de noche
la lámpara
el baño

---

*Hay muchas palabras en español que significan *bedroom*. Aunque se emplea la palabra **dormitorio** por todo el mundo hispánico, también se usan las palabras **la alcoba** (España), **el cuarto** (Puerto Rico y otros países), **la recámara** (México) y **la habitación**. Aunque ésta sí puede referirse a *bedroom*, para muchos hispanohablantes quiere decir «cuarto de un hotel».

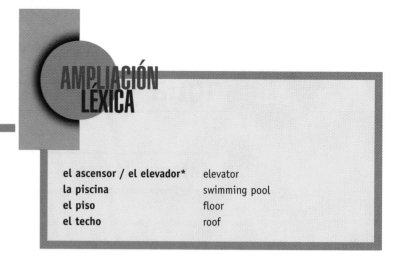

AMPLIACIÓN LÉXICA

el ascensor / el elevador*	elevator
la piscina	swimming pool
el piso	floor
el techo	roof

Actividad **A**

En casa

Paso 1 Con un compañero / una compañera, háganse y contesten las siguientes preguntas sobre los cuartos de una casa o un apartamento. ¡OJO! A veces hay más de una respuesta correcta.

MODELO: E1: ¿En qué cuarto nos lavamos (*we wash*) las manos?
E2: En el baño (la cocina).

¿En qué cuarto...

1. dormimos por la noche?
2. preparamos la comida?
3. nos sentamos (*we sit down*) a cenar con amigos y familiares?
4. nos sentamos a charlar (*chat*) con las personas que vienen de visita?
5. nos duchamos o nos bañamos?
6. lavamos los platos después de comer?
7. guardamos la comida?
8. nos vestimos?
9. leemos para relajarnos?
10. estudiamos?

Paso 2 Ahora indiquen qué muebles (*furniture*) u otras partes de una casa o un apartamento se usan para hacer las actividades del Paso 1.

MODELO: E1: ¿Dónde nos lavamos las manos?
E2: En el lavabo (el fregadero).

Actividad **B**

¿Qué hay en tu casa o apartamento?

Paso 1 Con un compañero / una compañera, hagan turnos para describir el plano de su casa o apartamento. Deben indicar cuántos cuartos hay, qué tipo de cuartos son y dónde se encuentran con relación a las otras partes de la casa o el apartamento. No se olviden de decir también qué muebles u otras cosas hay en ellos. La otra persona debe dibujar el plano tal como se describe.

MODELO: En mi apartamento, hay seis cuartos: una sala, un comedor, una cocina, dos dormitorios y un baño. Cuando se entra en la casa, la sala está a la izquierda. Allí tenemos un sofá, un estéreo, una mesita...

***El ascensor** is used primarily in Spain, and **el elevador** is used in Latin America.

Palabras útiles: a la derecha (*to the right*), a la izquierda (*to the left*), al lado de (*next to*), al otro lado de (*on the other side of*), enfrente de (*in front of*)

Paso 2   Ahora revisen el plano que dibujó su compañero/a. ¿Se parece a su casa o apartamento? Modifiquen el dibujo de su compañero/a, si es necesario, para que se parezca más a su vivienda.

VOCABULARIO DEL TEMA

Algunos aparatos y quehaceres domésticos

Los aparatos eléctricos

la cafetera	coffee maker
el calentador	heater
la lavadora	washing machine
la plancha	iron
la secadora	dryer
el ventilador	fan

Cognados: el radio,* el televisor,* el tostador

Para el baño, el dormitorio y la cocina

la almohada	pillow
el basurero	trashcan, wastebasket
la cobija / la manta	blanket
la escoba	broom
el gabinete	cabinet

el jabón	soap
la sábana	sheet
la toalla	towel

Los quehaceres domésticos

barrer (el suelo)	to sweep (the floor)
cocinar	to cook
lavar (la ropa, los platos)	to wash (the clothes, the dishes)
limpiar	to clean
pasar la aspiradora	to vacuum
planchar	to iron
poner la mesa	to set the table
quitar la mesa	to clear the table
sacar la basura	to take out the trash
sacudir (los muebles)	to dust (the furniture)
secar	to dry
tender (ie) la cama	to make the bed

Actividad **A**

¿Qué se usa?

Indica el aparato doméstico u otro artículo que se usa para las siguientes actividades.

1. mantener la comida en buen estado
2. refrescar un cuarto cuando hace mucho calor
3. calentar rápidamente la comida
4. planchar la ropa
5. ver tu programa favorito
6. preparar un buen café por la mañana

---

*El radio and el televisor are used to refer to the appliances. **La radio** and **la televisión** are used to speak of the media of radio and TV.

7. barrer el suelo
8. cocinar (¡**OJO!** Hay más de una respuesta posible.)
9. lavar la ropa sucia
10. limpiar la alfombra
11. secar la ropa

Actividad **B**

Asociaciones

Completa las siguientes oraciones con la respuesta más lógica.

1. Para bañarte necesitas (jabón / una escoba).
2. Es mejor lavar los platos en (el lavabo / el fregadero).
3. Después de bañarte, te secas con (una toalla / una sábana).
4. Para dormir cómodamente, debes usar (una almohada / una plancha).
5. Se usa (el lavaplatos / el gabinete) para guardar los platos.
6. Si no tienes (una bañera / un inodoro) en casa, te duchas.
7. Después de quitar la mesa, pones los platos en (el basurero / el lavaplatos).
8. Durante el invierno, muchas personas duermen con (una manta / un tostador).

Actividad **C**

De compras

Paso 1   Imagínate que necesitas comprar algunos aparatos para tu nuevo apartamento, pero no tienes mucho dinero y sólo puedes comprar seis. ¿Cuáles compras?

Paso 2   Compara tu lista con la de un compañero / una compañera. ¿Cuáles son los aparatos domésticos más necesarios, según tu opinión y la de tu compañero/a?

NOTA *cultural* • *La vida en casa*

En muchos países hispánicos los cuartos de una casa se utilizan de una manera diferente de cómo se usan en los Estados Unidos. Por ejemplo, en la cocina se concentra gran parte de la vida familiar. Como no es costumbre de comer comidas de lata[a] o congeladas,[b] la familia hispanoamericana pasa mucho tiempo en la cocina, y pueden platicar mientras preparan la comida, mientras ponen la mesa o también después de comer, cuando llega la hora de limpiar la cocina.

Por lo general, la sala se emplea sólo para recibir a las visitas, y el televisor está en un dormitorio. Es socialmente inaceptable que los amigos del sexo opuesto entren al dormitorio de uno, porque es un lugar privado, y la visita puede malinterpretarse. Por supuesto, estas costumbres varían entre los países hispanos. En España, por lo general, las costumbres tienden a ser menos conservadoras que en Latinoamérica.

[a]de... *canned*   [b]*frozen*

Enfoque cultural

Otras regiones de España: el País Vasco, Cataluña y Galicia

Aunque el español es la lengua oficial de toda España, un cuarto de la población habla otra lengua, además del español, en casa y en las escuelas. Estos españoles se denominan vascos, catalanes y gallegos, y hablan vasco, catalán y gallego, respectivamente. Las lenguas de las tres comunidades autónomas, el País Vasco, Cataluña y Galicia, fueron prácticamente suprimi-

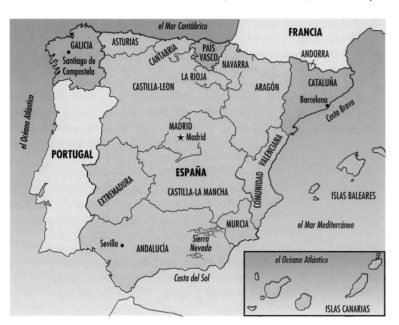

das[a] durante la dictadura de Francisco Franco. Sin embargo, después de la muerte del dictador, las tres regiones volvieron a adoptar su propia lengua como lengua oficial de la región.

El País Vasco

Los vascos españoles viven en el País Vasco y en Navarra, dos comunidades del montañoso extremo norte de España. La lengua que hablan es el vasco o vascuense, llamada también **euskera**. No se sabe el origen ni de la lengua ni de la raza vascas. El vascuense no es una lengua romance como lo es el español, ni aun es de origen indoeuropeo como lo son casi todas las otras lenguas de Europa.

Los vascos españoles, que suman más de dos millones de personas, tienen fama de ser independientes y de tener un fuerte sentido de nacionalismo. Han apoyado un movimiento separatista con el fin de establecer un verdadero «País Vasco», formado por la región vasca de España y otra región semejante en el suroeste de Francia. La organización militar separatista llamada ETA (Euzkadi ta azkatasuna), que en español quiere decir **tierra y libertad vascas**, sigue cometiendo actos violentos contra el gobierno central en Madrid.

Cataluña

Esta región ocupa la parte nordeste de la península. La lengua oficial de esta comunidad es el catalán que, con más de seis millones de hablantes, es el segundo idioma más hablado de España. Esta lengua también se habla en Valencia, al sur de Cataluña, en el pequeño país de Andorra en los Pirineos, en las islas Baleares del Mediterráneo y en el sur de Francia. Los catalanes siempre han deseado que el gobierno central les conceda[b] su autonomía.

[a]*suppressed*   [b]*give*

Cataluña es una región industrializada y, por eso, muy próspera. Barcelona, la segunda ciudad más grande de España, ha sido un puerto de mucha importancia desde el siglo XIX y tiene un poder económico tal vez mayor que el de la capital.

Galicia

Como el País Vasco y Cataluña, Galicia tiene su propia lengua, el gallego, idioma que se parece al portugués. El nombre de esta región y su cultura viene de los pobladores célticos, quienes se establecieron en la región hace muchos siglos. En Galicia llueve mucho y sus campos están siempre verdes. Es una región principalmente agrícola.

La ciudad gallega de Santiago de Compostela es famosa por encontrarse allí los restos[c] mortales del apóstol Santiago[d], el santo patrón de toda España. El Camino de Santiago ha sido una ruta de peregrinos[e] cristianos desde principios del siglo IX.

[c]*remains* [d]*apóstol... St. James the apostle* [e]*pilgrims*

Actividad ## ¿Qué se habla allí?

La situación lingüística de España es similar a la de varios países donde los ciudadanos hablan lenguas diversas. En esta actividad, vas a explorar este tema más a fondo.

Paso 1 En grupos de tres o cuatro estudiantes, identifiquen un país, además de España, en el que se habla más de un idioma. Busquen información sobre la historia lingüística de ese país.

Paso 2 Ahora contesten estas preguntas sobre el país que escogieron.

1. ¿Qué idiomas se hablan en el país? ¿Cuál es el idioma oficial? ¿Hay más de uno?
2. ¿Hay programas de educación bilingüe? Descríbanlos.
3. ¿Ha tratado el gobierno central de suprimir alguno de los idiomas? Expliquen.

Paso 3 Presenten sus respuestas y compárenlas con las del resto de la clase.

Actividad ## El bilingüismo en los Estados Unidos

En los Estados Unidos, el concepto de clases y escuelas bilingües y de versiones bilingües de todo documento oficial ha creado una controversia en los últimos años. Trabajando en grupos de tres o cuatro estudiantes, tomen una posición en pro o en contra del bilingüismo oficial en los Estados Unidos. Piensen en las siguientes preguntas: ¿Es algo deseable o no? ¿Creen que el gobierno debe ofrecer versiones bilingües de documentos oficiales? ¿Creen que debe haber programas de educación bilingüe? Presenten su opinión a la clase, dando todas las razones que puedan para apoyar su punto de vista.

Enfoque estructural

4.1 Más acciones reflexivas

REFRÁN

《 Cuando estés en la abundancia, *acuérdate de* la calamidad. 》 *

You have already learned many reflexive verbs in **Enfoque estructural 1.2** and have practiced using them with reflexive pronouns. Many of the reflexive verbs that you already know are used to talk about daily routines. Others can be used to talk about emotions or other actions not usually associated with daily routines. You have already seen and used some of the following verbs.

La familia Castillo se preocupa por la salud de don Fernando.

acordarse (ue) de	to remember	**portarse bien/mal**	to behave well/poorly
alegrarse (de)	to become happy (about)	**preocuparse (por)**	to worry (about)
enfadarse	to become angry	**quejarse (de)**	to complain (about)
irse	to go away	**reírse (i, i) (de)**	to laugh (at)
llamarse	to be called, named	**relajarse**	to relax
ponerse + *adj.*	to become + *adj.*	**sentarse (ie)**	to sit down
		sentirse (ie, i)	to feel
ponerse a + *inf.*	to begin (*doing something*)		

Repaso: divertirse (ie, i), enamorarse (de), enfermarse, enojarse, olvidarse de

As you learned in **Capítulo 1**, many reflexive verbs can also be used nonreflexively. In many of these cases, the recipient of the action is not the speaker, but someone or something else. Following are some reflexive verbs you know that can also be used nonreflexively.

acostarse	to go to bed	**acostar**	to put (*someone*) to bed
afeitarse	to shave	**afeitar**	to shave (*someone*)
bañarse	to take a bath	**bañar**	to bathe (*someone*)
despertarse	to wake up	**despertar**	to awaken (*someone*)
lavarse	to wash oneself	**lavar**	to wash (*someone or something*)
llamarse	to call oneself, be called	**llamar**	to call

In some cases, the meaning of the verb changes slightly.

caerse	to fall down	**caer**	to fall
dormirse	to fall asleep	**dormir**	to sleep
irse	to go away	**ir**	to go
ponerse	to put on (*clothing*)	**poner**	to put, place

---

* "When things are going well, remember the times they weren't."

Práctica **Vamos a conocernos mejor**

Trabajando con otro/a estudiante, háganse y contesten las siguientes preguntas sobre las situaciones o circunstancias en las cuales Uds. reaccionan de la manera indicada.

MODELO: E1: ¿Cuándo te enojas?
           E2: Me enojo cuando mi compañera de cuarto no limpia su parte del cuarto.

¿Cuándo...	¿Cómo...	¿De qué...
1. te preocupas?	**5.** te relajas?	**8.** no te acuerdas nunca?
2. te diviertes?	**6.** te sientes cuando tienes mucha tarea?	**9.** te ríes mucho?
3. te enfadas?	**7.** te portas en clase?	
4. te pones triste?		

Práctica **¡Firma aquí, por favor!**

Paso 1   Hazles preguntas a tus compañeros de clase para saber cómo reaccionan en las siguientes situaciones. Tus compañeros de clase deben contestar con oraciones completas. Si alguien contesta afirmativamente, pide su firma en una hoja de papel aparte («¡Firma aquí, por favor!»). Si alguien contesta negativamente, dale las gracias y hazle la misma pregunta a otra persona. Sigue el modelo.

MODELO: E1: ¿Te sientes nervioso antes de tomar un examen?
           E2: Sí, generalmente me siento *muy* nervioso antes de tomar un examen.
           E1: ¡Firma aquí, por favor!

1. ¿Te enfadas mucho cuando pierdes algo?
2. ¿Te enamoras fácilmente?
3. ¿Te pones a hacer la tarea al regresar a casa?
4. ¿Te vas a algún lugar cuando te sientes mucho estrés?
5. ¿Te preocupas por las notas en las clases?
6. ¿Te sientas a cenar enfrente del televisor?
7. ¿Te quejas de los gastos mensuales (*monthly expenses*)?

Paso 2   Ahora que sabes un poco más sobre tus compañeros de clase, ¿qué generalizaciones puedes hacer sobre ellos?

4.2   Más verbos irregulares en el pretérito

In **Enfoque estructural 3.1** you reviewed the formation of the preterite of regular verbs in Spanish and also of four irregular verbs: **dar, hacer, ir,** and **ser.** There are additional irregular verbs in the preterite whose stem and endings are different from those of regular verbs.

● In addition to the irregular verb stems, the first- and third-person singular forms (**yo** and **él/ella/Ud.**) end in **-e** and **-o**, respectively. Unlike regular verbs in the preterite, the endings of these first- and third-person forms are not stressed.

INFINITIVE	NEW STEM	PRETERITE ENDINGS
andar (*to walk*)	anduv-	-e
estar	estuv-	-iste
hacer	hic-*	-o
poder	pud-	-imos
poner	pus-	-isteis
querer	quis-	-ieron
saber	sup-	
tener	tuv-	
venir	vin-	

The preterite form of **hay** (from **haber**) is **hubo.**

● The preterite stems of the following verbs include a **-j.** As with the verbs above, the first- and third-person endings are not stressed. The third-person plural form (**ellos/ellas/Uds.**) is **-eron** instead of **-ieron.**

INFINITIVE	NEW STEM	PRETERITE ENDINGS
decir	dij-	-e
traducir	traduj-	-iste
traer	traj-	-o
		-imos
		-isteis
		-eron

Other verbs that end in **-cir** and follow this pattern include **conducir** (*to drive*) and **producir.**

● Some verbs and expressions convey a special meaning in the preterite that is different from their English equivalents. The most common of these verbs are summarized on page 106. In **Enfoque estructural 7.1,** you will learn additional differences of the meaning in the preterite and imperfect of these verbs (the imperfect is presented in **Enfoque estructural 6.1**).

---

*Remember that the third-person singular form for **hacer** in the preterite is **hizo,** to maintain the [s] sound of the stem.

INFINITIVE	PRESENT-TENSE MEANING	PRETERITE MEANING
conocer	*to know*	*met*
poder	*to be able*	*managed to, succeeded in doing something*
no poder	*not to be able*	*was/were not able, was/were unsuccessful*
querer	*to want*	*wanted to, tried, intended*
no querer	*not to want*	*refused*
saber	*to know*	*found out*
tener	*to have*	*received, got*
tener que	*to have to*	*had to and did*

Raquel **conoció** a la familia Castillo hace cinco años.

Raquel met the Castillo family five years ago.

Raquel **pudo** ayudar a Pedro en la búsqueda.

Raquel succeeded in helping Pedro in the search.

Raquel **no pudo** encontrar a Teresa Suárez en Sevilla.

Raquel wasn't able to find Teresa Suárez in Sevilla.

Teresa Suárez **quiso** informarle a don Fernando sobre lo que le pasó a Rosario.

Teresa Suárez intended to inform don Fernando about what happened to Rosario.

Antes de recibir la carta, don Fernando **no quiso** hablar de Rosario.

Before receiving the letter, don Fernando refused to talk about Rosario.

La familia **supo** la verdad sobre Rosario por la carta.

The family found out the truth about Rosario because of the letter.

Don Fernando **tuvo** una carta que cambió su vida, y **tuvo que** decidir qué hacer.

Don Fernando received a letter that changed his life, and he had to decide what to do.

Práctica **A**   ### ¡Ya lo hice!

Imagínate que vienen de visita algunos amigos de otra ciudad. Tu compañero/a de cuarto está ansioso/a porque quiere que todo esté bien preparado. Por eso, te hace muchísimas preguntas. Con un compañero / una compañera, hagan los papeles (*play the roles*) de los compañeros / las compañeras de cuarto, según el modelo. Cambien los complementos directos a pronombres.

MODELO: limpiar el cuarto →
        E1: ¿Limpiaste tu cuarto?
        E2: Sí, ya lo limpié.

1. cambiar las toallas
2. tender las camas
3. poner los libros en los estantes
4. pasar la aspiradora
5. limpiar la cocina

6. hacer las compras (*shopping*)
7. traer refrescos también
8. poner la mesa
9. sacudir los muebles
10. sacar la basura

Práctica **B**    ▶ *Hace cinco años* ◀   ### Un resumen de la historia

A continuación hay un resumen de algunos hechos importantes de la historia de don Fernando y del caso que Raquel investigó hace cinco años. Vuelve a contar la historia, cambiando los verbos en *letra cursiva* al pretérito. ¡**OJO**! Tendrás que usar el imperfecto para uno de los verbos, marcado con un asterisco (*). Sustituye **tiene** por **tenía**.

La historia *comienza* cuando don Fernando Castillo *recibe* una carta de Teresa Suárez, una señora española. Después de leerla, don Fernando *habla* con su hermano, Pedro, sobre el contenido de la carta. Pedro *se pone* en contacto con Raquel Rodríguez para investigar el caso. Ella *se va* a México para hablar con Pedro y luego *acepta* el trabajo.

Primero, Raquel *hace* un viaje a Sevilla, España, para buscar a Teresa Suárez. Un taxista la *lleva* al Barrio de Triana, a la dirección en la carta. No *encuentra* allí a la Sra. Suárez, pero en ese momento los nietos de ella *vienen*

de regreso a casa. Unos minutos después, Raquel *conoce* a Elena Ramírez, la nuera de Teresa Suárez. Raquel le *cuenta* la historia de don Fernando y Elena le *promete*[1] hablar con Miguel Ruiz, su esposo. Ellas *deciden* encontrarse más tarde.

Esa noche, *se reúnen* Raquel, Miguel, Elena y sus dos hijos. Miguel le *dice* a Raquel que tiene* que viajar a Madrid para poder hablar con la madre de él, Teresa Suárez. Raquel *quiere* ir inmediatamente a Madrid pero, desafortunadamente, Teresa Suárez *está* en Barcelona con Julio, uno de los hermanos de Miguel. Así que Raquel no *puede* ir a Madrid hasta dos días después.

[1]*promises*

Práctica **¿Cuándo fue la última vez que... ?**

Con un compañero / una compañera, entrevístense, usando las indicaciones a continuación como base de la entrevista. Si no has hecho lo que te pregunta tu compañero/a, di «Nunca lo he hecho».

¡UN DESAFÍO! Traten de sacarle más información a su compañero/a para saber más detalles.

MODELO: preparar una cena romántica →
E1: ¿Cuándo fue la última vez que preparaste una cena romántica?
E2: Preparé una hace dos meses.

Desafío:

E1: ¿Para quién la preparaste? (¿Qué preparaste?)

1. comprar un aparato doméstico
2. leer el periódico
3. venir a clase en bicicleta
4. hacer ejercicios aeróbicos
5. estar en la oficina del consejero / de la consejera (*advisor*)
6. andar más de seis millas en un sólo paseo
7. saber datos interesantes sobre tus antepasados (*ancestors*)
8. ver un programa deportivo en la televisión
9. dar una fiesta
10. limpiar el refrigerador

4.3 Otra manera de expresar la posesión: las formas tónicas de los posesivos

Los adjetivos posesivos

In **Enfoque estructural P.3** you reviewed the use of possessive adjectives, which are used to indicate to whom something belongs. Those *unstressed* (short) forms correspond to English *my, your, her,* and so on.

Each possessive adjective also has a *stressed* (long) form (**la forma tónica**) which functions in the same manner as *of mine, of yours, of theirs,* and so on. Note the difference in meaning in the examples with the unstressed possessive adjectives and the stressed forms.

UNSTRESSED:	**Mi** amiga toca el piano.	*My friend plays the piano.*
STRESSED:	Una amiga **mía** toca el piano.	*A friend of mine plays the piano.*

Remember that the unstressed forms agree with the nouns they modify in number, but only the forms of **nuestro** and **vuestro** match the gender of the nouns. In the stressed forms, however, all possessive adjectives agree in gender and number with the nouns they modify. Here is the complete list of stressed possessive adjectives.

	SINGULAR	PLURAL
mine, of mine	mío, mía	míos, mías
yours, of yours	tuyo, tuya	tuyos, tuyas
his, of his / hers, of hers / yours, of yours	suyo, suya	suyos, suyas
ours, of ours	nuestro, nuestra	nuestros, nuestras
yours, of yours	vuestro, vuestra	vuestros, vuestras
theirs, of theirs / yours, of yours	suyo, suya	suyos, suyas

Los pronombres posesivos

A stressed possessive adjective, when combined with a definite article, may also be used as a pronoun, replacing an aforementioned noun in a sentence. Possessive pronouns are used for emphasis or to avoid repeating a noun. As with possessive adjectives, both the pronoun and the article agree in number and gender with the noun being modified.

- use of possessive pronouns to avoid repetition

Éstos son mis libros y ésos son (los)* **tuyos**.	*These are my books and those are yours.*

- use of possessive pronouns for emphasis

Mis libros fueron muy caros este semestre, pero **los tuyos** fueron baratos.	*My books were very expensive this semester, but yours were inexpensive.*

As in the case of the possessive adjectives **su** and **sus**, the pronouns **suyo/a** and **suyos/as** can have several meanings. In order to clarify any ambiguity, a prepositional phrase with **de** may be used instead of a possessive pronoun.

- ambiguous possessive adjective

Su carro es viejo.	*His/Her/Your/Their car is old.*

- possession clarified by using prepositional phrase with **de**

El carro **de mi vecina** es viejo.	*My neighbor's car is old.*

- ambiguous possessive pronoun

El **suyo** es nuevo.	*His/Hers/Yours/Theirs is new.*

- possession clarified by using prepositional phrase with **de**

El **de mi hermana** es nuevo.	*My sister's is new.*

As with all pronouns, possessive pronouns take the place of nouns. Therefore, only in context will this type of replacement make sense. Note that, in the last of the previous examples, even the clarification with a prepositional phrase is meaningless without the previous mention of a car.

---

*After forms of **ser**, the definite article may be omitted.

Práctica **A**

Un cuarto desordenado

Paso 1   Imagínate que tú y tu compañero/a de cuarto están limpiando su cuarto, y hay cosas por todos lados. Ahora tienen que determinar a quién le pertenecen los siguientes artículos. Trabajando con otro/a estudiante, sigan el modelo, haciendo turnos para contestar las preguntas.

MODELO: camisa →
 E1: ¿De quién es esta camisa?
 E2: Creo que es (la) tuya. (Es [la] mía.)

1. cuaderno
2. mochila
3. boletos (*tickets*) para un concierto
4. toallas
5. bolígrafo
6. zapatos
7. raqueta de tenis
8. manta
9. hojas de papel
10. pantalones

Paso 2

 **¡UN DESAFÍO!**   Agreguen otra frase a las respuestas del Paso 1, según el modelo.

MODELO: camisa →
 E1: ¿Es ésta tu camisa?
 E2: No, es tuya. Ya guardé la mía. (*I already put mine away.*)

Práctica **B**

Comparaciones

Imagínate que estás hablando con un amigo / una amiga que asiste a otra universidad. Con un compañero / una compañera, háganse y contesten preguntas semejantes a las del modelo, usando las indicaciones a continuación.

MODELO: universidad →
 E1: ¿Cómo es tu universidad?
 E2: Mi universidad es muy grande.
 E1: Pues, la nuestra es muy pequeña.

1. el presidente / la presidenta de la universidad
2. el profesor / la profesora de español
3. los cuartos de la residencia
4. el laboratorio de lenguas
5. la comida de la universidad
6. las conexiones del Internet
7. los estacionamientos (*parking lots*)
8. los profesores en general

Palabras útiles: aburrido/a, accesible (*approachable*), amplio/a (*spacious*), antiguo/a, cómico/a, distante, elegante, excelente, grande, lento/a (*slow*), moderno/a, pequeño/a, perezoso/a (*lazy*), pésimo/a (*awful*), rápido/a, trabajador(a)

Para terminar

Actividad final | Datos importantes

En este episodio, Raquel describe la investigación que realizó en España hace cinco años. Aunque éste sólo fuera el comienzo de su investigación, ella supo muchos datos importantes sobre Teresa Suárez, la triste historia de don Fernando y Rosario y la verdad sobre la información contenida en la carta misteriosa. En esta actividad, vas a volver a contar esta historia, incluyendo los detalles más importantes.

Paso 1 Haz un bosquejo (*outline*) de los datos que sabes hasta ahora. Aquí hay algunas preguntas que puedes usar como punto de partida (*point of departure*).

- ¿Quiénes son los protagonistas principales de la historia hasta este punto? ¿Por qué son importantes?
- ¿Cuáles son los lugares más importantes de la historia? ¿Qué importancia tienen?
- ¿Qué artículos o documentos se revelan y cómo figuran en la búsqueda de Raquel?

Episodios 3 and **4** of the CD-ROM to accompany *Nuevos Destinos* contain tape-recorded summaries of Raquel's investigation in Spain.

Paso 2 Escribe un resumen de la historia, usando el bosquejo del Paso 1. Trata de incluir tantos detalles como puedas.

Paso 3 Trabajando con un compañero / una compañera, intercambien sus resúmenes para averiguar si sacaron las ideas principales y si escribieron un resumen bastante completo de la historia hasta este momento. Si uno/a de ustedes omitió algún dato importante, digan cuál es y por qué es tan importante.

Paso 4 Vuelvan a escribir sus resúmenes, haciendo los cambios necesarios, y entréguenlos a su profesor(a).

Vocabulario

Los verbos

acordarse (ue) de	to remember	**irse** (*irreg.*)	to go away
alegrarse (de)	to become happy (about)	**llamarse**	to be called, named
andar (*irreg.*)	to walk	**ponerse** (*irreg.*) + *adj.*	to become + *adj.*
caerse (*irreg.*)	to fall down	**ponerse a** + *inf.*	to begin (*doing something*)
conducir (*irreg.*)	to drive	**portarse bien/mal**	to behave well/poorly
enfadarse	to become angry	**preocuparse (por)**	to worry (about)
guardar	to put; to keep	**quejarse (de)**	to complain (about)
		reclamar	to claim

reírse (i, i) (de)	to laugh (at)
relajarse	to relax
sentarse (ie)	to sit down
sentirse (ie, i)	to feel

Repaso: divertirse (ie, i), enamorarse (de), enfermarse, enojarse, olvidarse de

Los cuartos y las otras partes de una casa o un apartamento

el baño	bathroom
la cocina	kitchen
el comedor	dining room
el dormitorio	bedroom
la escalera	stairway, stairs
el pasillo	hall
la sala	living room
la alfombra	rug, carpet
la almohada	pillow
el armario	closet
la bañera	bathtub
el basurero	trashcan, wastebasket
la cama	bed
la cobija / la manta	blanket
la cómoda	dresser, chest of drawers
el cuadro	picture, painting
la ducha	shower
la escoba	broom
el espejo	mirror
el estante	shelf
el fregadero	kitchen sink
el gabinete	cabinet
el inodoro	toilet
el jabón	soap
el lavabo	bathroom sink
la mesa de noche	night table
la mesita	coffee table
el mueble	piece of furniture
la sábana	sheet
el sillón	armchair
la toalla	towel

Cognados: el balcón, la chimenea, el estudio, el garaje, el jardín, la lámpara, el patio, el sofá, la terraza

Repaso: la mesa, la silla

Algunos aparatos eléctricos

la cafetera	coffee maker
el calentador	heater
el horno	oven
el (horno de) microondas	microwave oven
la lavadora	washing machine
el lavaplatos	dishwasher
la nevera	freezer
la plancha	iron
la secadora	dryer
el ventilador	fan

Cognados: el radio, el refrigerador, el televisor, el tostador

Algunos quehaceres domésticos

barrer (el suelo)	to sweep (the floor)
cocinar	to cook
lavar (la ropa, los platos)	to wash (the clothes, the dishes)
limpiar	to clean
pasar la aspiradora	to vacuum
planchar	to iron
poner la mesa	to set the table
quitar la mesa	to clear the table
sacar la basura	to take out the trash
sacudir (los muebles)	to dust (the furniture)
secar	to dry
tender (ie) la cama	to make the bed

Las formas tónicas de los adjetivos posesivos

mío/a/os/as, tuyo/a/os/as, suyo/a/os/as, nuestro/a/os/as, vuestro/a/os/as

Otras palabras y expresiones útiles

el dato	piece of information
la reclamación	claim
la planta baja	ground floor
el primer (segundo...) piso	second (third . . .) floor

RAQUEL: Muchas gracias.
SRA. SUÁREZ: Y algo más. Hay algo más en la vida que el trabajo. Hay que dedicarle tiempo al corazón.

CAPÍTULO 5 MÁS datos

METAS

LA TRAMA

Día 2 (*continuación*): Lucía has returned to Mexico to find out more about the Mexican government's claim as to the legality of don Fernando's will. Meanwhile, Raquel is at home recording the story about her continuing search for Rosario. She tells about her trip to Argentina, where she meets an important member of Rosario's family. Who could it be?

CULTURA

As you work through the chapter, you will also find out about

- mealtimes in and typical dishes of Argentina (**Nota cultural: ¡A comer en la Argentina!**)
- the literary, political, and folkloric life of Argentina (**Enfoque cultural: la Argentina**)
- another way to address someone as you (**Nota cultural: El voseo**)

COMUNICACIÓN

In this chapter of *Nuevos Destinos*, you will

- talk about food and food preparation (**Enfoque léxico: La comida**)
- tell to whom or for whom an action is performed (**Enfoque estructural 5.1**)
- learn more about **gustar** and other verbs with a similar construction (**5.2**)
- use the pronoun **se** to give instructions and tell what people usually do (**5.3**)

El vídeo

El episodio previo

Actividad

> **Hace cinco años** ◄ **No es cierto**

Paso 1 En las siguientes oraciones, hay un error de hecho (*fact*) en las palabras o frases en *letra cursiva*. Modifica las oraciones con información verdadera.

1. Raquel conoció a la Sra. Suárez *en Sevilla*.
2. Rosario le puso el nombre *Arturo* al hijo de don Fernando.
3. Después de la guerra, Rosario se fue a vivir a *Chile*.
4. Rosario se casó con un hombre llamado *Ángel Iglesias*.
5. El hijo de Rosario y Fernando nació en *1939*.
6. Raquel llamó a *Miguel* para pedirle ayuda para conseguir el certificado de nacimiento de Ángel.

Paso 2

¡UN DESAFÍO! Con un compañero / una compañera, háganse y contesten preguntas, usando las oraciones del Paso 1.

MODELO: ¿Dónde conoció Raquel a la Sra. Suárez?

TIMBRE DEL ESTADO

5 PTA

CINCO PESETAS

CLASE 8.ª

1B6058633

CERTIFICADO DE NACIMIENTO'

Hago saber que:

Don Ángel Castillo del Valle nació en Sevilla, España el II de Enero de 1937.

Doy fé, como notario oficial del reino, de la legitimidad de estos datos y de este documento.

DOCUMENTO OFICIAL

NOTARIO SEVILLA ESPAÑA

Actividad **B**

Episodio 5 of the CD-ROM to accompany *Nuevos Destinos* contains an activity with a newspaper clipping about the Mexican government's claim on La Gavia.

Dudas sobre el testamento

En el Episodio 4, Lucía supo que el gobierno mexicano hacía una reclamación de La Gavia. ¿Cuánto recuerdas de esa reclamación? Completa el siguiente párrafo con palabras de la lista de abajo. ¡OJO! No se usan todas las opciones.

Secretaría de Hacienda y Crédito Público
Palacio Nacional Primer Patio
Mariano Piso 3-3045, Colonia Central
06066 México, D.F.

Sr. Ramón Castillo, Presidente   Ciudad de México, 21 de febrero
Industrias Castillo Saavedra S.A.
Las Almendras No 465
20065 Toluca
México

Se informa a: Hermanos Castillo Márquez

Con dirección en: Hacienda La Gavia, Toluca

Propiedad en reclamación:
La Secretaría de Hacienda y Crédito Público de los Estados Unidos Mexicanos
reclama la hacienda "La Gavia", antigua propiedad de Fernando Castillo Saavedra,
ya fallecido, como propiedad de interés nacional.

Motivo de la reclamación:
El gobierno mexicano cuestiona la legalidad del testamento del finado
Fernando Castillo Saavedra.

Para presentar recurso contra esta reclamación, es necesario aportar
de antemano toda la documentación pertinente a:
(1) la hacienda "La Gavia"
(2) los herederos del finado Fernando Castillo Saavedra.

El gobierno mexicano reclama La Gavia como zona de interés ____.[1] La ____[2] no permite que personas que no sean ____[3] mexicanos hereden tierra mexicana. Ahora Lucía necesita mandar ____[4] sobre La Gavia y los ____[5] de don Fernando. Lucía cree que el problema puede estar relacionado con ____[6] de Rosario y don Fernando.

Opciones: artículos, asuntos legales, ciudadanos, documentación, el hijo, herederos, internacional, la muerte, ley, nacional

Episodio 5: Día 2 (*continuación*)

Preparación para el vídeo

Actividad **A**

▶ *Hace cinco años* ◀   **Raquel viaja a la Argentina**

Raquel le dijo a Lucía que tuvo que viajar a la Argentina para buscar a Rosario. ¿Qué crees que encontró allá? Aquí hay algunas fotos del comienzo del viaje de Raquel a la Argentina. Indica tu opinión sobre lo que se representa en cada foto.

1. Raquel habla con...

_____ Ángel, el hijo de Rosario y Fernando.
_____ Martín Iglesias, el segundo esposo de Rosario.
_____ un gaucho que trabaja en la estancia Santa Susana.

2. Raquel toca a la puerta de...

_____ la casa de Rosario en Buenos Aires.
_____ un consultorio médico.
_____ la casa de Ángel.

3. Este hombre es...

_____ Ángel Castillo.
_____ un buen amigo de Ángel.
_____ el medio hermano de Ángel.

4. Raquel saca una fotografía de la tumba de...

_____ Martín Iglesias.
_____ Rosario.
_____ Ángel.

Actividad **B**

La reclamación

En el Episodio 4, supiste que el gobierno mexicano reclama La Gavia. Con un compañero / una compañera, comenten las razones posibles por esta reclamación, según lo que dijeron Raquel y Lucía y según lo que dice la carta del gobierno mexicano.

¿Qué tal es tu memoria?

Actividad **A**

¿En qué pensaba Raquel?

En el Episodio 5, viste la reacción de Raquel ante dos personas importantes en su vida, su madre y Arturo. Por la conversación con su madre y por sus gestos ante la foto de Arturo, ¿en qué pensaba Raquel? Indica las oraciones que reflejan tu opinión sobre los sentimientos de Raquel en este episodio. Hay más de una respuesta posible en cada caso.

Raquel y su madre
1. _____ Raquel estaba irritada con su mamá porque le hacía muchas preguntas sobre su vida personal.
2. _____ Raquel estaba triste porque no podía pasar más tiempo con sus padres.
3. _____ Raquel estaba contenta con la invitación de su mamá a cenar.
4. _____ Raquel estaba preocupada por su trabajo y no quería hablar mucho con su mamá.

Raquel y Arturo
5. _____ Raquel estaba nostálgica porque pensaba en Arturo.
6. _____ Raquel estaba preocupada por sus relaciones con Arturo.
7. _____ Raquel estaba enojada con Arturo porque él estaba de viaje.
8. _____ Raquel estaba pensando que no quería volver a ver a Arturo.

Actividad **B**

▶ **Hace cinco años** ◀   **¿Quién habla?**

Paso 1   Identifica quién habla en cada una de las siguientes citas (*quotes*) del Episodio 5.

1. _____ «Para mí es un gusto conocerla. Así que, ¿Ud. anda buscando a la Sra. Rosario?»
2. _____ «¡Ah! Disculpe. Pensé que era una paciente.»
3. _____ «Voy a preguntar en esa casa si conocen a Ángel Castillo.»
4. _____ «Vea, moza, ella vivía con el hijo, el doctor... »
5. _____ «Debe haber un error... él murió en la Guerra Civil española.»
6. _____ «Tengo entendido que su hijo, Ángel Castillo, es médico y vive, o vivía, en esta calle.»

Nombres: Arturo, Cirilo, Raquel

Paso 2

¡UN DESAFÍO!   Trabajando con otro/a estudiante, expliquen el contexto de cada cita del Paso 1.

Actividad **C**

▶ **Hace cinco años** ◀   **Raquel busca a Rosario**

En este episodio, Raquel averiguó más información sobre la persona y la vida de Rosario. Indica si las siguientes afirmaciones sobre la investigación son ciertas (**C**), falsas (**F**) o si no estás seguro/a (**NS**).

Episodio 5 of the CD-ROM to accompany *Nuevos Destinos* contains a tape-recorded summary of the events mentioned in **Actividad C**.

C F NS **1.** Raquel encontró a Rosario en la estancia Santa Susana.
C F NS **2.** Raquel conoció a Ángel en Buenos Aires.
C F NS **3.** Arturo es hijo de Rosario.
C F NS **4.** Arturo no sabe dónde vive Ángel.
C F NS **5.** Arturo creía que don Fernando había muerto en la Guerra Civil española.
C F NS **6.** Arturo no quiere saber nada más de la investigación.

Lengua y cultura

La comida

VOCABULARIO DEL TEMA

Frutas y verduras

el durazno
las cerezas las fresas la manzana la naranja

la piña los plátanos la toronja las uvas
la sandía

los champiñones
las aceitunas el apio la cebolla

los frijoles los guisantes la lechuga
la papa las zanahorias el maíz

Las frutas

Cognados: el limón, el melón, la pera

Las verduras

Cognados: el bróculi, la coliflor, el chile, las espinacas, el tomate

AMPLIACIÓN LÉXICA

el aguacate	avocado
la ciruela	plum
la guayaba	guava
la calabaza	squash
el chile verde/rojo	green/red pepper
el pepino	cucumber

118

Actividad A

La cara de verduras

A la derecha hay una foto de una cara hecha de verduras. ¿Cuántas puedes identificar?

Actividad B

Identificaciones

Identifica las frutas o verduras que se describen a continuación.

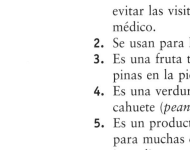

1. Esta fruta puede ser roja o verde. Tradicionalmente, se come esto para evitar las visitas al consultorio médico.
2. Se usan para hacer el vino.
3. Es una fruta tropical que tiene espinas en la piel (*skin*).
4. Es una verdura que sabe bien (*tastes good*) con mantequilla de cacahuete (*peanut butter*).
5. Es un producto agrícola nativo a este continente. Sirve de base culinaria para muchas culturas, entre ellas las indígenas de este hemisferio. Es la ingrediente principal en las tortillas mexicanas.
6. También es nativo a este hemisferio, pero fue trasladado al Mundo Antiguo. Poco después, los italianos lo cultivan y lo convierten en ingrediente principal en las salsas que preparan.
7. Es, supuestamente, una fruta preferida por los chimpancés.

Actividad C

Preferencias personales

Con un compañero / una compañera, entrevístense sobre los siguientes temas para saber los gustos de cada uno/a en cuanto a las frutas y las verduras.

¡UN DESAFÍO! Háganse preguntas adicionales para saber más detalles sobre la respuesta de su compañero/a.

MODELO: E1: ¿Cuál es la verdura que más te gusta?
E2: La verdura que más me gusta es el bróculi.

Desafío:

E1: ¿Cómo te gusta prepararlo?
E2: Me gusta el bróculi crudo (*raw*) con salsa ranchera.

1. la verdura que más te gusta
2. la verdura que más detestas
3. tu fruta favorita
4. los ingredientes de tu ensalada favorita

Palabras y expresiones útiles: al horno (*baked*), al vapor (*steamed*), crudo/a

---

ADIVINANZAS

1. Tengo hojitas[a] blancas, gruesa cabellera,[b] y conmigo llora toda cocinera.
2. Oro[c] no es, plata[d] no es. Quítale el ropón[e] y verás lo que es.
3. Blanca por dentro, verde por fuera, si quieres que te lo diga, espera.

[a]*little leaves* [b]*gruesa... thick head of hair* [c]*Gold* [d]*silver* [e]*covering* (lit. *nightgown*)

VOCABULARIO DEL TEMA

Otros alimentos comunes

La carne y las aves

la carne de cerdo	pork
el huevo	egg
el jamón	ham
el pavo (asado)	(roast) turkey
el pollo	chicken
el tocino	bacon

Cognados: el bistec, la hamburguesa

El pescado y los mariscos

los camarones	shrimp
la langosta	lobster

Cognados: el atún, el salmón

Los productos lácteos

la leche	milk
el queso	cheese

Cognado: el yogur

Los granos

el arroz	rice
el pan	bread

Cognados: los cereales, la pasta

Los postres

la galleta	cookie
el helado	ice cream
el pastel	cake; pie

Las bebidas

la cerveza	beer
el jugo (de naranja, manzana...)	(orange, apple, . . .) juice
el refresco	soft drink
el vino (tinto, blanco)	(red, white) wine

Cognados: el café, el té

Los condimentos

el aceite	oil
el azúcar	sugar
la mantequilla	butter
la pimienta	pepper
la sal	salt

Cognados: la mayonesa, la mermelada

Actividad **Asociaciones**

¿Qué ingredientes asocias con las siguientes comidas? Haz una lista completa de ellos.

1. un sándwich
2. una cena elegante
3. un desayuno rápido

4. una ensalada
5. un almuerzo bajo en grasa (*low-fat*)
6. una cena en casa con los amigos

Actividad **Mis comidas favoritas**

Paso 1 Haz una lista completa de lo que más te gusta comer para las tres comidas del día: el desayuno, el almuerzo y la cena. Si no sabes el nombre de algunos alimentos, pídele ayuda a tu profesor(a).

¡UN DESAFÍO! Escribe tu lista en forma de un ensayo para luego entregárselo a tu profesor(a).

Paso 2 Con un compañero / una compañera, compartan las listas que hicieron. ¿Qué gustos y preferencias tienen en común? ¿Hay algo que no le guste a ninguno/a de los/las dos? Comenten los alimentos que no les gustan para nada.

NOTA *cultural* • *¡A comer en la Argentina!*

Los horarios de las comidas en los países latinoamericanos son un poco diferentes de los de este país. Por ejemplo, en la Argentina el desayuno es entre las 7:00 y las 9:00 de la mañana y, por lo general, se toma café con leche, té o mate* con pan o galletas. El almuerzo es una comida importante que se toma entre las 12:00 y las 2:00 de la tarde. Después, entre las 4:00 y las 6:00, se toma la merienda, una comida ligera parecida al desayuno. Por último, la cena es entre las 8:00 y las 10:00 de la noche. Es una comida más fuerte que el almuerzo y frecuentemente se come carne, una especialidad argentina.

Los nombres de los alimentos varían de un país hispánico a otro, y la Argentina no es ninguna excepción. Por ejemplo, en la Argentina se les llama **el pomelo** a la toronja, **el ananás** a la piña y **la frutilla** a la fresa. En cuanto a otros alimentos, se les llama **la panceta** al tocino, **el langostino** al camarón y **la manteca** a la mantequilla.

Para pensar ¿Varían los nombres de los alimentos en los países de habla inglesa? Por ejemplo, ¿cómo les llamas tú a las papas fritas? ¿Cómo les llama una persona de Inglaterra? ¿Varían también los nombres de los alimentos en este país según la región? ¿Cuáles son esos alimentos y sus nombres distintos?

Enfoque cultural   La Argentina

In **Episodio 5** of the CD-ROM to accompany *Nuevos Destinos*, you can work with an atlas that shows the geography of Argentina.

La Argentina y Chile, junto con el Uruguay, forman el Cono Sur, llamado así por la forma que tiene la parte sur del continente sudamericano. En este Enfoque cultural, vas a explorar la Argentina más a fondo.

Buenos Aires, la capital de la Argentina, tiene fama de ser la ciudad más cosmopolita del continente. De hecho, es conocida como «el París de Sudamérica». Tiene centros culturales muy elegantes como el Teatro Colón y

*El mate es una bebida argentina amarga (*bitter*) parecida al té. Se toma la infusión con una bombilla, o sea una paja (*straw*) larga. El mate contiene una fuerte dosis de cafeína, de manera que es una bebida muy estimulante.

monumentos y parques hermosos como El Rosedal. La posición de la ciudad capital en el estuario del río de la Plata le ha dado un gran poder económico, y tiene las mayores dársenas[a] de Latinoamérica.

La vida literaria y política

La Argentina ha tenido siempre una vida literaria muy activa. Uno de los escritores argentinos más destacados es Jorge Luis Borges (1899–1986), el escritor argentino de más renombre[b] internacional. La mayoría de sus poemas y cuentos se basa en temas abstractos y filosóficos. También se destaca Julio Cortázar (1914–1984), que, como Borges, examina los aspectos irracionales y fantásticos de la vida humana. Muchas de las obras de ambos escritores han sido traducidas al inglés y a otras lenguas también.

La vida política del país ha sido turbulenta. Ha habido dictadores, como Juan Domingo Perón (1895–1974) quien debió gran parte del apoyo[c] popular a su esposa, Eva Duarte (Evita). Ha habido también gobiernos militares y, actualmente, un gobierno civil y democrático. La historia de la Argentina es la historia de sus dos culturas: la cultura urbana y cosmopolita de Buenos Aires y la cultura rural de la Pampa —el inmenso llano del interior del país, que ocupa la cuarta parte del territorio argentino.

La Pampa y los gauchos

En la Pampa se crían ganado, caballos y ovejas[d] y da a la Argentina uno de sus productos principales: la carne. En la parte occidental de la Pampa, una de las regiones más fértiles del país, se cultivan trigo[e] y otros cereales que son de gran importancia para la economía del país. La Argentina también es gran exportadora de sus productos agrícolas.

En el siglo XIX, la cultura rural de la Pampa dominaba frecuentemente la vida nacional. Caudillos[f] de la Pampa, como el famoso dictador Juan Manuel Rosas (1793–1877), dominaron la ciudad por la fuerza. Domingo Faustino Sarmiento, un escritor argentino, que después fue presidente del país, describió el conflicto entre Buenos Aires y la Pampa como un conflicto entre «la civilización y la barbarie[g]». Para solucionar este problema, el gobierno estimuló la inmigración de europeos a la Argentina para poblar la Pampa. Esto explica el hecho de que actualmente, un ochenta y cinco por ciento de la población del país es de origen europeo.

Los gauchos argentinos, similares a los *cowboys* o vaqueros de los Estados Unidos, tienen su origen en el siglo XVI. Éstos rechazaban[h] la vida urbana y preferían vivir como nómadas en la Pampa, que entonces pertenecía a todos. La imagen romántica de la vida gauchesca se parece mucho a la imagen del *Old West* o de los pioneros de la historia estadounidense. Con la llegada de los inmigrantes europeos, cuyo interés en la tierra era principalmente económico, la vida de los gauchos empezó a cambiar. Hoy en día los gauchos existen sólo como atracciones para turistas (como en la estancia que visitó Raquel cuando conoció al gaucho Cirilo) y en la literatura, en la música y en el folklore del país. Uno de los mejores ejemplos de la literatura gauchesca es el poema épico *Martín Fierro*, publicado en 1872, escrito por el escritor argentino José Hernández.

[a]*docks* [b]*renown* [c]*support* [d]*se... cattle, horses, and sheep are raised* [e]*wheat* [f]*Political or military strongmen*
[g]*barbarism* [h]*rejected*

Actividad

El mito del *cowboy*

Así como los gauchos en la Argentina, los *cowboys* de los Estados Unidos tienen un lugar importante en la literatura, en la música y en el folklore de este país.

Paso 1 En grupos de tres o cuatro estudiantes, hagan una lista de características que, según Uds., se asocian con el mito del *cowboy* estadounidense. Escriban las características positivas en una lista, y las negativas en otra.

Paso 2 En grupos, contesten estas preguntas.

1. ¿Qué semejanzas y diferencias hay entre los *cowboys* de los Estados Unidos y los gauchos argentinos?
2. ¿Conocen Uds. algunas canciones folklóricas estadounidenses que se basen en el mito del *cowboy*? ¿Cuáles son?
3. ¿Conocen Uds. algún cuento o alguna obra literaria o película que se base en el mito del *cowboy*? Nómbrenlos.
4. ¿Qué características de los *cowboys*, negativas o positivas, se representan en las canciones, los cuentos o las películas que el grupo nombró?

Paso 3 Ahora entre todos de la clase, comparen sus listas de características negativas y positivas. ¿Hay características que mencionaron todos los grupos? ¿Cuáles son? Comparen sus respuestas con las preguntas del Paso 2. ¿Qué canciones, cuentos o películas conoce la mayoría de los estudiantes? ¿Qué respuestas dio la mayoría de los grupos al número cuatro?

Enfoque estructural

5.1 Los complementos indirectos

In **Enfoque estructural 1.3**, you used indirect object pronouns with **gustar** to talk about likes and preferences. Indirect objects generally answer the questions *to whom* or *for whom* an action is performed. Like direct object pronouns, indirect object pronouns replace a noun, the recipient of the action. Here is the complete list of indirect object pronouns.

LOS PRONOMBRES DE COMPLEMENTO INDIRECTO			
me	to/for me	nos	to/for us
te	to/for you (*fam.*)	os	to/for you (*fam., Sp.*)
le	to/for you (*form.*), him, her, it	les	to/for you (*form.*), them

A prepositional phrase introduced by **a** can be used with indirect object pronouns for clarification or emphasis.

> **Me gusta** la comida mexicana.
> *I like Mexican food.*
> **A mí me gusta** la comida mexicana.
> *I like Mexican food.* (emphasis)

> **Le gusta** la comida española.
> *You/He/She . . . likes Spanish food.*
> **A Raquel le gusta** la comida española.
> *Raquel likes Spanish food.* (clarification)

¡OJO! Although a prepositional phrase can be used for clarity in the case of **le** and **les**, such a phrase does not substitute the indirect object pronoun. Speakers of English may find the use of an indirect object pronoun redundant in these cases. However, its use is not optional in Spanish.

● Some common verbs frequently require the use of indirect object pronouns. The following are verbs of exchange, some of which you have already seen and used.

dar (*irreg.*)	to give	**regalar**	to give (*as a gift*)
mandar	to send	**servir (i, i)**	to serve
ofrecer (ofrezco)	to offer	**traer** (*irreg.*)	to bring
prestar	to lend		

> La Sra. Suárez **le mandó** una carta a don Fernando.
> *Mrs. Suárez sent a letter to don Fernando.*
>
> También **le dio** a Raquel unas cartas de Rosario.
> *She also gave Raquel some letters from Rosario.*

● The following verbs of communication, many of which you have seen and used, also frequently require the use of indirect object pronouns.

contar (ue)	to tell	**hablar**	to speak
contestar	to answer	**leer**	to read
decir (*irreg.*)	to say	**pedir (i, i)**	to ask
enseñar	to teach / to show	**preguntar**	to ask
escribir	to write		(*a question*)
explicar	to explain	**prometer**	to promise
		recomendar (ie)	to recommend

● As with direct object pronouns, indirect object pronouns are generally placed before the conjugated verb in a sentence or attached to an infinitive.

> Raquel **le** va a contar a Lucía la historia de su viaje a la Argentina. ⎫
> Raquel va a contar**le** a Lucía la historia de su viaje a la Argentina. ⎬ *Raquel is going to tell Lucía the story about her trip to Argentina.*

● Indirect object pronouns can also be used to indicate possession when the possessive adjective is not used in Spanish.

La peluquera **me lavó** el pelo.	*The hairdresser washed my hair.*
No **te voy a planchar** las camisas.	*I'm not going to iron your shirts (for you).*

Práctica **A**   ## ¿Con qué frecuencia?

Indica con qué frecuencia haces las siguientes actividades.

	MUCHAS VECES	A VECES	RARAS VECES
1. Les mando cartas a mis amigos.	☐	☐	☐
2. Le ofrezco ayuda (*help*) a mi mejor amigo/a.	☐	☐	☐
3. Les hago regalos (*gifts*) a mis profesores.	☐	☐	☐
4. Le digo mentiras (*lies*) a mi novio/a (esposo/a, mejor amigo/a).	☐	☐	☐
5. Les pido favores a mis compañeros de clase.	☐	☐	☐
6. Les cuento chistes (*jokes*) a mis tíos (primos, abuelos).	☐	☐	☐
7. Les recomiendo restaurantes a mis amigos.	☐	☐	☐

Práctica **B**   ## ¿Qué va a pasar en la clase de español?

Contesta las siguientes preguntas sobre tu opinión de lo que va a pasar en tu clase de español.

MODELO: ¿Uds. le van a contar chistes a su profesor(a)?
Sí, (No, no) le vamos a contar chistes.
(Sí, [No, no] vamos a contarle chistes.)

1. ¿El profesor / La profesora les va a preparar una comida?
2. ¿Tú le vas a leer una composición a otro estudiante?
3. ¿Uds. le van a hacer muchas preguntas a su profesor(a)?
4. ¿El profesor / La profesora les va a hacer sugerencias sobre cómo estudiar?
5. ¿Tú le vas a hablar siempre en español a tu profesor(a)?
6. ¿Tus compañeros te van a prestar sus apuntes si faltas a (*you miss*) alguna clase?
7. ¿El profesor / La profesora les va a explicar la gramática cuando Uds. no entienden?
8. ¿Uds. le van a prometer a su profesor(a) poner mucho esfuerzo (*effort*) en esta clase?

Práctica **C**   ## Cuéntame más sobre la historia

Trabajando con otro/a estudiante, pregúntense más detalles sobre la historia. Usen un complemento indirecto en sus respuestas.

¡UN DESAFÍO!   Ya sabes toda la información necesaria para contestar estas preguntas. El desafío es explicarlo todo en español.

MODELO: ¿Quién le mandó una carta a don Fernando?
La Sra. Suárez le mandó una carta.

1. ¿Quién le informó a Raquel sobre la muerte de Pedro?
2. ¿Por qué le cuenta Raquel a Lucía toda la historia de la familia Castillo?
3. ¿Qué le dijo Lucía de su familia a Raquel?
4. ¿Por qué le va a grabar la historia Raquel a Lucía?

▶ **Hace cinco años** ◀

5. ¿Por qué le pide ayuda Pedro a Raquel en la investigación?
6. ¿Qué le dice la Sra. Suárez a Raquel sobre Rosario?
7. ¿Qué le enseña Raquel a Arturo como prueba (*proof*) de la historia de don Fernando y Rosario?
8. ¿Por qué quiere Raquel mostrarle una foto de la tumba de Rosario a don Fernando?

5.2 _Gustar_ y otros verbos similares

● In **Enfoque estructural 1.4** you reviewed the verb **gustar**. In this chapter, you will learn to use other verbs that have a similar construction. As in the case of **gustar**, these verbs are used with indirect object pronouns. These verbs may be followed by an infinitive or a noun. Here are some of the verbs that are structurally similar to **gustar**. You have already seen and used many of them.

caer bien/mal	to like/dislike (*someone*)	**interesar**	to interest
encantar	to love; to be delighted	**molestar**	to bother, annoy
faltar	to be missing or lacking; to need	**parecer (parezco)**	to seem, appear
fascinar	to fascinate	**pasar**	to happen, occur
importar	to be important; to matter	**resultar**	to turn out; to work out

A Raquel **le cae bien** Arturo porque es muy simpático.

Raquel likes Arturo because he's very nice.

A don Fernando **le faltan** datos sobre lo que **le pasó** a Rosario.

Don Fernando is lacking information about what happened to Rosario.

La investigación **le resulta** más difícil a Raquel de lo que pensaba.

The investigation is turning out more difficult for Raquel than she thought it would.

● Note that you must also use the preposition **a** before a noun or pronoun that refers to the person or people affected by the verb.

—¿**A Uds. les gusta** ver los episodios de *Nuevos Destinos*?
—Sí, **nos encanta.** También **a
nuestro profesor le encanta.**

—*Do you like watching* Nuevos
Destinos *episodes?*
—*Yes, we love it. Our professor
loves it also.*

Práctica

Mis compañeros de clase

Paso 1 Indica el nombre de un compañero / una compañera de clase para cada
una de las siguientes oraciones.

1. A _____ no le faltan ganas (*desires*) de hablar español.
2. A _____ le interesan mucho sus estudios.
3. A _____ le parece muy importante hacer ejercicio.
4. A _____ le importa mucho la política.
5. A _____ le parece fácil esta clase.
6. A _____ le importa mucho la moda (*fashion*).
7. A _____ le molestan los estudiantes que hablan mientras habla el profesor / la profesora.

Paso 2 Ahora comparte algunas de tus oraciones con el resto de la clase. ¿Qué
dicen los compañeros que nombraste? ¿Están de acuerdo?

Práctica

Gustos y preferencias

Con un compañero / una compañera, háganse y contesten preguntas sobre sus
gustos en cuanto a la comida y las bebidas. Si te gusta algo mucho, usa el
verbo **encantar.** Si no te gusta en absoluto (*not at all*), puedes contestar con
No me gusta(n) nada.

MODELO: el pavo asado →
            E1: ¿Te gusta el pavo asado?
            E2: Sí, me encanta (el pavo asado).

1. la comida mexicana
2. los postres
3. las ensaladas de fruta
4. las espinacas

5. el pescado
6. los frijoles negros
7. el vino
8. el jugo de zanahoria

Práctica

La vida estudiantil

Paso 1 Piensa en una respuesta para cada pregunta a continuación. Escribe tus
respuestas en una hoja de papel aparte.

MODELO: ¿Qué es lo que más te gusta de estudiar otro idioma?
            Lo que más me gusta es conversar con gente de otros países (leer en
            otro idioma, saber más de la cultura de otros países, ¿ ?).

1. ¿Qué es lo que más te gusta de esta universidad?
2. ¿Qué es lo que te cae mal de otros estudiantes?
3. ¿Qué es lo que más te interesa en cuanto a los estudios?
4. ¿Qué es lo que te falta para recibir mejores notas?
5. ¿Qué es lo que más te encanta hacer cuando no hay clases?
6. ¿Qué es lo que te resulta más difícil de ser estudiante?

Paso 2 Entrevista a otro/a estudiante e intercambien ideas y opiniones sobre
las preguntas del Paso 1.

NOTA *cultural* • *El voseo*

En algunos países de Latinoamérica, se usa el pronombre familiar **vos** en vez de **tú**, que se usa en el resto del mundo hispanohablante. A este empleo del pronombre **vos** se le llama el voseo, y se usa, sobre todo, en la Argentina.

Las formas verbales del voseo también difieren de[a] las formas del tuteo (el uso de **tú**). En vez de acentuar la penúltima[b] sílaba de los verbos, en el voseo se acentúa la última sílaba de la forma verbal. Compara las dos formas.

EL TUTEO: **¿Sabes?** Tú **cantas** muy bien. ⎫
EL VOSEO: **¿Sabés?** Vos **cantás** muy bien. ⎭ *You know what? You sing very well.*

Otra de las diferencias es que en el voseo no hay diptongo en la forma familiar de los verbos de cambio radical, como ocurre en el tuteo. Compara las formas con el verbo querer.

EL TUTEO: **¿Quieres** una rebanada de pan? ⎫
EL VOSEO: **¿Querés** una rebanada de pan? ⎭ *Do you want a slice of bread?*

En los Episodios 5 a 7 de *Nuevos Destinos*, que corresponden al viaje a la Argentina, vas a oír algunos ejemplos del voseo.

[a]difieren... *are different from*   [b]*second-to-last*   [c]¿Qué... *What the devil is that*

5.3   Dos usos de *se*: El «*se* impersonal» y la voz pasiva con *se*

REFRÁN

«Con lo que no cuesta, *se hace* fiesta.» *

El *se* impersonal

The "impersonal **se**" construction is used in Spanish for situations in which no specific subject is identified. For lack of such a construction in English, it is common to hear people refer to *one, you,* or *they*. This construction is often used when giving advice or giving directions and instructions. Compare these sentences.

_____

*"The best things in life are free." (lit. "With something that costs nothing, one has a party.")

SPECIFIC SUBJECT

Cuando comemos en la cafetería,   *When we eat in the cafeteria,*
tenemos que hacer cola.   *we have to wait in line.*

NO SPECIFIC SUBJECT

Cuando **se come** en la cafetería,   *When one eats in the cafeteria,*
se tiene que hacer cola.   *one must wait in line.*

La voz pasiva con *se*

The passive voice is a way to express an action as performed *by* someone or
something. Compare the following English sentences, in which the passive and
active voices are contrasted.

ACTIVE: The boy kicked the ball hard.
PASSIVE: The ball was kicked hard.

One way to form the passive voice in Spanish is with the passive **se** construction. This form is used when the subject performing the action is not expressed or implied. The emphasis is on the person or thing that receives the
action, and the verb agrees in number with that receiver.

Los asuntos legales de la familia   *The legal matters of the Castillo*
Castillo no **se resuelven**   *family are not easily resolved.*
fácilmente.

Parte de La Gavia **se convirtió**   *Part of La Gavia was converted*
en un orfanato.   *into an orphanage.*

Note in each of the preceding examples that the verb agrees with the receiver
of the action (**asuntos** and **La Gavia**, respectively).

The passive **se** is also commonly used in street signs, directions for food
preparation, instructions for assembling items, and other similar situations.

Para hacer un buen guacamole,   *To make good guacamole, first*
primero **se corta** el aguacate   *the avocado is cut into small*
en trozos pequeños. Luego,   *pieces. Then lemon juice,*
se añaden jugo de limón, ajo,   *garlic, cilantro, and salt are*
cilantro y sal. Después, **se**   *added. Afterwards, all the*
mezclan bien todos los   *ingredients are mixed well.*
ingredientes. Finalmente, **se**   *Finally, the guacamole is*
sirve el guacamole con tortillas   *served with corn chips.*
fritas de maíz.

Practica   ### ¿Qué se hace en tu universidad?

Un nuevo estudiante acaba de llegar a tu universidad, pero no sabe mucho de
las costumbres y otras ocurrencias allí. Contesta sus preguntas, usando el «se
impersonal» en las respuestas. A continuación hay algunas sugerencias que
puedes usar en las respuestas.

MODELO: ¿Dónde se paga la matrícula?
Se paga la matrícula en la oficina de la administración.

1. ¿Dónde se compran libros para las clases?
2. ¿Dónde se encuentran las residencias estudiantiles?
3. ¿Dónde se escuchan las cintas para la clase de español?
4. ¿Qué se necesita para sacar libros de la biblioteca?
5. ¿Dónde se estacionan (*park*) los coches?
6. ¿Cuándo se toman los exámenes finales?
7. ¿Dónde se pide un préstamo estudiantil (*student loan*)?
8. ¿Dónde se compran sándwiches y refrescos?

Lugares: la biblioteca, la cafetería, el estacionamiento (*parking lot*), el laboratorio de lenguas, la librería, la oficina de ayuda financiera

Cosas: la tarjeta de identificación

Práctica **B**

¿En qué orden se hacen?

Paso 1   Cuando invitas a personas a cenar en casa, necesitas hacer muchos preparativos. Indica el orden, del 1 (primero) al 10 (décimo) en que se deben hacer los siguientes pasos, según tu opinión.

_____ Se pone la mesa.
_____ Se necesita comprar las bebidas.
_____ Se debe invitar a los invitados.
_____ Se tiene que limpiar la casa.
_____ Se sirve la comida.
_____ Se prepara la comida.
_____ Se planea el menú.
_____ Se lavan los platos.
_____ Se compran los ingredientes para la comida.
_____ Se hace una lista de compras.

Paso 2   Conversa con otro estudiante sobre el orden que se debe seguir para hacer las actividades del Paso 1. Si hay diferencias de opiniones, justifiquen sus decisiones.

Práctica **C**

Resuelvan el problema

Paso 1   Imagínate que has observado algunos problemas en el campus que se pueden resolver con algunas reglas o normas de conducta. Trabajando en grupos de tres o cuatro estudiantes, escriban algunas reglas, en forma negativa o positiva, para resolver estos problemas. A continuación hay algunas sugerencias que pueden usar en sus respuestas.

 ¡Sean (*Be*) originales! Traten de escribir la lista de reglas sin mirar la lista de sugerencias.

MODELO: Hay basura por todos lados (*everywhere*).
No se tira basura.

1. Hay mucho humo (*smoke*) de cigarrillos en los pasillos de los edificios.
2. Hay mucho ruido en las residencias hasta muy tarde en la noche.
3. Los estudiantes hablan mucho en la biblioteca.
4. Hay muchos carros estacionados enfrente de las entradas a los edificios.

5. ¡Algunos estudiantes toman bebidas alcohólicas en clase!

6. Los profesores dan mucha tarea durante las vacaciones.

Sugerencias: (no) dar fiestas los días de entresemana (*weekdays*), (no) dar tarea durante las vacaciones, (no) echarles fuera (*to throw them out*) de..., (no) estacionar el carro fuera del estacionamiento, (no) fumar dentro de los edificios, (no) poner el estéreo después de cierta hora, (no) ponerle multas (*fines*) a las personas que...

Paso 2   Comparen las soluciones que sugirió cada grupo y escojan la mejor de la clase para cada problema.

Para terminar

| **Actividad final** | **Mi receta (*recipe*) favorita** |

En este capítulo, has aprendido los nombres de muchos alimentos y has hablado sobre tus preferencias en cuanto a las comidas y bebidas. También supiste usar el «**se** impersonal» y la voz pasiva con **se**. En esta actividad final, vas a escribir tu receta favorita, usando la comida y estos dos usos del **se**.

Paso 1   Piensa en tu plato favorito, el que más te gusta preparar. ¿Cuáles son los ingredientes de ese plato? ¿Qué útiles (*utensils*) se necesitan para prepararlo? Haz una lista de todo lo que necesitas. (Es posible que no sepas todos los nombres de los útiles y las comidas que vas a usar. En ese caso, pídele ayuda a tu profesor(a) o busca las palabras en un diccionario.)

Paso 2   Usando la lista del Paso 1 y construcciones con **se**, escribe las instrucciones de cómo hacer ese plato. No te olvides de los pasos importantes en la preparación del plato. A continuación hay una lista de verbos que te pueden servir en tus instrucciones.

Verbos: aderezar (*to dress, season*), agregar/añadir (*to add*), batir (*to beat*), calentar (ie) (*to heat; to warm up*), cortar (*to cut*), dorar (*to brown*), freír (i, i) (*to fry*), hervir (ie, i) (*to boil*), hornear (*to bake*), mezclar (*to mix*), pelar (*to peel*)

Paso 3

¡UN DESAFÍO!   En grupos de tres o cuatro estudiantes, preparen uno de los platos que Uds. escogieron y luego tráiganlo a clase para compartir entre todos. También deben traer suficientes copias de la receta para distribuir en clase. Si quieren, pueden hacer presentaciones orales para demostrar la preparación de la receta.

Vocabulario

Los verbos

caer (*irreg.*) **bien/mal**	to like/dislike (*someone*)
contestar	to answer
encantar	to love; to be delighted
estacionar	to park
explicar	to explain
faltar	to be missing, lacking; to need
fascinar	to fascinate
importar	to be important; to matter
interesar	to interest
mandar	to send
molestar	to bother, annoy
ofrecer (ofrezco)	to offer
parecer (parezco)	to seem, appear
pasar	to happen, occur
preguntar	to ask (*a question*)
prestar	to lend
prometer	to promise
recomendar (ie)	to recommend
regalar	to give (*as a gift*)
resultar	to turn out; to work out
servir (i, i)	to serve

Repaso: contar (ue), dar, decir, enseñar, escribir, gustar, hablar, leer, pedir (i, i), traer

Frutas y verduras

la aceituna	olive
el apio	celery
la cebolla	onion
la cereza	cherry
el champiñón	mushroom
el durazno	peach
la fresa	strawberry
el frijol	bean
el guisante	pea
la lechuga	lettuce
el maíz	corn
la manzana	apple
la naranja	orange
la papa	potato
la piña	pineapple
el plátano	banana
la sandía	watermelon
la toronja	grapefruit
la uva	grape
la zanahoria	carrot

Cognados: el bróculi, la coliflor, el chile, las espinacas, el limón, el melón, la pera, el tomate

Carne, aves, pescado y mariscos

los camarones	shrimp
la carne de cerdo	pork
el huevo	egg
el jamón	ham
la langosta	lobster
el pavo	turkey
el pollo	chicken
el tocino	bacon

Cognados: el atún, el bistec, la hamburguesa, el salmón

Otros comestibles

el arroz	rice
la galleta	cookie
el helado	ice cream
el pan	bread
el pastel	cake; pie
el queso	cheese

Cognados: los cereales, la ensalada, la pasta, el sándwich, el yogur

Bebidas

el jugo	juice
la leche	milk
el refresco	soft drink
el vino (tinto, blanco)	(red, white) wine

Cognado: el té

Repaso: el café, la cerveza

Los condimentos

el aceite	oil
el azúcar	sugar
la mantequilla	butter
la pimienta	pepper
la sal	salt

Cognados: la mayonesa, la mermelada

Las comidas

el almuerzo	lunch
la cena	dinner
el desayuno	breakfast

Para hablar de la comida

el alimento	food item
el plato	dish, meal
el postre	dessert

al horno	baked
al vapor	steamed
asado/a	roast(ed)
crudo/a	raw
lácteo/a	dairy

Otras palabras útiles

la ayuda	help
el chiste	joke
el estacionamiento	parking lot

Lectura 3

Julio Cortázar (1914–1984) nació en Bélgica, de padres argentinos, y murió en Francia. Fue maestro, traductor y un escritor famoso. El cuento «Continuidad de los parques» es parte de su libro *Final del juego*, una colección de cuentos que se publicó en 1956.

Actividad

Mira esta lista de palabras y expresiones que aparecen en el cuento.

la cabaña del monte *cabin in the woods*
el parque de los robles *grove of oak trees*
la mujer recelosa *suspicious woman*
el amante *lover*
el puñal *dagger*
la libertad agazapada *restricted freedom*
la bruma malva del crepúsculo *mauve-colored mist of twilight*

En tu opinión, ¿qué tipo de cuento es? Probablemente es un cuento...

_____ misterioso
_____ de terror
_____ de aventuras/acción
_____ romántico
_____ de ciencia ficción

Continuidad de los parques

H abía empezado a leer la novela unos días antes. La abandonó por negocios urgentes, volvió a abrirla cuando regresaba en tren a la finca;[a] se dejaba interesar lentamente por la trama, por el dibujo de los personajes. Esa tarde, después de escribir una carta a su apoderado[b] y discutir con el mayordomo[c] una cuestión de aparcerías,[d] volvió al
5 libro en la tranquilidad del estudio que miraba hacia el parque de los robles. Arrellanado[e] en su sillón favorito, de espaldas a la puerta que lo hubiera molestado como una irritante posibilidad de intrusiones, dejó que su mano izquierda acariciara una y otra vez el terciopelo[f] verde y se puso a leer los últimos capítulos. Su memoria retenía sin esfuerzo los nombres y las imágenes de los protagonistas; la ilusión
10 novelesca lo ganó casi en seguida. Gozaba del placer casi perverso de irse desgajando[g] línea a línea de lo que lo rodeaba, y sentir a la vez que su cabeza descansaba cómodamente en el terciopelo del alto respaldo, que los cigarrillos seguían al alcance de la mano, que más allá de los ventanales danzaba el aire del atardecer[h] bajo los robles. Palabra a palabra, absorbido por la sórdida disyuntiva de los héroes, deján-
15 dose ir hacia las imágenes que se concertaban y adquirían color y movimiento, fue testigo del último encuentro en la cabaña del monte. Primero entraba la mujer, recelosa; ahora llegaba el amante, lastimada la cara por el chicotazo[i] de una rama. Admirablemente restañaba ella la sangre[j] con sus besos, pero él rechazaba las caricias, no había venido para repetir las ceremonias de una pasión secreta, protegida
20 por un mundo de hojas secas y senderos furtivos. El puñal se entibiaba[k] contra su pecho, y debajo latía[l] la libertad agazapada. Un diálogo anhelante[m] corría por las páginas como un arroyo de serpientes, y se sentía que todo estaba decidido desde siempre. Hasta esas caricias que enredaban el cuerpo del amante como queriendo retenerlo y disuadirlo, dibujaban abominablemente la figura de otro cuerpo que era
25 necesario destruir. Nada había sido olvidado: coartadas, azares,[n] posibles errores. A partir de esa hora cada instante tenía su empleo minuciosamente atribuido. El doble repaso despiadado[o] se interrumpía apenas para que una mano acariciara una mejilla. Empezaba a anochecer.

Sin mirarse ya, atados[p] rígidamente a la tarea que los esperaba, se separaron en
30 la puerta de la cabaña. Ella debía seguir por la senda que iba al norte. Desde la senda opuesta él se volvió un instante para verla correr con el pelo suelto. Corrió a su vez, parapetándose[q] en los árboles y los setos,[r] hasta distinguir en la bruma malva del crepúsculo la alameda que llevaba a la casa. Los perros no debían ladrar,[s] y no ladraron. El mayordomo no estaría a esa hora, y no estaba. Subió los tres peldaños[t]
35 del porche y entró. Desde la sangre galopando en sus oídos le llegaban las palabras de la mujer: primero una sala azul, después una galería, una escalera alfombrada. En lo alto, dos puertas. Nadie en la primera habitación, nadie en la segunda. La puerta del salón, y entonces el puñal en la mano, la luz de los ventanales, el alto respaldo de un sillón de terciopelo verde, la cabeza del hombre en el sillón leyendo una
40 novela. ∎

[a]*farm* [b]*abogado* [c]*foreman* [d]*cuestión... sharecropping matter* [e]*Stretched out* [f]*velvet* [g]*picking apart* [h]*dusk* [i]*scratch*
[j]*restañaba... she stopped the flow of blood* [k]*se... grew cold* [l]*was beating* [m]*yearning* [n]*coartadas... alibis, misfortunes*
[o]*merciless* [p]*tied* [q]*hiding himself* [r]*hedges* [s]*bark* [t]*steps*

Después de leer

Actividad **A**

Comprensión

1. A continuación hay una lista de acontecimientos y descripciones del cuento. Algunas de las oraciones son ciertas y otras son falsas. Indica las oraciones falsas, modificándolas para que sean ciertas.
   a. Es casi de noche.
   b. El amante restaña la sangre que corre en la cara de la mujer.
   c. El hombre se sienta en el porche de la cabaña.
   d. El hombre decide leer los últimos capítulos de una novela.
   e. Hay un hombre en el salón, leyendo una novela.
   f. El amante saca un puñal y entra en la cabaña.
   g. Los amantes se separan y la mujer corre por los árboles.
   h. El amante entra en un salón con un puñal en la mano.
   i. Hay una mujer con su amante en una cabaña.

2. En una hoja de papel aparte, escribe los acontecimientos en el orden cronológico apropiado. No te olvides de usar palabras de transición como **luego**, **después**, etcétera.

Actividad **B**

Opinión

¿Estás de acuerdo con las siguientes afirmaciones?

1. El amor y la felicidad son complicados.
2. Los celos (*Jealousy*) en el amor siempre resultan en la violencia.

Comparte tus opiniones con un compañero / una compañera de clase.

Actividad **C**

Expansión

1. En grupos, preparen una presentación dramática del cuento. Por ejemplo, una persona puede narrar el cuento y las otras pueden dramatizar la acción.

2. Imagínate lo que pasa después de la última línea del cuento. Continúa la historia.
   _____ La ventana refleja la imagen del amante y el hombre en el sillón lo ve...
   _____ La policía encuentra el cuerpo del hombre muerto y...
   _____ El asesino habla con el juez...
   _____ Sale un artículo en el periódico que narra la historia de la muerte...
   _____ ¿otra posibilidad?

6 LA búsqueda

METAS

LA TRAMA

Día 2 (*continuación*): Lucía is back at her law office in Mexico, working late into the night on the Castillo case. The government claims on the property of La Gavia have her perplexed. While Lucía works on the case, Raquel is at home continuing to tape the story of the search for Ángel Castillo. What will she and Arturo discover? As Raquel tapes the story, an "old friend" from her past calls her. Who could it be?

ARTURO: Sí, es mi hermano. Perdimos contacto hace muchos años...
JOSÉ: Lo siento, no lo conozco. ¿Ya hablaron con Héctor?
ARTURO: No. ¿Quién es?

CULTURA

As you work through the chapter, you will also find out about

- ▣ city life in Hispanic countries (**Nota cultural: La vida en la calle**)
- ▣ the Andean region (**Enfoque cultural: Los países andinos: El Perú, el Ecuador y Bolivia**)

COMUNICACIÓN

In this chapter of *Nuevos Destinos*, you will

- ▣ talk about city and town life (**Enfoque léxico: ¿Qué hay en tu ciudad o pueblo?**)
- ▣ talk about ongoing actions in the past (**Enfoque estructural 6.1**)
- ▣ talk about actions in progress in the present and in the past (**6.2**)
- ▣ use expressions with **tener** (**6.3**)

El vídeo

Actividad **A**

La reclamación de La Gavia

Todavía no se sabe precisamente por qué el gobierno reclama La Gavia. ¿Cuánto sabes tú del caso? Indica tus opiniones de la siguiente manera.

- **a.** Sé que es cierto.
- **b.** Creo que es cierto, pero no estoy seguro/a.
- **c.** Creo que es falso, pero no estoy seguro/a.
- **d.** Sé que es falso.

¡OJO! Hay algunos hechos que no se pueden verificar todavía.

1. _____ Las personas que no son de México no pueden heredar tierra mexicana.

2. _____ En el testamento de don Fernando hay personas que no son ciudadanas mexicanas.

3. _____ Raquel es una de las personas mencionadas en el testamento de don Fernando.

4. _____ La familia puertorriqueña ha entablado un pleito (*has brought a suit*) contra la familia Castillo.

5. _____ Una parte de La Gavia se ha convertido en un orfanato.

6. _____ En el periódico salió un artículo sobre la reclamación de parte del gobierno.

7. _____ La Gavia se usa para actividades ilegales.

8. _____ Raquel le está ocultando (*hiding*) información a Lucía.

Actividad **B**

Raquel conversaba con su madre

Al principio del Episodio 5, Raquel recibió un mensaje de su madre en el contestador automático y, después, conversó con ella. Marca las frases que indican lo que le dijo Raquel a su madre en esa conversación.

Raquel le dijo que...

1. _____ no podía ir a cenar a la casa de sus padres.

2. _____ tenía mucho trabajo estos días.

3. _____ no sabía cuándo volvía Arturo de su viaje.

4. _____ iba a cenar a su casa este fin de semana.

5. _____ Arturo fue a una conferencia.

6. _____ quisiera (*she would like*) estar de viaje con Arturo.

7. _____ no quería que su mamá se preocupara (*worry*) por ella.

In **Episodio 6** of the CD-ROM to accompany *Nuevos Destinos,* you can listen to a phone message from Raquel's mother about their dinner plans for the weekend.

Actividad

In **Episodio 6** of the CD-ROM to accompany *Nuevos Destinos*, you can listen to Raquel's recording of the events in Argentina related to Rosario's life and the search for Ángel Castillo. You will also work with a photo album of Rosario's family and with an activity recounting the chronology of Rosario's life.

▶ *Hace cinco años* ◀   **La investigación sigue**

Raquel graba una cinta para Lucía dándole más detalles sobre su investigación. Indica si las siguientes oraciones son ciertas (**C**) o falsas (**F**). Si son falsas, modifícalas para que sean ciertas.

C F **1.** Cuando Raquel llegó a la estancia Santa Susana, conoció al hermano de Ángel Castillo.

C F **2.** Un gaucho llamado Cirilo le dijo a Raquel que Rosario se mudó a Buenos Aires.

C F **3.** Raquel fue al consultorio de Arturo Iglesias porque sabía que él era hijo de Rosario.

C F **4.** Después de oír la historia que le contó Raquel, Arturo le dijo a ella que acaba de hablar con su hermano Ángel hace unos días.

C F **5.** Arturo también le dijo a Raquel que Rosario, su madre, ya murió.

C F **6.** Raquel quería sacar una foto de Arturo para luego mostrársela a don Fernando.

Episodio 6: Día 2 (*continuación*)

Preparación para el vídeo

Actividad

La Gavia

Paso 1 ¿Cuánto sabes de La Gavia? A continuación hay una serie de oraciones sobre la hacienda. Indica si las oraciones son ciertas (**C**), falsas (**F**) o si no estás seguro/a (**NS**).

C F NS **1.** Todos los hijos que don Fernando tuvo con su esposa Carmen nacieron en La Gavia.

C F NS **2.** Don Fernando Castillo compró La Gavia en los años cincuenta.

C F NS **3.** La familia Castillo no ha pagado los impuestos (*taxes*) de La Gavia.

C F NS **4.** La Gavia se convirtió en un orfanato hace pocos años.

C F NS **5.** La Gavia estaba en ruinas cuando don Fernando la compró.

Paso 2 Después de ver el episodio, haz los cambios necesarios en tus respuestas del Paso 1.

Actividad **B**

In **Episodio 6** of the CD-ROM to accompany *Nuevos Destinos*, you can listen to a tape-recorded summary of the beginning of Raquel's and Arturo's search for Ángel.

Raquel y Arturo buscan a Ángel

Paso 1   La búsqueda de Ángel continúa. ¿Adónde irán a buscarlo Raquel y Arturo? Indica los lugares en donde crees que lo buscarán.

1. _____ en la zona universitaria de Buenos Aires
2. _____ en una pescadería (*fish market*)
3. _____ en un hotel
4. _____ en un restaurante
5. _____ en un barco
6. _____ en un barrio elegante de Buenos Aires
7. _____ en la casa de un amigo de Ángel
8. _____ en un barrio cerca del puerto

Paso 2   Después de ver el episodio, verifica tus respuestas del Paso 1.

¿Qué tal es tu memoria?

Actividad **A**

Lucía investiga La Gavia

Completa el siguiente párrafo sobre lo que descubrió Lucía acerca de La Gavia. A continuación hay una lista de opciones posibles. ¡OJO! No se usan todas las opciones.

¡UN DESAFÍO!   Trata de completar el párrafo sin mirar la lista de opciones.

LUCÍA: Don Fernando Castillo _____[1] La Gavia en 1951... La Gavia es el único hogar[a] que recuerdan _____[2] de don Fernando. Juan _____[3] allí. Aquí están las fotocopias de los _____[4] de los hijos. La Gavia estaba en muy _____[5] cuando don Fernando la compró y él _____[6] mucho dinero en grandes reformas que le devolvieron[b] a La Gavia la _____[7] y el _____[8] que tuvo en otra época.

[a]home   [b]returned

Personas: los hijos, los nietos, los padres
Verbos: compró, estudió, heredó, invirtió (*invested*), nació
Otras palabras: certificados de nacimiento, esplendor, grandeza, testamentos; buenas/malas condiciones

Actividad **B**

In **Episodio 6** of the CD-ROM to accompany *Nuevos Destinos*, you can hear about and see some of the people that Raquel and Arturo talk to.

▶ *Hace cinco años* ◀   La búsqueda

En la búsqueda de Ángel, Raquel y Arturo hablaron con varias personas en distintas partes de Buenos Aires. Empareja los acontecimientos en la siguiente página con los personajes correspondientes.

a. José
b. doña Flora
c. Mario, el dueño de la tienda de antigüedades (*antiques*)
d. el vendedor de pescado
e. Arturo

1. _____ Menciona a la señora del negocio de al lado porque ella conoce a todo el mundo.
2. _____ Piensa en José y lleva a Raquel y Arturo a la casa donde vive con su esposa.
3. _____ Encuentra una foto de Ángel a los 20 años.
4. _____ Menciona dos lugares donde pueden encontrar a José: en el bar o en el barco.
5. _____ Dice que tienen que hablar con Héctor.

Actividad **C**   ## Una llamada inesperada (*unexpected*)

En este episodio, Raquel tuvo una llamada de Luis, un hombre de su pasado. Selecciona la opción que indique mejor lo que sabes o piensas de esa llamada.

1. Hace cinco _____ que Raquel y Luis no hablan.
   a. años **b.** meses **c.** días
2. Raquel estaba _____ mientras hablaba con Luis.
   a. triste **b.** irritada **c.** contenta
3. Luis quería invitarla _____.
   a. a un concierto **b.** al cine
   c. a almorzar
4. Raquel le dijo que no podía verlo porque _____.
   a. tenía demasiado trabajo
   b. no le interesaba
   c. ya tenía planes
5. Raquel le prometió _____.
   a. almorzar con él al día siguiente
   b. verlo este fin de semana
   c. llamarlo pronto

Para pensar | ¿Quién es Luis? ¿Cuáles pueden ser las relaciones entre él y Raquel? ¿Por qué la llama ahora después de cinco años de no estar en contacto con ella? ¿Tendrá que ver con esto la ausencia de Arturo? ¿Está involucrada la madre de Raquel?

Lengua y cultura

¿Qué hay en tu ciudad o pueblo?

VOCABULARIO DEL TEMA

En el centro

el rascacielos

el ayuntamiento   la iglesia   el correo

CORREOS

CIN BRETON

Café Marcos

el semáforo   la parada del autobús   el café   el cine

Más cosas y lugares

la avenida	avenue
el barrio	neighborhood
la calle	street
el centro comercial	mall
el edificio	building
el puerto	port

Cognados: el banco, el bar, la discoteca, el estadio, la farmacia, la galería, la gasolinera, el gimnasio, el mercado, el museo, el parque, la plaza, el restaurante, el supermercado, el teatro

142

Actividad **A**

▶ *Hace cinco años* ◀   **¿Adónde fueron?**

Durante la estancia de Raquel en la Argentina, ella y Arturo hicieron mucho. Haz asociaciones lógicas basadas en las descripciones de lo que hicieron en cada lugar.

a. el puerto
b. el Museo Nacional de Bellas Artes
c. el Teatro Colón
d. el centro comercial La Cuadra
e. el parque El Rosedal
f. el mercado

1. _____ Aquí Arturo compró fruta, pan, queso y vino para hacer un *picnic* con Raquel.

2. _____ Aquí Raquel y Arturo hicieron el *picnic*, anduvieron en mateo (*they took a carriage ride*) y anduvieron en bote (*rowboat*).

3. _____ Arturo llevó a Raquel a ver este lugar donde se presentan conciertos, óperas y espectáculos de ballet.

4. _____ Raquel y Arturo fueron a este lugar para buscar a José, un marinero que pudiera haber conocido (*could have known*) a Ángel.

5. _____ Raquel fue a este lugar de muchas tiendas; allí compró una bolsa de cuero (*leather purse*), pantalones y una blusa.

6. _____ Aquí Raquel y Arturo vieron las obras de algunos de los pintores más famosos de la Argentina, como Collivadino y de la Cárcova.

NOTA *cultural* • *La vida en la calle*

Como se puede imaginar, la vida en los pueblos hispánicos es distinta de la de las grandes ciudades. Pero las ciudades y los pueblos hispánicos tienen algo importante en común: la vida en la calle.

En los pueblos, es común ver a grandes grupos de jóvenes paseando por la plaza principal, especialmente por la tarde, después de la siesta. Esta costumbre, llamada **el paseo**, facilita el conocimiento de otras personas y ayuda a entablar[a] conversación. Para la gente de los pueblos pequeños, el paseo es un importante acto social.

Por supuesto, en las ciudades hay mucho más que hacer. Hay cines, teatros, cafés, centros comerciales y deportivos, conciertos, discotecas, parques de diversiones y muchos otros sitios para ir con los amigos. Y puesto que en las grandes ciudades las viviendas suelen ser más pequeñas que en los pueblos, mucha gente invita a sus amigos a cenar en un restaurante en vez de en casa.

[a]empezar

Para pensar   ¿Adónde vas en tu tiempo libre? ¿Hay muchos sitios de interés en tu ciudad o pueblo? Y cuando estás con tus amigos, ¿suelen pasar más tiempo al aire libre o en casa?

Actividad **B**   **Definiciones**

Con un compañero / una compañera, hagan turnos describiendo algunos lugares o cosas del Vocabulario del tema. La otra persona tiene que adivinar lo que se describe. Hagan por lo menos tres descripciones cada uno/a.

¡UN DESAFÍO!   Hagan seis descripciones cada uno/a.

MODELO: E1: Aquí se miran partidos de fútbol o béisbol. A veces se dan conciertos aquí también.
E2: ¿Es un estadio?
E1: ¡Sí!

Enfoque cultural   ## Los países andinos: El Perú, el Ecuador y Bolivia

Estos países se conocen como «los países andinos» porque sus regiones montañosas, que forman parte de la Cordillera de los Andes, están más pobladas y son más anchas[a] que los otros países por donde pasa la Cordillera. En estas tres naciones, gran parte de la población se clasifica como indígena. La rica herencia cultural de los indígenas se ve en los numerosos mercados y tiendas de artesanías,[b] en el vestido de los habitantes y en los museos que conservan su cultura.

El Perú

El más grande de los tres países andinos es el Perú —dos veces más grande que el estado de Texas. Entre sus recursos naturales se encuentran depósitos minerales de petróleo, cobre[c] e hierro,[d] y las selvas, en donde se encuentran varias especies de plantas medicinales. La industria pesquera también es sumamente[e] importante para la economía del país.

Los habitantes de la sierra, indígenas en su mayoría, se dedican principalmente a la agricultura. Las ciudades fundadas por los españoles y habitadas por sus descendientes se encuentran principalmente en la costa. Esta separación geográfica entre indígenas y mestizos se ve también en la economía del país, ya que los indígenas participan poco en la economía nacional. Sin embargo, en 1975, el gobierno designó el quechua, idioma de los incas y sus descendientes, como segundo idioma oficial del país.

La capital del país, Lima, fue fundada en 1535 por Francisco Pizarro. Su nombre original era «Ciudad de los Reyes[f]» y, durante dos siglos y medio, fue la capital del imperio español en toda Sudamérica. La Universidad Nacional de San Marcos fue fundada en 1551, casi un siglo antes de la Universidad de Harvard. Hoy en día Lima es la cuarta ciudad más grande de Sudamérica, después de São Paulo, Río de Janeiro y Buenos Aires.

[a]*wide* [b]*handicrafts* [c]*copper* [d]*iron* [e]*muy* [f]*Kings*

El Ecuador

Este país es el más pequeño de los tres países andinos —aproximadamente del tamaño[g] del estado de Colorado. Los habitantes indígenas, que forman un veinticinco por ciento de la población, están menos aislados[h] del resto de la población que los indígenas en el Perú y, como resultado, su situación económica es un poco mejor. En el Ecuador se encuentra una gran riqueza y variedad de especies animales y vegetales. En las Islas Galápagos, pertenencia[i] ecuatoriana que está en el océano Pacífico, hay animales y plantas que no existen en ninguna otra parte del planeta.

Quito, la capital del Ecuador, está situada en una cuenca[j] alta (a 9.300 pies de altura) rodeada de montañas cubiertas[k] de nieve. Por su proximidad al ecuador geográfico y por su altura, tiene un clima agradable que le ha ganado el título de «la ciudad de la eterna primavera». Entre los muchos edificios e iglesias coloniales de Quito está la Iglesia de San Francisco que se considera la iglesia más antigua de Sudamérica.

Bolivia

Este país toma su nombre del gran libertador venezolano, Simón Bolívar. Su territorio es más grande que el de Texas. Más del cincuenta por ciento de su población es indígena y tiene tres idiomas oficiales: el español, el quechua y el aymará, otra lengua indígena. Gran parte del territorio boliviano está en el altiplano,[l] entre 5.000 y 12.000 pies sobre el nivel del mar. Bolivia es un país rico en recursos minerales. Es uno de los principales productores mundiales de estaño, antimonio y tungsteno.[m]

Bolivia es uno de los pocos países que tiene dos capitales. La ciudad de Sucre es la capital constitucional, pero casi todos los departamentos del gobierno están en La Paz, la capital *de facto*. La Paz es una ciudad moderna donde se mezclan maravillosamente la cultura occidental y la cultura indígena antigua.

[g]*size* [h]*isolated* [i]*belonging* [j]*deep valley* [k]*covered* [l]*high plateau* [m]*estaño... tin, antimony, and tungsten*

Actividad

«Deberían (*You should*) visitar... »

Paso 1   En grupos de tres o cuatro estudiantes, escojan un lugar con algún interés turístico para Uds. Puede ser una ciudad en los Estados Unidos o en otro país. Hagan una lista de cosas que se pueden hacer en ese lugar: visitar museos, teatros, monumentos o edificios interesantes, comprar objetos de artesanía, asistir a actividades deportivas, etcétera. Deben incluir en su lista los lugares o monumentos históricos de la ciudad, si los tiene.

Paso 2   En un informe oral, hagan una presentación de la ciudad al resto de la clase. Deben tratar de convencer a sus compañeros de clase de que ese lugar tiene interés turístico para ellos también.

Paso 3   Después de oír las presentaciones de todos los grupos, piensen en las siguientes preguntas. ¿Cuál de las ciudades mencionadas por la clase es la más antigua? ¿Cuál tiene el mayor número de monumentos o lugares históricos? ¿De qué época datan los monumentos o lugares históricos? ¿Qué diferencia hay en cuanto a los datos históricos entre las ciudades estadounidenses y las ciudades hispánicas que hasta ahora han conocido en los Enfoques culturales?

Enfoque estructural

6.1 Hablando del pasado usando el imperfecto

REFRÁN

《Hasta el diablo *era* buen mozo cuando le *apuntaba* el bozo.》*

In **Enfoque estructural 3.1** and **4.2**, you reviewed talking about completed events in the past with the preterite, one of the two simple past tenses in Spanish. The imperfect is the other simple past tense. Although the name has nothing to do with its being defective as a verb tense, it may help you to distinguish the two past tenses if you think of the imperfect as less precise, more flexible, less definite. In that sense, you could say it is less "perfect" because it's not so easy to pin it down to an exact moment. Its English translation often includes *used to* or *would* when talking about the past.

● To form the imperfect of regular **-ar**, **-er**, and **-ir** verbs, the infinitive ending is dropped and replaced by the endings seen in the chart below. Note that **-er** and **-ir** verbs have identical endings and that the first- and third-person singular forms are the same.

trabajar		tener		escribir	
trabajaba	trabajábamos	tenía	teníamos	escribía	escribíamos
trabajabas	trabajábais	tenías	teníais	escribías	escribíais
trabajaba	trabajaban	tenía	tenían	escribía	escribían

● There are only three irregular verbs in the imperfect tense: **ser**, **ir**, and **ver**.

ser		ir		ver	
era	éramos	iba	íbamos	veía	veíamos
eras	erais	ibas	ibais	veías	veíais
era	eran	iba	iban	veía	veían

The imperfect of **hay** is **había**.

● Here are some of the uses of the imperfect tense.

　▪ to describe settings, situations, or background information in the past

---

*"Beauty is only skin deep." (lit. "Even the devil was handsome when he was still a youth [had "peach fuzz" instead of whiskers].")

time:

Eran las dos de la tarde cuando llegó el vuelo.

It was two o'clock in the afternoon when the flight arrived.

age:

¿Cuántos años **tenía** Raquel en 1991?   *How old was Raquel in 1991?*

physical, emotional, or mental conditions:

Raquel **estaba** molesta después de conversar con Luis.

Raquel was annoyed after speaking with Luis.

Martín Iglesias **era** un padre estricto.

Martín Iglesias was a strict father.

Rosario **creía** que Fernando murió en la guerra.

Rosario believed that Fernando died in the war.

- to relate two or more actions that were ongoing or habitual in the past

Teresa Suárez y Rosario **se escribían** cuando Rosario ya no **vivía** en España.

Teresa Suárez and Rosario used to write each other when Rosario no longer lived in Spain.

- to indicate actions that were in progress when something else happened*

¿Qué **hacía** Arturo cuando llegó Raquel en busca de Ángel?

What was Arturo doing when Raquel arrived in search of Ángel?

○ Certain adverbs, adverbial phrases, and other expressions can be used to convey the notion of habitual events and are usually associated with the imperfect tense. Here are some of these words and phrases.

cada día (noche, semana...)	every day (night, week, . . .)
con frecuencia	frequently
muchas veces	many times
siempre	often
todas las noches (semanas...)	every night (week . . .)
todos los días (años...)	every day (year . . .)

Práctica **A**

¡Firma aquí, por favor!

Paso 1 Indica si las siguientes actividades eran típicas de tu vida de niño/a (*as a child*).

	SÍ	NO
1. pelear (*to fight*) mucho con mis hermanos	☐	☐
2. ver la televisión más de tres horas diarias	☐	☐
3. comer muchos pasteles	☐	☐
4. salir de vacaciones con mi familia en verano	☐	☐
5. ayudar a limpiar la casa los sábados	☐	☐
6. celebrar los días festivos con mis primos	☐	☐

---

*In these instances, the imperfect (action in progress) is usually used in conjunction with the preterite (the beginning of another action). You will learn more about this in **Enfoque estructural 7.1.**

	SÍ	NO
7. asistir a clases en verano	☐	☐
8. leer en la cama antes de dormir	☐	☐
9. ir en bicicleta a la escuela	☐	☐

Paso 2 Ahora hazles preguntas a tus compañeros de clase para averiguar quiénes de la clase hacían las actividades del Paso 1. Si alguien contesta afirmativamente, pide su firma en una hoja de papel aparte, según el modelo.

MODELO: E1: De niña, ¿peleabas mucho con tus hermanos?
E2: Sí.
E1: ¡Firma aquí, por favor!

Práctica **B**

Mi rutina diaria

Seguramente tu rutina diaria ha cambiado desde los dieciséis años, ¿no? Usando las siguientes frases como guía, haz oraciones sobre tu rutina de aquel entonces (*those days*). Compara esa rutina con lo que haces ahora.

MODELO: levantarse (¿a qué hora?) →
Antes me levantaba a las seis y media. Ahora me levanto a las ocho.

1. llegar a las clases (¿a qué hora?)
2. asistir a clases (¿cuántas horas por día?)
3. estudiar (¿cuántas horas por semana?)
4. ir a la escuela (¿cómo?)
5. salir con mis amigos (¿adónde?)
6. participar en actividades (¿cuáles?)
7. hacer los fines de semana (¿qué?)
8. leer libros (¿de qué tipo?)

Práctica **C**

▶ *Hace cinco años* ◀   ## Reflexiones sobre la historia

Las siguientes oraciones reflejan algunos detalles de la historia de *Nuevos Destinos*. Cambia las oraciones al imperfecto para reflejar la perspectiva en el pasado. ¡OJO! Algunas oraciones tienen más de un solo cambio del presente al imperfecto.

MODELO: Don Fernando está muy grave. →
Don Fernando estaba muy grave.

1. La familia de don Fernando no sabe nada de su primer matrimonio.
2. Dos hijos de don Fernando viven en los Estados Unidos.
3. Don Fernando quiere encontrar a Rosario.
4. Raquel aceptó el caso porque le encanta la idea de viajar y de hacer tal investigación.
5. Teresa Suárez tiene la dirección de Rosario en la Argentina.
6. Raquel necesita pruebas del nacimiento de Ángel.
7. En Buenos Aires, Raquel piensa que puede encontrar a Rosario si pregunta por su hijo.
8. Arturo desconfía de la historia sobre don Fernando.
9. ¿Cómo se llama el hombre que, supuestamente, conoce a Ángel?

6.2 Acciones en el presente y el pasado usando los tiempos progresivos

Progressive tenses are used to describe actions in progress at a particular moment. To form the progressive tenses, use the auxiliary verb **estar** followed by the present participle (gerund) of the main verb.

Los gerundios

● To form the present participle of **-ar** verbs, add **-ando** to the verb stem.

conversar → convers- + -ando = conversando

● To form the present participle of **-er** and **-ir** verbs, add **-iendo** to the verb stem.

hacer → hac- + -iendo = haciendo
escribir → escrib- + -iendo = escribiendo

Lucía **está buscando** respuestas a sus preguntas.
Lucía is looking for answers to her questions.

Arturo y Raquel **estaban comiendo** en casa de Arturo.
Arturo and Raquel were eating at Arturo's house.

● In progressive constructions, reflexive and object pronouns may come before the form of **estar** or may be attached to the present participle. Note the addition of a written accent mark in the latter case.

¿Ángel Castillo? Raquel y Arturo **lo están buscando** (**están buscándolo**).
Ángel Castillo? Raquel and Arturo are looking for him.

● The stem vowel changes in the present participle of **-ir** stem-changing verbs.

(e → i)		(o → u)	
decir	diciendo	dormir	durmiendo
pedir	pidiendo		
seguir	siguiendo		
servir	sirviendo		

● **-Er** and **-ir** verbs whose stem ends in a vowel change from unaccented **-i-** to **-y-** in the present participle, just as they do in the preterite.

creer   creyendo   leer   leyendo

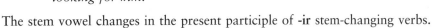

Usos de los tiempos progresivos

The progressive tenses are used in much the same way as they are used in English. However, there are some differences.

● **El presente del progresivo**

▪ The present progressive in Spanish implies that the action of the verb is taking place at the moment of speaking. If the action is ongoing in the present, Spanish uses the present tense. Compare these two examples.

No puedo salir. **Estoy estudiando.**	*I can't go out. I'm studying.* (emphasis on action taking place right now)
Este semestre **tomo** quince créditos y **trabajo** en la biblioteca.	*This semester I'm taking fifteen credits and working in the library.* (emphasis on an ongoing action in the present)

▪ The present progressive tense cannot be used for actions that will take place in the future. Instead, the simple present tense is used.

La próxima semana **voy** con la clase de español a una obra de teatro.	*Next week I'm going to a play with my Spanish class.*

▪ There are verbs other than **estar** which, when combined with the present participle, are used to emphasize the repetitiveness of an action.

$$\left.\begin{array}{l} \text{andar} \\ \text{continuar} \\ \text{ir} \\ \text{pasar} + time \\ \text{seguir} \end{array}\right\} + present\ participle$$

Lucía **pasa** mucho tiempo **leyendo** documentos sobre La Gavia.	*Lucía spends a lot of time reading documents about La Gavia.*

● **El pasado del progresivo** The past progressive is used in Spanish to emphasize that an action was in progress in the past. In most cases, the imperfect form of **estar** is used along with the present participle of the main verb.* In many instances, the imperfect tense is used in Spanish when the English equivalent uses the past progressive. Note the differences between the following examples.

—¿Por qué no contestaste el teléfono?	*—Why didn't you answer the phone?*
—**Estaba secándome** el pelo. No oí el teléfono.	*—I was drying my hair. I didn't hear the phone.* (emphasis is on the action at that moment)

---

*The preterite of **estar** may also be used to form the past progressive, but its use is less frequent in Spanish: **Anoche** *estuvieron cenando* **hasta las doce.**

—Te llamé porque **planeaba** ir al cine y te **quería** invitar.

—*I called you because I was planning to go to the movies and I wanted to invite you.* (emphasis is on my calling and wanting to invite you)

Práctica

La vida de la ciudad

Ésta es una escena típica de una calle principal de una ciudad grande. Identifica qué están haciendo las personas en el dibujo.

MODELO: Una señora está hablando por teléfono.

Palabras útiles: esperar (*to wait*), vender (*to sell*); el banco (*bench*), el periódico, el quiosco (*kiosk*), la revista

Práctica

¿Por qué no contestaste?

Tú y un compañero / una compañera de clase estaban tratando de ponerse en contacto la semana pasada, pero no lo lograron (*you weren't able to*). Hagan turnos para hacer los dos papeles según el modelo.

MODELO: lunes / estudiar con un compañero →
    E1: Te llamé el lunes, pero nadie contestó el teléfono.
    E2: Ah, estaba estudiando con un compañero.

1. martes por la tarde / escuchar las cintas en el laboratorio
2. miércoles antes de las clases / desayunar en la cafetería
3. miércoles por la noche / hacer ejercicio en el gimnasio
4. jueves por la mañana / estudiar en la biblioteca
5. viernes después de cenar / jugar a las cartas con unos amigos
6. sábado por la mañana / dormir

Práctica

La acción seguía

Forma oraciones completas sobre la historia de *Nuevos Destinos* para enfatizar la duración de la acción, según el modelo en la siguiente página. ¡OJO! El primer grupo de oraciones tiene lugar en el presente, así que vas a usar el presente del progresivo. En el segundo grupo de oraciones (Hace cinco años) vas a usar el pasado del progresivo.

MODELO: Raquel / andar / buscar a Rosario en España →
Raquel andaba buscando a Rosario en España.

1. Raquel / ir / contarle a Lucía la historia de la familia Castillo
2. Lucía / continuar / leer documentos sobre La Gavia
3. Luis / seguir / trabajar en la misma firma
4. la madre de Raquel / pasar mucho tiempo / preocuparse por su hija

▶ *Hace cinco años* ◀

5. don Fernando / seguir / pensar en Rosario
6. Raquel / continuar / conocer a muchas personas
7. Raquel y Arturo / andar / buscar a Ángel en Buenos Aires

6.3 Expresiones con *tener*

In Spanish there are a number of expressions of physical and emotional states that use the verb **tener**. The English equivalents of these expressions are translated with the verb *to be*. To emphasize these states, add **mucho/a** to the expression.

tener calor (*m.*)	to be hot
tener cuidado	to be careful
tener frío	to be cold
tener hambre (*f.*)	to be hungry
tener miedo	to be afraid
tener prisa	to be in a hurry
(no) tener razón (*f.*)	to be right (wrong)
tener sed (*f.*)	to be thirsty
tener sueño	to be sleepy
tener vergüenza	to be embarrassed, ashamed

Raquel **tiene mucho sueño**, así que se echa una pequeña siesta.

Raquel is very sleepy, so she takes a little nap.

Práctica **A**

▶ *Hace cinco años* ◀   **Situaciones**

Algunos personajes de *Nuevos Destinos* se encuentran en las siguientes situaciones. Para cada situación, indica qué expresión con **tener** se puede usar.

MODELO: Raquel debe terminar muy pronto la investigación porque don Fernando está gravemente enfermo. →
Raquel tiene mucha prisa.

1. Raquel y Arturo no han almorzado ni cenado y ya son las ocho de la noche.
2. Cuando Raquel entra en el consultorio de Arturo, él cree que ella es otra paciente.
3. Raquel lleva suéter, pero la temperatura ha subido (*has risen*) a 37°C (aproximadamente 98°F).
4. Raquel quiere andar en mateo en el parque, pero Arturo no quiere hacerlo porque todo el mundo los estaría mirando.
5. Raquel ha trabajado mucho hoy y ya quiere dormir.

Práctica **¿Qué haces cuando te sientes así?**

Paso 1   Completa las siguientes oraciones para decir qué haces en las situaciones descritas (*described*). A continuación hay una lista de palabras útiles que puedes usar para completar las oraciones.

MODELO: Cuando tengo mucha hambre... →
Cuando tengo mucha hambre, como una pizza entera.

Palabras útiles: abrigarse (*to bundle up*), apurarse (*to hurry up*), ponerse rojo/a (*to blush*)

1. Cuando tengo (mucha) hambre...
2. Cuando tengo (mucho) frío...
3. Cuando tengo (mucha) vergüenza...
4. Cuando tengo (mucha) sed...
5. Cuando tengo (mucho) miedo...
6. Cuando tengo (mucha) prisa...

Paso 2   Con un compañero / una compañera, comparen sus oraciones. ¿Encontraron algunas soluciones en las que no habías pensado antes? Compártanlas con la clase.

Para terminar

Actividad final   Un folleto turístico

En este capítulo, has aprendido algo sobre la vida en las ciudades. Todos tenemos preferencias sobre el tipo de lugar que más nos gusta. ¿Tienes tú algún lugar favorito? En esta actividad, vas a explorar más a fondo este tema y preparar un folleto turístico sobre ese lugar.

Paso 1   Con un compañero / una compañera, piensen en un lugar que a los/las dos les gusta mucho. Puede ser un pueblito, una ciudad grande, un parque, un lago o cualquier lugar que conocen y que les recomendarían a tus compañeros de clase. Piensen en lo siguiente: ¿Cómo se llega al lugar? ¿Cuesta mucho? ¿Qué se puede hacer allí? ¿Qué atracciones ofrece? ¿Es un lugar ideal para un fin de semana romántico o es un lugar ideal para toda la familia?

Paso 2   Preparen un folleto turístico sobre ese lugar, incluyendo datos, fotos, dibujos, mapas o cualquier otra cosa que piensan que les interesaría a sus compañeros de clase. Si es posible, preparen una copia para cada uno de sus compañeros de clase.

Paso 3   Hagan una presentación oral en la que hablan sobre ese lugar y todo lo que se puede hacer allí. Presenten su folleto turístico como parte de la presentación.

ocabulario

Los verbos

continuar (continúo)	to continue
culpar	to blame
esperar	to wait (for)
pelear	to fight
vender	to sell

En la ciudad / el pueblo

la avenida	avenue
el ayuntamiento	city hall
el barrio	neighborhood
la calle	street
el centro	downtown
el centro comercial	mall
el cine	movie theater
el correo	post office
el edificio	building
la iglesia	church
la parada del autobús	bus stop
el puerto	port
el rascacielos	skyscraper
el semáforo	traffic light

Cognados: **el banco, el bar, el café, la discoteca, el estadio, la farmacia, la galería, la gasolinera, el gimnasio, el mercado, el museo, el parque, la plaza, el restaurante, el supermercado, el teatro**

Expresiones con tener

no tener razón	to be wrong
tener...	to be . . .
calor	hot
cuidado	careful
frío	cold
hambre	hungry
miedo	afraid
prisa	in a hurry
razón	right
sed	thirsty
sueño	sleepy
vergüenza	embarrassed, ashamed

Otras palabras y expresiones útiles

aquel entonces	those days
cada día	every day
de niño/a	as a child
muchas veces	many times

Repaso: **con frecuencia, siempre, todos los días**

7 Consejos

METAS

LA TRAMA

Día 3: Raquel receives a letter from Argentina, but decides not to open it right away. Instead, she continues taping the story of the search for Ángel. Héctor is able to provide Raquel and Arturo with some important information. What could this information be? And what about the letter Raquel just received? What news from Argentina do you think it will bring?

ARTURO: Está fechada en San Juan de Puerto Rico... Piensa quedarse a vivir en Puerto Rico. No quiere volver nunca más a la Argentina.

CULTURA

As you work through the chapter, you will also find out about

- preferred means of transportation in Mexico and Spain (**Nota cultural: El transporte en México y España**)
- Colombia, Venezuela, the independence movement in Latin America, and Simón Bolívar (**Enfoque cultural: Colombia and Venezuela**)

COMUNICACIÓN

In this chapter of *Nuevos Destinos*, you will

- talk about making travel arrangements and lodging accomodations (**Enfoque léxico: En el extranjero**)
- continue to talk about events in the past, using both the preterite and the imperfect (**Enfoque estructural 7.1**)
- use past participles as another way to speak in the passive voice and to describe things (**7.2**)

El vídeo

El episodio previo

Actividad **A**

Lucía examinaba unos documentos

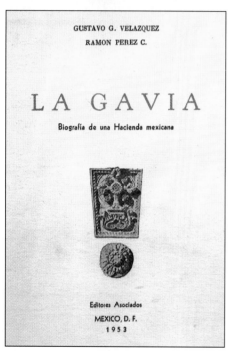

GUSTAVO G. VELAZQUEZ
RAMON PEREZ C.

LA GAVIA

Biografía de una Hacienda mexicana

Editores Asociados

MEXICO, D. F.
1953

En el episodio previo, Lucía examinaba algunos documentos relacionados con La Gavia. Indica si las siguientes afirmaciones son ciertas (**C**) o falsas (**F**). Si son falsas, modifícalas para que sean ciertas.

C F **1.** Fernando Castillo compró La Gavia en 1951.
C F **2.** En La Gavia, nacieron todos los hijos de don Fernando y su esposa, Carmen.
C F **3.** Una parte de La Gavia es ahora un orfanato.
C F **4.** La Gavia estaba en muy buenas condiciones cuando don Fernando la compró.
C F **5.** El gobierno reclama La Gavia porque la familia Castillo no ha pagado los impuestos de la propiedad.

Actividad **B**

▷ *Hace cinco años* ◁ **La búsqueda**

Paso 1 Contesta las siguientes preguntas sobre el Episodio 6. **¡OJO!** No se puede contestar el número 5 con información del vídeo. Esa pregunta requiere tu opinión de lo que crees que pasó detrás del escenario (*behind the scenes*).

1. ¿Qué encontró Arturo entre las cosas de su madre que fue muy útil para la búsqueda de Ángel?
2. ¿Por qué buscaron a Ángel en el barrio de La Boca?
3. ¿Cuántas personas en ese barrio recuerdan a Ángel?
4. José, un marinero, les recomienda a Arturo y Raquel que hablen con otro hombre. ¿Quién es ese hombre? ¿Ya hablaron con él?
5. ¿Adónde crees que fueron Raquel y Arturo después de hablar con José?

Paso 2 Compara tus respuestas con las de otro/a estudiante. ¿Cómo contestaron los/las dos el número 5?

Episodio 7: Día 3

Preparación para el vídeo

Actividad A

Lucía necesita consejos (*advice*)

En base de la información que tiene Lucía sobre La Gavia, ella decide pedirle consejos a Raquel. ¿Qué le va a recomendar ella?

Le va a decir a Lucía que...

1. _____ necesita hablar directamente con los miembros de la familia Castillo.
2. _____ tiene que enterarse bien de todo lo relacionado con la familia Castillo.
3. _____ este caso le va a meter a Lucía en líos (*is going to get Lucía into trouble*) con el gobierno mexicano.
4. _____ debe recoger (*collect*) toda la documentación sobre la familia y la hacienda que pueda.
5. _____ ahora sabe por qué el gobierno mexicano reclama La Gavia.

Actividad B

Arturo y Raquel conocen a Héctor

Paso 1 En el episodio previo, supiste que Raquel y Arturo iban a conocer a Héctor. ¿Qué piensas que pasará en ese encuentro? Indica lo que piensas que va a pasar.

1. Arturo y Raquel van a conocer a Héctor en...
   a. su casa   **b.** una cantina   **c.** el puerto
2. Héctor tiene algo que lleva la dirección de Ángel. Es...
   a. un diario   **b.** un telegrama   **c.** una carta
3. Para buscar esa cosa, Héctor necesita...
   a. un par de días   **b.** un par de horas   **c.** una semana
4. Héctor les dice que Ángel se fue a vivir a un país...
   a. de África   **b.** de Europa   **c.** del Caribe
5. Al final de su conversación, Héctor le da a Arturo como recuerdo (*memento*)...
   a. un cuadro   **b.** una foto   **c.** un poema

Paso 2 Después de ver el Episodio 7, verifica tus respuestas.

¿Qué tal es tu memoria?

Actividad **A**

Episodio 7 of the CD-ROM to accompany *Nuevos Destinos* contains the letter that Ángel wrote to Héctor.

▶ *Hace cinco años* ◀ Héctor ayuda en la investigación

En este episodio, Raquel y Arturo conocieron a Héctor, un viejo amigo de Ángel. Completa las siguientes oraciones sobre este encuentro, usando las preguntas como guía.

1. Arturo y Raquel conocieron a Héctor en... (¿qué lugar?)
2. Al principio, Héctor no sabía precisamente dónde vivía Ángel, pero pensaba que se había ido a... (¿a qué parte del mundo?)
3. Después de saber que Arturo era el hermano de Ángel, Héctor le dio... (¿qué recuerdo?)
4. Después de unos días, Héctor le dio a Arturo y Raquel una carta que estaba fechada (*dated*) en... (¿qué lugar?)
5. En la carta, Ángel mencionaba que seguía... (¿haciendo qué?)
6. También decía que ya no quería regresar a... (¿qué país?)

Para pensar

¡Qué triste es la historia de Ángel! El pobre nunca conoció a su verdadero padre, se fue a vivir a un país extranjero donde no se sentía muy a gusto, tuvo una pelea con su padrastro, se fugó (*he ran away*) de la Argentina y hasta perdió contacto con su familia... Pero parece que, por fin, ha encontrado la paz en Puerto Rico. ¿Por qué crees que se fue a vivir allí? ¿Qué buscaba en sus viajes en barco por el mundo? ¿Lo encontró en Puerto Rico?

Actividad **B**

Episodio 7 of the CD-ROM to accompany *Nuevos Destinos* contains an activity in which you put photos of events that took place in Argentina into chronological order.

▶ *Hace cinco años* ◀ Raquel en la Argentina

Paso 1 En las siguientes oraciones, Raquel habla de acontecimientos que ocurrieron en la Argentina hace cinco años. Con un compañero / una compañera, pongan los acontecimientos en el orden cronológico apropiado, del 1 al 9.

_____ Conocí a Arturo y le conté la historia de don Fernando.
_____ Salí para la estancia Santa Susana.
_____ Le pregunté a Cirilo dónde vivía Rosario.
_____ Vi una carta que Ángel le había escrito a Héctor.
_____ Busqué la dirección del hijo de Rosario en la calle Gorostiaga.
_____ Conocí a Héctor en una cantina.
_____ Saqué una foto de la tumba de Rosario.
_____ Volví de la estancia a Buenos Aires con el chofer.
_____ Fui con Arturo al barrio de La Boca.

Paso 2

¡UN DESAFÍO! Escriban un breve párrafo en el que narren los acontecimientos del viaje de Raquel a la Argentina. No se olviden de usar palabras de transición como **primero, luego, antes (de), después (de)**, etcétera. ¡OJO! Van a escribir el párrafo en la tercera persona del singular.

MODELO: Luego, Raquel conoció a Arturo y le contó la historia.

Lengua y cultura

VOCABULARIO DEL TEMA

El transporte

el aeropuerto
el avión
el metro
el coche
la estación del tren
el barco
el bote
la camioneta
el tranvía

Repaso: el puerto

Otras palabras y frases relacionadas

hacer cola	to wait in line
hacer un viaje	to take a trip
viajar	to travel

Repaso: esperar, estacionar

la autopista/carretera	freeway, highway
el medio de transporte	means of transportation

Cognados: **el autobús, la bicicleta, la moto(cicleta), el taxi**

Repaso: **el estacionamiento**

AMPLIACIÓN LÉXICA

Según el país o la región, hay distintas maneras de referirse a algunos medios de transporte. Aquí hay algunos ejemplos.

el autobús: el bus, el camión (*México*), la guagua (*el Caribe*)

el coche: el auto, el automóvil, el carro

el tren: el ferrocarril

NOTA *cultural* • *El transporte en México y España*

En cada país hay un medio de transporte, además del coche, que es más favorecido que los otros, dependiendo de la geografía del lugar. En España, el medio de transporte más popular para viajar de una ciudad a otra es el tren. En México, se usa más el autobús, si uno dispone de poco dinero, o por avión, si uno dispone de más dinero. (Recuerda que las distancias en América son mayores: México es, aproximadamente, cuatro veces más grande que España.) En México, los trenes no se utilizan tanto como en España. Además, el sistema ferroviario mexicano es muy anticuado —¡es el mismo que introdujo el ex presidente Porfirio Díaz a principios de este siglo, con pocas reformas! Claro, viajar por tren es una aventura muy interesante si piensas visitar cualquiera de estos países.

Para pensar | ¿Cuál es el medio de transporte que más prefieres tú? ¿Has viajado largas distancias por tren? ¿Crees que te gustaría hacerlo?

Actividad **A**

▶ *Hace cinco años* ◀ **¿Qué medio de transporte?**

¿Recuerdas los medios de transporte que han usado los personajes de *Nuevos Destinos*? Completa las siguientes oraciones con el medio de transporte apropiado. (Mira la foto de abajo para completar la última oración.)

1. De México a España, Raquel viajó en _____.
2. Raquel llegó al Barrio de Triana en _____.
3. Para viajar de Sevilla a Madrid, Raquel subió un _____.
4. De la estancia a la casa de Arturo, Raquel viajó en _____.
5. Ángel viajó en _____ por las islas del Caribe y otros países también.
6. En el parque del Rosedal, Arturo y Raquel anduvieron en _____.

Actividad **B**

En mi ciudad/pueblo

Paso 1 Haz una lista de los medios de transporte disponibles (*available*), tanto públicos como privados, en la ciudad o el pueblo donde tú vives.

Paso 2 Ahora escoge tres de los medios de transporte de tu lista y escribe dos de las ventajas y desventajas de cada uno. Considera los siguientes temas: el costo, la conveniencia, los servicios públicos disponibles, etcétera.

Paso 3 Con un compañero / una compañera, intercambien (*exchange*) sus listas. ¿Están de acuerdo en cuanto a los beneficios y las desventajas de ciertos medios de transporte? ¿En qué difieren sus ideas?

VOCABULARIO DEL TEMA

El alojamiento

ALVEAR PALACE HOTEL

AV. ALVEAR 1891 · 1129 BUENOS AIRES · ARGENTINA

alojarse	to lodge, stay in a place
alquilar	to rent
hacer *camping*	to camp
hacer las maletas	to pack one's suitcases
hacer reservaciones	to make reservations
quedarse	to stay (*in a place*)
el albergue (juvenil)	(youth) hostel
la cabaña	cabin
el campamento	campsite
el hotel (de lujo)	(luxury) hotel
la pensión	boarding house
completa	room and full board
media	room and one meal (*usually breakfast*)

la habitación (sencilla, doble)	(single, double) room
la llave	key
la propina	tip
la recepción	lobby
la tienda (de campaña)	tent
el botones	bellhop
el huésped / la huéspeda	guest
el/la viajero/a	traveler

Cognado: el/la recepcionista

Hotel - Residencia
Doña María
SU PALACIO EN SEVILLA

Actividad **¿Dónde deben alojarse?**

Paso 1 Lee las siguientes descripciones e indica dónde deben alojarse estos viajeros.

1. Dos jóvenes van a viajar por Europa. Llevan poco dinero y quieren conocer a otras personas de su edad.
2. Una pareja de recién casados quiere pasar una luna de miel (*honeymoon*) romántica e inolvidable en Cancún.
3. Un grupo de jóvenes quiere ir a las montañas para estar al aire libre, en contacto con la naturaleza (*nature*).
4. La presidenta de una gran compañía hace un viaje de negocios a Nueva York y no le importa el precio del alojamiento.
5. Dos amigos viajan por España y Portugal. No tienen mucho dinero, pero tampoco quieren quedarse con muchos jóvenes ruidosos (*noisy*).

Paso 2

¡UN DESAFÍO! Indica el medio de transporte que mejor les convendría (*would suit*) a estas personas para llegar a su destino.

Actividad **En el hotel**

Paso 1 Indica el orden cronológico apropiado, del 1 al 6, en que lógicamente se hace cada una de las siguientes actividades en un hotel.

_____ El botones sube (*takes up*) las maletas a la habitación.
_____ Se hacen las reservaciones en el hotel.
_____ El recepcionista les da la llave de la habitación a los huéspedes.
_____ Los huéspedes piden que los cambien de una habitación sencilla a una doble.
_____ Los huéspedes le dan una propina al botones.
_____ Cuando los huéspedes llegan al hotel, van a la recepción para registrarse.

Paso 2

¡UN DESAFÍO! Con dos compañeros de clase, inventen un diálogo entre el huésped / la huéspeda, el/la recepcionista y el botones en el que ilustren cada una de las actividades del Paso 1.

Enfoque cultural   Colombia y Venezuela

El territorio de Venezuela es del tamaño de Texas y Oklahoma juntos; el de Colombia es más grande que el de Texas, pero más pequeño que el de Alaska. La población de estos países es principalmente mestiza y comparten una historia semejante.

Los primeros europeos en llegar a Venezuela encontraron una tribu de indígenas que vivía en casas construidas sobre el lago Maracaibo. Por eso, le

dieron a la región el nombre de **Venezuela,** que quiere decir **pequeña Venecia.**[a] Colombia, en tiempos de la colonia, se conocía como Nueva Granada y, junto con los actuales territorios de Panamá, Venezuela y el Ecuador, formaba parte del Virreinato[b] de Nueva Granada. No fue hasta muchos años después de su independencia, en el siglo XIX, que se le dio el nombre actual.

Los movimientos de independencia en Latinoamérica

Después de casi tres siglos de dominio español, el fervor revolucionario del siglo XVIII inspiró a los habitantes de las colonias a luchar por su independencia. Sin embargo, los motivos de los dos grupos que sentían la necesidad de expulsar a los españoles de la región —los intelectuales y la aristocracia colonial— eran muy distintos.

Durante toda la época colonial el gobierno de las colonias estaba en manos de los **peninsulares,** nombre que se daba a las personas nacidas en España que vivían en las colonias. A los españoles nacidos en el nuevo mundo se les llamaba **criollos.** Ya para las primeras décadas del siglo XIX, los criollos eran dueños de casi todas las grandes haciendas y minas. Tenían mucho poder económico, pero muy poco poder político. Los criollos no querían cambiar el tipo de gobierno que existía; sólo querían cambiar una aristocracia por otra. Los intelectuales, por otra parte, inspirados por la Revolución francesa y los ideales de la Constitución de las trece colonias norteamericanas, buscaban crear gobiernos republicanos para reemplazar[c] la monarquía española.

Ocurrió que, en aquella época, el trono español había sido ocupado por José Bonaparte, hermano del emperador Napoleón Bonaparte de Francia. Los intelectuales y los criollos se aprovecharon de[d] esta oportunidad para proclamar su lealtad[e] a la legítima monarquía española en vez de apoyar la monarquía de José Bonaparte. Al rechazar[f] el dominio francés, las colonias empezaron efectivamente el sangriento movimiento hacia la independencia.

La única institución en que participaban los criollos y los intelectuales mutuamente era los cabildos o consejos[g] municipales de las ciudades coloniales. Estos cabildos fueron los que emitieron[h] las declaraciones de independencia. Entre los primeros cabildos en 1810, estaban los de Bogotá y Caracas. Estas primeras declaraciones de independencia no duraron, pero Colombia y Venezuela por fin lograron[i] su independencia definitiva en 1819 y 1821, respectivamente.

La figura principal en el movimiento de la independencia de Colombia y Venezuela fue Simón Bolívar (1783–1830), llamado «el Libertador». Inspirado por las ideas revolucionarias que dominaban en Europa y Norteamérica, Bolívar soñaba con crear una confederación de países americanos. Este sueño se realizó brevemente, en 1819, con el establecimiento de la Gran Colombia, formada por Venezuela, el Ecuador y Nueva Granada. Bolívar fue presidente de esta confederación. Pero, uno por uno, los caudillos[j] se rebelaron contra el gobierno de la Gran Colombia y, en 1830, la confederación se disolvió, resultando en países independientes.

[a]*Venice* [b]*Viceroyalty* [c]*replace* [d]*se... took advantage of* [e]*loyalty* [f]*Al... Upon rejecting* [g]*cabildos... councils*
[h]*announced* [i]*achieved* [j]*military leaders*

Actividad

Paso 1 En grupos de tres o cuatro estudiantes, escojan un país latinoamericano y busquen la siguiente información acerca de él. ¡OJO! No deben escoger ni Colombia ni Venezuela.

1. ¿Quién descubrió el actual territorio de ese país?
2. ¿Qué población indígena vivía en esa región cuando llegaron los conquistadores?
3. ¿De qué nacionalidad era el descubridor o descubridores de ese territorio?
4. ¿En qué año fue descubierto ese territorio?
5. ¿Qué nombre tenía esta región durante la época colonial? ¿Y antes de la época colonial? ¿Tiene el mismo nombre actualmente?
6. ¿En qué año se independizó ese país o región?
7. ¿Hay alguna figura importante que se destaca (*stands out*) en la lucha por la independencia de ese país?

Paso 2 Presenten toda su información al resto de la clase. ¿Qué semejanzas y diferencias hay entre los datos que encontraron todos los grupos? ¿Hay algunas semejanzas entre la independencia de las colonias hispánicas y la de las colonias norteamericanas?

Enfoque estructural

7.1 Hablando del pasado usando el pretérito y el imperfecto

In **Episodio 7** of the CD-ROM to accompany *Nuevos Destinos,* you will practice using the preterite and the imperfect as you give information about Raquel to a journalist.

In **Enfoque estructural 3.1** and **4.2** you reviewed the formation of the preterite tense and many of its uses, and in **Enfoque estructural 6.1** you reviewed the imperfect tense. As you have already learned, the preterite is used to refer to completed past actions, while the imperfect is used to describe settings or on-going actions in the past.

Here are some ways in which these two tenses differ. Since you are familiar with the story of Raquel's investigation, examples will be taken from *Nuevos Destinos* to illustrate these differences.

El pretérito

The preterite is used to narrate completed past actions with specific time limits.

En España, don Fernando **se casó** con Rosario, una joven española. Durante la Guerra Civil de ese país, la ciudad de Guernica **sufrió** un terrible bombardeo. Pensando que Rosario había muerto en el bombardeo, don Fernando **salió** para México. **Se casó** de nuevo en México, **tuvo** otra familia y nunca **habló** de su pasado. Después de muchos años, don Fernando **recibió** una carta de una señora que le **abrió** ese capítulo de su vida. Don Fernando le **pidió** ayuda a su hermano, Pedro, para encontrar a Rosario. Pedro **se puso** en contacto con Raquel Rodríguez. La investigación que ella **hizo fue** una gran aventura que la **llevó** por varios países.

The boldfaced verbs in the preceding paragraph refer to actions that took place at a specific time. The events they refer to are viewed as completed actions in the past; hence, the preterite is used.

El imperfecto

The imperfect sets the stage and describes the background of past actions.

> Pedro pensó en Raquel porque **admiraba** su trabajo de investigación. Ella no **trabajaba** en México, pero su oficina en Los Ángeles **era** una oficina filial de la de Pedro. Según ella, aceptó encantada la proposición porque **era** joven y **tenía** muchas ganas de viajar.

The imperfect can also be used to describe a series of ongoing past actions, including actions occurring simultaneously. Any reference to time is general and does not specify beginning and/or ending.

> Durante la investigación, Raquel **tomaba** muchas notas, **organizaba** la información y la **resumía** para no olvidarse de nada. Le **mandaba** telegramas a Pedro y también **hablaba** con él por teléfono.

The imperfect tense is also used to talk about what "used to" happen in the past.

> De adolescente, Raquel **se quedaba** todos los veranos con sus parientes en Guadalajara, donde **hablaba** español todo el tiempo. **Jugaba** y **conversaba** con sus primos, y **escuchaba** los cuentos de los mayores.

In the three preceding paragraphs, the boldfaced verbs serve several functions. Some provide information about the setting of the story, while others refer to continuous past actions which have no specific time boundaries.

Usando el pretérito y el imperfecto

As you may have noticed in some of the preceding examples, the preterite and imperfect are often used together to talk about events in the past. One of the most common occurrences of this is when a sudden action (preterite) interrupts an ongoing action or a description (imperfect).

> Don Fernando **estaba** viejo y enfermo, y **pensaba** vivir sus últimos días en tranquilidad y paz. Pero un día **llegó** una carta que le **cambió** ese destino...

The following excerpt from the *Nuevos Destinos* video is a good demonstration of how these two tenses may work together to form a complete picture of events that took place in the past.

> RAQUEL: Al día siguiente, Arturo y yo **fuimos** a un barrio que **frecuentaba** Ángel. **Llevábamos** una foto de Ángel cuando **era** joven para enseñársela a la gente. Le **preguntamos** a mucha gente, pero nadie lo **conocía** o lo **recordaba**. Finalmente, alguien nos **recomendó** que habláramos con Héctor, un hombre que había vivido siempre en el barrio de La Boca...

Práctica **A**

▶ *Hace cinco años* ◀ **En la Argentina**

A continuación hay una serie de oraciones que expresan reacciones a distintas situaciones de *Nuevos Destinos*. Primero, escribe la letra que mejor corresponda a cada oración en la columna a la izquierda. Luego, conecta lógicamente las dos oraciones usando **cuando** o **por eso**. ¡OJO! Es posible que necesites hacer algunos cambios leves (*light*) a las oraciones para hacerlas más naturales.

MODELO: Las cartas de Rosario tenían una dirección en la Argentina. Por eso, Raquel viajó a Buenos Aires.

1. _____ Arturo culpaba a Ángel de la muerte de su padre.
2. _____ Arturo tenía dudas.
3. _____ Martín Iglesias protestaba la carrera de Ángel.
4. _____ Ángel no quería estudiar ciencias económicas.
5. _____ Arturo creía que Raquel era una paciente.
6. _____ Arturo sabía que Ángel tenía amigos en La Boca.
7. _____ Ángel no estaba contento con su vida en la Argentina.

a. Raquel le dijo que don Fernando no había muerto en España.
b. Raquel y Arturo fueron a ese barrio a buscar a Ángel.
c. Ángel dejó sus clases en la universidad.
d. Martín Iglesias y Ángel pelearon sobre las decisiones de éste.
e. Ángel se fue de Buenos Aires y nunca volvió.
f. Llegó Raquel al consultorio de Arturo, buscando a Ángel.
g. Arturo nunca perdonó a Ángel.

Práctica **B**

▶ *Hace cinco años* ◀ **«Estimada Sra. Suárez»**

Paso 1   Después de conocer a Arturo en Buenos Aires, Raquel le escribió una carta a la Sra. Suárez para contarle lo que había pasado en la Argentina. Lee esta adaptación de la carta y complétala con el pretérito o el imperfecto de los verbos entre paréntesis, según el contexto.

Estimada Sra. Suárez:
Ojalá[a] que cuando reciba esta carta se encuentre bien de salud. Mi viaje a Buenos Aires ha resultado fructífero[b] gracias a su bondad en ayudarme, pues la dirección de la estancia me _____[1] (servir) bastante. Sin embargo, me da mucha pena[c] tener que decirle que su buena amiga Rosario _____[2] (morir) hace algunos años.

En la estancia _____[3] (yo: saber) que la familia Iglesias ya no _____[4] (vivir) allí. Un hombre me _____[5] (dar) la dirección del hijo de Rosario. _____[6] (yo: Ir) a buscarlo, creyendo que _____[7] (ser) el hijo de don Fernando y Rosario. Imagínese la sorpresa que _____[8] (yo: tener) al encontrarme con otro hijo de Rosario.

Durante mi conversación con Arturo —así se llama el segundo hijo de Rosario— él me _____[9] (contar) que Rosario ya había muerto. En el cementerio _____[10] (yo: conseguir) pruebas de la muerte de Rosario. Y allí Arturo me _____[11] (decir) que Ángel _____[12] (irse) de la casa por una pelea que _____[13] (tener) con su padrastro. A causa de ese doloroso episodio, Arturo _____[14] (perder) contacto con su hermano. Al día siguiente, él y yo _____[15] (comenzar) juntos la búsqueda del paradero[d] de Ángel.

[a]*I hope*   [b]*fruitful*   [c]*me... it pains me greatly*   [d]*whereabouts*

Paso 2

 ¿Cuánto recuerdas de la historia? Contesta las siguientes preguntas relacionadas con la carta. **¡OJO!** No todas las respuestas se contestan directamente en la carta.

1. ¿Qué le dio Teresa Suárez que le sirvió mucho a Raquel en su búsqueda?
2. ¿Por qué no encontró Raquel a Rosario en la estancia?
3. ¿Qué averiguó (*found out*) Raquel en la estancia Santa Susana?
4. ¿Qué le dio a Raquel un hombre de la estancia?
5. ¿Con quién se encontró Raquel en la dirección que le dio el hombre?
6. ¿Qué hizo Raquel en el cementerio para tener pruebas de la muerte de Rosario?
7. ¿Por qué se fue Ángel de la casa?
8. ¿Por qué perdió contacto Arturo con su medio hermano, Ángel?

Práctica **C**

> *Hace cinco años*

La demora (*delay*) en el viaje de Raquel

Hay algunos detalles sobre su viaje que Raquel no le contó a Lucía porque no era necesario decírselo todo. A continuación, puedes leer lo que hizo antes de salir de Madrid para la Argentina. Escribe el pretérito o el imperfecto del verbo entre paréntesis, según el contexto.

Antes de ir a la Argentina, Raquel _____[1] (decidir) ir a la agencia de viajes y allí _____[2] (descubrir) que _____[3] (haber) una demora en el vuelo y que le _____[4] (quedar[a]) unas horas más antes de la salida. _____[5] (Volver) al hotel y _____[6] (pagar) la cuenta, pero _____[7] (decidir) volver a su habitación para descansar un rato.

Mientras _____[8] (dormir) la siesta, los acontecimientos de los últimos días en Madrid _____[9] (pasar) por sus sueños. _____[10] (Soñar) con el viaje en el tren y la equivocación[b] del reportero de televisión, Alfredo Sánchez, sobre la maestra ganadora de la lotería.

Al llegar al hotel, Raquel _____[11] (descubrir) que había perdido su cartera. Alfredo se la _____[12] (traer),[c] pero también _____[13] (tratar) de aprovechar la oportunidad para sacarle datos sobre su cliente, don Fernando Castillo...

El teléfono de la recepción del hotel _____[14] (despertar) a Raquel. _____[15] (Tomar) un taxi al aeropuerto donde _____[16] (subir) al avión que le _____[17] (ir) a llevar a Buenos Aires, la próxima etapa de su búsqueda.

[a]*to be left, remaining* [b]*mistake* [c]*se... brought it to her*

Práctica **D**

Los planes no cumplidos

Muchas veces nuestros planes son muy ambiciosos y no logramos todo lo que queremos, por alguna razón u otra. Con un compañero / una compañera, compartan algunos planes que tenían, según el modelo.

MODELO: Durante las últimas vacaciones, quería ir a Londres, pero no pude porque no tenía suficiente dinero (pero me quedé en casa porque estaba enfermo...).

1. Durante las últimas vacaciones, pensaba visitar... , pero...
2. El verano pasado, tenía ganas de... , pero...
3. El año pasado, esperaba asistir a... , pero...
4. Cuando era joven, quería salir con... , pero...
5. El mes pasado, planeaba ir a... , pero...

7.2 Usos de *ser* y *estar* con el participio pasado

REFRÁN

《Es lo mismo llegar a tiempo que *ser convidado*.》 *

In **Enfoque estructural 5.3,** you learned the passive voice in Spanish with **se.** Another way to express the passive voice is to combine a conjugated form of the verb **ser** with the past participle of another verb.

El participio pasado

To form the past participle of a Spanish verb, replace the infinitive ending with **-ado** for **-ar** verbs and **-ido** for **-er** and **-ir** verbs.

comprar → compr**ado**
vender → vend**ido**
reunir → reun**ido**

The following verbs, and other verbs derived from these, have irregular past participles.

abrir	**abierto**	morir	**muerto**
cubrir (*to cover*)	**cubierto**	poner	**puesto**
decir	**dicho**	resolver (*to solve*)	**resuelto**
escribir	**escrito**	romper (*to break*)	**roto**
hacer	**hecho**	ver	**visto**
ir	**ido**	volver	**vuelto**

La voz pasiva con *ser*

In the passive voice, the past participle must agree in gender and number with the subject of the verb **ser.**

La investigación **fue iniciada** por una carta que recibió don Fernando.	*The investigation was initiated by a letter that Don Fernando received.*
El pueblo de Guernica **fue destruido** en un ataque aéreo.	*The village of Guernica was destroyed in an aerial attack.*

---

* *"Arriving on time is the same as being invited."* (Said by uninvited guests who drop in at social functions.)

El participio pasado con *estar*

The verb **estar** can also be combined with a past participle. This construction is used to emphasize the resultant condition of a previous action. In such constructions, the past participles function as adjectives.

Los padres de Arturo **están enterrados** en un cementerio de Buenos Aires.	*Arturo's parents are buried in a cemetery in Buenos Aires.*
Al principio, Arturo **estaba desconfiado** de la historia sobre don Fernando.	*In the beginning, Arturo was doubtful about Don Fernando's story.*

You have already seen and used many of the following common adjectives from past participles which are used to describe emotions or feelings.

aburrido/a	bored	**enojado/a**	angry
callado/a	quiet	**frustrado/a**	frustrated
cansado/a	tired	**ocupado/a**	busy, occupied
desconfiado/a	doubtful	**preocupado/a**	worried
enamorado/a	in love		

Práctica

Acontecimientos importantes de la historia

Cada una de las oraciones a continuación contiene un error. Cambia las oraciones usando la forma **ser** + el participio pasado, según el modelo. Cambia también la información falsa.

MODELO: Rosario escribió la carta que inició la investigación.
No es cierto. La carta fue escrita por Teresa Suárez.

1. Lucía grabó la historia en una cinta.
2. Ángel sacó la foto de la tumba de Rosario en la Argentina.
3. Héctor pintó un cuadro de dos personas bailando el tango.
4. Arturo leyó un artículo sobre don Fernando en una revista.
5. Raquel terminó la investigación del caso hace dos años.

Práctica

Una secretaria maravillosa

Marina, la secretaria de Lucía, es muy eficiente. Antes de viajar a Los Ángeles, Lucía le pide algunos favores, pero Marina le responde que ya los hizo. ¿Cómo responde Marina a las siguientes preguntas?

MODELO: ¿Podrías (*Could you*)* escribir el memorandum? →
Ya está escrito.

1. ¿Podrías hacer las reservaciones para ir a Los Ángeles?
2. ¿Podrías cancelar mis citas (*appointments*) para mañana?
3. ¿Podrías archivar (*file*) esos documentos?
4. ¿Podrías reservar la sala de conferencias para pasado mañana?
5. ¡Ay! ¡Con tantas cosas... ! ¿Podrías abrirme la puerta?

---

*Podrías (conditional tense of **poder**) is often used as a "soft" command. You will learn more about the conditional tense in **Enfoque estructural 13.2.**

Para terminar

Actividad final   Un viaje inolvidable (*unforgettable*)

En este capítulo hablaste sobre los viajes y también repasaste mucho sobre cómo hablar de los acontecimientos en el pasado. En esta actividad final, vas a reunir estos temas al hablar de un viaje inolvidable que hiciste alguna vez en el pasado.

Paso 1 Primero, piensa en un viaje que hiciste que es inolvidable para ti. Haz una lista de los puntos sobresalientes (*outstanding*) del viaje, contestando las siguientes preguntas.

1. ¿Adónde fuiste?
2. ¿Con quién fuiste?
3. ¿Por cuánto tiempo duró el viaje?
4. ¿Cómo viajaste?
5. ¿Cómo era el lugar que visitaste? Descríbelo.
6. ¿Cómo era la gente allí?
7. ¿Qué lugares de interés visitaste?
8. ¿En qué actividades participaste durante el viaje?
9. ¿Qué es lo que más te impresionó del viaje?
10. ¿Qué experiencia(s) inolvidable(s) tuviste?

Paso 2 Usando tu lista del Paso 1 como guía, escribe una breve composición en la cual describes el viaje inolvidable que hiciste. Puedes agregar más información a tu composición, si quieres. **¡OJO!** Presta atención especial al uso del pretérito y del imperfecto en tu composición.

Paso 3

¡UN DESAFÍO!   Ahora, ¡comparte tu experiencia! Haz una presentación oral en clase sobre el viaje inolvidable. Puedes incluir fotos, transparencias, mapas, o cualquier otra ayuda visual en tu presentación.

Vocabulario

Los verbos

alojarse	to lodge, stay in a place
alquilar	to rent
aprovecharse de	to take advantage of
cubrir	to cover
hacer *camping*	to camp
hacer cola	to wait in line
hacer las maletas	to pack one's suitcases
hacer reservaciones	to make reservations
hacer un viaje	to take a trip
lograr	to achieve
quedarse	to stay (*in a place*)
resolver (ue)	to solve
romper	to break
viajar	to travel

Repaso: esperar, estacionar

El transporte

el aeropuerto	airport
la autopista	freeway
el avión	airplane
el barco	boat
el bote	rowboat
la camioneta	station wagon
la carretera	highway
el coche	car
la estación del tren	train station
el medio de transporte	means of transportation
el metro	subway
el tranvía	trolley

Cognados: el autobús, la bicicleta, la moto(cicleta), el taxi

Repaso: el estacionamiento, el puerto

El alojamiento

el albergue (juvenil)	(youth) hostel
el botones	bellhop
la cabaña	cabin
el campamento	campsite
la habitación (sencilla, doble)	(single, double) room
el hotel (de lujo)	(luxury) hotel
el huésped / la huéspeda	guest
la llave	key
la pensión	boarding house
completa	room and full board
media	room and one meal (*usually breakfast*)
la propina	tip
la recepción	lobby
la tienda (de campaña)	tent
el/la viajero/a	traveler

Cognado: el/la recepcionista

Los adjetivos

callado/a	quiet
cansado/a	tired
desconfiado/a	doubtful
enamorado/a	in love
enojado/a	angry
frustrado/a	frustrated
ocupado/a	busy, occupied
preocupado/a	worried

Repaso: aburrido/a

Otras palabras y expresiones útiles

el consejo	piece of advice
la demora	delay

Lectura 4

El poeta colombiano José Asunción Silva (1865–1896) llevó una vida corta y difícil, llena de tristeza y penas, lo cual se refleja en su obra literaria. Cuando tenía sólo diecinueve años, hizo un viaje a París. Allí conoció a varios escritores importantes de la época, una experiencia que dejó una gran influencia en su poesía. En su poema «Nocturno (III)», el poeta lamenta la muerte insólita (*unexpected*) de su hermana.

Actividad

Sentimientos y emociones

Paso 1 Cuáles son los sentimientos y emociones que despiertan en ti las siguientes palabras? Haz una lista de ellos.

> la amargura (*bitterness*)
> la luna
> la noche
> la senda (*path*)
> la sombra (*shadow*)

Paso 2 Con un compañero / una compañera, comparen sus listas. ¿Son parecidas o son totalmente distintas? Comenten las listas, indicando por qué asocias ciertos sentimientos y emociones con esas palabras.

«Nocturno (III)» (fragmento)

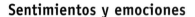

Una noche,
una noche toda llena de murmullos,[a] de perfumes y de músicas de alas;[b]
       una noche
en que ardían[c] en la sombra nupcial y húmeda las luciérnagas[d] fantásticas,
5 a mi lado lentamente, contra mí ceñida[e] toda, muda y pálida,[f]
como si un presentimiento de amarguras infinitas
hasta el más secreto fondo de las fibras te agitara,[g]
por la senda florecida[h] que atraviesa[i] la llanura[j]
      caminabas;
10   y la luna llena
por los cielos azulosos, infinitos y profundos esparcía[k] su luz blanca;
      y tu sombra
      fina y lánguida,[l]
      y mi sombra,

[a]*murmurs* [b]*wings* [c]*burned* [d]*fireflies* [e]*tight-fitting* [f]*pale* [g]*como... as if a premonition of infinite sorrows shook you through to your most intimate being* [h]*flowery* [i]*goes through* [j]*plains* [k]*scattered* [l]*listless*

15 por los rayos de la luna proyectadas,
sobre las arenas^m tristes
de la senda se juntaban;
      y eran una,
            y eran una,
20 y eran una sola sombra larga,
            y eran una sola sombra larga,
                  y eran una sola sombra larga...
Esta noche
solo; el alma^n
25 llena de las infinitas amarguras y agonías de tu muerte,
separado de ti misma por el tiempo, por la tumba y la distancia,
            por el infinito negro
donde nuestra voz no alcanza,°
mudo y solo
30 por la senda caminaba...

^m*sands* ^n*soul* °*no... doesn't reach*

Después de leer

Actividad **A**

Comprensión

1. ¿Cuáles son las asociaciones que hace Silva en su poema? Empareja los adjetivos de la columna a la derecha con los sustantivos correspondientes de la columna a la izquierda.

1. _____ la arena
2. _____ la sombra
3. _____ la luna
4. _____ la amargura
5. _____ la senda

a. llena
b. infinita
c. triste
d. florecida
e. larga

2. En el poema, se ven dos momentos distintos: uno es el recuerdo, y otro es el momento actual. Identifica la parte que describe el recuerdo y la que describe el momento actual. Justifica tus respuestas con citas del poema.

Actividad

Opinión

Paso 1   Haz una lista de todas las imágenes visuales que encuentras en el poema.

Paso 2   Ahora escoge la imagen visual que más te impresiona y contesta las siguientes preguntas sobre ella.

1. ¿Por qué te impresiona mucho esa imagen? ¿Qué sentimientos o emociones despierta en ti?
2. ¿Qué asocias generalmente con esa imagen? Y la manera en que se presenta la imagen en el poema, ¿es semejante a las asociaciones que tienes de ella, por lo general? ¿Por qué sí o por qué no?

Actividad

Expansión

El poema «Nocturno (III)» tiene un ritmo muy marcado y bastante musical. Lee el poema en voz alta. ¿Tienes una impresión distinta del poema ahora que lo hayas leído en voz alta? En tu opinión, ¿cuáles son las diferencias que hay entre la lectura por sí sola y la pronunciación en voz alta de un poema?

8

MALAS noticias

METAS

LA TRAMA

Día 3 (*continuación*) **y Día 4:** Raquel finally opens the letter from Argentina, which contains some disconcerting news. However, she continues with the tape recording and explains how the information from Héctor led her to continue her search for Ángel in Puerto Rico. What do you suppose she found out?

RAQUEL: «...necesito más tiempo en la Argentina para pensar... te prometo que te llamaré en unos días... Compréndeme y perdóname. Arturo.»

CULTURA

As you work through the chapter, you will also find out about
- the use of titles in the Mexican workplace (**Nota cultural: Los títulos en el mundo de los negocios**)
- the changing roles of men and women in modern society (**Enfoque cultural: Las relaciones entre los hombres y las mujeres**)

COMUNICACIÓN

In this chapter of *Nuevos Destinos*, you will
- discuss the workplace and work-related matters (**Enfoque léxico: El mundo del trabajo**)
- talk about what has happened and what had happened (**Enfoque estructural 8.1**)
- use direct objects and indirect objects together (**8.2**)

E vídeo

Actividad

> **Hace cinco años** | **El encuentro con Héctor**

Todos los siguientes acontecimientos tuvieron lugar en el Episodio 7. Escribe el orden cronológico, del 1 al 7, de estos acontecimientos.

_____ Raquel, Arturo y Héctor llegaron a la casa de Héctor.

_____ Héctor le regaló a Arturo un cuadro que había pintado Ángel.

_____ Héctor les dio la carta a Raquel y Arturo.

_____ Héctor les habló a Arturo y Raquel de su amistad con Ángel.

_____ Raquel y Arturo fueron a la cantina.

_____ Héctor buscó una carta de Ángel.

_____ Raquel y Arturo fueron al puerto para encontrarse con Héctor.

Actividad **B**

El pasado de Ángel

A continuación hay una serie de oraciones sobre Ángel Castillo. Indica si son ciertas (**C**) o falsas (**F**). Si son falsas, modifícalas para que sean ciertas.

C F **1.** Ángel vive en otra parte de la Argentina.

C F **2.** Ángel se peleó con su padrastro.

C F **3.** Arturo perdió contacto con Ángel.

C F **4.** Rosario nunca e perdonó a su hijo la muerte de Martín.

C F **5.** Ángel se fue a vivir a Puerto Rico.

C F **6.** Ángel fue buen marinero.

C F **7.** Ángel tenía una pasión por la pintura.

C F **8.** Ángel fue buen estudiante.

C F **9.** Ángel decidió no regresar nunca a la Argentina.

Episodio 8: Día 3 (*continuación*) y Día 4

Preparación para el vídeo

Actividad **A**

Una carta de Arturo

En este episodio, Raquel recibe una carta que Arturo le manda desde Buenos Aires, donde él asiste a una conferencia. ¿Qué le va a decir en la carta? Indica lo que opinas, usando las siguientes frases.

a. ¡Cierto! Eso va a pasar.   **c.** Es posible, pero lo dudo.
b. Es muy probable.   **d.** No lo creo.

1. _____ Arturo quiere que Raquel vaya a vivir a Buenos Aires.
2. _____ Arturo no piensa regresar nunca a Los Ángeles.
3. _____ Arturo va a romper con Raquel.
4. _____ Arturo se encontró con su ex esposa en Buenos Aires.
5. _____ Arturo ya no quiere a Raquel.
6. _____ Arturo acaba de enterarse de que él y su ex esposa tienen un hijo.

Actividad **B**

¿A quién conocerá Raquel en Puerto Rico?

Ya sabes que Raquel va a Puerto Rico en busca de Ángel. ¿A quién conocerá allá? Indica lo que opinas sobre las personas indicadas, usando las siguientes frases.

a. Es muy probable.   **b.** No lo sé.   **c.** Lo dudo mucho.

1. _____ a Ángel
2. _____ a la esposa de Ángel
3. _____ a los hijos de Ángel
4. _____ a la familia política (*in-laws*) de Ángel
5. _____ a un amigo / una amiga de Ángel
6. _____ a un enemigo / una enemiga de Ángel
7. _____ a un vecino / una vecina de Ángel

¿Qué tal es tu memoria?

Actividad **A**

La carta de Arturo

Paso 1   Después de leer la carta de Arturo, vimos que Raquel no parecía feliz. ¿Qué le decía a Raquel en la carta? Indica si las siguientes oraciones sobre el contenido de la carta son ciertas (**C**) o falsas (**F**). Si son falsas, modifícalas para que sean ciertas.

Arturo...

C   F   **1.** le escribe a Raquel porque tiene dudas sobre su vida en Los Ángeles.

C   F   **2.** aceptó una posición en un hospital psiquiátrico en Buenos Aires.

C   F   **3.** quiere casarse de nuevo con su ex esposa.

C   F   **4.** siente que Los Ángeles no es su hogar verdadero.

C   F   **5.** echa de menos (*misses*) su país y a sus viejos amigos.

C   F   **6.** necesita tiempo para ordenar sus ideas.

---

el 23 de febrero

Querida Raquel:

Perdona que no te haya llamado antes. Te escribo esta carta porque es más fácil ordenar mis ideas así. Sé que si hablo contigo puedo perder la fuerza de voluntad para tomarme este tiempo de introspección.

Paso 2

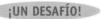 ¡UN DESAFÍO!   Con un compañero / una compañera, escriban una respuesta a la carta que podría escribirle Raquel a Arturo.

Para pensar   ¿Cuánto sabes de las relaciones actuales entre Arturo y Raquel? ¿Son novios? ¿Están casados? ¿Crees que él va a volver a Los Ángeles? En tu opinión, ¿le sería más difícil a Arturo dejar a Raquel y su vida en Los Ángeles si estuvieran (*they were*) casados?

Actividad **B**

In **Episodio 8** of the CD-ROM to accompany *Nuevos Destinos,* Raquel's tape-recorded summary recounts the events in **Actividad B.**

▶ *Hace cinco años* ◀   **El viaje a Puerto Rico**

Paso 1   En Puerto Rico Raquel supo muchas cosas sobre Ángel y su familia. Empareja frases de las dos columnas para indicar lo que pasó en Puerto Rico hace cinco años. ¡OJO! Las frases no aparecen en el orden cronológico correcto.

1. _____ Mientras Raquel sacaba fotos, se le acercó (*approached*)...
2. _____ Cuando oyó lo que le contó Raquel, Ángela quería llamar...
3. _____ La vecina también le dijo que la esposa de Ángel...
4. _____ Ángela invitó a Raquel a...
5. _____ Una vecina de Ángel le dijo a Raquel que él...
6. _____ Raquel sacó fotos de...
7. _____ Para verificar lo que le dijo la vecina, Raquel fue...
8. _____ Raquel le explicó a Ángela que...

a. Ángela, la hija de Ángel.
b. la tumba de Ángel y su esposa.
c. nunca se repuso de la muerte de su esposa y murió hace poco.
d. era escritora.
e. su casa para llamar a sus tíos.
f. tenía familia en la Argentina y México.
g. a sus tíos para informarles de la historia.
h. al antiguo cementerio de San Juan.

Paso 2

¡UN DESAFÍO!   En un párrafo, pon los acontecimientos del Paso 1 en el orden cronológico apropiado. No te olvides de usar palabras de transición como **primero, luego, después,** etcétera.

Lengua y cultura

VOCABULARIO DEL TEMA

En la oficina

Los verbos

archivar	to file
enviar (envío)	to send
fallar	to "crash" (computer)
imprimir	to print (computer)
redactar	to write; to edit

Cognados: ordenar, organizar, revisar

Artículos de oficina

el archivo	file
la papelera	wastebasket
el portafolios	briefcase

Cognados: la agenda, el calendario, el teléfono (celular)

Artículos electrónicos

el contestador automático	answering machine
la impresora	printer
la máquina de escribir	typewriter
el ratón	mouse

Cognados: la calculadora, el *fax*

Repaso: la computadora (portátil)

Personas

el/la jefe/a
boss

Cognados: el/la cliente, el/la colega

Repaso: el/la secretario/a

Otras palabras y expresiones útiles

el aumento (de sueldo)	raise
la cita	date; appointment
el correo electrónico	electronic mail (e-mail)
el currículum	résumé
el empleo	employment; job
la empresa	company
la junta	meeting
el negocio	business
el puesto	position; job
el sueldo	salary

Cognados: la compañía, la conferencia, el memorándum, el mensaje

Actividad **A**

En la oficina de Lucía

¿Qué artículo de oficina u otro aparato necesitan usar Lucía y sus colegas para cada una de las siguientes actividades?

1. A veces Lucía tiene que llevar a casa algunos archivos y otro trabajo los fines de semana.
2. Lucía y su colega Armando se envían correo electrónico casi todos los días.
3. A veces Lucía debe llamar a sus clientes cuando está fuera de la oficina.
4. Hace un mes, la computadora de Lucía falló el mismo día que debía entregar un informe (*report*) breve, pero muy importante. Por suerte, tenía este aparato para redactarlo.
5. Lucía usa esto para ordenar sus citas, juntas, cenas de negocios y otras reuniones importantes.
6. Este aparato graba los mensajes de las personas que llaman por teléfono cuando la oficina cierra por la noche o los fines de semana.
7. Marina, la secretaria de Lucía, debe imprimir muchos documentos todos los días: memorándums, informes, cartas...

ADIVINANZA

Es tanto lo que me
quiere
el hombre en su necio
orgullo,[a]
que hasta crímenes
comete,
sólo por hacerme suyo.

[a]necio... *foolish pride*

REFRÁN

« El hombre más rico no es el que conserva el primer peso que ganó, sino el que conserva al primer amigo que tuvo. »

NOTA *cultural* • *Los títulos en el mundo de los negocios*

En México, es muy común en las oficinas llamar «licenciado/a» a toda persona que ha ido a la universidad, aún si no haya obtenido un título. En vez de «Sr. Pérez» o «Srta. Ramírez», se oye decir «licenciado Pérez» o «licenciada Ramírez». Los títulos son muy importantes en el mundo laboral y de los negocios. Ésta es una forma de mostrarle respeto a una persona y de reconocer sus logros,[a] lo cual facilita la interacción entre las personas. También es costumbre referirse a una persona por los títulos de arquitecto/a, ingeniero/a, doctor(a) o abogado/a.

[a]*achievements*

Para pensar | ¿Cómo se les llama a las personas en una oficina en los Estados Unidos? ¿Son muy importantes los títulos en este país?

Actividad **B**   **Descripciones**

Con un compañero / una compañera, hagan turnos para describir por lo menos cinco objetos, personas o actividades en la lista del Vocabulario del tema. La otra persona debe adivinar lo que se describe.

MODELO: E1: Es un documento que uno escribe para luego enviar a varias empresas. El documento contiene datos sobre la educación de la persona, de su experiencia profesional y de sus intereses personales.
E2: ¿Es un currículum?
E1: Sí.

Enfoque cultural   Las relaciones entre los hombres y las mujeres

En casi todo el mundo las relaciones entre hombres y mujeres están en un proceso de evolución, y los papeles tradicionales comienzan a perder su vigencia.[a] Esto ocurre tanto en España como en Latinoamérica, aunque en distinta medida.[b] También hay una diferencia notable entre lo que pasa en la ciudad y lo que pasa en el campo. El crecimiento de la clase media, especialmente en las ciudades, aumenta la presión contra los límites en que han vivido las mujeres.

La tradición

En el campo, el papel tradicional del hombre ha sido el de trabajar la tierra mientras que el de la mujer ha sido el de cuidar de la familia y la casa. Tanto el padre como la madre se definen por sus obligaciones y su trabajo, y éstos llenan todas sus horas. Los dos tienen poca oportunidad de elegir[c] el tipo de trabajo que van a hacer.

En la familia típica rural, el tener más hijos permite que la familia produzca más y gane más, a la vez que permite cierta seguridad para los padres en su vejez.[d] Esta situación hace muy difícil la vida de las personas solteras, especialmente la de las mujeres. Anteriormente, el matrimonio era el destino casi universal de los hombres y aún más el de las mujeres y, para las mujeres, era difícil obtener un divorcio. También sufrían discriminación en otras áreas. Por ejemplo, raramente heredaban los bienes de los padres porque aquéllos pertenecían al hijo mayor.

En las ciudades la división de papeles siempre ha sido menos clara. Las obligaciones de las mujeres casadas no eran muy diferentes de las de las mujeres del campo. Sin embargo, las mujeres solteras tenían mejores perspectivas[e] en la ciudad, pues había ciertos puestos tradicionales que podían ocupar: secretaria, enfermera, maestra, dependienta, etcétera. Las mujeres ricas tenían aún más ventajas: tenían más preparación y entrada[f] en el mundo aristocrático de su país.

La época contemporánea

En las sociedades rurales, los cambios han sido muy lentos. Para las mujeres en las familias campesinas, las cosas no han cambiado mucho. El trabajo material[g]

[a]force   [b]en... to a different degree   [c]choose   [d]old age   [e]prospects   [f]entry   [g]physical

Violeta Barrios de Chamorro

ocupa todo su tiempo y energía y las obligaciones tradicionales continúan dominando. Sin embargo, se debe notar que, en muchos casos, ya no existen leyes discriminatorias contra las mujeres sobre la herencia y el divorcio.

Es en las ciudades donde las condiciones mejoran perceptiblemente. El cambio es más fácil allí que en el campo porque hay más oportunidades de empleo para las mujeres y más acceso a la educación. Además, en las ciudades, el influjo[h] de ideas progresistas[i] es mayor. La legalización del divorcio en el mundo hispánico ha hecho aumentar el número de familias monoparentales. En la gran mayoría de estas familias la mujer es cabeza de familia, y esto crea la necesidad de igualdad en el empleo.

El hecho de que[k] las mujeres tengan hoy más igualdad en los empleos que antes no significa que hayan desaparecido todos los problemas. Aunque las mujeres ejecutivas desempeñen[l] los mismos trabajos que los hombres ejecutivos, no reciben siempre el mismo trato o el mismo pago. Como en los Estados Unidos, en el mundo hispánico persiste la costumbre de tratar a las mujeres como secretarias en vez de ejecutivas y, muchas veces, las mujeres encuentran vedadas[m] las posiciones más altas. Es de notar que las únicas mujeres presidentas del hemisferio occidental han ocupado este puesto en países hispanoamericanos: Isabel Perón en la Argentina, Violeta Barrios de Chamorro en Nicaragua, Lydia Gueiler en Bolivia y Rosalía Arteaga en el Ecuador.

[h]*influence* [i]*progressive* [j]*familias... single-parent families* [k]*El... The fact that* [l]*carry out, perform* [m]*closed (forbidden, prohibited)*

Actividad

Tradición y cambio

Paso 1 Con un compañero / una compañera, haz una clasificación de los siguientes trabajos. En los Estados Unidos, ¿cuáles de los siguientes oficios y profesiones han sido accesibles a las mujeres por tradición (**T**), cuáles son recientemente accesibles (**R**) y cuáles son todavía poco accesibles (**P**)?

1. _____ trabajadora social
2. _____ abogada
3. _____ presidenta de una compañía
4. _____ actriz
5. _____ maestra
6. _____ médica
7. _____ ingeniera
8. _____ científica
9. _____ directora de orquesta
10. _____ política
11. _____ directora de cine
12. _____ jugadora profesional de fútbol americano
13. _____ escritora
14. _____ enfermera
15. _____ asistente de vuelo
16. _____ presidenta del país
17. _____ entrenadora (*coach*) de un equipo deportivo
18. _____ obrera (*laborer*)
19. _____ mujer policía
20. _____ costurera (*seamstress*)

Paso 2 Comparen su lista con las listas del resto de la clase. ¿Están todos de acuerdo en cuanto a las profesiones tradicionales y las que son accesibles hoy día? ¿Pueden Uds. nombrar a algunas mujeres que actualmente ocupan o que han ocupado algunos de los puestos clasificados con **R** o con **P**? ¿Quiénes son?

Enfoque estructural

8.1   Hablando del pasado: Los tiempos perfectos

REFRÁN

《Después de que todo *se ha dicho* **y** *hecho,* **mucho** *se ha dicho* **y poco** *se ha hecho.* **》** *

In previous chapters, you have learned to use the preterite and imperfect tenses to talk about events in the past. You can also discuss past experiences with perfect tenses. These tenses are used to talk about recent past actions, about past actions that have some relevance to the present or that are continued into the present, and about actions that had happened before another action took place.

You have already studied the formation and use of various *simple* tenses; that is, tenses that use a single verb with an appropriate ending to indicate tense and mood. Perfect tenses are *compound* tenses, using more than one verb form. To form perfect tenses, you use a conjugated form of the auxiliary verb **haber** (*to have*), followed by the past participle of another verb. (See **Enfoque estructural 7.2** for a review of the formation of past participles.)

El presente perfecto

The present perfect, as its name implies, uses **haber** in the present tense. It is used to talk about what *has happened*.

he	hemos	
has	habéis	} + *past participle*
ha	han	

Raquel **ha llegado** a San Juan, Puerto Rico.	*Raquel has arrived in San Juan, Puerto Rico.*
Parece que Raquel y Arturo **se han enamorado.**	*It seems that Raquel and Arturo have fallen in love.*

Notice in the preceding example that the reflexive pronoun **se** is placed *before* the form of **haber.** This is also true of all other pronouns, such as direct and indirect object pronouns.

¿La historia original de *Destinos*? No **la he visto.**	*The original* Destinos *story? I haven't seen it.*

El pluscuamperfecto

To talk about events that *had taken place* or that took place *before* another action happened, you use the past perfect. This tense is formed by conjugating **haber** in the imperfect, plus a past participle.

---

* *"After all is said and done, much has been said and little has been done."*

había
habías
había
habíamos
habíais
habían
$\Big\}$ + *past participle*

Antes de llegar a Puerto Rico, Raquel **había viajado** a España y a la Argentina.

Before arriving in Puerto Rico, Raquel had traveled to Spain and Argentina.

Práctica ### ¿Qué has hecho?

Paso 1   Indica si has hecho las siguientes actividades o no.

	SÍ	NO
1. He viajado a otro país.	☐	☐
2. He manejado una motocicleta.	☐	☐
3. He ganado un premio.	☐	☐
4. He trabajado como secretario/a en una oficina.	☐	☐
5. He vivido en otro estado.	☐	☐
6. He asistido a otra universidad además de ésta.	☐	☐
7. He solicitado empleo en una empresa grande.	☐	☐
8. He hecho un papel en una obra dramática.	☐	☐

Paso 2   Con un compañero / una compañera, háganse y contesten preguntas sobre las oraciones del Paso 1. Deben contestar con oraciones completas. Si nunca han hecho cierta actividad, contesten con: «No. Nunca lo he hecho.»

¡UN DESAFÍO!   Traten de sacarle más información a su compañero/a.

MODELO: E1: ¿Has viajado a otro país?
E2: Sí, he viajado a varios países.

Desafío:
E1: ¿A qué países has viajado?
E2: He viajado a Costa Rica, a Francia y a Inglaterra.

Práctica ### Marina, la secretaria perfecta

Una vez más, Marina, la secretaria de Lucía, muestra que ella es la secretaria perfecta. Lucía le pide a Marina algunos favores, pero ésta ya los ha hecho. Indica esto, cambiando los complementos directos por pronombres.

MODELO: ¿Me haces el favor de archivar los documentos de la familia Castillo? → Ya los he archivado.

1. ¿Puedes ordenar mis citas para mañana?
2. ¿Puedes resumir las minutas de la última junta de socios (*partners*)?
3. ¿Me haces el favor de imprimir los memorándums que están en el disco que te di esta mañana?
4. ¿Podrías escribir una carta formal para enviar al gobierno mexicano?
5. Por favor, ¿podrías sacar la basura de todas las papeleras?
6. ¿Puedes organizar los nuevos currículums que acabamos de recibir?
7. ¿Me haces el favor de reservar la sala de conferencias para pasado mañana?

Práctica **C** **¿Qué no habías hecho?**

Paso 1   Indica lo que habías hecho o no habías hecho, según las siguientes indicaciones.

MODELO: Antes de asistir a esta universidad, (no)... →
            Antes de asistir a esta universidad, no había estudiado ciencias económicas.

1. Antes de tomar este curso de español, (no)...
2. Antes de cumplir los dieciséis años, (no)...
3. Antes de vivir en esta ciudad, (no)...
4. Antes de 1995, (no)...
5. Antes de llegar a clase hoy, (no)...

¿Se te aplica lo siguiente?

6. Antes de casarme, (no)...
7. Antes de tener hijos, (no)...

Paso 2   ¿Te conocen bien tus compañeros de clase? Entrégale a tu profesor(a) dos oraciones del Paso 1. Él/Ella las va a leer en voz alta. Todos de la clase deben adivinar a quién se refieren las oraciones.

8.2   Usando dos pronombres en la misma oración

In **Enfoque estructural 2.1**, you reviewed the use of direct object pronouns to replace nouns. Later, in **Enfoque estructural 5.1**, you reviewed the use of indirect object pronouns. In Spanish, there are many situations in which you may want to use both an indirect and direct object pronoun in the same sentence.

● When direct and indirect object pronouns are used in the same sentence, they precede the conjugated verb. The indirect object pronoun always appears first.

—¿Dónde **nos** enseña **los**   *Where does the professor show*
   episodios de *Nuevos Destinos*   *us* Nuevos Destinos *episodes?*
   la profesora?
—**Nos los** enseña en clase.   *She shows them to us in class.*

● The indirect objects **le** and **les** change to **se** when the direct object pronoun in the sentence is **lo, la, los,** or **las**. Do not confuse this **se** with the other uses of **se** that you have learned. The reason for this change is to avoid the double [l] sound that would result if **le** or **les** came directly before the pronouns beginning with **l**.

—¿A quién **le** envió **los**   *To whom did Raquel send the*
   documentos oficiales Raquel?   *official documents?*
—**Se los** envió a Lucía.   *She sent them to Lucía.*

Remember that a prepositional phrase with **a** is often used to clarify to whom the indirect object pronoun refers.

Teresa Suárez **le** escribió **la carta** a don Fernando. → **Se la** escribió a don
                                                              Fernando.
Teresa Suárez wrote the letter to don Fernando. → *She wrote it to don*
                                                     Fernando.

● As you have learned, direct and indirect object pronouns can occupy two different positions in a sentence that contains an infinitive or a present participle: before the conjugated verb or attached to the infinitive or present participle. When such a sentence contains a direct and an indirect object pronoun, the indirect object pronoun still precedes the direct object pronoun.

Raquel va a mandar**le las fotos** a don Fernando.	*Raquel is going to send the photos to don Fernando.*
Raquel va a mandár**selas** (a don Fernando). (Raquel **se las** va a mandar [a don Fernando].)	*Raquel is going to send them to him.*
Raquel está grabándo**le la historia** a Lucía.	*Raquel is taping the story for Lucía.*
Raquel está grabándo**sela** (a Lucía). (Raquel **se la** está grabando [a Lucía].)	*Raquel is taping it for her.*

Práctica

▶ *Hace cinco años* ◀   **¿Cierto o falso?**

Paso 1 Indica si los siguientes detalles de la historia son ciertos (**C**) o falsos (**F**).

C F **1.** Raquel les contó la historia a los hijos de Elena.
C F **2.** Raquel le reveló el propósito (*purpose*) de su viaje al reportero Alfredo Sánchez.
C F **3.** La Sra. Suárez le mostró cartas de Rosario a Raquel.
C F **4.** La Sra. Suárez le consiguió la copia del certificado de nacimiento de Ángel a Raquel.
C F **5.** Alfredo le trajo la cartera perdida a Raquel.
C F **6.** Héctor le regaló un cuadro a Arturo.
C F **7.** Héctor les entregó documentos oficiales a Raquel y Arturo.
C F **8.** Raquel le sacó una foto de la tumba de Ángel a don Fernando.

Paso 2 Con un compañero / una compañera, háganse y contesten preguntas con **sí** o **no**, basadas en las oraciones del Paso 1. En las respuestas, deben modificar las oraciones falsas para que sean ciertas. La persona que contesta las preguntas debe reemplazar los complementos directos por pronombres, según el modelo.

MODELO: E1: ¿Le contó Raquel la historia de don Fernando y Rosario a Ángela?
          E2: Sí, se la contó.

Práctica **B**   ### ¿Lo vas a hacer?

Con un compañero / una compañera, hágan y contesten las siguientes preguntas sobre sus actividades en las próximas semanas. Cambien los complementos directos por pronombres.

MODELO: E1: ¿Le vas a entregar la composición a tu profesor(a)? →
            E2: Sí, se la voy a entregar (voy a entregársela).

1. ¿Les vas a preparar tu receta favorita a tus amigos?
2. ¿Le vas a contar la historia de *Nuevos Destinos* a tu compañero/a de cuarto (amigo/a, vecino/a...)?
3. ¿Les vas a escribir una carta a tus padres (hijos, abuelos...)?
4. ¿Le vas a hacer un regalo de cumpleaños a un amigo / una amiga?
5. ¿Le vas a enviar correo electrónico a un amigo / una amiga?

Práctica **C**   ### En busca de ayuda

Imagínate que un(a) estudiante tuvo que faltar a una clase, y pasaron muchas cosas el día que estuvo ausente. Él/Ella te pide ayuda con algunas cosas. Con un compañero / una compañera, hagan turnos para hacer y contestar preguntas, cambiando los complementos directos por pronombres.

MODELO: E1: ¿Me puedes dar ayuda con la lección que falté?
            E2: Sí, te la puedo dar (puedo dártela). (No, no te la puedo dar [no puedo dártela].)

1. ¿Me puedes resumir la historia del último episodio?
2. ¿Me puedes dar los apuntes que tomaste?
3. ¿Me puedes explicar la nueva lección de gramática?
4. ¿Me puedes decir la fecha del próximo examen?
5. ¿Me puedes enseñar la tarea que el profesor / la profesora te devolvió (*returned*)?

Para terminar

Actividad final   Mi currículum vitae

En este capítulo, exploraste el mundo del trabajo. Como es de imaginar, una destreza (*skill*) indispensable para todas las personas que buscan trabajo es saber presentar sus conocimientos y experiencia de la mejor manera posible para dar una buena primera impresión en una entrevista. Para esto sirve un currículum vitae.

Raquel Rodriguez
Currículum Vitae
279 Vía del Barco
Los Ángeles, CA 90292

Estudios realizados

Diploma en derecho (J.D.), 1982. Universidad de California en Los Ángeles.
Concentración: Derecho de bienes familiares, Derecho comparado.

Bachillerato (B.A.), 1979. Loyola Marymount University, Los Ángeles.
Concentración: Sociología y Ciencias políticas.

Experiencia profesional

1983 a la fecha
Goodman, Potter & Martinez
11759 Wilshire Boulevard
Los Ángeles, CA 90025
Derecho de bienes familiares.
 Bienes hereditarios extranjeros
 y domésticos, testamentos.

1982–1983
Carreño y Morales
San Lucas No 542
06066 México, D.F.
Derecho comparado: Estados Unidos
 y México.

1981–1982
Pasante
Nakamura & Associates
3053 25th St.
Santa Mónica, CA 90405

Asociaciones profesionales

California State Bar
Los Angeles County Bar Association
National Lawyers Guild
UCLA Public Interest Law Foundation

Referencias

Akira Nakamura, B.A., J.D., I.L.M.
Nakamura & Associates
3053 25th St.
Santa Mónica, CA 90405

Kathleen Potter, B.S., J.D.
Goodman, Potter & Martinez
11759 Wilshire Boulevard
Los Ángeles, CA 90025

Herbert J. Saunders, B.A., M.A., J.D., Ph.D.
UCLA Law School
405 Hilgard Avenue
Los Ángeles, CA 90024

Aquí está el currículum vitae de Raquel Rodríguez. Ella ya tiene un puesto establecido y muchos años de experiencia en su campo. Es probable que tú no tengas un currículum tan impresionante todavía, pero tienes habilidades y experiencias que te pueden ayudar a conseguir empleo.

Paso 1 Lo primero que debes saber es que cada currículum varía, dependiendo del puesto que se busca. Piensa en una carrera o un puesto que te gustaría solicitar. Luego, haz una lista de las habilidades y experiencia que se necesitan para ese puesto. Pueden ser habilidades y experiencia que realmente tienes o pueden ser inventadas.

Paso 2 Siguiendo el modelo del currículum vitae de Raquel, prepara el tuyo o en clase o en casa.

Paso 3 Intercambia tu currículum con un compañero / una compañera de clase. Los/Las dos van a hacer turnos para entrevistar a la otra persona para el puesto que se busca.

¡UN DESAFÍO! Presenten las entrevistas a los demás miembros de la clase. ¿Quiénes presentaron la mejor entrevista? ¿Quiénes son perfectos para los puestos deseados?

Vocabulario

Los verbos

archivar	to file
enseñar	to show
enviar (envío)	to send
fallar	to "crash" (*computer*)
imprimir	to print
redactar	to write; to edit

Cognados: **ordenar, organizar, resumir, revisar, solicitar**

El mundo del trabajo

el archivo	file
el aumento (de sueldo)	raise
la cita	date; appointment
el contestador automático	answering machine
el correo electrónico	electronic mail (e-mail)
el currículum (vitae)	résumé
el empleo	employment; job

la empresa	company
la impresora	printer
el informe	report
el/la jefe/a	boss
la junta	meeting
la máquina de escribir	typewriter
el negocio	business
la papelera	wastebasket
el portafolios	briefcase
el puesto	position; job
el ratón	mouse
el sueldo	salary

Cognados: **la agenda, la calculadora, el calendario, el/la cliente, el/la colega, la compañía, la conferencia, el *fax*, el memorándum, el mensaje, la oficina, el teléfono (celular)**

Repaso: **la computadora (portátil), el/la secretario/a**

METAS

LA TRAMA

Día 4 (*continuación*)**:** Lucía is back in Los Angeles, confused about the mysterious second codicil to don Fernando's will. Why can't she find out what she needs to know? Raquel continues the story about what she found out in Puerto Rico, including her encounter with Ángela's family and her impressions of Ángela's aunt Olga. Perhaps someone in Puerto Rico is responsible for the second codicil?

RAQUEL: Lucía, comprendo tu confusión, pero yo no sé nada de ese otro codicilo, nada en absoluto. Y no creo que Arturo sepa nada tampoco. ¿Estás segura de que no hay un error?

CULTURA

As you work through the chapter, you will also find out about
- the rise of supermarkets in Hispanic countries (**Nota cultural: El super-mercado en el mundo hispánico**)
- bargaining in Hispanic countries (**Nota cultural: El regateo**)
- the island of Puerto Rico (**Enfoque cultural: Puerto Rico**)

COMUNICACIÓN

In this chapter of *Nuevos Destinos*, you will
- talk about shopping (**Enfoque léxico: De compras**)
- tell others what to do using formal commands (**Enfoque estructural 9.1**)
- use the subjunctive in impersonal expressions (**9.2**)

El vídeo

El episodio previo

Actividad **A**

In **Episodio 9** of the CD-ROM to accompany *Nuevos Destinos*, you can read the letter that Arturo wrote to Raquel from Buenos Aires.

Raquel tuvo noticias de Arturo

En el episodio previo, Raquel recibió una carta de Arturo. ¿Te acuerdas de lo que él le decía? Indica si las siguientes oraciones son ciertas (**C**) o falsas (**F**). Si son falsas, modifícalas para que sean ciertas.

C F **1.** Arturo está en la Argentina.

C F **2.** Está allí porque rompió con Raquel.

C F **3.** Él piensa aceptar una posición en un hospital psiquiátrico.

C F **4.** Durante su estancia allí, conoció a un hijo que tuvo con su ex esposa.

C F **5.** Arturo no está contento con su vida en Los Ángeles porque no le cae bien (*he doesn't like*) la familia de Raquel.

C F **6.** En la carta, dice que no va a regresar nunca a Los Ángeles.

Actividad **B**

▶ *Hace cinco años* ◀ **La investigación continúa**

¿Qué recuerdas de la llegada de Raquel a Puerto Rico? Todas las siguientes oraciones sobre su primer día en la isla son falsas. Modifícalas para que sean ciertas.

1. La vecina le dijo a Raquel que Ángel y su esposa se mudaron hace poco.

2. En el cementerio, Raquel sacó una foto de Ángela.

3. Raquel le contó a Ángela la historia de las relaciones entre ella y Arturo.

4. Ángela supo que tenía parientes estadounidenses.

5. Raquel supo que la madre de Ángela era maestra de primaria.

6. Ángela quería llamar por teléfono a sus amigas para que pudieran (*they could*) conocer a Raquel.

Episodio 9: Día 4 (*continuación*)

Preparación para el vídeo

Actividad   **A**

Lucía recibe otra carta oficial

Al final del episodio previo, Lucía leía una carta que se trataba de La Gavia. En el episodio, se revelaron algunos datos, pero hay cosas que no quedan claras todavía. ¿Qué opinas de esta nueva situación? Indica tu reacción a las oraciones a continuación de la siguiente manera:

a. Es cierto. **b.** Es probable. **c.** Lo dudo. **d.** No es cierto.

1. _____ La Gavia va a ser propiedad del gobierno.
2. _____ Los problemas del testamento de don Fernando se deben a los herederos puertorriqueños.
3. _____ Han descubierto dos codicilos al testamento.
4. _____ Lucía sabe más de lo que dice.
5. _____ Los hijos mexicanos de don Fernando no quieren que la familia puertorriqueña herede nada de su familia.
6. _____ Raquel oculta (*is hiding*) datos para proteger los intereses de la familia Castillo.
7. _____ Lucía sospecha que Raquel no le dice todo lo que sabe del caso.
8. _____ Lucía es pariente de la familia Castillo, pero no lo sabe todavía.

Para pensar

¿Crees que Raquel realmente sabe algo que no le quiere decir a Lucía? ¿Podría ser que, por sus relaciones con Arturo, quien está vinculado (*tied*) íntimamente con la familia Castillo, le está ocultando información a Lucía?

Actividad   **B**

▶ *Hace cinco años* ◀   **Raquel en Puerto Rico**

Ya sabes que Raquel conoció a Ángela en el cementerio y que regresó con ella a su apartamento. ¿Pero qué va a pasar en este episodio? Indica lo que opinas de las oraciones a continuación de la siguiente manera.

a. Creo que eso va a pasar.
b. Es posible que eso pase.
c. Dudo que pase eso.

1. _____ Ángela habla con su familia puertorriqueña sobre su abuelo, don Fernando.
2. _____ Aunque está enfermo, don Fernando decide ir a Puerto Rico para conocer a la familia de su hijo.
3. _____ A Ángela no le va a dar permiso su familia para viajar a México.
4. _____ Raquel y Ángela van a visitar otra ciudad de Puerto Rico.
5. _____ Raquel recibe de México la noticia de que murió don Fernando.
6. _____ Olga, una tía de Ángela, va a ir a México con Ángela y Raquel.

¿Qué tal es tu memoria?

Actividad **A**

Los dos codicilos

Paso 1   Con un compañero / una compañera, contesten las siguientes preguntas sobre el Episodio 9.

1. ¿De qué se trataba la carta que Lucía recibió del gobierno?
2. ¿Cómo reaccionó Raquel cuando supo que había dos codicilos?
3. ¿De qué codicilo sabía Raquel?
4. ¿Por qué pensaba Lucía que Raquel podría saber de los asuntos actuales (*current*) de la familia Castillo?
5. ¿Por qué se preocupa Lucía por asistir a la junta con los abogados del gobierno mexicano?

Paso 2   Comparen sus respuestas con las de otro grupo de estudiantes y hagan los cambios necesarios a sus respuestas del Paso 1.

Actividad **B**

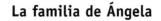 ▶ *Hace cinco años* ◀   **La familia de Ángela**

Indica si las siguientes oraciones sobre la familia de Ángela son ciertas (**C**) o falsas (**F**). Si son falsas, modifícalas para que sean ciertas.

C F **1.** Ángela tiene un hermano que se llama Roberto.
C F **2.** La tía Olga está entusiasmada con las noticias de que Ángela tiene un abuelo que vive en México.
C F **3.** Doña Carmen, la abuela de Ángela, tenía relaciones estrechas (*close*) con su yerno, Ángel.
C F **4.** Ángela todavía no ha podido comunicarle las noticias a su hermano.
C F **5.** Doña Carmen va a viajar a San Juan para conocer a Raquel.
C F **6.** Ángela le pide permiso a su abuela para ir a México.
C F **7.** Los tíos de Ángela ya sabían del pasado de Ángel.

Actividad **C**

Olga, la gruñona (*grouch*) de la familia

 ¡UN DESAFÍO!

Paso 1   Es evidente que las relaciones de Ángela con su tía Olga son difíciles. A continuación hay cuatro adjetivos que describen a Olga. Trabajando en grupos de cuatro estudiantes, escojan una situación del Episodio 9 para ilustrar cada una de las características de ella.

1. impaciente   3. negativa
2. desconfiada   4. mandona (*bossy*)

Paso 2   Compartan sus observaciones con las de los otros grupos. ¿Cuántos ejemplos diferentes mencionaron? ¿Están todos de acuerdo?

Lengua y cultura

VOCABULARIO DEL TEMA

Las tiendas y los comercios

el almacén	department store
la carnicería	butcher shop
la florería	flower shop
la frutería	fruit store
la joyería	jewelry store
la lavandería	laundry
la librería	bookstore
la licorería	liquor store
la mueblería	furniture shop
la panadería	bakery
la papelería	stationery store
la pastelería	pastry shop
la peluquería	beauty shop, hairdresser's
la pescadería	fish store
la pollería	poultry shop
la tintorería	dry cleaner's
la verdulería	vegetable store
la zapatería	shoe store

Repaso: **la farmacia, el mercado, el supermercado**

AMPLIACIÓN LÉXICA

la abarrotería	grocery store
la confitería	confectionery
la ferretería	hardware store
la tortillería	tortilla shop

Actividad A

¿Qué se puede comprar allí?

Paso 1 Indica los productos que se puede comprar en las tiendas o los comercios a continuación.

MODELO: la librería → Allí se puede conseguir libros, revistas, periódicos...

1. la mueblería
2. la verdulería
3. la papelería
4. la frutería
5. la carnicería
6. el almacén
7. la licorería

Paso 2 Con un compañero / una compañera, hagan turnos para leer sus listas. Agreguen productos a sus listas si es necesario.

Paso 3

¡UN DESAFÍO! Léele algunas oraciones falsas a tu compañero/a. Él/Ella debe modificar tus oraciones para que sean ciertas.

MODELO: E1: En una librería se puede conseguir pollo y mariscos.
E2: No es cierto. En una librería se compran libros.

NOTA *cultural* ● *El supermercado en el mundo hispánico*

Como en el resto del mundo, en los países hispánicos existe la tendencia a modernizarse, y esta modernización avanza muy rápidamente. Como resultado, lo moderno y lo tradicional se mezclan.[a] Antes, los supermercados y los grandes centros comerciales sólo se encontraban en las grandes ciudades. Por años, estos comercios han simplificado la vida de los habitantes porque les permiten ahorrar[b] tiempo al ofrecer múltiples servicios en un solo lugar. Sin embargo, en muchos países hispánicos, es cada vez más común encontrar supermercados aún en los pueblos pequeños.

A pesar de esta modernización, muchas personas todavía prefieren hacer sus compras en las tiendas especializadas o en los mercados al aire libre. Una de las ventajas de esto es que muchos de los mercados ofrecen sus productos a precios más bajos que en los supermercados.

[a]*se... are combined* [b]*to save*

Para pensar | ¿Hay tiendas especializadas donde tú vives? ¿Prefieres ir a la panadería, a la carnicería y a la frutería o prefieres comprar todo bajo un solo techo (*roof*)? ¿Cuáles son las ventajas y las desventajas de hacer las compras en un supermercado? ¿en las tiendas pequeñas?

Actividad **B** **¡Firma aquí, por favor!**

Paso 1 En una hoja de papel aparte, escribe una lista de cinco lugares que aparecen en el Vocabulario del tema. También debes tener en cuenta (*keep in mind*) lo que se hace o se compra allí.

Paso 2 Ahora debes encontrar a otros que compartan contigo los mismos lugares en su lista. Para averiguar qué lugares están en la lista de cada persona, debes contarle a la otra persona lo que necesitas. Cuando encuentras a alguien con el mismo lugar en su lista, los/las dos deben firmar al lado del lugar mencionado.

MODELO: E1: Necesito comprar una mesa, un escritorio y una silla.
E2: Lo siento, pero no voy a la mueblería.
E1: Gracias. Necesito comprar una mesa, un escritorio y una silla.
E3: ¡Ah, vas a la mueblería! Yo también.
E1: ¡Firma aquí, por favor!
E3: ¡Tú también!

VOCABULARIO DEL TEMA

En las tiendas

costar (ue)	to cost
estar de moda	to be in style
hacer las compras }	to go shopping
ir de compras	
pagar al contado /	to pay cash
en efectivo	
regatear	to haggle, bargain

Repaso: **vender**

la estafa	rip-off, swindle
la ganga	bargain
la oferta	special offer
la rebaja	discount
la talla	size (*with clothing*)
la tarjeta de crédito	credit card
la venta	sale

Cognados: **el cheque, el descuento, el estilo**

barato/a	inexpensive, cheap
caro/a	expensive

AMPLIACIÓN LÉXICA

La ropa; otras expresiones útiles

el abrigo	coat
los calcetines	socks
la camisa	shirt
la camiseta	T-shirt
la falda	skirt
las medias	stockings
los pantalones	pants
los pantalones cortos	shorts
el traje	suit
el vestido	dress
los zapatos	shoes

Cognados: **los *bluejeans*, la blusa, la chaqueta, el suéter**

¿En qué le puedo servir?	May I help you?
¿Lo/La atienden ya?	Have you been helped?
¿Qué talla usa?	What size do you wear?

Actividad **A**

De compras

A continuación hay algunas expresiones que se oyen en las tiendas. Empareja lógicamente las oraciones de las dos columnas para formar breves conversaciones entre clientes y dependientes.

1. _____ ¿Me lo da por cincuenta en vez de sesenta?

2. _____ ¿Cómo desea pagar?

3. _____ Estas camisas están en rebaja. Cuestan solamente doce dólares cada una.

4. _____ ¿Lo atienden ya?

5. _____ ¿Qué talla usa?

6. _____ Buenas tardes. ¿En qué puedo servirle?

7. _____ Estos pantalones están muy de moda. ¿Le gustaría probarlos (*to try them on*)?

a. La 38, por lo general.

b. Lo siento, señorita. No se puede regatear aquí.

c. Sí, cómo no. ¿Dónde están los probadores (*fitting rooms*)?

d. Con tarjeta de crédito, por favor.

e. No, todavía no.

f. ¡Qué ganga!

g. Me gustaría ver algunas blusas.

NOTA *cultural* • *El regateo*

El regateo es muy común en los países hispánicos. Consiste en una discusión —¡a veces muy animada!— sobre el precio de cierto artículo. Esto ocurre sobre todo en los mercados al aire libre donde el dueño o la dueña del puesto[a] puede cobrar[b] lo que quiere. En los almacenes y supermercados no se regatea porque los precios son fijos.[c]

Esta costumbre es parte integral del proceso de compraventa.[d] Es decir, las personas que participan en el regateo se sienten un poco insatisfechas si no regatean antes de concluir el trato.[e] Para muchas personas, la satisfacción del proceso de comprar algo les viene de sentir que consiguieron el mejor precio.

[a]*stand, stall* [b]*charge* [c]*fixed* [d]*buying and selling* [e]*deal*

Para pensar | ¿Has regateado alguna vez? ¿Cómo fue la experiencia? Si nunca lo has hecho, ¿piensas que podrías hacerlo bien?

Actividad **B** **Entrevista**

Paso 1 Con un compañero / una compañera, entrevístense para saber de la última compra grande que cada uno/a de Uds. hizo. Pueden usar las siguientes preguntas u otras, si quieren.

1. ¿Cuál fue la última compra grande que hiciste?
2. ¿Cómo la pagaste?
3. ¿En qué tipo de tienda o mercado la compraste?
4. ¿Cuánto te costó?
5. ¿Estuvo en rebaja o recibiste un descuento?
6. ¿Crees que fue una ganga o una estafa?

Paso 2 Ahora reúnanse con otro grupo y hagan turnos para describir la compra de la persona que entrevistaron. ¿Quién tiene la experiencia más interesante? ¿Quién pagó mucho por su compra? ¿Quién pagó poco?

Enfoque cultural   Puerto Rico

El primer europeo que llegó a Puerto Rico fue Cristóbal Colón en 1493. Esta isla existe como colonia o territorio de otro país desde hace más de quinientos años.

A su llegada, los españoles encontraron a los indígenas llamados Arawak, quienes llamaban Borinquén a la isla. Cuando Ponce de León conquistó la isla en 1508, le dio a la ciudad que hoy es la capital el nombre de San Juan de Puerto Rico.

Además del azúcar y un poco de oro, el mayor valor de la isla para el imperio era su posición estratégica en el Caribe como fortaleza[a] defensiva, pues los piratas

[a]*fortress*

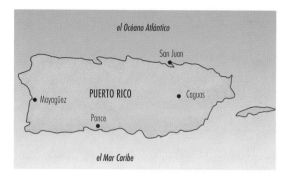

amenazaban[b] continuamente a las flotas españolas cargadas[c] de oro y plata procedentes de México y del Perú. Para trabajar en las plantaciones de azúcar, fue necesario importar esclavos[d] africanos, ya que la mayoría de los indígenas murieron durante los primeros años de colonización.

Como resultado de la guerra entre los Estados Unidos y España en 1898, la isla pasó a manos de los Estados Unidos. En 1917, a los puertorriqueños se les concedió[e] la nacionalidad estadounidense. En 1952, se constituyó el nuevo Estado Libre Asociado[f] de Puerto Rico. Como resultado de la gran corriente migratoria entre la isla y el continente, los puertorriqueños constituyen una considerable parte de la minoría hispánica en los Estados Unidos.

Hoy en día hay tres grupos políticos en Puerto Rico cuya diferencia ideológica se basa en la cuestión del estado futuro de la isla y de su relación con respecto a los Estados Unidos. Uno de los grupos, bastante pequeño, aboga por[g] la independencia de la isla. Antes, esta idea tenía más apoyo,[h] pero cuando Puerto Rico se constituyó en Estado Libre Asociado, este movimiento disminuyó.[i] El segundo grupo es partidario[j] de la unión total a los Estados Unidos; quiere que Puerto Rico sea el estado número cincuenta y uno de la Unión. Y el tercer grupo quiere mantener el estado actual. Estos dos últimos grupos ganaron el 46 y el 48 por ciento de votos, respectivamente, en las elecciones de 1993.

Como Estado Libre Asociado, el gobierno de Puerto Rico tiene plena[k] autonomía interna. Los habitantes, como ciudadanos estadounidenses, no pagan impuestos sobre la renta,[l] pero no pueden votar en las elecciones presidenciales. También tienen un representante en el Congreso, pero sin voto. Las leyes federales se aplican en Puerto Rico como en los otros estados. La moneda oficial de la isla es el dólar estadounidense y los idiomas oficiales son el español y el inglés.

Entre los intelectuales puertorriqueños y sus colegas hispanoamericanos, en general, existe cierto temor[m] de que su cultura desaparezca como resultado de la enorme influencia cultural estadounidense. El cine, la televisión, la música popular y la influencia del inglés se perciben, en ciertos círculos, como invasores. Un sondeo[n] reciente indica que el 94 por ciento de los puertorriqueños prefiere hablar español y desea que el español siga siendo el idioma oficial de la isla.

[b]*threatened* [c]*loaded* [d]*slaves* [e]*dio* [f]*Estado... Commonwealth (Associated Free State)* [g]*aboga... advocates* [h]*support* [i]*declined* [j]*supporter* [k]*full* [l]*impuestos... income tax* [m]*fear* [n]*poll*

Actividad

Puerto Rico, ¿otro estado de la unión estadounidense?

Paso 1   En grupos de tres o cuatro estudiantes, hagan una lista de las ventajas y desventajas de la unión total de Puerto Rico a los Estados Unidos. Piensen tanto en las cuestiones culturales como en las políticas y económicas.

Paso 2   Comparen sus listas con las de los otros grupos. ¿Mencionaron todos ventajas y desventajas semejantes? Agreguen a su lista las ideas de los otros grupos, si es necesario.

Paso 3   Ahora la clase debe dividirse en dos grupos: uno de personas en pro de la unión total de Puerto Rico a los Estados Unidos y uno en contra de esa unión. (No importa que Uds. realmente favorezcan una idea sobre la otra.) Preparen un debate en el que discutan sus ideas.

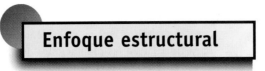

Enfoque estructural

9.1 Pidiendo algo en forma directa: Los mandatos formales

In *Nuevos Destinos*, you have seen commands throughout the direction lines of activities: **hagan, contesten,** and so forth. Direct commands (which form part of the imperative mood) are used to ask someone directly to do something. The subjects of commands are often not named, but are implied. In this chapter, you will learn to use commands for people whom you would address as **Ud.** and **Uds.**

Para formar los mandatos

To form most **Ud.** and **Uds.** commands, replace the final **-o** from the first-person singular (**yo**) present-tense form with the endings indicated in the following chart. It may help to think of the concept of using the "opposite vowel" for these forms. For verbs ending in **-ar**, add the "opposite" vowel **-e**. For verbs ending in **-er** and **-ir**, add the "opposite" vowel **-a**.

	UD.	UDS.
-ar	hable	hablen
-er	coma	coman
-ir	escriba	escriban

● Note that verbs with stem changes and other irregularities in the first-person singular of the present tense will show the same irregularities in command forms.

INFINITIVE	FIRST-PERSON SINGULAR	COMMAND FORMS	
cerrar	cierro	cierre Ud.	cierren Uds.
volver	vuelvo	vuelva Ud.	vuelvan Uds.
pedir	pido	pida Ud.	pidan Uds.
conocer	conozco	conozca Ud.	conozcan Uds.
hacer	hago	haga Ud.	hagan Uds.

● The change to the "opposite" vowel sometimes results in consonant-vowel combinations which require orthographic (spelling) changes in order to retain the original consonant sound.

INFINITIVE	FIRST-PERSON SINGULAR	COMMAND FORMS	
buscar	busco	busque Ud.	busquen Uds.
llegar	llego	llegue Ud.	lleguen Uds.
empezar	empiezo	empiece Ud.	empiecen Uds.

● The following verbs have irregular command forms that are not based on the first-person present-tense forms.

dar	dé Ud.	den Uds.
estar	esté Ud.	estén Uds.
ir	vaya Ud.	vayan Uds.
saber	sepa Ud.	sepan Uds.
ser	sea Ud.	sean Uds.

● Negative commands are formed by placing **no** before the command form.

> **No se vaya** de la Argentina sin probar una parrillada argentina.
>
> *Don't leave Argentina without trying an Argentine barbecue.*

El uso de pronombres con los mandatos

● The placement of pronouns depends on whether the command is affirmative or negative. With affirmative commands, the pronouns are attached to the command form. A written accent is placed on the stressed vowel if the verb has two or more syllables. A reflexive pronoun or an indirect object pronoun will always precede a direct object pronoun.

> **Díganme** la verdad, por favor. *Tell me the truth, please.*
> **Explíquemelo** todo. *Explain it all to me.*
> **Acuéstese** aquí, señor. *Lie down here, sir.*

● With negative commands, the pronouns are placed before the verb.

> Déjenme los ensayos en la mesa. **No me los dejen** en los pupitres.
>
> *Leave the essays on the table for me. Don't leave them for me on the desks.*

Práctica **A** ▶ *Hace cinco años* ◀ **¿Quién lo dice?**

Indica al personaje de *Nuevos Destinos* que dijo o podría (*might*) decir lo siguiente. A continuación hay una lista de personajes.

¡UN DESAFÍO! Trata de hacer la actividad sin mirar la lista de personajes.

1. «Vaya a Madrid para hablar con mi madre sobre este caso.»
2. «Perdone, pero creo que se ha equivocado. No soy la Sra. Díaz y tampoco soy maestra.»
3. «Cuénteme más de su cliente, por favor. El caso puede ser muy interesante para un reportaje para la televisión.»
4. «Por favor, deje mi cartera en la recepción.»
5. «Siéntese, Srta. Rodríguez. Así le puedo contar la triste historia de Rosario.»
6. «¡Ah! Disculpe. Pensé que era una paciente.»
7. «Tome esta pintura. La pintó su hermano.»
8. «Dígame: ¿Por qué está sacando una foto de la tumba de mis padres?»

Personajes: Alfredo Sánchez, Ángela Castillo, Arturo Iglesias, Héctor, Miguel Ruiz (padre), Raquel Rodríguez, Teresa Suárez

Práctica **B**

¡Hágalo!

Paso 1 Haz mandatos formales según las indicaciones. Cambia los complementos directos por pronombres.

MODELO: no / hablar Uds. / en voz alta → No hablen en voz alta.

1. repetir Ud. / por favor
2. no / tocarlo Uds.
3. firmar Ud. / el cheque
4. no / irse Uds. / todavía
5. pedir Ud. / otra botella de vino
6. no / llegar Uds. / tarde a clase
7. hacer Uds. / los nuevos ejercicios de gramática
8. comprar Ud. / el suéter
9. no / preocuparse Ud.

Paso 2

 ¡UN DESAFÍO! Con un compañero / una compañera, piensen en un contexto para cada uno de los mandatos del Paso 1.

MODELO: El bibliotecario / La bibliotecaria nos dice: «No hablen en voz alta.»

Práctica **C**

Consejos

Paso 1 En la historia de *Nuevos Destinos*, muchos personajes se han encontrado en situaciones en las cuales necesitaban tomar una decisión sobre qué hacer. Con un compañero / una compañera, piensen en consejos apropiados que les gustaría darles a los personajes. Usen mandatos formales en sus consejos.

¡UN DESAFÍO! Recomiéndenles a los personajes que hagan (*they do*) algo diferente de lo que realmente hicieron.

MODELO: RAQUEL: Necesito hablar con la Sra. Suárez.
　　　　　UDS.: Raquel, vaya a Madrid y hable con ella.

Desafío:
　　　　UDS.: Raquel, insista en hablar con ella por teléfono.

1. LUCÍA: Quiero saber por qué hay dos codicilos.
2. LUIS: Quiero invitar a Raquel a cenar.
3. RAQUEL: No quiero salir con Luis.
4. ARTURO: Necesito tiempo para pensar sobre lo que quiero en mi vida.

► Hace cinco años ◄

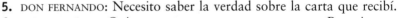

5. DON FERNANDO: Necesito saber la verdad sobre la carta que recibí.
6. TERESA SUÁREZ: Quiero estar en contacto otra vez con Rosario.
7. ARTURO: Quiero comunicarme otra vez con Ángel.
8. ÁNGELA: Quiero conocer a mi abuelo, don Fernando Castillo.
9. OLGA: Ángela no debe viajar a México con gente desconocida.

Paso 2 Compartan sus consejos con los de los otros estudiantes y escojan los mejores para dárselos a los personajes mencionados.

Paso 3

 ¡UN DESAFÍO! Presenten en forma de minidiálogos los consejos que escogieron.

9.2 El presente de subjuntivo con expresiones impersonales

REFRÁN

《No hay mal que por bien no *venga*.》 *

Up until now, you have been using verbs in the indicative mood. The mood of a sentence refers to the attitude, feeling, doubt, or certainty of the speaker toward what is being said. The indicative mood is used for that which the speaker assumes to be true, while another mood, known as the subjunctive, often indicates less certainty on the part of the speaker. In **Enfoque estructural 9.1**, you practiced using formal commands. The verb forms for these commands use forms of the subjunctive mood. In the upcoming chapters of *Nuevos Destinos*, you will have the opportunity to practice many different uses of the subjunctive mood. In this section, you will use the subjunctive with impersonal expressions.

Formas del presente de subjuntivo

● As previously indicated, **Ud.** and **Uds.** commands use present subjunctive forms. The chart below shows present subjunctive forms for regular verbs.

FORMAS REGULARES DEL PRESENTE DE SUBJUNTIVO		
hablar	**comer**	**decidir**
hable hablemos	coma comamos	decida decidamos
hables habléis	comas comáis	decidas decidáis
hable hablen	coma coman	decida decidan

● The following verbs are irregular in the present subjunctive. Note that they are the same verbs that have irregular **Ud.** and **Uds.** command forms.

FORMAS IRREGULARES DEL PRESENTE DE SUBJUNTIVO				
dar	**estar**	**ir**	**saber**	**ser**
dé	esté	vaya	sepa	sea
des	estés	vayas	sepas	seas
dé	esté	vaya	sepa	sea
demos	estemos	vayamos	sepamos	seamos
deis	estéis	vayáis	sepáis	seáis
den	estén	vayan	sepan	sean

The subjunctive of **hay** is **haya.**

---

* *"Every cloud has a silver lining."* (lit. *There's no misfortune that doesn't also have some good in it.*)

Usos del subjuntivo

The subjunctive expresses subjective or conceptualized actions or states. These include things that the speaker wants, events that he or she reacts to emotionally or with doubt, things that are as of yet unknown, and so on.

The subjunctive can be triggered by any of these actions or states. When this happens, a sentence contains two clauses, one independent and the other dependent. An independent clause contains the trigger, while the dependent clause contains a verb form in the subjunctive. The two clauses are often linked with the relative pronoun **que**.

INDEPENDENT CLAUSE	+	**que**	+	DEPENDENT CLAUSE
Es importante		que		Lucía **resuelva** el misterio de los dos codicilos.
It's important		*that*		*Lucía solve the mystery of the two codicils.*
Es triste		que		don Fernando **esté** tan enfermo.
It's sad		*that*		*don Fernando is so sick.*

El subjuntivo con expresiones impersonales

As shown in the previous examples, impersonal expressions are those that don't have a defined subject: *it's important, it's sad*, and so on. Impersonal expressions generally have the following structure: **es** + *adjective* + **que**. An impersonal expression begins the sentence and can be followed by a subjective comment on the part of the speaker regarding specific people's actions; hence, the use of the subjunctive.

Here are some of the more common impersonal expressions that can trigger the subjunctive.

es bueno/malo/mejor que...   es necesario que...
es esencial que...   es preferible que...
es importante que...   es ridículo que...
es increíble que...   es triste que...
es lógico que...   es una lástima (*shame*) que...

Es lógico que Arturo **tenga** dudas sobre el futuro.	*It's logical for Arturo to have doubts about the future.*
Es urgente que Raquel y Ángela **vayan** a México lo más pronto posible.	*It's urgent that Raquel and Ángela go to Mexico as soon as possible.*

● The Spanish word **ojalá** also triggers the subjunctive. It derives from an Arabic expression meaning *may it be Allah's will*, and is usually translated as *I (let's) hope* or *here's hoping*. **Ojalá** can be used with or without **que**.

Ojalá (que) Ángela **conozca** a su abuelo en México.	*Let's hope that Ángela meets her grandfather in Mexico.*

● Note in the previous discussion that the subjunctive is used in a dependent clause after an impersonal expression when there was a specific subject mentioned. If, on the other hand, the same sentence were said in more general terms, the infinitive of the verb would have been used in the second clause.

Es importante resolver el misterio de los dos codicilos.	*It's important to solve the mystery of the two codicils.*
Es lógico tener dudas sobre el futuro.	*It's logical to have some doubts about the future.*

● If an impersonal expression confirms a fact, that is, that there is no doubt in the speaker's mind as to the truth of the claim, the indicative is used.

Es cierto que don Fernando **es** el padre de Ángel.	*It's certain that don Fernando is Ángel's father.*
Es obvio que Raquel **está** preocupada por la situación de Arturo.	*It's obvious that Raquel is worried about the situation with Arturo.*

Práctica **A**

¿Qué opinas?

Indica si las siguientes oraciones relacionadas con la historia de *Nuevos Destinos* son ciertas (**C**) o falsas (**F**). Si son falsas, modifícalas para que sean ciertas.

C F **1.** Es esencial que Lucía encuentre todos los documentos para su investigación.
C F **2.** No es urgente que Arturo resuelva sus conflictos personales.
C F **3.** Es lógico que Raquel esté preocupada por sus relaciones con Arturo.
C F **4.** Es bueno que Luis llame por teléfono a Raquel.

▶ *Hace cinco años* ◀

C F **5.** Es importante que Ángela viaje a México.
C F **6.** Es bueno que Ángela no encuentre a Roberto en casa.
C F **7.** Es triste que don Fernando no pueda conocer a Ángel.
C F **8.** No es necesario que Ángela le pida permiso a su abuela para ir a México.

Práctica **B**

De compras en el extranjero

Cuando uno va de compras en un país hispánico, es bueno conocer algunas costumbres y escuchar ciertas recomendaciones. Lee las siguientes ideas y hazle recomendaciones a un amigo / una amiga que va a viajar a un país de Latinoamérica.

MODELO: Es esencial saber la tasa de cambio (*exchange rate*) en el país que uno va a visitar. → Es esencial que sepas la tasa de cambio en el país que vas a visitar.

1. Es preferible comparar los precios en un mercado de artesanías (*handicrafts*) antes de comprar algo.
2. No es bueno llevar demasiado dinero en efectivo.
3. No es necesario cambiar todos los dólares el primer día del viaje.
4. Es recomendable usar cheques de viajero.

5. Es mejor regatear en los mercados para no pagar más de lo necesario.
6. No es bueno tratar de regatear en una tienda con precios fijos.
7. Es importante no ser demasiado impulsivo/a en las compras.

Práctica **¿Cómo reaccionas?**

Paso 1   A continuación hay una serie de ideas y opiniones sobre la vida universitaria. Indica tu reacción a estas oraciones, usando expresiones impersonales.

MODELO: Muchos estudiantes estudian español. →
Es bueno que muchos estudiantes estudien español.

1. No todos los profesores son exigentes (*demanding*).
2. Todos los estudiantes tienen que tomar por lo menos un curso de matemáticas.
3. Hay estudiantes que, por razones personales, entregan tarde sus composiciones y otra tarea.
4. Hay varias vacaciones y días festivos durante el semestre/trimestre.
5. Los estudiantes sufren muchas presiones por los estudios.
6. La biblioteca se cierra temprano los fines de semana.
7. En las clases de idiomas los estudiantes trabajan mucho con sus compañeros de clase.
8. Algunos profesores no están dispuestos a ayudar a los estudiantes fuera de clase.

Paso 2   Con un compañero / una compañera, compartan sus reacciones a las oraciones del Paso 1. ¿Están los/las dos de acuerdo en todo? Si hay alguna diferencia de opinión, expliquen sus razones.

Práctica **¡Usen su imaginación!**

(¡UN DESAFÍO!)

Trabajando con otro/a estudiante, combinen las frases impersonales en la primera columna con elementos de las otras dos columnas (u otras, si quieren) para formar por lo menos cinco oraciones completas.

(no) es necesario que	yo	ir de compras tres veces a la semana
(no) es bueno que	tú	
(no) es importante que	mis amigos/as	tener tres meses de descanso en el verano
(no) es una lástima que	mis profesores	
	mi hermano/a	vivir cerca de la universidad
(no) es triste que	mis padres (hijos)	
(no) es ridículo que	nosotros, los estudiantes	llevar *bluejeans* en clase
ojalá (que)	¿ ?	nunca estar enfermo/a/os/as
¿ ?		ser gruñón/gruñona
		saber usar una computadora
		¿ ?

Para terminar

Actividad final   En mi propia tienda

En este capítulo, has hablado sobre varios lugares para ir de compras y los productos que se venden allí. También has repasado los mandatos formales y el subjuntivo con expresiones impersonales. Ahora te toca (*it's your turn*) crear un anuncio para convencerles a tus compañeros de cuarto de que vayan de compras a tu propia tienda.

Paso 1   Piensa en el tipo de tienda que te gustaría tener. ¿Qué se vende allí? Y los productos, ¿para qué tipo de persona están dirigidos? ¿Qué características especiales tienen? ¿Cuánto cuestan? Haz una lista en la que contestas estas preguntas.

Paso 2   Ahora piensa en las recomendaciones en cuanto a tu(s) producto(s) que tienes para el consumidor / la consumidora. Incluye por lo menos dos expresiones impersonales y dos mandatos formales. (Es útil saber que muchos anuncios se dirigen a una sola persona. Es decir, es posible que quieras dirigir al consumidor / a la consumidora en forma de **Ud.**)

Paso 3   Basándote en los dos pasos anteriores, crea un anuncio en el que describes el producto o los productos que vendes. Trata de incluir fotos, dibujos u otras imágenes visuales.

Paso 4   Presenta tu anuncio al resto de la clase. ¿Quién tiene la idea más original?

Vocabulario

Los verbos

ocultar	to hide (something)
probar (ue)	to try on (clothing); to try (something)

Repaso: **resolver (ue)**

Las tiendas y los comercios

el almacén	department store
la carnicería	butcher shop
la florería	flower shop
la frutería	fruit store
la joyería	jewelry store
la lavandería	laundry
la librería	bookstore
la licorería	liquor store
la mueblería	furniture shop
la panadería	bakery
la papelería	stationery store
la pastelería	pastry shop
la peluquería	beauty shop, hairdresser's
la pescadería	fish store
la pollería	poultry shop
la tintorería	dry cleaner's
la verdulería	vegetable store
la zapatería	shoe store

Repaso: **la farmacia, el mercado, el supermercado**

De compras

costar (ue)	to cost
estar de moda	to be in style
hacer las compras	to go shopping
ir de compras	to go shopping
pagar al contado / en efectivo	to pay cash
regatear	to haggle, bargain

Repaso: **vender**

la estafa	rip-off, swindle
la ganga	bargain
la oferta	special offer
la rebaja	discount
el regateo	haggling, bargaining
la talla	size (*with clothing*)
la tarjeta de crédito	credit card
la venta	sale

Cognados: **el cheque, el descuento, el estilo**

barato/a	inexpensive, cheap
caro/a	expensive

Otras palabras y expresiones útiles

el codicilo	codicil (supplement to a will)
estrecho/a	close
gruñón / gruñona	grouch
mandón / mandona	bossy
es lástima que	it's a shame that
ojalá	I hope, let's hope

Lectura 5

Aunque Julia de Burgos (1914–1953) nació en Puerto Rico, pasó la mayor parte de su vida fuera del país. Estudió en Nueva York, pero no le gustó la experiencia urbana. La angustia del exilio se refleja en su poesía. En su poema «Letanía del mar», la poeta describe su nostalgia hacia el mar que rodea su país natal.

Luz María Umpierre-Herrera también nació en Puerto Rico. Se trasladó a Filadelfia, Pennsylvania, para asistir a la universidad. Allí no encontró a muchas personas de ascendencia latina y se sintió como pez fuera del agua. En su poema «Pase de Lista», Umpierre-Herrera describe lo que extraña de su país de origen.

Actividad

1. En tu opinión, ¿qué es la nostalgia? ¿Qué emociones asocias con ese sentimiento? Indica todas las palabras a continuación que asocias con la nostalgia. Cuando me siento nostálgico/a, me siento...

   _____ aislado/a   _____ feliz   _____ solitario/a
   _____ contento/a   _____ orgulloso/a   _____ triste
   _____ enfermo/a   _____ patriótico/a   _____ ¿ ?

2. ¿Has vivido alguna vez fuera de tu país o ciudad natal? (¿Vives ahora en una ciudad distinta de la en que has pasado la mayoría de tu vida?) Describe esta experiencia, incluyendo tus sentimientos al estar lejos de familiares, amigos y todo lo conocido.

Letanía del mar

Mar mío,
   mar profundo que comienzas en mí,
mar subterráneo y solo
de mi suelo de espadas apretadas.[a]

5   Mar mío,
mar sin nombre,
desfiladero[b] turbio de mi canción despedazada,[c]
roto y desconcertado silencio transmarino,
azul desesperado,
10 mar lecho,[d]
mar sepulcro...

[a]suelo... *soil of clenched swords* [b]*narrow pass* [c]*broken* [d]*cama*

211

Azul,
lívido azul,
para mis capullos^e ensangrentados,
15 para la ausencia de mi risa,
para la voz que oculta mi muerte con poemas...

Mar mío,
mar lecho,
mar sin nombre,
20 mar a deshoras,^f
mar en la espuma del sueño,
mar en la soledad desposando crepúsculos,^g
mar viento descalzando^h mis últimos revuelos,ⁱ
mar tú,
25 mar universo... ■

^e*cocoons*   ^f*a... inopportune*   ^gdesposando... *uniting twilights*   ^h*removing*   ⁱ*agitations*

P a s e   d e   L i s t a

Aquél, el otro	Presentes, aquí, presentes
Tu turno	Ausente

En la calle, la gente que camina de prisa envuelta en zorros fallecidos^a y pisando^b la
negrusca nieve . . . . Presentes
5 Las pisadas en la arena . . . . Ausentes
El American idiom en la radio y la televisión . . . . Presente
Mi idioma que es mi voz . . . . Ausente
Los rostros^c blancos, el intenso frío, la calefacción . . . . Presentes
El sol, los rostros morenos, el humano calor . . . . . . Ausentes, aquí no, Ausentes
10 Cielo gris, árboles desnudos, pinos enormes . . . . Presentes, ahora, aquí
El azul límpido del cielo, el flamboyán,^d el verdor^e . . . . Faltan, ausentes
Vegetación sin vida, civilización helada, rostros sin sonrisas . . Presentes, Presentes
Ausente el mar . . . . Ausente
Ausente la gente alegre . . . . Ausente
15 Ausente Puerto Rico . . . . todo está ausente. ■

^azorros... *dead foxes*   ^b*stepping on*   ^ccaras   ^dárbol nativo a las Antillas que contiene brillantes flores rojas   ^e*greenery*

Después de leer

Actividad

Comprensión

Busca los adjetivos que las poetas usan para referirse a Puerto Rico y los que usan para referirse a los Estados Unidos. Escríbelos y el objeto que describen en la categoría apropiada a continuación. ¿Qué conexiones y qué contrastes existen entre los dos países?

MODELO:

PUERTO RICO		LOS ESTADOS UNIDOS	
adjetivo	*objeto*	*adjetivo*	*objeto*
profundo	el mar	negrusca	nieve

Actividad

Opinión

1. En tu opinión, ¿cuáles de las siguientes afirmaciones son correctas?

_____ El tono de los poemas es muy triste.
_____ Los poemas expresan un amor profundo por Puerto Rico.
_____ Los poemas critican los Estados Unidos.

2. Piensa en las otras obras que has leído en este texto. ¿Hay semejanzas entre algunas de las siguientes obras y estos dos poemas de poetas puertorriqueñas? ¿Cuáles son esas semejanzas?

a. «Ohming Instick»   **d.** «Continuidad de los parques»
b. «El viaje definitivo»   **e.** «Cubanita descubanizada»
c. «Proverbios y cantares XXIX»

Actividad C

Expansión

Se dice que, cuando una persona ha vivido mucho tiempo fuera de su país o pueblo natal, es mejor no regresar nunca allí. Así se preservan intactos los recuerdos felices de ese lugar. ¿Estás de acuerdo con estas afirmaciones? Piensa en un lugar especial para ti que visitaste o que conocías desde hace años. ¿Has regresado allí recientemente? ¿Fue tu experiencia igual que antes? Vuelve a leer tus respuestas de la actividad en Antes de leer. ¿Reflejan bien esos adjetivos la experiencia que tuviste al regresar a ese lugar especial? ¿Quieres cambiar tus respuestas? ¿Cómo las cambiarías?

METAS

LA TRAMA

Día 4 (*continuación*): Raquel continues telling Lucía about her investigation in Puerto Rico. A visit with Ángela's grandmother turns up new information about Ángel and leads to the discovery of an important memento. Raquel also discusses Ángela's husband, Jorge, who made a bad impression on Raquel the first time they met. Could Jorge have had something to do with the second codicil?

DOÑA CARMEN: «Doña Carmen, le entrego esto. Consérvelo con especial cuidado. Esto perteneció a mi madre y es el único recuerdo que tengo de ella. Quiero que se lo entregue a mis hijos cuando Ud. crea que es el momento apropiado».

CULTURA

As you work through the chapter, you will also find out about

- ☐ terms of endearment in Spanish-speaking countries (**Nota cultural: ¿Términos de cariño?**)
- ☐ the Caribbean island of Cuba and two famous Cubans, José Martí and Fidel Castro (**Enfoque cultural: Cuba**)

COMUNICACIÓN

In this chapter of *Nuevos Destinos*, you will

- ☐ give advice and discuss appropriate social customs and behavior (**Enfoque léxico: Los buenos modales**)
- ☐ express desires, emotions, and doubts with the subjunctive (**Enfoque estructural 10.1**)
- ☐ tell someone what to do using familiar commands (**10.2**)

El vídeo

Actividad

Raquel está preocupada

Paso 1 Es evidente que Raquel está muy preocupada por el estado de las relaciones entre ella y Arturo. Escribe la letra que corresponde a tu opinión sobre las oraciones a continuación.

a. Es una lástima.
b. Es posible.
c. Es lógico.

1. _____ Raquel está furiosa con Arturo.
2. _____ Lucía entiende cómo se siente Raquel.
3. _____ Arturo tiene serias dudas sobre su futuro.
4. _____ Raquel no quiere salir con Luis ahora.
5. _____ Arturo se siente más cómodo en Buenos Aires.
6. _____ Raquel extraña (*misses*) a Arturo.
7. _____ Arturo no va a regresar a Los Ángeles.

Paso 2 Ahora combina las oraciones con las opiniones que indicaste. **¡OJO!** No te olvides de usar el subjuntivo con estas expresiones impersonales.

MODELO: Raquel está furiosa con Arturo. (Es posible.) →
Es posible que Raquel esté furiosa con Arturo.

Actividad

▶ *Hace cinco años* ◀ **En Puerto Rico**

Indica si las siguientes oraciones son ciertas (**C**) o falsas (**F**). Si son falsas, modifícalas para que sean ciertas.

C F **1.** Raquel habló por teléfono con los tíos de Ángela sobre la historia de don Fernando.

C F **2.** Ángel nunca les mencionó nada de su pasado a los tíos de Ángela.

C F **3.** Olga opinó que no era buena idea que Ángela viajara (*travel*) a México.

C F **4.** Ángela le contó la historia de su padre a su hermano Roberto.

C F **5.** Ángela consiguió el permiso de doña Carmen para viajar a México.

C F **6.** Raquel y Ángela viajaron a San Germán para visitar a doña Carmen.

216

Episodio 10: Día 4 (*continuación*)

Preparación para el vídeo

Actividad

▶ *Hace cinco años* ◀   **¿Qué va a pasar?**

Paso 1   A continuación hay una serie de oraciones sobre acontecimientos posibles del Episodio 10. Indica tu reacción a cada acontecimiento con una de las siguientes opciones.

   a. Espero que eso pase.
   b. Espero que eso no pase.
   c. Dudo que eso pase.

   1. _____ Ángela choca (*crashes*) el carro en el camino hacia San Germán.
   2. _____ La abuela de Ángela está de acuerdo en que ésta vaya a México.
   3. _____ Laura, la prima de Ángela, va a acompañar a Ángela a México.
   4. _____ Ángela por fin se comunica con su hermano Roberto desde la casa de su abuela.
   5. _____ Ángela mira algunas cosas que dejó su padre en casa de su abuela.
   6. _____ Arturo dice que va inmediatamente a Puerto Rico para conocer a la familia de su hermano.

Paso 2   Ahora haz oraciones completas, combinando tus reacciones con las afirmaciones del Paso 1.

MODELO: Espero que Ángela no choque el carro en el camino hacia San Germán.

¿Qué tal es tu memoria?

Actividad **A**

La disputa del testamento

Paso 1   En este episodio, Lucía y Raquel hablaron de las posibles causas de la disputa del testamento de don Fernando. En la siguiente página hay algunas oraciones sobre temas mencionados en el episodio. Indica las oraciones que son ciertas, según la perspectiva de Raquel. Si son falsas, modifícalas para que sean ciertas.

In **Episodio 10** of the CD-ROM to accompany *Nuevos Destinos*, you will read Olga's letter that Raquel mentions in the video episode.

Raquel cree que...

1. _____ Olga es una mujer dominante y antipática.
2. _____ Olga tiene algo que ver con la disputa testamentaria.
3. _____ Jorge, el esposo de Ángela, es un hombre maravilloso.
4. _____ Jorge no está contento con el arreglo económico del divorcio.
5. _____ Ángela se deja llevar por las emociones y a veces no piensa con cuidado.
6. _____ Ángela es la persona a quien Lucía debe investigar.

Paso 2 Con un compañero / una compañera, comparen sus respuestas y hagan los cambios necesarios en las oraciones.

Actividad B

▶ *Hace cinco años*   «Recuerdos»

En San Germán, Raquel y Ángela van al cuarto donde Ángel había guardado sus cosas. A continuación hay un resumen de lo que Raquel y Ángela encontraron. Completa el resumen con palabras de la lista de abajo. **¡OJO!** No se usan todas las palabras de la lista.

¡UN DESAFÍO!   Completa el resumen sin consultar la lista.

En el cuarto de su padre, Ángela encontró un _____[1] que contenía unos papeles con el título de «Recuerdos». Ángela leyó en las hojas lo que su padre había escrito de su _____.[2] La primera vez que él _____[3] el _____[4] fue cuando iba en ruta a la Argentina. Su recuerdo de Arturo es que ellos _____[5] como perros y gatos. Ángel dijo que _____[6] mucho a su madre. Sus amigos del puerto fueron los primeros en decirle que se dedicara[a] a la _____.[7] De su esposa recuerda su ternura,[b] su _____,[8] sus _____[9] y su hermoso _____[10] negro.

[a]se... he dedicate himself   [b]tenderness

Verbos: comieron, extrañaba, se llevaban (*got along*), quería, viajó, vio
Sustantivos: baúl (*trunk*), escritura, juventud, mar, ojos, pelo, pintura, voz

Actividad C

«Ángela, espera un momento.»

¡UN DESAFÍO!

In **Episodio 10** of the CD-ROM to accompany *Nuevos Destinos*, you can listen to Raquel's recorded version of the events mentioned in **Actividades B** and **C.**

Paso 1 Cuando Ángela estaba a punto de regresar a San Juan, su abuela le dio algo muy importante. Con un compañero / una compañera, contesten las siguientes preguntas sobre lo que le dio doña Carmen a Ángela.

1. ¿Qué contenía la caja?
2. ¿De quién fue originalmente?
3. ¿Por qué la tenía doña Carmen?
4. ¿A quién le pertenece (*belongs*) ahora?
5. ¿Qué importancia puede tener ese recuerdo para la investigación?

Paso 2 Con otro grupo de estudiantes, verifiquen sus respuestas del Paso 1 y hagan los cambios necesarios.

Lengua y cultura

VOCABULARIO DEL TEMA

Para dar consejos

la sugerencia   suggestion

Cognado: la recomendación

RAQUEL: **Mira, sugiero que vayamos a comer algo...**

LUCÍA: **¡La mejor idea del día!**

aconsejar   to advise
sugerir (ie, i)   to suggest

Cognado: insistir en

Repaso: deber, desear, recomendar (ie)

el mandato   order; command
los modales   manners

AMPLIACIÓN LÉXICA

Otras expresiones impersonales

es aconsejable que   it is advisable that
es imprescindible que
es indispensable que }   it is essential that

Cognados: **es importante que, es inaceptable que, es intolerable que, es recomendable que**

Actividad **A**   **Situaciones**

En la siguiente página hay algunas situaciones en las que se encuentran algunos personajes de *Nuevos Destinos*. Con un compañero / una compañera, inventen sugerencias para darle a cada personaje para resolver esa situación. Usen palabras y expresiones del Vocabulario del tema.

MODELO: Raquel está muy preocupada por el estado de las relaciones entre ella y Arturo. →
Raquel, te aconsejo que llames a Arturo en la Argentina para hablar con él acerca de la situación. (Raquel, es imprescindible que esperes un poco más, ¿ ?)

219

1. Lucía no entiende por qué hay dos codicilos en el testamento de don Fernando.
2. Olga teme (*fears*) que, en el arreglo del divorcio, Jorge vaya a intentar sacarle más dinero a Ángela.
3. Raquel realmente no quiere salir con Luis en este momento, pero no sabe qué decirle.
4. Arturo no está seguro de que quiera regresar a Los Ángeles y continuar sus relaciones con Raquel.

▶ Hace cinco años ◀

5. Olga no quiere que Ángela vaya con Raquel a México.
6. Raquel se siente incómoda en la presencia de Jorge.
7. Ángela realmente no sabe mucho del pasado de su padre, pero quiere saber más.
8. Arturo se siente culpable por no haber ido a buscar a Ángel antes.

NOTA *cultural* • *¿Términos de cariño?*

Muchos términos y expresiones que en los Estados Unidos son controvertibles[a] pueden usarse en los países hispánicos sin que nadie se ofenda. Por ejemplo, es común que un hombre llame **viejita, gordita** o **chaparrita**[b] a su esposa o a su novia, o que una mujer llame a su marido **flaquito**[c] o **el viejo**. Estos términos son parte del lenguaje familiar y son sólo una manera cariñosa de llamar a una persona con la que se tiene mucha confianza.

[a]*controversial*   [b]*shorty* (lit. *little oak tree*)   [c]*beanpole* (lit. *little skinny one*)

Para pensar   ¿Conoces algunos términos de cariño en inglés que causarían confusión para una persona que no conoce muy bien el idioma? ¿Cuáles son? ¿En qué situaciones se usan?

Actividad **B**   ### Los buenos modales

Paso 1   Indica cuáles de las siguientes acciones, en tu opinión, reflejan buenos modales. Piensa también en las situaciones en las que son aceptables o no.

1. darle la mano (*to shake hands*) al saludarle a alguien
2. quitarse los zapatos en casa de amigos
3. comer con la boca abierta
4. limpiarse los dientes con un palillo (*toothpick*) después de comer
5. comer en el salón de clase
6. invitarse a comer en casa de amigos
7. comer con los codos (*elbows*) apoyados en la mesa

Paso 2   Para las acciones que, en tu opinión, son de mal gusto (*poor taste*), dale una recomendación a una persona que comete tal acción.

MODELO: Quitarte los zapatos en casa de amigos es de mal gusto. Es
aconsejable que no te quites los zapatos en casa de otras personas
(que sólo te quites los zapatos en tu propia casa, ¿ ?)

Paso 3 Con un compañero / una compañera, compartan sus ideas. ¿Están de
acuerdo en todo? Si hay diferencias de opinión, expliquen sus razones. Es
posible que haya situaciones en que algunas de las acciones del Paso 1 sean
aceptables para algunas personas, ¿no?

Enfoque cultural   Cuba

Cuba es la isla más grande del Caribe y, junto con las islas de Santo Domingo
(donde están la República Dominicana y Haití), Puerto Rico y Jamaica, forma
las Antillas Mayores.

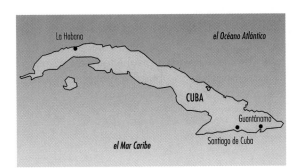

Historia

La colonización de Cuba es similar a la de las islas de
Santo Domingo y Puerto Rico. Aunque Cristóbal
Colón llegó a la isla en 1492, no fue colonizada hasta
1511. Como en el caso de las otras islas del Caribe, la
población indígena fue exterminada por las enfer-
medades y el trabajo duro impuesto por los españoles,
trabajo que se desarrollaba principalmente en los
cañaverales.[a] Para reemplazar a los trabajadores indígenas, los españoles comenzaron a importar esclavos
africanos. Hoy en día la cultura afrocubana es un aspecto fundamental de la
cultura de la isla. Esta influencia es evidente en muchos aspectos, desde la
música y el baile, hasta la pintura y la religión.

Por carecer de[b] oro y plata, la isla se convirtió en la base principal de las
expediciones al continente norteamericano. Como sus islas hermanas, tuvo importancia estratégica para la protección de las flotas españolas. Pero Cuba estaba tan fuertemente fortalecida[c] que no pudo lograr su independencia cuando
lo hicieron las otras colonias del imperio (entre 1820 y 1825) y pasó la mayoría del siglo XIX luchando contra su estado colonial.

José Martí (1853–1895)

El héroe más destacado de la lucha para la independencia fue el patriota, escritor y político José Martí. Durante esta época, los patriotas cubanos estaban
divididos en varias facciones políticas. La gran contribución de Martí fue la de
juntar estos grupos bajo una sola bandera.[d] Como resultado de su política re-
volucionaria, Martí y otros patriotas fueron exiliados. Durante su exilio, Martí
escribió muchos artículos con el fin de lograr el apoyo de los otros países
americanos a la causa de la independencia de Cuba. Tal vez más importante
aún, escribió obras de poesía modernista, muchas de las cuales son populares
hasta hoy en día. *Versos sencillos*, que se publicó en 1891, es su colección de

[a]*sugarcane fields* [b]*Por... Because it lacked* [c]*fortified* [d]*flag*

poesía más conocida. En 1895, Martí murió en el campo de batalla sin ver realizada la independencia de su patria, que ocurrió en 1898.

En ese año, el gobierno de los Estados Unidos prestó su apoyo a los revolucionarios y España perdió sus últimas colonias: las islas del Caribe y las islas Filipinas en el Océano Pacífico. El gobierno estadounidense, para aprovecharse de la posición estratégica de Cuba y de su importancia económica, estableció la Enmienda[e] Platt como parte de la constitución cubana, lo cual permitía que el gobierno estadounidense ocupara[f] la isla, en cualquier momento, para proteger sus propios intereses políticos o económicos. Este dominio político y económico creó un campo fértil para una fuerte reacción nacionalista de parte de los cubanos.

Fidel Castro Ruiz (1926–)

Durante varias décadas, la isla existió prácticamente como una colonia estadounidense. Fidel Castro, al mando de un pequeño ejército revolucionario y con el apoyo popular, terminó con el gobierno del dictador Fulgencio Batista en 1958. Castro, como primer ministro, estableció un gobierno socialista y realizó la reforma agraria y la nacionalización de los recursos económicos de la isla. Esto le ganó la antipatía inmediata del gobierno de los Estados Unidos, que le impuso un embargo general y dejó de comprar el azúcar cubano. Cuba dependía de un subsidio de la Unión Soviética hasta la disolución de este país en 1989. En la década de los 90, Castro se ha visto obligado a abrir un poco su economía para atraer las inversiones extranjeras y fortalecer así la economía en crisis del país.

[e]*Amendment* [f]*occupy*

Actividad

Los héroes / Las heroínas nacionales

Paso 1   ¿Cómo son los héroes / las heroínas nacionales? ¿Qué cualidades poseen? Con un compañero / una compañera, hagan una lista de las cualidades típicas de los héroes / las heroínas.

Paso 2   Escojan un héroe / una heroína de la historia o del pasado reciente de los Estados Unidos. Describan a esta persona usando cualidades de su lista y dando una oración sobre sus aspiraciones, para que el resto de la clase adivine de quién se trata.

MODELO: (*héroe:* Jorge Washington) →
Nuestro héroe era valiente, honrado y un genio militar. Dijo: «Es imprescindible que las trece colonias ganen su independencia de Inglaterra.»

Paso 3   Con toda la clase, comparen sus listas y descripciones. ¿Están todos de acuerdo en cuanto a las cualidades típicas de los héroes / las heroínas? ¿Aparece el nombre de algunas de las mismas personas en las listas de los diferentes grupos? ¿Quién es o quiénes son? ¿Cuántas heroínas hay en las listas? ¿Por qué creen que hay tantas o tan pocas?

Enfoque estructural

10.1 Expresando deseos, emociones y dudas con el presente de subjuntivo

In **Enfoque estructural 9.2**, you learned the forms of the present subjunctive and how to use the subjunctive with impersonal expressions. In this chapter, you will learn how to use the subjunctive to express wishes, emotions, and doubt.

El subjuntivo para expresar deseos

To express wishes, desires, suggestions, requests, hopes, or implied commands on the part of one party for another, the independent clause in such a sentence uses the indicative mood of a verb of persuasion, volition, or desire, while the dependent clause contains a verb in the subjunctive mood. The following construction is used.

INDEPENDENT CLAUSE verb of persuasion (indicative mood)	+	**que**	+	DEPENDENT CLAUSE action desired (subjunctive mood)
Quiero		que		Ángela **conozca** a su abuelo en México.
I want				*Ángela to meet her grandfather in Mexico.*

Some verbs to express wishes, desires, and so on, that you already know include: **aconsejar, desear, insistir (en), necesitar, pedir, preferir, querer, recomendar,** and **sugerir,** plus impersonal expressions such as **es importante que, es necesario que,** and so on. Other verbs used to express persuasion include **exigir** (*to demand*), **rogar** (**ue**) (*to beg*), and **suplicar** (*to beg, implore*).

Compare the following sentences.

Raquel quiere investigar a Jorge.	*Raquel wants to investigate Jorge.*
Raquel **quiere** que Lucía **investigue** a Jorge.	*Raquel wants Lucía to investigate Jorge.*

Note that the infinitive is used in both English examples. For the second Spanish example, the verb of the dependent clause is in the subjunctive mood because the action to be performed (*to investigate*) will not be done by Raquel. It is Raquel's wish that Lucía perform this action.

El subjuntivo para expresar emociones

To express an emotional reaction about an event or another person's actions or states of being, the independent clause in such a sentence uses the indicative mood of a verb of emotion, while the verb in the dependent clause is expressed with the subjunctive. The construction is the same as with verbs of persuasion.

INDEPENDENT CLAUSE	+	**que**	+	DEPENDENT CLAUSE
verb of emotion (indicative mood)				action or state (subjunctive mood)
Me alegro de		que		Ángela **tenga** permiso de viajar a México.
I'm glad		*that*		*Ángela has permission to travel to Mexico.*

Some verbs used to express emotions that you already know include: **alegrarse de, esperar, estar contento/a, sentir,** and **tener miedo de.** Another useful verb is **temer** (*to fear*).

> Raquel **teme** que Arturo no **vuelva** de la Argentina.
>
> *Raquel fears that Arturo won't return from Argentina.*

There are other emotions that can be expressed with verbs requiring an indirect object pronoun to indicate who is affected by the action of another. A prepositional phrase with **a** may precede the indirect object pronoun to clarify to whom it refers. (See **Enfoque estructural 5.2** for a review of many of these verbs.)

> A Raquel **le molesta** que Luis **quiera** verla.
>
> *It bothers Raquel that Luis wants to see her.*

> A los padres de Raquel **les preocupa** que ella **esté** sola esta semana.
>
> *It worries Raquel's parents that she is alone this week.*

El subjuntivo para expresar duda

When a speaker wishes to express doubt, disbelief, or denial about a present or future action on the part of someone or something, the independent clause in such a sentence uses the indicative mood of a verb of doubt, while the verb in the dependent clause is expressed in the subjunctive. The construction used follows the same pattern that you have seen for the other uses of the subjunctive mood.

INDEPENDENT CLAUSE	+	**que**	+	DEPENDENT CLAUSE
verb of doubt (indicative mood)				action which is doubted or denied (subjunctive mood)
Raquel **duda**		que		Olga **tenga** algo que ver con el segundo codicilo.
Raquel doubts		*that*		*Olga has anything to do with the second codicil.*

Some familiar verb phrases used to express doubt, disbelief, or denial include **no creer** and **no estar seguro/a,** plus negative impersonal expressions such as **no es cierto que, no es probable que, no estoy seguro/a de,** and so on. Other verbs used to express doubt are **dudar** (*to doubt*) and **negar (ie)** (*to deny*).

● Expressions which indicate certainty, such as **creo que, es cierto que, es obvio que,** and so on, are followed by the indicative in the dependent clause.

Es cierto que ahora Raquel
sabe más sobre el pasado
de Ángel.

*It's certain that Raquel now
knows more about Ángel's
past.*

Práctica **¡No es cierto!**

Paso 1 Todas las afirmaciones a continuación son falsas. Modifícalas para que sean ciertas.

1. No es importante que Lucía investigue a Jorge.
2. Lucía duda que Arturo y Raquel puedan mejorar sus relaciones en crisis.
3. Raquel se alegra de que Luis la invite a almorzar.
4. No es cierto que Ángela se divorcie de Jorge.

▶ *Hace cinco años* ◀

5. Olga espera que Ángela vaya a México para conocer a su abuelo.
6. Arturo no cree que pueda ir a México para reunirse con Raquel.
7. A Ángela le gusta que Olga se meta (*involves herself*) mucho en su vida.
8. No es necesario que Ángela le pida permiso a su abuela para viajar.

Paso 2

¡UN DESAFÍO! Inventa tres oraciones falsas como las del Paso 1 y léeselas a un compañero / una compañera. Él/Ella debe modificar tus oraciones falsas para que sean ciertas.

Práctica **En la clase de español**

Paso 1 ¿Qué quiere el profesor / la profesora en la clase de español? Haz el papel de él/ella, haciendo oraciones completas con verbos de deseo.

MODELO: hablar español todo el tiempo →
Quiero que mis estudiantes hablen español todo el tiempo.

1. saber los verbos irregulares
2. entender todas las lecciones
3. hacer buenas preguntas
4. sacar buenas notas en los exámenes
5. llegar a clase a tiempo
6. tener interés en aprender
7. aprender más sobre las culturas hispánicas
8. venir preparados a clase
9. nunca dormirse en clase

Paso 2 Ahora hazle preguntas a tu profesor(a), basándote en las indicaciones del Paso 1.

MODELO: TÚ: ¿Qué quiere Ud. (quieres) que hagan los estudiantes todo el tiempo? →
PROFESOR(A): Quiero que hablen español todo el tiempo.

Práctica C   **Algunos personajes de la historia**

Paso 1   Combina elementos de las tres columnas a continuación para hacer cuatro oraciones sobre lo que piensan o creen los siguientes personajes de *Nuevos Destinos.*

A Raquel	(no) le fascina	que la historia del pasado de
A Lucía	(no) le gusta	Ángel sea tan interesante.
A Jorge	(no) le importa	que Ángela conozca a su
A Ángela	(no) le molesta	abuelo.
A Olga	(no) le preocupa	que se comunique pronto con
A doña Carmen		su hermano.

que Luis la llame.
que Ángela vaya a México con gente desconocida.

Paso 2

 ¡UN DESAFÍO!   Con un compañero / una compañera, inventen tres oraciones originales y léeselas al resto de la clase.

Práctica D   **Dos verdades y una mentira**

Paso 1   Escribe dos oraciones ciertas y otra falsa sobre tu vida. Trata de incluir (¡o inventar!) los hechos más interesantes de tu vida.

MODELO: Tengo una colección de autógrafos de gente famosa. Mi madre es actriz de teatro. Tengo un hermano que vive en Alemania.

Paso 2   En grupos de tres o cuatro estudiantes, compartan sus verdades y mentiras. Expresen sus opiniones sobre las oraciones de sus compañeros de la siguiente manera:

(No) Creo que...   Dudo que...   (No) Es probable que...

MODELO: Creo que tienes una colección de autógrafos y es probable que tu hermano vive en Alemania, pero dudo que tu madre sea actriz de teatro.

Paso 3   ¡Ya es la hora de la verdad! Después de oír las reacciones de sus compañeros, indiquen la oración falsa. ¿Quién inventó la mentira más convincente? ¿Quién dijo algo verdadero muy interesante?

10.2 Pidiendo algo en forma directa: Los mandatos informales

REFRÁN

«*No creas* todo lo que veas ni la mitad de lo que oigas.» *

* *"Don't believe everything you see nor half of what you hear."*

In **Enfoque estructural 9.1,** you reviewed the formation and use of formal commands. In this section, you will review the use of informal commands with people whom you address as **tú.**

Los mandatos informales afirmativos

To form most affirmative commands, use the third-person singular form of the verb.

Canta.	*Sing.*
Vuelve.	*Return.*
Pide.	*Order.*

DOÑA CARMEN: Ángela, Ángela. **Espera** un momento.
DOÑA CARMEN: *Ángela, Ángela. Wait a moment.*

Some verbs have irregular affirmative **tú** command forms.

decir	di		**salir**	sal
hacer	haz		**ser**	sé
ir	ve		**tener**	ten
poner	pon		**venir**	ven

JORGE: Y **di**me algo de ti. ¿Estás casada?
JORGE: *And tell me about yourself. Are you married?*

Note in the previous example that pronouns attach to the end of affirmative commands. When more than one object pronoun is used, the indirect object pronoun is placed before the direct object pronoun.

Dámelo.   *Give it to me.*

¡OJO! **Ir** and **ver** share the same command form. Context will determine meaning.

¡Ve esa película!	*See that movie!*
Ve a casa inmediatamente.	*Go home immediately.*

Los mandatos informales negativos

To form negative **tú** commands, use the second-person singular form of the subjunctive.

RAQUEL: Ángela, no **llores.**   RAQUEL: *Ángela, don't cry.*

Unlike with affirmative **tú** commands, pronouns are placed *before* the conjugated command form.

No **lo hagas.**	*Don't do it.*
No **me lo cuentes,** por favor.	*Don't tell it to me, please.*

Práctica **A**

Mandatos de la niñez

A los niños siempre se les dan muchos mandatos. De los mandatos en la siguiente página, ¿cuáles escuchabas con frecuencia cuando eras niño/a? ¿Cuáles no escuchaste casi nunca?

	CON FRECUENCIA	A VECES	NUNCA
1. Haz la tarea antes de mirar la televisión.	☐	☐	☐
2. Lávate las manos.	☐	☐	☐
3. Levántate, chico/a, que vas a llegar tarde a la escuela.	☐	☐	☐
4. Ordena tu cuarto antes de ir a jugar.	☐	☐	☐
5. ¡No toques eso!	☐	☐	☐
6. Ven a comer, que se te va a enfriar la comida.	☐	☐	☐
7. Cómete todo lo que tienes en el plato.	☐	☐	☐
8. Toma. Aquí está tu dinero para la semana. No lo pierdas, ¿eh?	☐	☐	☐
9. ¡No seas escandaloso/a! Si tu padre/madre se enterara (*found out*)...	☐	☐	☐
10. Acuéstate, que ya es tarde.	☐	☐	☐
11. No hagas tanto ruido.	☐	☐	☐
12. Vete a jugar afuera.	☐	☐	☐

Práctica **B**

Situaciones

Paso 1 ¿Qué deben —o no deben— hacer los siguientes personajes de *Nuevos Destinos*? Lee cada situación y luego dale a cada uno una recomendación, usando mandatos informales.

MODELO: Ramón Castillo recibe una carta de reclamación del gobierno mexicano. →
¡Envíasela a Lucía! (¡Llama a Raquel!, ¡Habla con el gobierno!, ¿ ?)

1. Lucía acusa a Raquel de ocultarle información.
2. Arturo no está seguro de que vuelva a Los Ángeles.
3. La madre de Raquel está preocupada porque Raquel está sola esta semana.
4. Luis quiere ir a casa de Raquel para verla.

▶ *Hace cinco años* ◀

5. Ángela acaba de saber que tiene un abuelo en México.
6. Tía Olga está sospechosa de Raquel.
7. Mientras Ángela no está en la sala, Jorge coquetea (*flirts*) con Raquel.
8. Doña Carmen tiene algo para darles a los hijos de Ángel.

Paso 2 Con un compañero / una compañera, compartan sus sugerencias del Paso 1. ¿Están Uds. de acuerdo con lo que deben hacer los personajes? Hablen sobre sus recomendaciones y justifiquen por qué creen que deben hacer tal cosa.

Práctica    **Más sobre los buenos modales**

En otra actividad de este capítulo, diste consejos sobre cómo uno debe portarse en ciertas situaciones. Diles a las siguientes personas maleducadas lo que no deben hacer, usando mandatos informales negativos según el modelo.

MODELO: Beto siempre come con los codos apoyados en la mesa. →
Beto, no comas con los codos apoyados en la mesa.

1. Elisa siempre come en el salón de clase.
2. Victoria siempre habla mientras la profesora habla en clase.
3. Patricio se quita los zapatos en casa de amigos.
4. Gregorio nunca le da la mano al conocer a alguien.
5. Marisol nunca les da las gracias a sus anfitriones cuando la invitan a cenar.
6. Simón se limpia los dientes con un palillo después de comer.

Para terminar

Actividad final   Consejos

En este capítulo, has tenido la oportunidad de dar varios tipos de consejos y expresar tus reacciones ante ciertas situaciones. (¡Tus nuevos conocimientos del subjuntivo y de los mandatos informales también te van a servir muy bien como consejero/a!) En esta actividad final, te toca darle consejos a uno de los personajes de *Nuevos Destinos*.

Paso 1   A continuación hay algunos pensamientos de tres de los personajes de *Nuevos Destinos*: Raquel, Arturo y Luis. Lee los pensamientos para saber más de las situaciones en las que ahora se encuentran.

RAQUEL: «Qué difícil es mi situación ahora. Tengo mucho trabajo con el caso que está investigando Lucía. A veces no regreso a casa hasta las diez u once de la noche porque también tengo los casos de muchos otros clientes. Esta situación con Arturo me molesta bastante también. Él sabe que nunca lo he presionado de ningún modo. Fue idea de él venirse a vivir a Los Ángeles. En los últimos cinco años, nos hemos llevado muy bien... Cuando él me dijo que iba a la conferencia en Buenos Aires pensé que era buena idea. Ahora no estoy segura de eso. Dice que vio a su ex mujer. ¿Se sintió atraído por ella otra vez? Y para colmo,[a] Luis ha regresado a vivir a Los Ángeles. A lo mejor sería interesante salir con él. Mi mamá siempre me dice que Luis es bueno para mí. ¿Sabrá mejor ella?[b]»

[a]Y... *And to top it all off*   [b]¿Sabrá... *Do you suppose she knows better?*

ARTURO: «Sé que Raquel se va a sentir mal cuando reciba mi carta. No sé qué pensar. La verdad es que la quiero muchísimo. Nunca he conocido a una mujer como ella. ¡Pero es tan difícil vivir en un país donde uno no conoce a nadie! Aquí en Buenos Aires me siento bien. Hablo mi idioma y todo el mundo me entiende, camino por las calles de la ciudad y no me pierdo. La gente, la comida, el clima, la música —en fin, aquí todo me es conocido y me siento muy a gusto.[c] Bueno, no muy a gusto del todo. Extraño a Raquel y no quiero perderla. Me han ofrecido un puesto increíble acá en un hospital psiquiátrico. Sé que Raquel no se vendría a vivir a Buenos Aires. Ni estoy seguro de que si eso es lo que yo quisiera.[d] ¡Qué difícil es el amor!»

LUIS: «¡Qué emocionante es estar otra vez en Los Ángeles! Me gustó la experiencia de vivir y trabajar en Nueva York, pero estoy contento de regresar a California. Tengo muchos amigos aquí y, por supuesto, aquí está Raquel. Ella es, realmente, la mujer de mis sueños. Parece que las cosas no van bien entre ella y Arturo. Lo noté en su voz el día que la llamé a su casa. Ésta es mi oportunidad de verla y mostrarle lo que siento por ella. Hace muchos años, cuando salí para Nueva York, yo era muy egoísta y no la tomé muy en serio. Cuando la vi en México, ella estaba dedicada a su nuevo amor. Pues, es evidente que la luna de miel ya terminó entre ellos... ¡Ahora es tiempo para conquistar su corazón!»

[c]*me... I feel right at home* [d]*would like*

Paso 2 ¿A cuál de estos personajes te gustaría aconsejar? En una carta de 60 a 70 palabras, escríbele a una de los personajes, indicando lo que piensas que él/ella debe hacer con respecto a la situación en la que se encuentra. Debes usar mandatos informales y expresiones con el subjuntivo en tus consejos.

Paso 3 En grupos de tres o cuatro estudiantes que también escogieron el mismo personaje que tú, compartan sus ideas en las cartas. Luego, apunten las mejores ideas de cada persona del grupo y vuelvan a escribir una sola carta con toda esa información.

Paso 4 Ahora lean sus cartas en clase. ¿Qué grupo tiene las mejores recomendaciones?

Vocabulario

Los verbos

coquetear	to flirt
darle la mano (a alguien)	to shake hands (with someone)
dudar	to doubt
exigir	to demand
extrañar	to miss
llevarse bien/mal (con)	to get along well/poorly (with)
negar (ie)	to deny
pertenecer (pertenezco) (a)	to belong (to)
rogar (ue)	to beg
suplicar	to beg, implore
temer	to fear

Para dar consejos

aconsejar	to advise
sugerir (ie, i)	to suggest

Cognado: insistir en

Repaso: deber, desear, recomendar (ie)

el mandato	order; command
los modales	manners
la sugerencia	suggestion

Cognado: la recomendación

Otras palabras y expresiones útiles

el baúl	trunk
el codo	elbow
la copa de bodas	wedding cup
el palillo	toothpick
el recuerdo	memento

11

ENTRE
hermanos

METAS

LA TRAMA

Día 4 (*continuación*): Raquel tells Lucía about when she and Ángela found out that Ángela's brother, Roberto, was involved in an accident at an archaeological dig in Mexico. This leads Lucía to talk about her own childhood and her brother. Before moving to the United States, her family lived in Toluca, not far from La Gavia—what a coincidence!

PADRE RODRIGO: Tu hermano Roberto es una de las personas atrapadas... Pero hay esperanzas.
ÁNGELA: Entonces, ¿están vivos?

CULTURA

As you work through the chapter, you will also find out about
- ☐ a Mexican legend carried down through the ages (**Nota cultural: La Llorona**)
- ☐ the country of Mexico and the Virgen de Guadalupe (**Enfoque cultural: México**)

COMUNICACIÓN

In this chapter of *Nuevos Destinos*, you will
- ☐ talk about the world's resources, social problems, and aspects of politics (**Enfoque léxico: El mundo de hoy**)
- ☐ use the subjunctive to express purpose and contingency with certain conjunctions (**Enfoque estructural 11.1**)
- ☐ use the subjunctive with negative and indefinite antecedents (**11.2**)

El vídeo

Actividad **A**

> *Hace cinco años* **En Puerto Rico**

Paso 1 Las siguientes oraciones tienen que ver con los acontecimientos que tuvieron lugar en Puerto Rico hace cinco años. Indica el orden, del 1 al 10, en que tuvieron lugar estos acontecimientos.

_____ Raquel conoció a los tíos de Ángela.

_____ De regreso a San Juan, Raquel conoció a Jorge, el novio de Ángela.

_____ En San Juan, Raquel buscó la casa de Ángel Castillo.

_____ Ángela encontró unos papeles en el baúl de su padre.

_____ Una vecina le dijo a Raquel que Ángel había muerto.

_____ Raquel viajó a San Germán con Ángela y la prima de ella, Laura.

_____ Ángela llamó por teléfono a su abuela, doña Carmen.

_____ Doña Carmen le dio algo muy especial a Ángela.

_____ Raquel sacó una foto de la tumba de Ángel.

_____ Olga expresó que no le gustaba la idea de que Ángela viajara a México con Raquel.

Paso 2

> ¡UN DESAFÍO! Con un compañero / una compañera, háganse y contesten preguntas basadas en las oraciones del Paso 1.

MODELO: Raquel conoció a los tíos de Ángela. →
    E1: ¿Dónde conoció Raquel a los tíos de Ángela?
    E2: Los conoció en casa de Ángela.

Actividad **B**

Jorge, una persona sospechosa

Ya sabes que a Raquel no le cae bien Jorge, el actual esposo de Ángela. ¿Tendrá él algo que ver con el segundo codicilo? A continuación hay algunas oraciones sobre Jorge. Indica lo que opinas tú, según el modelo.

MODELO: Doña Carmen se mete en las relaciones entre Ángela y Jorge. →
    Es bueno (Es normal, Es lógico...) que doña Carmen se meta en las relaciones entre Ángela y Jorge.

Según Raquel,...

1. Jorge es absolutamente incapaz de serle fiel a Ángela.
2. Ángela finalmente se da cuenta de la verdadera personalidad de su esposo.
3. Jorge no está satisfecho con el arreglo económico del divorcio.
4. Jorge es la persona a quien Lucía debe investigar.

▶ *Hace cinco años* ◀

5. Jorge coquetea con Raquel mientras Ángela está fuera.
6. Jorge es un hombre egoísta.
7. Jorge inventa excusas para no acompañar a Ángela y Raquel a ver las pinturas de Oller.

Episodio 11: Día 4 (*continuación*)

Preparación para el vídeo

Actividad **A**

▶ *Hace cinco años* ◀   «Ha habido un accidente»

Paso 1 En el Episodio 11, Roberto, el hermano de Ángela, va a sufrir un accidente. ¿Cuáles serán los resultados del accidente? Indica lo que opinas de las oraciones a continuación de la siguiente manera.

a. Es muy posible.   **b.** Es poco posible.   **c.** No creo que sea posible.

1. _____ Roberto va a sufrir un accidente en una excavación arqueológica.
2. _____ Roberto va a ser víctima de un ataque terrorista.
3. _____ Él va a morir sin saber que tiene familia en México.
4. _____ Arturo nunca va a conocer a su sobrino.
5. _____ Roberto va a salir del accidente sin heridas (*wounds*) graves.
6. _____ Roberto va a quedar paralizado como resultado del accidente.
7. _____ Roberto va a ayudar a otros a salir del peligro.
8. _____ Ángela va a sufrir un ataque de nervios a causa del accidente de su hermano.

Paso 2 Después de ver el episodio, verifica tus respuestas del Paso 1.

Actividad **B**

Lucía habla de su familia

Paso 1 En este episodio, Lucía le va a contar a Raquel algo de su familia. ¿Qué le va a decir? Indica si las siguientes oraciones son ciertas (**C**), falsas (**F**) o si no estás seguro/a (**NS**).

C F NS **1.** Lucía viene de una familia muy humilde y pobre.
C F NS **2.** Lucía no recuerda casi nada de su vida en México porque ella y su familia se mudaron a California cuando ella era muy pequeña.

C F NS **3.** El hermano de Lucía se sentía muy a gusto en su nuevo país.

C F NS **4.** El padre de Lucía murió cuando ella todavía era muy joven.

C F NS **5.** Él murió en un accidente industrial.

C F NS **6.** Lucía se hizo abogada para mostrarles a los norteamericanos que los mexicanos también pueden realizar (*achieve*) sus sueños.

C F NS **7.** La madre de Lucía murió hace poco.

Paso 2 Después de ver el episodio, verifica tus respuestas del Paso 1.

¿Qué tal es tu memoria?

Actividad **A**

In **Episodio 11** of the CD-ROM to accompany *Nuevos Destinos,* you will hear Raquel's recorded summary of the events in **Actividad A.**

▶ *Hace cinco años* ◀ **En la excavación**

En este episodio hubo unos momentos muy emocionantes. ¿Te acuerdas de lo que pasó primero? Pon los siguientes acontecimientos en el orden cronológico apropiado, del 1 al 9.

_____ Ángela buscó el nombre de su hermano en la lista de pacientes del hospital.

_____ Unos trabajadores pusieron tubos para que entrara aire fresco en la excavación.

_____ El tío Jaime le avisó a Ángela que hubo un accidente en la excavación en México.

_____ Ángela logró comunicarse con su familia en Puerto Rico para informarles de lo ocurrido en la excavación.

_____ Rescataron (*They rescued*) a Roberto.

_____ Raquel y Ángela alquilaron un camión para ir al sitio de la excavación.

_____ El Padre Rodrigo le confirmó a Ángela que Roberto era una de las personas atrapadas.

_____ Llevaron a Roberto en helicóptero a un hospital en la Ciudad de México.

_____ En la tienda de la Cruz Roja, le dieron un calmante a Ángela.

Actividad **B**   ▶ *Hace cinco años* ◀   **¿Quién lo hizo?**

Identifica al personaje de *Nuevos Destinos* a quien se refiere cada oración a continuación. **¡OJO!** No se usan todos los personajes de la lista.

a. Ángela	**c.** Arturo	**e.** el Padre Rodrigo
b. Roberto	**d.** Raquel	**f.** la recepcionista

1. _____ Le dio noticias a Ángela sobre su hermano.
2. _____ Averiguó que no había ningún Castillo Soto en la lista del hospital.
3. _____ Se sentía culpable por la forma en que se portó con Roberto la última vez que estuvieron juntos.
4. _____ Pensaba que había esperanzas porque los hombres contestaron los golpes.
5. _____ Trató de apoyar a su amiga tanto como pudo.
6. _____ Pensaba que «R. Castilla» podía ser Roberto.
7. _____ Dejó un mensaje para Arturo en el hotel.
8. _____ No logró comunicarse con la familia Castillo en casa de Pedro porque la línea siempre estaba ocupada.

NOTA *cultural* • *La Llorona*

LUCÍA: Pero, mi madre y yo no supimos nada de [mi hermano] por más de un mes. Mi madre casi se muere de la pena y no hacía más que hablar de La Llorona.

S e cuenta que, a mediados del siglo XVI, los residentes del centro de la Ciudad de México comenzaron a despertarse espantados[a] al oír en las calles los tristes lamentos de una mujer. Se dice que algunos vecinos que lograron verla contaban que vestía un traje blanco que la envolvía como un manto vaporoso y que un velo cubría su rostro. Cada noche recorría calles distintas, deteniéndose de vez en cuando para caer de rodillas[b] con un penetrante gemido[c] y, luego, seguía su camino.

Esta es la leyenda de La Llorona, una mujer que anda gimiendo y lamentando a sus hijos muertos. Según una versión de esta leyenda, La Llorona era una mujer de carne y hueso[d] que mató a sus tres hijos, hundiéndolos[e] en el agua hasta que se ahogaron.[f] Para condenarla, Dios hizo que tuviera que pasar por la eternidad en el estado horrorífico anteriormente descrito. Se dice que ella anda buscando las almas perdidas[g] de sus hijos.

A través de los siglos, muchas madres mexicanas han usado esta leyenda para amenazar[h] a sus hijos desobedientes —que si no se portan bien, La Llorona los buscará y los llevará con ella. Por eso la madre de Lucía «no hacía más que hablar de La Llorona»; pensaba que su hijo, que se fugó[i] de casa en un momento de crisis, estaba con el fantasma espectral.

[a]*frightened* [b]*caer... to kneel* [c]*wail* [d]*carne... flesh and bone* [e]*submerging them* [f]*se... they drowned* [g]*almas... lost souls* [h]*threaten* [i]*se... ran away*

Para pensar   ¿Hay una leyenda semejante en tu cultura? ¿En qué situaciones se cuenta? ¿Te parece la leyenda de La Llorona semejante a la del *bogeyman*?

Actividad **La familia de Lucía**

Indica si las siguientes oraciones sobre la familia de Lucía son ciertas (**C**) o falsas (**F**). Si son falsas, modifícalas para que sean ciertas.

C F **1.** Antes de salir de México para los Estados Unidos, la familia de Lucía vivía en Toluca.

C F **2.** Al hermano de Lucía le fue bastante difícil acostumbrarse a su nueva vida en California.

C F **3.** El padre de Lucía murió en una pelea.

C F **4.** Cuando murió su padre, el hermano de Lucía se fue sin decirle nada a nadie.

C F **5.** En México, todo el mundo llamaba al padre de Lucía «el cuentista», porque contaba cuentos muy graciosos.

C F **6.** Una vez en California, su padre descubrió que, según los norteamericanos, no era más que otro inmigrante mexicano.

C F **7.** El hermano de Lucía estudió ingeniería y siempre fue buen estudiante.

Para pensar

Qué coincidencia que la familia de Lucía es de Toluca, un pueblo tan cerca de La Gavia, ¿no? ¿Podría haber alguna conexión lejana (*distant*) entre la familia Hinojosa y la familia Castillo? Si el padre de Lucía tenía un buen trabajo y fue un inventor de gran fama en su pueblo, ¿cómo se explica que, según Lucía, «las cosas empezaron a ir mal»?

Lengua y cultura

| **Enfoque léxico** | **El mundo de hoy** |

VOCABULARIO DEL TEMA

El medio ambiente

agotar	to exhaust, deplete	**el bosque**	forest
desperdiciar	to waste	**la capa de ozono**	ozone layer
evitar	to avoid	**la contaminación**	(water/air)
explotar	to exploit	(del agua/aire)	pollution
proteger	to protect	**los desechos**	(industrial, toxic)
		(industriales,	waste
Cognados: conservar, contaminar, destruir, reciclar		tóxicos)	

En ECOPETROL tenemos conciencia ambiental y social. Nuestra planeación incluye siempre los estudios de localización e impacto ambiental, buscando no perturbar la naturaleza y la vida  de las poblaciones vecinas a nuestras futuras operaciones. En esta planeación el trabajo con la comunidad es indispensable.

Nuestro propósito: Una mejor convivencia

EMPRESA COLOMBIANA DE PETROLEOS
ECOPETROL

la escasez	shortage
la fábrica	factory
la naturaleza	nature
los recursos naturales	natural resources

Cognados: la energía (eléctrica/solar), la extinción, la industria, el petróleo

AMPLIACIÓN LÉXICA

¿Qué significan los siguientes sustantivos derivados de verbos en español? ¿De qué verbos son derivados?

el agotamiento	la explotación
la conservación	la protección
los desperdicios	el reciclaje

Actividad **A**

Cuestiones medioambientales

Paso 1 ¿Cuáles son los problemas medioambientales más graves donde tú vives? Indica en orden de importancia para ti, del 1 al 7, los problemas más serios de tu país, estado, región, ciudad o pueblo. ¿Hay otro problema grave que no esté en la lista? Si lo hay, agrégale el número 8 a la lista.

_____ la contaminación del agua/aire a causa de fábricas industriales
_____ la extinción de especies de plantas/animales
_____ el agotamiento de recursos energéticos, como el petróleo
_____ la falta de protección contra los desechos tóxicos
_____ la escasez de recursos naturales
_____ la explotación desenfrenada (*uncontrolled*) de los bosques
_____ la falta de programas de reciclaje en las áreas urbanas
_____ ¿ ?

Paso 2 Con un compañero / una compañera, comparen sus listas del Paso 1. ¿Concuerdan Uds. en algo o hay muchas diferencias entre sus listas? Comenten por qué respondieron así.

Paso 3

¡UN DESAFÍO! Entre todos de la clase, comenten qué se puede hacer para resolver estos problemas medioambientales. ¿Cuántas soluciones pueden sugerir para cada problema?

Actividad **En el año 2050**

Paso 1 Imagínate que es el año 2050. ¿Cómo se ha conservado el medio ambiente? ¿Existen los mismos recursos naturales que cuando asistías a la universidad? ¿Se han descubierto nuevas formas de producir energía? Con un compañero / una compañera, hagan una lista de por lo menos cinco cosas que han cambiado desde que Uds. eran estudiantes. ¡Usen su imaginación!

MODELO: 1. Hoy en día no hay bosques naturales. Usamos madera (*wood*) sintética hecha en fábricas.

Paso 2 Escriban un breve párrafo en el que comenten los cambios que ha experimentado el planeta en los últimos cincuenta años y compártanlo con la clase. ¿Quiénes tienen la visión más fantástica del mundo del año 2050?

VOCABULARIO DEL TEMA

Cuestiones políticas y sociales

castigar	to punish	**la guerra**	war
gobernar (ie)	to govern, rule	**la hambruna**	famine
luchar	to struggle; to fight	**la huelga**	strike
		la ley	law
		la libertad	freedom, liberty
Cognados: asesinar, votar		**la pobreza**	poverty
		la política	politics
la censura	censorship	**el sindicato**	(labor) union
los derechos humanos	human rights	**la sobrepoblación**	overpopulation
el desempleo	unemployment		
la dictadura	dictatorship	*Cognados:* la democracia, la discriminación, la inmigración, los servicios públicos	
el ejército	army		

Actividad **Definiciones**

Paso 1 Escoge cuatro palabras o frases de la lista del Vocabulario del tema y escribe tus propias definiciones de cada una.

¡UN DESAFÍO! Escribe definiciones para siete palabras o frases de la lista del vocabulario.

Paso 2 Léele tus oraciones a un compañero / una compañera. Él/Ella tiene que indicar la palabra o frase que se define.

Actividad **B** **Problemas sociales y políticos**

Paso 1 Con un compañero / una compañera, escojan uno de los problemas de la siguiente lista y hagan una lista de las posibles soluciones para resolverlo. Luego, preparen su lista de problemas y soluciones en forma de un párrafo.

la censura
el desempleo
la falta de derechos humanos/
  libertad

la hambruna
la sobrepoblación

Paso 2   Ahora compartan su párrafo con toda la clase.

Paso 3   ¿Están Uds. de acuerdo en que las soluciones propuestas pueden ser eficaces para resolver los problemas?

Enfoque cultural   México

México es el país hispano más conocido por la mayoría de los estadounidenses. Las relaciones entre los dos países, aunque no siempre amistosas, ocupan un lugar importante en la política de los dos vecinos norteamericanos.

La historia en breve de México

Después de la conquista de México por los españoles, a la región se le dio el nombre de virreinato[a] de Nueva España. La región comprendía los actuales territorios de México, California, Texas y Nuevo México, además de los territorios de las entonces provincias de Centroamérica.

Durante la época colonial, la Ciudad de México fue uno de los centros políticos y administrativos más importantes del imperio español. Como en Sudamérica, el gobierno del virreinato favorecía a los peninsulares, mientras que los criollos tenían muy poco poder político. La mayoría de la población, que consistía en una gran cantidad de indígenas, sufría bajo una administración corrompida e ineficiente. Este clima incitó al pueblo mexicano a buscar su independencia de España.

El 16 de septiembre de 1810, el Padre Miguel Hidalgo declaró la independencia de España con el «Grito de Dolores». Aunque no tuvo éxito, este movimiento inició la guerra de independencia de México, la cual no se logró hasta 1821. Después de una breve época en la cual Agustín de Iturbide se nombró emperador, México pasó a ser una república confederada con su primera constitución.

El actual estado de Texas se declaró independiente de México en 1836. México se opuso a la anexión de este territorio a la unión estadounidense resultando, en 1846, en una guerra entre los dos países. Cuando la guerra terminó en 1848, México se vio obligado a ceder a los Estados Unidos los territorios de Texas, Nuevo México, Colorado, Arizona, Nevada y California.

En México, el período después de esta guerra se caracterizó por una lucha constante entre facciones liberales y facciones conservadoras. En esta lucha se destacó Benito Juárez, indio puro de Oaxaca, quien llegó a ser presidente del país. De 1876 a 1910, México vivió bajo la dictadura de Porfirio Díaz. En 1911, Díaz fue derrocado[b] por una revolución, la llamada Revolución mexicana. Después de un constante estado de guerra, en 1917 se proclamó una

[a]*viceroyalty*   [b]*overthrown*

nueva Constitución muy progresiva, que todavía rige[c] en el país. Sus iniciativas culturales se basan en el concepto de que México es una nación mestiza; es decir, su cultura representa una mezcla de la cultura española y la cultura indígena.

La Virgen de Guadalupe

La mezcla de las dos culturas se ve no sólo en los habitantes mismos del país, sino también en sus leyendas y tradiciones. A continuación hay un ejemplo de una leyenda mexicana.

Un día en 1531, un joven indio llamado Juan Diego caminaba por el cerro[d] Tepeyac, lugar sagrado de la cultura indígena, cuando oyó una voz que lo llamaba. Era la voz de la Virgen María. Ella le dijo que quería que construyeran[e] una iglesia en ese lugar. Juan Diego le contó al obispo[f] lo que había sucedido, pero éste no lo creyó. La Virgen se le apareció al joven otra vez y volvió a decirle que construyeran una iglesia. Le dijo a Juan Diego que subiera[g] al cerro para cortar unas rosas y que se las llevara al obispo como prueba de su aparición. Era invierno y el joven sabía que no habría rosas en el cerro. Sin embargo, cuando subió, las encontró allí. El joven las cortó y se las llevó, envueltas en su poncho, al obispo. Cuando Juan Diego llegó frente al obispo y abrió su poncho, las rosas cayeron a suelo, mientras que en el poncho quedaba impresa una imagen de la Virgen. La Basílica de Guadalupe fue construida en ese lugar en honor de la Virgen de Guadalupe, protectora de los indios y, desde 1910, santa patrona de toda Latinoamérica. Hoy en día es un lugar muy sagrado para los católicos mexicanos y se realizan peregrinajes[h] a ese lugar cada 12 de diciembre, día de la Virgen de Guadalupe.

[c]todavía... *is still in effect*   [d]*hill*   [e]*they build*   [f]*bishop*   [g]*he climb*   [h]*pilgrimages*

Actividad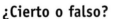

¿Cierto o falso?

Indica si las siguientes oraciones son ciertas (**C**) o falsas (**F**), según la lectura. Si son falsas, modifícalas para que sean ciertas.

C F **1.** El «Grito de Dolores» fue la declaración final de la independencia de México de España.

C F **2.** La población de México durante la época colonial consistía principalmente de españoles.

C F **3.** Los peninsulares controlaban el gobierno de la colonia.

C F **4.** Los criollos tenían mucho poder político en la época colonial.

C F **5.** California, Nevada y Colorado antes formaban parte del territorio mexicano.

C F **6.** México aumentó el tamaño de su territorio después de la guerra con los Estados Unidos.

C F **7.** En 1836, Texas se declaró independiente de España.

C F **8.** A lo largo de su historia como nación independiente, México ha tenido solamente presidentes elegidos por el pueblo mexicano.

C F **9.** Por «cultura mestiza» se entiende que la cultura de México es principalmente indígena.

C F **10.** La Virgen de Guadalupe es un símbolo importante de la cultura mestiza de México.

Enfoque estructural

11.1 El presente de subjuntivo con conjunciones de propósito o condición

In **Capítulos 9** and **10** you reviewed the forms of the present subjunctive and how to use the subjunctive with impersonal expressions and with wishes, emotions, and doubts. The subjunctive is also used when there is a purpose expressed for an action or when some contingency is set on the completion of the action. In the mind of the speaker, the outcome of the situation is pending or indefinite.

● Some common conjunctions that trigger the subjunctive mood include the following.

a condición de que	on the condition that	**con tal (de) que**	provided that
a fin de que	in order that	**después (de) que**	after
a menos que	unless	**en caso de que**	in case
antes (de) que	before	**para que**	so that
		sin que	without

Lucía resolverá el caso pronto, **a menos que encuentre** muchos obstáculos.

Lucía will solve the case soon unless she encounters many obstacles.

Raquel le da muchos detalles a Lucía **para que entienda** la historia de la familia Castillo.

Raquel gives Lucía a lot of details so that she understands the story of the Castillo family

● When there is no change of subject, four of the expressions above can be used without **que** and are followed by the infinitive instead of the subjunctive.

Ángela visita a su abuela en San Germán **antes de viajar** a México.

Angela visits her grandmother in San Germán before traveling to Mexico.

Lucía hará muchas preguntas **después de escuchar** toda la historia.

Lucía will ask many questions after hearing all of the story.

Raquel acompaña a Ángela **para conocer** a la abuela de ésta.

Raquel accompanies Ángela in order to meet her grandmother.

Ángela no quiere ir a México **sin conseguir** la bendición de su abuela.

Ángela doesn't want to go to Mexico without getting her grandmother's blessing.

Práctica **El Episodio 11**

Empareja frases de las dos columnas para completar las siguientes oraciones sobre el Episodio 11.

1. _____ Raquel y Arturo van a reunirse a menos que...
2. _____ Raquel va a almorzar con Luis con tal de que...
3. _____ Lucía puede resolver el caso de la propiedad de La Gavia a condición de que...

 Hace cinco años

4. _____ Ángela se queda en el sitio de la excavación en caso de que...
5. _____ Los trabajadores ponen tubos en la excavación para que...
6. _____ Ángela quiere ver a Roberto antes de que...
7. _____ Arturo va a México para que...

a. encuentren a Roberto.
b. él decida no regresar a Los Ángeles.
c. puedan respirar los hombres atrapados.
d. no haya más obstáculos en su investigación.
e. él acepte ser solamente el amigo de ella.
f. conozca a su tío.
g. pueda conocer a sus sobrinos.

Práctica **B** **Lucía, una mujer preparada**

Cuando Lucía viaja a Los Ángeles para hablar con Raquel, siempre va bien preparada. Mira los siguientes artículos que ella lleva consigo y explica por qué los lleva.

MODELO: Lucía lleva tarjetas de crédito en caso de que tenga tiempo para ir de compras.

1. 2.  3.

4. 5.

Práctica **El futuro de nuestro planeta**

Paso 1 Haz oraciones completas con una frase de la lista en la siguiente página.

MODELO: La capa de ozono va a deteriorarse más a menos que... (evitar el uso de productos dañosos [*harmful*]) →
La capa de ozono va a deteriorarse más a menos que evitemos el uso de productos dañosos.

1. La tasa (*rate*) de sobrepoblación va a continuar aumentando a menos que...
2. Debemos reducir la dependencia de los automóviles para que...
3. Los científicos van a descubrir una cura para el SIDA con tal de que...
4. Es importante informar a todo el mundo sobre el reciclaje a fin de que...
5. Debemos proteger a las especies en peligro de extinción sin que...
6. Se debe encontrar una manera segura y eficaz para eliminar los desechos tóxicos antes de que...
7. Es importante luchar por los derechos humanos a condición de que...

Frases: (no)... agotarse los depósitos de petróleo / los recursos naturales, destruirse el progreso de la civilización, haber una pestilencia mundial enorme, recibir el dinero que necesitan para continuar con su investigación, ser demasiado tarde para nuestro planeta, violar los derechos de los demás

Paso 2 ¿Estás de acuerdo con las afirmaciones del Paso 1? Con un compañero / una compañera, coméntenlas.

11.2 El presente de subjuntivo para referirse a lo indefinido o inexistente

The subjunctive mood is also used in a dependent clause when the speaker makes reference to something that he or she regards as indefinite or nonexistent. Note the contrast in the following examples.

REFERENCE TO WHAT IS DEFINITE OR EXISTS

Hay algunos documentos que **pueden** ayudar a Lucía a resolver el misterio de los dos codicilos.	*There are some documents that can help Lucía solve the mystery of the two codicils.*

REFERENCE TO WHAT IS INDEFINITE OR NONEXISTENT

No hay nadie de la familia Castillo que **pueda** ayudar a Lucía en la investigación.	*There is no one in the Castillo family that can help Lucía in her investigation.*

Can you recognize the difference between the following two examples?

Ángela vive en un apartamento que **contiene** muchos recuerdos de sus padres.	*Ángela lives in an apartment that contains lots of memories of her parents.*
Ángela busca un apartamento que no **contenga** muchos recuerdos de su pasado.	*Ángela is looking for an apartment that doesn't contain lots of memories of her past.*

The subjunctive mood is also used by a speaker to make an inquiry about a person or thing, the existence of which he or she is uncertain.

¿Hay alguien de la familia Castillo que **conozca** a Lucía?	*Is there anyone in the Castillo family that knows Lucía?*
No, no hay nadie que la **conozca**.	*No, there's no one that knows her.*

The indicative mood is used when that person or thing is identified.

Sí, Roberto Castillo la **conoce**.   *Yes, Roberto Castillo knows her.*

Práctica **¡Firma aquí, por favor!**

Paso 1 Descríbeles a tus compañeros el tipo de persona que buscas. Cuando encuentres a alguien que corresponde a la descripción, pídele que firme en una hoja de papel aparte. Sigue el modelo.

MODELO: saber tocar el violín →
    E1: Busco una persona que sepa tocar el violín.
    E2: Pues, yo sé tocar el violín.
    E1: ¡Firma aquí, por favor!

1. ser vegetariano/a
2. conocer a una persona famosa
3. hablar otro idioma además del inglés y el español
4. entender bien la física
5. tener parientes que viven en otro país
6. celebrar su cumpleaños este mes
7. llegar a la universidad en bicicleta
8. tocar un instrumento musical

Paso 2 Entre todos, compartan los resultados de su búsqueda. ¿Encontraron a alguien para cada categoría?

MODELO: Hay varias personas en esta clase que son vegetarianas. No hay nadie que celebre su cumpleaños este mes.

Práctica **Busco... Necesito... Prefiero...**

Con un compañero / una compañera, háganse preguntas basadas en las indicaciones a continuación. Contesten con información verdadera para Uds.

MODELO: Quiero un compañero / una compañera de cuarto que... →
    E1: ¿Qué tipo de compañera de cuarto quieres?
    E2: Quiero una compañera de cuarto que no fume y que haga su parte de los quehaceres.

1. Espero encontrar un trabajo que...
2. Quiero una clase el próximo semestre/trimestre que...
3. Me gustaría tener un amigo / una amiga que...
4. Deseo una casa que...
5. Busco un coche que...
6. Necesito una computadora que...
7. Prefiero un televisor que...
8. Me gustaría tener un profesor / una profesora que...

Para terminar

Problemas medioambientales y sociales

En este capítulo, conversaste acerca de los temas del medio ambiente y de los problemas políticos y sociales que enfrentamos en el mundo moderno. También repasaste el uso del subjuntivo con conjunciones de propósito o condición y con antecedentes indefinidos o inexistentes. En esta actividad final, vas a investigar un problema medioambiental o social y ofrecer algunas soluciones para combatirlo.

Paso 1 En grupos de tres o cuatro estudiantes, lean la siguiente lista de algunos problemas ecológicos y sociales. Escojan entre esos problemas (u otros, si quieren) el que Uds. consideran más grave.

PROBLEMAS:

- la acumulación de los desechos tóxicos
- la destrucción de los bosques (tropicales)
- la escasez de agua potable
- la extinción de ciertas especies de plantas y animales
- la hambruna y la escasez de alimentos
- la pobreza
- la sobrepoblación

Paso 2 Ahora escriban por lo menos tres razones para explicar su selección. Antes de escribir sus razones, piensen en lo siguiente: ¿Tiene el problema repercusiones en la vida diaria de Uds.? ¿en la de amigos o parientes? ¿en la de seres vivos que no pueden ayudarse? ¿Es importante solucionar el problema para la salvación del planeta? ¿de la región donde Uds. viven?

Paso 3 Escriban un párrafo en el que describen el problema y las medidas (*measures*) que se deben tomar para solucionar el problema. Deben intentar usar algunas expresiones con el subjuntivo que repasaron en este capítulo.

Paso 4 Presenten sus conclusiones a la clase. También pueden hacer las presentaciones en forma de debate entre dos o más grupos que escogieron el mismo tema.

Vocabulario

Los verbos

realizar	to achieve
rescatar	to rescue

El medio ambiente

agotar	to exhaust, deplete
desperdiciar	to waste
evitar	to avoid
explotar	to exploit
proteger	to protect

Cognados: conservar, contaminar, destruir, reciclar

el bosque	forest
la capa de ozono	ozone layer
la contaminación (del agua/aire)	(water/air) pollution
los desechos (industriales, tóxicos)	(industrial, toxic) waste
la escasez (*pl.* escaseces)	shortage
la especie	species
la fábrica	factory
la naturaleza	nature
los recursos naturales	natural resources

Cognados: la energía (eléctrica/solar), la extinción, la industria, el petróleo

medioambiental	environmental

Cuestiones políticas y sociales

castigar	to punish
gobernar (ie)	to govern, rule
luchar	to struggle; to fight

Cognados: asesinar, votar

la censura	censorship
los derechos humanos	human rights
el desempleo	unemployment
la dictadura	dictatorship
el ejército	army
la guerra	war
la hambruna	famine
la huelga	strike
la ley	law
la libertad	freedom, liberty
la pobreza	poverty
la política	politics
el sindicato	(labor) union
la sobrepoblación	overpopulation

Cognados: la democracia, la discriminación, la inmigración, los servicios públicos

Otras palabras y expresiones útiles

la excavación	excavation site
el peligro	danger
a condición de que	on the condition that
a fin de que	in order that
a menos que	unless
antes (de) que	before
con tal (de) que	provided that
en caso de que	in case
para que	so that
sin que	without

Lectura 6

La escritora Elena Poniatowska (1933–) nació en París de padre francés y madre mexicana. Se inició como periodista a los 20 años y, en 1978, recibió el Premio Nacional de Periodismo (México), la primera mujer en obtener esa distinción. Su obra literaria abarca géneros distintos, como ensayos, crónicas, cuentos y novelas. Los temas centrales en muchas de sus obras son los problemas de México y la nueva mujer mexicana del siglo XX.

Actividad

Paso 1 El título del cuento en la siguiente página es «El recado», que quiere decir **mensaje**. ¿Cuáles son las características de un recado? De las siguientes descripciones, indica las que, para ti, se les aplican a los recados.

_____ Predomina un tono personal.
_____ Típicamente, es muy breve.
_____ Se mencionan pocas personas.
_____ La perspectiva es del «yo» protagonista.
_____ Hay poca acción y mucha descripción.
_____ ¿otra?

Paso 2 ¿Puedes deducir el significado de las siguientes palabras indicadas a base del contexto de las oraciones? Empareja los sinónimos de la columna a la derecha con las oraciones apropiadas de la columna de la izquierda.

1. _____ Tú eres sólido; tienes una *reciedumbre* que inspira confianza.
2. _____ Ella tiene un *rostro* muy bello, especialmente los ojos.
3. _____ Cuando la lámpara no funciona, necesito cambiar el *foco*.
4. _____ Voy a la *recámara* para tomar una siesta.
5. _____ En esta *colonia* viven muchas personas pobres.
6. _____ A veces los pacientes tienen que *aguardar* mucho tiempo en la sala de espera del consultorio del médico.
7. _____ Cuando partas (*you divide*) esa naranja, ¿me das un *gajo*?

a. parte, segmento
b. barrio, vecindad
c. esperar
d. fuerza, vigor
e. dormitorio, habitación
f. cara
g. la bombilla de la luz eléctrica

El recado

ine Martín, y no estás. Me he sentado en el peldaño[a] de tu casa, recargada[b] en tu puerta y pienso que en algún lugar de la ciudad, por una onda que cruza el aire, debes intuir que aquí estoy. Es este tu pedacito de jardín; tu mimosa se inclina hacia afuera y los niños al pasar le arrancan[c] las ramas más accesibles... En la tierra, sembradas[d] alrededor del muro, muy rectilíneas y serias veo unas flores que tienen hojas como espadas. Son azul marino, parecen soldados. Son muy graves, muy honestas. Tú también eres un soldado. Marchas por la vida, uno, dos, uno, dos... Todo tu jardín es sólido, es como tú, tiene una reciedumbre que inspira confianza.

Aquí estoy contra el muro de tu casa, así como estoy a veces contra el muro de tu espalda. El sol da también contra el vidrio de tus ventanas y poco a poco se debilita porque ya es tarde. El cielo enrojecido ha calentado tu madreselva[e] y su olor se vuelve aún más penetrante. Es el atardecer. El día va a decaer. Tu vecina pasa. No sé si me habrá visto.[f] Va a regar[g] su pedazo de jardín. Recuerdo que ella te trae una sopa de pasta cuando estás enfermo y que su hija te pone inyecciones... Pienso en ti muy despacito, como si te dibujara dentro de mí y quedaras allí grabado.[h] Quisiera tener la certeza de que te voy a ver mañana y pasado mañana y siempre en una cadena ininterrumpida de días; que podré mirarte lentamente aunque ya me sé cada rinconcito de tu rostro; que nada entre nosotros ha sido provisional o un accidente.

Estoy inclinada ante una hoja de papel y te escribo todo esto y pienso que ahora, en alguna cuadra donde camines apresurado, decidido como sueles hacerlo, en alguna de esas calles por donde te imagino siempre; Donceles y Cinco de Febrero o Venustiano Carranza, en alguna de esas banquetas[i] grises y monocordes[j] rotas sólo por el remolino[k] de gente que va a tomar el camión, has de saber dentro de ti que te espero. Vine nada más a decirte que te quiero y como no estás te lo escribo. Ya casi no puedo escribir porque ya se fue el sol y no sé bien a bien lo que te pongo. Afuera pasan más niños, corriendo. Y una señora con una olla advierte irritada: «No me sacudas[l] la mano porque voy a tirar la leche...» Y dejo esta lápiz, Martín, y dejo la hoja rayada y dejo que mis brazos cuelguen inútilmente a lo largo de mi cuerpo y te espero. Pienso que te hubiera querido abrazar.[m] A veces quisiera ser más vieja porque la juventud lleva en sí, la imperiosa, la implacable necesidad de relacionarlo todo al amor.

Ladra[n] un perro; ladra agresivamente. Creo que es hora de irme. Dentro de poco vendrá la vecina a prender la luz de tu casa; ella tiene llave y encenderá el foco de la recámara que da hacia afuera porque en esta colonia asaltan mucho, roban mucho. A los pobres les roban mucho; los pobres se roban entre sí... Sabes, desde mi infancia me he sentado así a esperar, siempre fui dócil, porque te esperaba. Te esperaba a ti. Sé que todas las mujeres aguardan. Aguardan la vida futura, todas esas imágenes forjadas en la soledad, todo ese bosque que camina hacia ellas; toda esa inmensa promesa que es el hombre; una granada[o] que de pronto se abre y muestra sus granos rojos, lustrosos; una granada como una boca pulposa de mil gajos. Más tarde esas horas vividas en la imaginación, hechas horas reales, tendrán que cobrar peso y tamaño y crudeza. Todos estamos —oh mi amor— tan llenos de retratos interiores, tan llenos de paisajes no vividos.

[a]*step (of stairway)* [b]*dumped* [c]*quitan con fuerza* [d]*planted* [e]*honeysuckle* [f]*me... she's seen me* [g]*water* [h]*como... as if I were sketching you inside of me, to remain there engraved* [i]*sidewalks* [j]*de un solo sonido* [k]*crowd* [l]*muevas* [m]*te... I would have liked to have embraced you* [n]*Barks* [o]*pomegranate*

Ha caído la noche y ya casi no veo lo que estoy borroneando^p en la hoja rayada. Ya no percibo las letras. Allí donde no le entiendas en los espacios blancos, en los huecos,^q pon: «Te quiero»... No sé si voy a echar esta hoja debajo de la puerta, no

45 sé. Me has dado un tal respeto de ti mismo... Quizá ahora que me vaya, sólo pase a pedirle a la vecina que te dé el recado; que te diga que vine.

^pscrawling   ^qempty spaces

Después de leer

Actividad **A**

Comprensión

1. Pon los siguientes acontecimientos en orden cronológico, del 1 al 6, según la lectura.

    _____ La mujer escribe que quiere a Martín.

    _____ La mujer llega a la casa de Martín.

    _____ La mujer piensa no dejar el recado.

    _____ La mujer pierde la esperanza y decide irse.

    _____ La mujer averigua que Martín no está en casa.

    _____ La vecina empieza a trabajar en el jardín.

2. ¿Estás de acuerdo con las siguientes afirmaciones?
    a. Estoy de acuerdo.
    b. No estoy de acuerdo.

    _____ La persona que escribe el recado es la novia de Martín.

    _____ El tema principal del cuento es la esperanza.

    _____ El tono central del cuento es deprimente (*depressing*).

    _____ La soledad es la emoción predominante que se siente en el cuento.

Actividad **B**

Opinión

1. Haz una lista de todos los adjetivos que se usan en el cuento para describir a Martín y otra de los adjetivos que se usan para describir a la narradora. ¿Cómo se comparan a estos dos personajes?

    MODELO:

MARTÍN	LA NARRADORA
grave, honesto	dócil

   2. Se puede decir que una de las preguntas básicas de la vida es: ¿Qué es
   el amor? ¿Qué asocias tú con el amor?

_____ la adoración	_____ los celos (*jealousy*)	_____ la obsesión
_____ la alegría	_____ el deseo	_____ la pasión
_____ la armonía	_____ la desilusión	_____ la posesión
_____ la belleza	_____ el miedo	_____ la tristeza

Actividad C

Expansión

Por lo que no se dice, el cuento deja mucho por imaginarse. ¿Qué le añadarías
tú al cuento? Selecciona una de las siguientes situaciones (u otra, si quieres) y
prepara una presentación breve para compartir con la clase.

   1. ¿Dónde está Martín mientras lo espera la mujer? ¿Qué está haciendo él?
   2. ¿Cómo reacciona Martín cuando recibe el recado?
   3. ¿Por fin logran comunicarse los dos? ¿De qué hablan?

12 ASUNTOS de familia

METAS

LA TRAMA

Día 4 (*continuación*): Lucía is still trying to unravel the mystery of the second codicil. Is someone from the Castillo family unhappy about the inheritance left to Ángela and Roberto? Raquel also tells Lucía the details about Roberto's recovery and Arturo's first encounter with his niece and nephew.

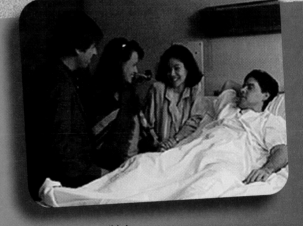

ARTURO: ¡Es increíble!
ROBERTO: ¿Increíble? ¿Qué cosa?
ARTURO: Tenés la misma sonrisa de tu padre, Ángel.

CULTURA

As you work through the chapter, you will also find out about
- ☐ the changing face of interpersonal relationships in Spanish-speaking countries (**Nota cultural: Ayer y hoy: Las relaciones interpersonales en el mundo hispánico**)
- ☐ the history of Central America, the Panama Canal, and Costa Rica (**Enfoque cultural: Centroamérica**)

COMUNICACIÓN

In this chapter of *Nuevos Destinos*, you will
- ☐ discuss interpersonal relationships and other concerns of life (**Enfoque léxico: Preocupaciones comunes**)
- ☐ use the subjunctive with time expressions (**Enfoque estructural 12.1**)
- ☐ talk about what may have happened with the present perfect subjunctive (**12.2**)

E vídeo

El episodio previo

Actividad **A**

▷ *Hace cinco años* ◁ **En la excavación**

Indica a cuál de los personajes se refiere cada oración a continuación.

1. _____ Acompañó a Ángela y a Raquel al sitio de la excavación.
2. _____ Trató de llamar a Pedro, pero la línea estaba ocupada.
3. _____ Estaba atrapado en la excavación.
4. _____ Les recordó a todos que había que tener fe.
5. _____ Tomó un calmante para tranquilizar sus nervios.
6. _____ Estaba inconsciente cuando lo sacaron de la excavación.
7. _____ Llamó a Puerto Rico para informar a sus parientes de lo que pasaba.
8. _____ Estaba en México, esperando a que Raquel se comunicara con él.

a. Ángela Castillo
b. Roberto Castillo
c. Arturo Iglesias
d. el Padre Rodrigo
e. Raquel Rodríguez

Actividad **B**

Los recuerdos de Lucía

Indica si las siguientes oraciones son ciertas (**C**) o falsas (**F**). Si son falsas, modifícalas para que sean ciertas.

C F **1.** Lucía tiene un hermano menor que vive en California.
C F **2.** El padre de Lucía murió en un accidente de trabajo.

C   F   **3.** La familia de Lucía se fue para los Estados Unidos cuando ella estudiaba en la universidad.

C   F   **4.** El hermano de Lucía se rebeló después de la muerte de su padre.

C   F   **5.** Ahora el hermano de Lucía es profesor de sociología.

C   F   **6.** La madre de Lucía vive con el hermano de ésta.

Episodio 12: Día 4 (*continuación*)

Preparación para el vídeo

Actividad   **A**

▶ *Hace cinco años* ◀   **¿Qué pasa con Roberto?**

Paso 1 En este episodio vas a saber más detalles sobre la recuperación de Roberto Castillo. Por supuesto, Raquel y Ángela van al hospital a verlo. ¿Qué crees que van a encontrar cuando lleguen allí? Indica tus opiniones de la siguiente manera.

a. Creo que es cierto.   **b.** No estoy seguro/a.   **c.** Dudo que sea cierto.

1. _____ Roberto tiene amnesia.

2. _____ Roberto está en el mismo hospital donde está don Fernando.

3. _____ Arturo ya ha llegado y hablado con Roberto.

4. _____ Roberto ha sufrido lesiones en una pierna y va a necesitar cirugía.

5. _____ A Roberto le dieron un calmante y está descansando tranquilamente.

6. _____ Arturo ya conoce a otro miembro de la familia Castillo y habla con esa persona en el hospital.

7. _____ La reunión entre Raquel y Arturo en el hospital va a ser un poco incómoda.

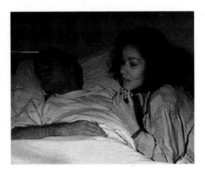

Paso 2 Después de ver el episodio, verifica tus respuestas del Paso 1.

Actividad   **B**

▶ *Hace cinco años* ◀   **La familia Castillo**

En este episodio, Raquel le va a dar a Lucía detalles sobre algunos problemas que tenía la familia Castillo hace cinco años. Indica si crees que las oraciones en la siguiente página son ciertas (**C**), falsas (**F**) o si no estás seguro/a (**NS**).

Episodio 12 of the CD-ROM to accompany *Nuevos Destinos* contains information and activities on the life and death of Pedro Castillo.

Raquel le va a decir a Lucía que...

C F NS **1.** Pati y Juan tenían problemas matrimoniales.
C F NS **2.** uno de los Castillo era drogadicto/a.
C F NS **3.** la familia tenía dificultades económicas.
C F NS **4.** Juan estaba enamorado de otra mujer.
C F NS **5.** los hermanos Castillo se disputaban por la herencia de su padre, aunque éste aún no había muerto.
C F NF **6.** la empresa Industrias Castillo Saavedra, S.A. estaba en peligro de declararse en bancarrota (*bankruptcy*).
C F NS **7.** los hermanos Castillo tuvieron que vender La Gavia.

¿Qué tal es tu memoria?

Actividad **A**

▶ *Hace cinco años* ◀ **¿Qué pasó?**

¿Qué pasó en el Episodio 12? Indica si las siguientes oraciones son ciertas (**C**) o falsas (**F**). Si son falsas, modifícalas para que sean ciertas.

C F **1.** La médica le dijo a Arturo que Roberto no sufría lesiones graves y que sólo necesitaba tiempo para descansar.

C F **2.** Arturo hablaba con Pedro en el hospital cuando llegaron Raquel y Ángela.

C F **3.** Raquel no se alegró al ver a Arturo.

C F **4.** Cuando Arturo por fin conoció a sus sobrinos, fue como si se hubieran conocido (*had known each other*) toda su vida.

C F **5.** A los Castillo no les cayó bien Arturo.

C F **6.** Los Castillo no querían que Arturo les hablara de su madre, Rosario.

C F **7.** Juan y Pati tenían problemas matrimoniales porque él se enamoró de otra mujer.

C F **8.** Pati quería regresar a Nueva York para resolver los problemas de la obra de teatro.

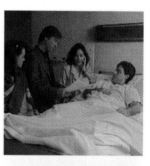

Actividad **B**

▶ *Hace cinco años* ◀ **Juan y Pati**

¿Qué sabes de las relaciones entre Juan y Pati? Empareja frases de las dos columnas para hacer oraciones completas que describan las tensiones que hay entre los dos.

1. _____ Pati estaba enojada con Juan porque...

2. _____ Pati quería regresar a Nueva York para...

a. resolviera los asuntos del teatro.

b. resolver los problemas que había en el teatro.

3. _____ Juan creía que para Pati, la vida profesional de ella...

4. _____ Juan opinaba que ella podía...

5. _____ Pati le dijo a Juan que iba a regresar a México tan pronto como...

c. él no comprendía la importancia del trabajo de ella.

d. resolver los problemas por teléfono.

e. era más importante que sus relaciones con él.

Para pensar

En el Episodio 12, Lucía le dijo a Raquel que, actualmente, las relaciones entre Juan y Pati son más estables y que tienen un niño pequeño. ¿Pero qué de los otros problemas de la familia Castillo que mencionó Raquel? ¿Tendrían estos problemas algo que ver con el segundo codicilo? Si no, ¿qué o quién es el responsable de tal codicilo del testamento de don Fernando?

Lengua y cultura

Enfoque léxico   Preocupaciones comunes

VOCABULARIO DEL TEMA   *Las relaciones interpersonales*

Aquí están Juan y Pati el día de su boda. ¿Cómo fue que las cosas empezaron a salirles mal?

casarse (con)	to get married (to); to marry
cuidar (a)	to care (for)
enfrentarse con	to confront; to face
romper (con)	to break up (with)
salir bien/mal	to turn out well/ poorly
tener envidia/celos (de)	to be envious/ jealous (of)
tomarle cariño a alguien	to start to have affection for someone

Cognado: **divorciarse (de)**

Repaso: **caer bien/mal, enamorarse (de), llevarse bien/mal**

el afecto/el cariño	affection	**el noviazgo**	engagement
el amor	love	**el odio**	hate
el bienestar	well-being		
la boda	wedding	*Cognado:* **el divorcio**	
el/la compañero/a	companion; "significant other"	*Repaso:* **la cita**	
la enfermedad	illness; disease	**afectuoso/a**	affectionate
el enfrentamiento	confrontation	**cariñoso/a**	caring, loving
la inquietud	anxiety; concern		
la luna de miel	honeymoon		
el matrimonio	marriage; married couple		

Algunas etapas de la vida

la juventud	youth
la madurez	middle age
la vejez	old age

Actividad

Juan y Pati

Paso 1 Pon en el orden cronológico apropiado, del 1 al 10, los siguientes incidentes y acontecimientos tal como probablemente ocurrieron en las relaciones entre Juan y Pati.

_____ Los dos consiguieron puestos académicos al mismo tiempo, poco después de casarse.

_____ Tuvieron su primera cita al día siguiente.

_____ Se hicieron buenos amigos en seguida.

_____ Se casaron en La Gavia.

_____ Se conocieron en un teatro de Nueva York.

_____ Pasaron la luna de miel en Cancún.

_____ Pati empezó a tener mucho éxito (*to be successful*) en su carrera.

_____ Poco a poco Juan empezó a tenerle envidia a Pati.

_____ No se enamoraron hasta mucho más tarde.

_____ Empezaron a pelear por cosas pequeñas.

Paso 2

¡UN DESAFÍO! Con un compañero / una compañera, escriban un breve párrafo en el que describan los incidentes y acontecimientos del Paso 1, inventando detalles para hacer que la narración sea más interesante. Por ejemplo: ¿Qué obra de teatro se presentaba cuando se conocieron? ¿Adónde fueron la noche de su primera cita? ¿Cómo fue la luna de miel? ¿Cuáles fueron las «cosas pequeñas» por las que empezaron a pelear?

ADIVINANZA

Soy un animal que viajo de mañana en cuatro pies,
a mediodía con dos,
y por la tarde con tres.
¿Quién soy?

Actividad

Preocupaciones comunes

Paso 1 Todos tenemos cosas que nos preocupan en la vida, ¿no? ¿Qué más te inquieta a ti? Haz una lista de cinco de esas cosas. Hay algunas sugerencias en la lista del Vocabulario del tema.

Paso 2 Comparte tu lista con un compañero / una compañera. ¿Qué tienen Uds. en común? ¿En qué difieren?

Paso 3 Ahora reúnanse con otro grupo. Cada persona debe indicar cuál es la preocupación más seria y cuál es la menos seria para él/ella. ¿Hay alguna inquietud que parezca ser la más razonable? ¿la menos razonable? Justifiquen las razones por las cuales piensan así.

NOTA *cultural* • *Ayer y hoy: Las relaciones interpersonales en el mundo hispánico*

Las sociedades hispánicas, como muchas otras en el mundo, han evolucionado rápidamente en los últimos años. Igual que en otras culturas, muchos hispanos hoy en día se enfrentan con cuestiones relacionadas con la moral y las tradiciones.

Anteriormente, fenómenos sociales como el divorcio, la convivencia de parejas no casadas y el control de la natalidad[a] no eran aceptados en absoluto[b] en los países hispánicos. Una de las razones por esto ha sido la oposición de la Iglesia católica a estas ideas, ya que por tradición ésta ha reglamentado muchas normas sociales en esos países. Pero debido a la evolución constante, estos fenómenos se ven cada vez con más frecuencia en las sociedades hispánicas. Esto no quiere decir que las nuevas ideas sean acogidas[c] por la mayoría de los hispanos o que costumbres sociales como el noviazgo y el matrimonio hayan desaparecido o estén por desaparecer por completo —sólo indica que algunos hispanos desean vivir a su manera sin preocuparse, como antes, por el qué dirán.[d]

[a]control... *birth control*   [b]en... *at all*   [c]aceptadas   [d]el... *what others will say*

Enfoque cultural   Centroamérica

Hace dos siglos, los territorios de cinco de los países centroamericanos, Guatemala, Honduras, El Salvador, Nicaragua y Costa Rica, formaban parte del imperio mexicano. En 1823, estas naciones proclamaron su independencia y establecieron una federación llamada Provincias Unidas de Centroamérica. Esta federación duró hasta 1838, año en que las cinco naciones se declararon independientes. Panamá, que era parte de Nueva Granada (Colombia), declaró su independencia de España en 1821 pero siguió unida a Colombia hasta 1903. Belice, otro país centroamericano, se diferencia de los otros países en que fue colonia del Reino Unido y no de España. Obtuvo su independencia en 1981.

Aunque había diferencias entre los países, su desarrollo económico resultó muy semejante: todos establecieron economías de plantación y crearon una industria de exportación basada en un sólo producto. En Nicaragua, Honduras y, más tarde en Panamá, el producto de exportación era el banano. En Costa Rica,

El Salvador y Guatemala, el café ocupaba el primer lugar entre las exportaciones. En todo caso, sus economías dependían casi totalmente de los precios de estos dos productos.

Por ser los Estados Unidos el mayor comprador de los productos centroamericanos, este país ha ejercido un poder económico y político considerable en la región, estimulando las inversiones[a] estadounidenses para evitar que otros países tuvieran demasiada influencia en la región y, a causa de un celo[b] anticomunista, apoyando frecuentemente militar y económicamente a los gobiernos conservadores y no a los populares.

El Canal de Panamá

La idea de construir un canal que uniera el Océano Atlántico y el Pacífico data del siglo XVI, pero no fue hasta mediados del siglo XIX que hubo interés serio en su construcción. Se propusieron varios lugares para su construcción, pero resultó que Nicaragua y Panamá eran los más convenientes. El gobierno estadounidense animó a los panameños a separarse de Colombia para así poder firmar, con el gobierno panameño, un tratado que permitiera la construcción del canal.

El tratado original, que les garantizaba a los Estados Unidos arriendo[c] perpetuo del Canal y la Zona del Canal, ha sido reemplazado por un acuerdo que se ratificó en 1978. Este nuevo acuerdo le da plena soberanía[d] a Panamá sobre la Zona del Canal y sobre el Canal mismo, aunque el control militar estadounidense continuará hasta el 31 de diciembre de 1999.

Costa Rica

En Costa Rica se ha desarrollado una clase media dominante que permitió el florecimiento[e] de tradiciones democráticas. La Constitución del país abolió el ejército para eliminar lo que se consideraba una amenaza constante a la democracia. Este país también escapó la violencia que azotó[f] la región en años recientes. La tradición democrática en Costa Rica es tal que la participación típica en las elecciones es del 80 por ciento (comparado con el 50 por ciento en los Estados Unidos).

Hoy Costa Rica es un líder mundial en asuntos ecológicos. Se calcula que en este país se encuentra un cinco por ciento de las especies de plantas y animales del mundo. El gobierno promueve[g] el nuevo movimiento de «ecoturismo», el cual implica la convivencia de servicios turísticos, el desarrollo de la autosuficiencia de las áreas rurales y la explotación controlada de la naturaleza. Según esta teoría, las medidas ecológicas no pueden tener éxito a menos que haya un desarrollo económico al mismo tiempo.

[a]*investments* [b]*zeal* [c]*lease* [d]*plena... complete sovereignty* [e]*flowering* [f]*shook* [g]*promotes*

Actividad    **¿Cuánto recuerdas?**

Contesta estas preguntas con oraciones completas según la lectura.

1. ¿Qué tienen en común las economías centroamericanas?
2. ¿Cómo han dominado los Estados Unidos esa región?
3. ¿Cuál es el estado actual del Canal de Panamá con relación a los Estados Unidos?
4. ¿Cómo ha combinado Costa Rica el desarrollo económico con las medidas ecológicas?

Enfoque estructural

12.1 El presente de subjuntivo para expresar acciones en el futuro

In addition to the uses you have already reviewed, the subjunctive may be used after certain adverbial clauses of time. These adverbial clauses, as their name implies, contain adverbs that indicate when something might happen in the future. As with other uses of the subjunctive, these clauses signal an anticipated or uncertain, not fulfilled, action.

● Here are some adverbial expressions that may be used with the subjunctive.

antes (de) que*	before	**en cuanto**	as soon as
cuando	when	**hasta que**	until
después (de) que	after	**tan pronto como**	as soon as

Lucía tiene que seguir con la investigación **hasta que resuelva** el misterio de los dos codicilos.

Lucía has to continue the investigation until she solves the mystery of the two codicils.

Pati va a regresar a México **tan pronto como arregle** los problemas con la obra de teatro.

Pati is going to return to Mexico as soon as she fixes the problems with the play.

● If the adverbial clause refers to a habitual action or one that already took place, the indicative mood is used. Compare the following statements.

HABITUAL ACTION

En cuanto Raquel llega a su casa, escucha los mensajes que hay en el contestador automático.

As soon as Raquel gets home, she listens to the messages on her answering machine. (The sentence describes something she habitually does upon arriving home.)

---

*As you saw in **Enfoque estructural 11.1, antes (de) que** may also be used as a conjunction to trigger the subjunctive. While the other expressions and conjunctions *may* cause the subjunctive to happen, **antes (de) que** *always* requires the subjunctive.

ANTICIPATED ACTION

Ángela y Roberto van a conocer a don Fernando **en cuanto** Roberto **salga** del hospital.	*Ángela and Roberto are going to meet don Fernando as soon as Roberto leaves the hospital.* (The sentence indicates that he hasn't yet left, and there's no indication of exactly when that will be.)

Práctica

Momentos de la historia

¿Qué va a pasar en *Nuevos Destinos*? Empareja frases de las dos columnas para formar oraciones completas.

1. _____ Raquel va a estar preocupada por las relaciones entre ella y Arturo hasta que...
2. _____ Lucía va a organizar todos los datos del caso tan pronto como...
3. _____ Raquel va a terminar de contar la historia de la primera investigación antes de que...

a. él la llame de la Argentina.
b. conozca a sus nietos.
c. regrese a su oficina en México, D.F.
d. se dé cuenta de la verdadera personalidad de él.
e. Lucía tenga que presentarse ante los abogados del gobierno mexicano.
f. los dos aprendan a ser menos egoístas.

▶ Hace cinco años ◀

4. _____ Don Fernando va a sentirse muy feliz en cuanto...
5. _____ Ángela va a casarse con Jorge antes de que...
6. _____ Juan y Pati van a llevarse mucho mejor cuando..̈

Práctica

¡Basta (*Enough*) ya de rutinas!

Imagínate que todos los fines de semana haces lo mismo, pero quieres variar un poco esa rutina. Completa las siguientes oraciones de una manera que expresen lógicamente esos cambios.

MODELO: Los viernes, siempre salgo con mis amigos cuando termino de cenar. →
Este viernes voy a salir con mis amigos tan pronto como... termine mi última clase (termine de almorzar, haga la tarea...)

1. Los sábados por la mañana, generalmente me levanto cuando se levanta mi compañero de cuarto. Este sábado voy a levantarme cuando...
2. Los sábados, siempre limpio mi cuarto después de bañarme. Este sábado no voy a limpiar mi cuarto hasta que...
3. Los sábados, siempre voy de compras al supermercado después de almorzar. Este sábado voy a ir de compras después de que...
4. Los sábados por la noche, generalmente voy al cine después de hacer la tarea. Este sábado voy al cine tan pronto como...
5. Los domingos por la tarde, siempre visito a mis amigos después de comer. Este domingo voy a visitarlos en cuanto...

Práctica **C**

Planes para el futuro

Paso 1   ¿Qué planes tienes para el futuro? Escribe cinco oraciones completas, usando cláusulas adverbiales y las indicaciones a continuación u otras, si quieres.

MODELO: Pienso viajar por Europa tan pronto como me gradúe en la universidad.

1. Pienso viajar por Europa/Asia/África/Sudamérica...
2. Pienso comprar una casa / vender mi casa...
3. Pienso casarme / divorciarme / tener hijos...
4. Pienso conseguir un empleo...
5. Pienso mudarme de apartamento/casa...
6. Pienso tener un gato/perro/(¿otro animal?)...

Paso 2   Con un compañero / una compañera, háganse y contesten preguntas basadas en las indicaciones y sus respuestas del Paso 1. ¿Cuántas respuestas semejantes tienen Uds.? ¿Quién tiene las respuestas más originales?

MODELO: E1: ¿Cuándo piensas viajar por Europa?
          E2: Pienso viajar por Europa en cuanto me gradúe en la universidad.

12.2   El presente perfecto de subjuntivo

In **Enfoque estructural 8.1,** you reviewed the use of the present perfect and past perfect indicative tenses in Spanish. The present perfect subjunctive is formed with the present subjunctive of **haber** plus a past participle. It is used whenever the subjunctive is required.

EL PRESENTE PERFECTO DE SUBJUNTIVO	
haya salido	hayamos salido
hayas salido	hayáis salido
haya salido	hayan salido

Ojalá que Lucía **haya investigado** todo lo relacionado con la familia Castillo antes de reunirse con los abogados del gobierno mexicano.	*I hope that Lucía has investigated everything involving the Castillo family before meeting with the lawyers for the Mexican government.*
Es posible que alguien de la familia Castillo **se haya quejado** de la herencia que recibieron Ángela y Roberto.	*It's possible that someone in the Castillo family has complained about the inheritance that Ángela and Roberto received.*

Práctica **¿Es posible o no?**

Paso 1 Indica tu opinión sobre las siguientes afirmaciones con relación a la historia de *Nuevos Destinos.*

	SÍ, LO CREO.	NO, NO LO CREO.
1. Es posible que el gobierno mexicano haya reclamado La Gavia por razones políticas.	☐	☐
2. Es imposible que Arturo se haya enamorado de nuevo de su ex esposa.	☐	☐
3. Es probable que Ramón no les haya dicho todo lo que sabe sobre el segundo codicilo a Lucía y a Raquel.	☐	☐
4. Es muy posible que Luis se haya mudado otra vez a Los Ángeles sólo para estar cerca de Raquel.	☐	☐
5. Es probable que la tía Olga haya intentado tomar parte de la herencia de sus sobrinos.	☐	☐

▶ *Hace cinco años* ◀

6. Es dudoso que la envidia haya contribuido a la inquietud que existe entre Pati y Juan.	☐	☐
7. No es probable que Arturo les haya tomado cariño a sus sobrinos, a quienes acaba de conocer.	☐	☐
8. Es posible que el caso de don Fernando y Rosario haya roto la unión que existía entre los Castillo.	☐	☐
9. No es cierto que Raquel y Arturo se hayan enamorado mutuamente.	☐	☐
10. Es probable que todos los problemas de la familia Castillo hayan influido en la enfermedad de don Fernando.	☐	☐

Paso 2 Con un compañero / una compañera, comparen sus opiniones sobre las afirmaciones del Paso 1. Si hay diferencias de opinión entre Uds., justifiquen sus respuestas.

Práctica **B**   ### ¿Qué han hecho hoy?

Trabajando con otro/a estudiante, indiquen si creen que sus amigos o parientes han hecho las siguientes actividades hoy. Combinen frases de las dos columnas para formar sus oraciones. **¡OJO!** Recuerden que se usa el indicativo si no se expresa ninguna duda y el subjuntivo si existe alguna duda.

MODELOS: No es probable que Michael haya visitado un museo hoy.
Es cierto que Michael ha visitado un museo hoy.

1. Dudo que _____...	asistir a clases
2. (No) Creo que _____...	comer en un restaurante elegante
3. (No) Es cierto que _____...	estudiar en la biblioteca
4. (No) Es posible que _____...	ir a la playa
5. (No) Es probable que _____...	jugar al golf
	mandar mensajes por correo electrónico
	mirar la televisión
	montar a caballo (*to ride a horse*)

Práctica **C**   ### Dos verdades y una mentira

Paso 1   Piensa en tres cosas que (no) has hecho o (no) te han ocurrido en la vida y escríbelas en una hoja de papel aparte. Dos de las oraciones deben ser ciertas y una debe ser inventada.

MODELO: He viajado a la India. He comido sopa de tortuga (*turtle*). He ganado $2.000 en la lotería.

Paso 2   En grupos de cuatro estudiantes, presenten sus oraciones a los demás miembros del grupo. Los otros estudiantes deben identificar la oración falsa.

MODELO: Creo que has comido sopa de tortuga y que has ganado $2.000 en la lotería. Dudo que hayas viajado a la India.

Para terminar

Actividad final   ## Las relaciones interpersonales

Además de repasar algunos usos del subjuntivo, en este capítulo has explorado el tema de las relaciones interpersonales, sobre todo las de Juan y Pati Castillo. Has visto a esta pareja vivir unos momentos muy difíciles de su matrimonio. Afortunadamente, pudieron resolver sus problemas y ahora su matrimonio es más estable.

¿Qué contribuye a las buenas relaciones entre la gente? ¿Cuáles son las características más importantes en las relaciones entre amigos? ¿entre esposos? En esta actividad final, vas a explorar este tema más a fondo. Vas a participar en un debate con tus compañeros de clase en el que discutirán cuáles son las características más importantes para mantener unas relaciones amorosas exitosas.

Paso 1   A continuación hay algunas características que pueden ser importantes para que una pareja se lleve bien. Indica en una escala del 0 al 3 la importancia de cada característica para ti.

3 = imprescindible
2 = importante
1 = no muy importante
0 = no tiene importancia

1. _____ tener el mismo nivel de educación
2. _____ pertenecer a la misma clase social
3. _____ compartir los mismos intereses
4. _____ estar de acuerdo sobre asuntos de religión
5. _____ sentirse atraído/a físicamente por la otra persona
6. _____ poder confiar en la otra persona
7. _____ ser del mismo país/etnia (*ethnicity*)
8. _____ vestir bien
9. _____ ejercer profesiones en el mismo campo
10. _____ tener más o menos la misma edad
11. _____ ¿otra característica?

Paso 2   En grupos de cuatro estudiantes, comparen sus resultados. Al parecer, ¿cuáles son las características más importantes para algunas personas del grupo? Expliquen el porqué de sus respuestas.

Paso 3   Ahora el profesor / la profesora va a dividir la clase en dos grupos: un grupo de personas que se interesan más por la apariencia física y cuestiones sociales; y otro, de personas que se interesan más por cuestiones relacionadas con la personalidad y la formación educativa. (No es necesario que realmente pienses según estas divisiones. ¡Lo importante aquí es una discusión inteligente y convincente!)

Paso 4   En un debate, los dos grupos deben presentar su punto de vista. ¿Qué grupo presenta el argumento más convincente? ¿el más apasionado? ¿el más razonable? ¿Qué aprendieron Uds. del debate? ¿Qué puede contribuir al éxito de las relaciones entre una pareja?

Vocabulario

Las relaciones interpersonales

casarse (con)	to get married (to); to marry
cuidar (a)	to care (for)
enfrentarse con	to confront; to face
romper (con)	to break up (with)
salir bien/mal	to turn out well/poorly
tener envidia/celos (de)	to be envious/jealous (of)
tomarle cariño a alguien	to start to have affection for someone

Cognado: divorciarse (de)

Repaso: caer bien/mal, enamorarse (de), llevarse bien/mal, pelear

el afecto	affection
el amor	love
el bienestar	well-being
la boda	wedding
el cariño	affection
el/la compañero/a	companion; "significant other"
la enfermedad	illness; disease
el enfrentamiento	confrontation
la inquietud	anxiety; concern
la luna de miel	honeymoon

el matrimonio	marriage; married couple
el noviazgo	engagement
el odio	hate
la preocupación	worry

Cognado: el divorcio

Repaso: la cita

afectuoso/a	affectionate
cariñoso/a	caring, loving

Algunas etapas de la vida

la juventud	youth
la madurez	middle age
la vejez	old age

Otras palabras y expresiones útiles

tener éxito	to be successful
después (de) que	after
en cuanto	as soon as
hasta que	until
tan pronto como	as soon as

Repaso: antes (de) que, cuando

13 MEDIDAS
drásticas

METAS

LA TRAMA

Día 4 (*continuación*): Hoping that he can help her unravel the mystery of the second codicil, Ramón Castillo suggests that Lucía look into the financial problems that nearly forced the family to sell La Gavia five years ago. Part of the blame was shouldered by Gloria Castillo, Carlos' wife. What was her great secret that nearly caused financial ruin in the family? Could this secret have something to do with the second codicil?

LUCÍA: Siento llamarlo tan tarde, pero necesito una información muy importante para la investigación y creo que Ud. puede dármela. [...] Sí, tiene que ver con el testamento de su padre, don Fernando. Sr. Castillo, esto es serio. ¡La Gavia está en juego!

CULTURA

As you work through the chapter, you will also find out about
- ☐ leisure activities and pastimes in Spanish-speaking countries (**Nota cultural: El tiempo libre**)
- ☐ the history of one of the great indigenous peoples of Mesoamerica, the Aztecs (**Enfoque cultural: La civilización azteca**)

COMUNICACIÓN

In this chapter of *Nuevos Destinos*, you will
- ☐ talk about leisure activities and hobbies (**Enfoque léxico: Actividades y pasatiempos**)
- ☐ talk about what *will* happen (**Enfoque estructural 13.1**)
- ☐ talk about what *would* or *could* happen (**13.2**)

El vídeo

El episodio previo

Actividad

Hace cinco años ¿Quién lo hizo?

Paso 1 ¿Cuánto recuerdas de los incidentes que ocurrieron en el episodio previo? Identifica al personaje o personajes que hicieron lo siguiente.

1. _____ Estaba en el hospital, recuperándose del accidente.
2. _____ Dijo que pensaba reunir a toda la familia en su casa.
3. _____ Entró corriendo por el pasillo del hospital.
4. _____ Les contó a los Castillo algo sobre su madre.
5. _____ Les llevó algunas cosas de Buenos Aires a sus sobrinos.
6. _____ Decidió regresar a Nueva York.

a. Ángela Castillo
b. Pati Castillo
c. Pedro Castillo
d. Roberto Castillo
e. Arturo Iglesias

Paso 2

¡UN DESAFÍO! Inventa tres oraciones más sobre los acontecimientos del Episodio 12 y léeselas a un compañero / una compañera, quien tiene que identificar al personaje que describes.

Actividad

Hace cinco años Detalles

Paso 1 En el Episodio 12, supiste algunos detalles relacionados con los personajes. ¿Recuerdas algunos de esos detalles? Con otro/a estudiante, preparen una breve explicación de los siguientes temas del episodio previo.

1. ¿Cuál era la condición de Roberto? ¿Qué le dijo la médica a Arturo sobre su sobrino?
2. Cuando Arturo conoció a Roberto, comentó sobre una característica física de Roberto que era muy parecida a la de su padre, Ángel. ¿Cuál era esa característica física?
3. ¿Cómo fue el encuentro de Arturo con sus sobrinos? ¿Se llevaron bien desde el primer momento?
4. ¿Cómo era la descripción de su madre que Arturo les dio a los Castillo?
5. ¿Por qué iba a regresar Pati a Nueva York? ¿Qué problemas había allí?
6. ¿Cuáles eran las tensiones entre Pati y Juan? ¿Por qué había desacuerdo entre ellos?

Paso 2 Ahora los/las dos deben reunirse con otro grupo para comentar sus oraciones del Paso 1. ¿Hay algunas detalles que quieran añadir a sus descripciones?

Episodio 13: Día 4 (*continuación*)

Preparación para el vídeo

Actividad **A**

Una llamada importante

Paso 1   En este episodio, Lucía va a hacer una llamada importante a Ramón Castillo. ¿Qué resultados tendrá esa llamada? Indica lo que opinas de la siguiente manera.

    a. Es cierto.   **b.** No estoy seguro/a.   **c.** Lo dudo mucho.

1. _____ Ramón dirá que no sabe nada del segundo codicilo.
2. _____ Lucía le explicará que La Gavia está en peligro.
3. _____ Ramón despedirá (*will fire*) a Lucía.
4. _____ Ramón admitirá que él tiene algo que ver con el segundo codicilo.
5. _____ Ramón le prometerá mandarle toda la documentación que pueda sobre el testamento de su padre, don Fernando.
6. _____ Ramón querrá que Raquel lo represente como abogada.
7. _____ Ramón le indicará que debe investigar a otro miembro de la familia Castillo.
8. _____ Lucía sospechará que Olga y Jorge conspiran contra la familia Castillo.

Paso 2   Después de ver el Episodio 13, verifica tus respuestas del Paso 1.

Actividad **B**

> *Hace cinco años*   **Problemas en la familia Castillo**

Paso 1   En este episodio, vas a ver que la familia Castillo tiene varios problemas. ¿Cuáles serán esos problemas? Indica si crees que las siguientes oraciones son ciertas (**C**), falsas (**F**) o si no estás seguro/a (**NS**).

C F NS **1.** Gloria, la esposa de Carlos, tiene una adicción.
C F NS **2.** Pati realmente regresa a Nueva York para verse con un amante (*lover*).
C F NS **3.** Van a llevar a don Fernando a un hospital en otra ciudad.
C F NS **4.** Se descubre que Carlos ha robado mucho dinero en la oficina en Miami.
C F NS **5.** Roberto y Ángela van a regresar a Puerto Rico sin conocer a su abuelo.
C F NS **6.** Unos auditores van a recomendar que la familia Castillo venda La Gavia.
C F NS **7.** Un empresario de los Estados Unidos tiene interés en comprar La Gavia.

Paso 2   Después de ver el Episodio 13, verifica tus respuestas del Paso 1.

¿Qué tal es tu memoria?

Actividad **A**

In **Episodio 13** of the CD-ROM to accompany *Nuevos Destinos,* you can listen to Raquel's recorded summary of the events in **Actividades A** and **B**.

> *Hace cinco años* **¿Y don Fernando?**

Indica si las siguientes oraciones sobre el Episodio 13 son ciertas (**C**) o falsas (**F**). Si son falsas, modifícalas para que sean ciertas.

C F **1.** Cuando Arturo y los demás llegaron al hospital a visitar a don Fernando, descubrieron que se lo habían llevado para hacerle algunos exámenes.

C F **2.** Mercedes hablaba con su padre en el hospital.

C F **3.** Don Fernando quería salir del hospital porque tenía muchas ganas de conocer a sus nietos.

C F **4.** Don Fernando opinaba que, por lo menos, la comida del hospital no estaba del todo mal.

C F **5.** Don Fernando tendrá que quedarse en el hospital por una semana, por lo menos.

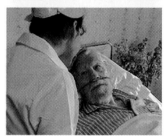

Actividad **B**

> *Hace cinco años* **Problemas en La Gavia**

Paso 1 Empareja frases de las dos columnas para formar oraciones completas sobre los problemas de la familia Castillo.

1. _____ Los auditores les recomiendan a Ramón y a Pedro que...
2. _____ La agente de bienes raíces (*real estate agent*) les dijo que un inversionista (*investor*)...
3. _____ Los problemas económicos de La Gavia...
4. _____ Se descubre que el año pasado Carlos...
5. _____ Carlos dice que las escapadas de su mujer...
6. _____ Carlos nunca acudió (*sought help from*) a su familia porque...

a. quiere convertir La Gavia en un hotel.
b. se sentía muy avergonzado de la situación de su mujer.
c. había sacado más de 100.000 dólares de la empresa.
d. cierren la sucursal en Miami y que vendan La Gavia.
e. se deben al vicio del juego (*gambling*) que tiene Gloria.
f. son cada vez más frecuentes y más costosas.

Paso 2

¡UN DESAFÍO! Con un compañero / una compañera, escriban un breve párrafo indicando qué deben hacer los miembros de la familia Castillo para resolver sus problemas económicos. Luego, compartan su párrafo con el resto de la clase. ¿Qué grupo tiene las soluciones más originales?

Para pensar

¿Crees que Lucía está a punto de resolver el misterio del segundo codicilo? Si se trata de la necesidad de dinero, una adicción al juego puede ser suficiente razón para querer parte de la herencia de don Fernando. Sin embargo, todo esto tuvo lugar hace cinco años. ¿Puede ser que ese problema no se haya resuelto todavía?

Lucía: **Gloria Castillo. Quizás ella tenga algo que ver con el segundo codicilo...**

Lengua y cultura

Enfoque léxico   **Actividades y pasatiempos**

VOCABULARIO DEL TEMA

El tiempo libre

jugar al fútbol

pintar

patinar

trabajar en el jardín

bucear

escalar montañas

andar en bicicleta	to ride a bike	**el ajedrez**	chess
disfrutar (de) / gozar (de)	to enjoy	**las cartas**	cards
entrenar	to train, practice		
pasarlo bien/mal	to have a good/ bad time		
sacar fotos/vídeos	to take photos / to videotape		
ver una película	to see a movie		
visitar un museo	to visit a museum		

Los deportes

el alpinismo	mountain climbing
el baloncesto	basketball
la natación	swimming
la pesca	fishing

Repaso: caminar, correr, hacer *camping*, nadar, pasear, practicar, tocar (un instrumento musical)

Cognados: **el béisbol, el esquí (acuático), el fútbol americano, el golf, el tenis, el vólibol**

Actividad **A**

Asociaciones

Haz una lista de diez personas y/o cosas relacionadas con varios pasatiempos o deportes. Luego, preséntasela a un compañero / una compañera para que él/ella nombre el deporte o pasatiempo con que se relacionan las personas o cosas que mencionas.

MODELOS: E1: ¿Con qué deporte se asocia Tiger Woods?
E2: Él juega al golf.

E1: ¿Cón qué pasatiempo se asocian un tablero y piezas en blanco y negro?
E2: Con el ajedrez.

NOTA *cultural* • *El tiempo libre*

Como en cualquier parte del mundo, las actividades a que se dedican los hispanos en sus horas libres varían según los gustos del individuo. Mientras que algunos prefieren leer un buen libro o ver televisión en casa, otros van al cine o a lugares públicos al aire libre como parques o plazas. Una costumbre muy extendida en los países hispánicos es ir a tomar un café y charlar con los amigos. De esta actividad surgen las tertulias o pequeños debates entre amigos, populares sobre todo en España. Los fines de semana es común ir a fiestas particulares[a] o a discotecas o bares musicales. Y el domingo es, típicamente, el día que los hispanos dedican a su familia. Así que son muy frecuentes las comidas familiares, en las que se reúnen miembros de toda la familia: abuelos, tíos, primos, etcétera.

Los deportes también son muy populares. Como se sabe, el fútbol monopoliza la atención de la mayoría de hispanos, pero el baloncesto y el béisbol son muy apreciados también. No es raro ver a grupos de jóvenes practicando estos deportes tanto en ciudades grandes como en pueblos pequeños. Y, también, es cada vez más común ver personas que corren por los parques, aunque la manía no ha llegado al punto que ha llegado los Estados Unidos.

[a]*private*

Actividad **B** **¿Con qué frecuencia?**

Paso 1   ¿Con qué frecuencia practicas las siguientes actividades?

	CON FRECUENCIA	A VECES	NUNCA
1. Escalo montañas para gozar del aire libre.	☐	☐	☐
2. Lo paso bien en un museo.	☐	☐	☐
3. Juego al ajedrez / a las cartas.	☐	☐	☐
4. Veo películas.	☐	☐	☐
5. Ando en bicicleta.	☐	☐	☐
6. Practico el/la _____ (*deporte*).	☐	☐	☐
7. Prefiero las actividades imaginativas, como pintar o escribir.	☐	☐	☐
8. Trabajo en el jardín.	☐	☐	☐
9. Saco fotos/vídeos.	☐	☐	☐
10. Prefiero las actividades relajantes, como la pesca.	☐	☐	☐

Paso 2   Con un compañero / una compañera, háganse y contesten preguntas basadas en las oraciones del Paso 1.

¡UN DESAFÍO!   Intenta obtener más detalles de tu compañero/a.

MODELO: E1: ¿Con qué frecuencia escalas montañas?
E2: Escalo montañas a veces.

Desafío:
E1: ¿Cuándo y dónde lo haces?
E2: Lo hago por lo menos una vez por mes en el Bosque John Muir.

Enfoque cultural   **La civilización azteca**

Cuando el conquistador Hernán Cortés llegó a México en 1519, encontró una civilización indígena avanzada e impresionante. A principios del siglo XVI, los aztecas, conocidos también como mexicas, ya habían establecido un imperio que se extendía desde la parte central de México hasta el norte de Guatemala. Su emperador, Moctezuma, gobernaba desde la capital, Tenochtitlán.

Según la leyenda, el dios principal de los mexicas, Huitzilopochtli, los había mandado hacia las regiones centrales en busca de un lugar para construir una ciudad. Dicho lugar sería señalado por un águila[a] posada[b] sobre un nopal[c] con una serpiente en el pico.[d] Al llegar al lago Texcoco, vieron un águila devorando una serpiente y, en uno de los islotes de ese lago, construyeron su ciudad. Es por eso que la actual bandera de México lleva esa imagen del águila.

[a]*eagle* [b]*perched* [c]*type of cactus* [d]*beak*

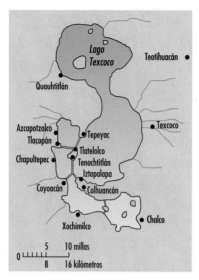

En las décadas siguientes, los aztecas desarrollaron sus capacidades guerreras, lo cual les dio poder y experiencia para iniciar su expansión. Comenzaron a dominar militar y políticamente a las tribus vecinas hasta formar un poderoso imperio. La monarquía que establecieron los aztecas exigía el pago de tributos, principalmente en forma de productos agrícolas. Además de los tributos que entraban en las ciudades principales, los aztecas exportaban productos a los otros pueblos del imperio.

La economía azteca se basaba en la agricultura. Para cultivar parte de sus alimentos, usaban la vegetación del lago para crear islas artificiales llamadas **chinampas**. Hoy día, las chinampas son los «jardines flotantes» de Xochimilco. El sistema de canales y puentes que construyeron los aztecas facilitaba la distribución de alimentos y agua potable a todos los ciudadanos, además de hacer que la ciudad fuera muy defensible.

Al comenzar a establecer su imperio, los aztecas adoptaron como suya la historia y algunos dioses de otras tribus más avanzadas; sus creaciones artísticas y arquitectónicas también muestran la influencia de culturas anteriores. Por ejemplo, el calendario azteca estaba basado en el calendario que anteriormente desarrollaron los mayas. Los aztecas sobresalieron en la escultura de piedra y sus artesanos crearon joyería de oro y de piedras preciosas. La medicina que practicaban los aztecas era más o menos equivalente a la medicina europea de aquella época. Los españoles identificaron unas 1.500 medicinas que los aztecas extraían de varias plantas. Los aztecas también sobresalieron en las artes. La poesía que sobrevive tiene como temas la naturaleza y la guerra, además de temas metafísicos. Su escritura consistía en pictografías y su música se usaba principalmente para ceremonias religiosas.

Según las creencias aztecas, los dioses exigían el sacrificio tanto de animales como de seres humanos para sustentarse y para favorecer las cosechas.[e] Los aztecas participaban en guerras esencialmente ceremoniales, llamadas «guerras floridas», cuyo propósito era el tomar prisioneros para los ritos de sacrificio. Esto provocó el odio y el temor de las tribus vecinas subyugadas que después se unieron a los españoles para destruir a los aztecas.

A la llegada de Hernán Cortés con sus 600 soldados, la civilización azteca se encontraba en un estado de debilidad a causa de luchas internas y la constante resistencia de algunas tribus. Debido a algunas creencias religiosas que predecían[f] el fin de la tribu, los aztecas creían que era inevitable la victoria de los conquistadores. Esto, entre muchas otras razones, marcó el fin de la gran civilización azteca.

La bandera mexicana   [e]*harvests*   [f]*predicted*

Actividad

Los aztecas

Indica si las siguientes oraciones son ciertas (**C**), falsas (**F**) o si la información pedida no está en la lectura (**NE**). Modifica las oraciones falsas para que sean ciertas.

C F NE **1.** La civilización azteca ya existía antes de la llegada de Hernán Cortés.

C F NE **2.** El gobierno azteca era democrático.

C F NE **3.** Los mexicas y los aztecas eran tribus enemigas.

C F NE **4.** Los aztecas sólo creían en un dios.

C F NE **5.** Los símbolos de la bandera mexicana tienen su origen en una leyenda azteca.

C F NE **6.** Los aztecas eran principalmente una tribu pacífica que se dedicaba a la agricultura.

C F NE **7.** Los aztecas adoptaban la historia, los mitos y los ritos de las tribus que conquistaban.

C F NE **8.** A los españoles les interesaban los ritos de sacrificio de los aztecas.

C F NE **9.** El alfabeto azteca era similar al alfabeto español.

C F NE **10.** La medicina azteca era menos avanzada que la europea en el siglo XVI.

C F NE **11.** Las leyendas predecían la victoria de los aztecas sobre los españoles.

Enfoque estructural

13.1 Hablando del futuro

REFRÁN

《 Dime con quién andas y te *diré* quién eres. 》 *

You have already reviewed expressing the immediate future in Spanish with the **ir** + **a** + *infinitive* construction (**Enfoque estructural 1.4**). Another way to refer to actions in the future is by using the future tense. This tense is not as common in everyday speech and conveys more of a sense of commitment on the part of the speaker than does the **ir** + **a** + *infinitive* construction. The future tense for **-ar, -er,** and **-ir** verbs is formed in the same manner: Add the following endings to the infinitive of the verb.

recordar		vender		reunir	
recordaré	recordaremos	venderé	venderemos	reuniré	reuniremos
recordarás	recordaréis	venderás	venderéis	reunirás	reuniréis
recordará	recordarán	venderá	venderán	reunirá	reunirán

---

* *"Birds of a feather flock together."* (lit. *"Tell me whom you hang around with and I'll tell you who you are."*)

Some verbs have irregular stems in the future, but all verbs use the same endings as those just shown. Here are some common irregular verbs in the future tense.

decir: **dir-**	poner: **pondr-**	salir: **saldr-**
haber: **habr-**	querer: **querr-**	tener: **tendr-**
hacer: **har-**	saber: **sabr-**	venir: **vendr-**
poder: **podr-**		

To express future intent in a clause that requires the subjunctive, the present subjunctive is used, *not* the future tense. However, the clause that triggers the subjunctive may include a verb in the future tense.

Compraré una nueva computadora cuando ésta ya no **funcione**.

I will buy a new computer when this one doesn't work any more.

Práctica **A**

¿Qué pasará?

Paso 1 Las siguientes preguntas tienen que ver con posibles incidentes en la historia de *Nuevos Destinos*. Modifica las preguntas en una hoja de papel aparte, cambiando las frases con **ir** + **a** + el infinitivo por una forma del futuro.

MODELO: ¿Va a regresar Roberto a Puerto Rico? →
¿Regresará Roberto a Puerto Rico?

1. ¿Va a regresar Arturo de la Argentina?
2. ¿Va a saber Lucía más de los dos codicilos?
3. ¿Va a tener más problemas Ángela con Jorge a causa del divorcio?
4. ¿Van a casarse Raquel y Arturo?
5. ¿Va a haber otra reclamación del gobierno mexicano?

▶ **Hace cinco años** ◀

6. ¿Va a volver a México Pati?
7. ¿Va a poder curarse Gloria de su adicción al juego?
8. ¿Van a salir los Castillo de sus problemas económicos?

Paso 2 Con un compañero / una compañera, háganse y contesten las nuevas preguntas del Paso 1. Contéstenlas con el futuro o con el presente de subjuntivo, según corresponda.

MODELO: E1: ¿Regresará Roberto a Puerto Rico?
E2: Sí, regresará a Puerto Rico. (No, no creo que regrese a Puerto Rico.)

Práctica **B**

¿Qué pasará cuando... ?

Paso 1 Empareja frases de las dos columnas para indicar cuándo crees que podrían ocurrir los siguientes hechos.

1. _____ Compraré una casa cuando...
2. _____ Viajaré a una isla exótica cuando...
3. _____ Daré dinero a los pobres cuando...
4. _____ Estaré muy viejo/a cuando...
5. _____ Tendré _____ años cuando...
6. _____ Seré muy feliz cuando...
7. _____ Haré una gran fiesta cuando...

a. me case / me divorcie.
b. tenga hijos/nietos.
c. gane la lotería.
d. me gradúe.
e. compre un nuevo coche.
f. consiga un buen puesto.
g. termine este curso.

Paso 2   Con un compañero / una compañera, léanse sus oraciones y coméntenlas.

MODELO: E1:   Compraré una casa cuando gane la lotería.
          E2:   Pues, yo no. Compraré una casa cuando consiga un buen puesto.

Práctica **C**

Planes para el futuro

Paso 1   Con un compañero / una compañera, háganse y contesten preguntas sobre el futuro de cada uno/a, explicando por qué responden así.

MODELO: hacer estudios posgraduados →
          E1:   ¿Harás estudios posgraduados?
          E2:   Sí, haré estudios posgraduados porque quiero ser abogado/a. (No, no haré estudios posgraduados porque prefiero trabajar y ganar dinero.)

1. casarte/divorciarte pronto
2. dedicarte a la política
3. dedicarte a los pobres
4. ganar mucho dinero
5. trabajar en una empresa grande
6. adoptar a un niño / una niña
7. tomar más cursos de español
8. viajar a algún país de habla española
9. ser famoso/a
10. tener (más) hijos

Paso 2

¡UN DESAFÍO!   Escribe dos de las respuestas de tu compañero/a en una hoja de papel y entrégasela al profesor / a la profesora. (No te olvides de escribir el nombre de tu compañero/a en la hoja.) El profesor / La profesora va a leer las oraciones en voz alta. La clase tiene que indicar de quién hablas y explicar por qué creen que se trata de esa persona.

MODELO: PROFESOR(A):   Esta persona hará estudios posgraduados. ¿Quién es?
          E1:   Creo que es Jenny, porque es muy inteligente y le gusta estudiar.
          JENNY: ¡Sí, es cierto!

13.2   Expresando lo que harías: El condicional

You have already seen and used the verb form **gustaría**, the conditional form of the verb **gustar**, to talk about what someone would or wouldn't like to do.

A Ángela y a Roberto **les gustaría** conocer a su abuelo cuanto antes.

Ángela and Roberto would like to meet their grandfather as soon as possible.

● The formation of the conditional tense is similar to that of the future. Add the following endings to the infinitive of the verb.

recordar		vender		reunir	
recordaría	recordaríamos	vendería	venderíamos	reuniría	reuniríamos
recordarías	recordaríais	venderías	venderíais	reunirías	reuniríais
recordaría	recordarían	vendería	venderían	reuniría	reunirían

● Verbs with irregular stems in the future are also irregular in the conditional.

decir: **dir-**   querer: **querr-**
haber: **habr-**   saber: **sabr-**
hacer: **har-**   salir: **saldr-**
poder: **podr-**   tener: **tendr-**
poner: **pondr-**   venir: **vendr-**

● The conditional tense can be used to talk about what would happen or what someone would do.

Ángela no **vendería** el aparta-   *Ángela wouldn't sell the apart-*
mento sin consultar primero   *ment without first consulting*
a su hermano Roberto.   *her brother Roberto.*

● The conditional can also be used to refer to an event that was or was not anticipated in the past.

Hace cinco años, Raquel no   *Five years ago, Raquel didn't*
sabía que las relaciones   *know that the relationship be-*
entre ella y Arturo **llegarían**   *tween her and Arturo would*
a ser tan serias.   *grow to be (would become)*
                                       so serious.

● When *would* implies *used to* in English, the imperfect tense, not the conditional, is used in Spanish.

Cuando asistía a la universidad,   *When she attended the univer-*
Raquel generalmente   *sity, Raquel generally would*
caminaba al campus.   *(used to) walk to campus.*

● The conditional can also be used to make polite requests of someone.

RAQUEL: ¿**Podría** usar su teléfono?
VENDEDORA: Sí, señorita. Puede Ud. usarlo.

RAQUEL: *¿Could I use your telephone?*
VENDEDORA: *Yes, miss. You may use it.*

Práctica **A**   ### ¿Lo harías tú?

Paso 1   Indica tus reacciones a las siguientes afirmaciones.

	SÍ.	QUIZÁS.	¡NUNCA!
1. Viajaría solo/a a un país extranjero donde no conozco a nadie.	☐	☐	☐
2. Daría un discurso en frente de miles de personas.	☐	☐	☐
3. Tocaría una víbora (*snake*) no venenosa.	☐	☐	☐
4. Saltaría (*I would jump*) de un avión con paracaídas (*parachute*).	☐	☐	☐
5. Me subiría a la montaña rusa (*roller coaster*) más grande del mundo.	☐	☐	☐
6. Nadaría en aguas donde se había reportado que había tiburones (*sharks*).	☐	☐	☐
7. Comería cucarachas por dinero.	☐	☐	☐

Paso 2   Ahora hazles preguntas a tus compañeros de clase para averiguar quiénes harían las actividades mencionadas en el Paso 1. Cuando encuentres a alguien que conteste afirmativamente, pídele que firme en una hoja de papel aparte.

> MODELO: E1: ¿Viajarías sola a un país extranjero donde no conoces a nadie?
> E2: Sí, lo haría.
> E1: ¡Firma aquí, por favor.

Paso 3   Compartan con la clase los resultados de su autoencuesta (*self-survey*) y de las respuestas que les dieron sus compañeros. ¿Quién es la persona más arriesgada (*daring*) de la clase?

Práctica **B**   ### Situaciones difíciles

Paso 1   Indica qué harías en cada una de las situaciones a continuación.

> MODELO: Se te acaba la gasolina del coche. →
> Iría a la gasolinera y compraría más gasolina.

1. Tienes una cita en media hora con alguien que te gusta mucho. Desafortunadamente, la reunión con tu profesor(a) fue mucho más larga de lo que esperabas y estás a veinte minutos de tu casa.
2. Necesitas comprar unos libros para el curso que empieza hoy, pero no tienes dinero y no recibes tu sueldo hasta pasado mañana.
3. Este fin de semana quieres visitar a tu mejor amigo/a, quien está gravemente enfermo/a, pero no tienes coche o dinero para el autobús o el tren.
4. Mañana tienes un examen de química muy difícil, pero todavía no has estudiado. Los puntos del examen representan la mitad (*half*) de tu nota final.
5. Debes dar por lo menos dos presentaciones orales en tu clase de oratoria (*speech*), pero te da miedo hablar en público. La última vez que intentaste hacerlo, ¡te morías de pánico!

Paso 2   En grupos de tres estudiantes, compartan sus soluciones. ¿Cuál de Uds. tiene las ideas más originales para solucionar sus problemas?

Práctica **¿A quién se refiere?**

Paso 1 Lee las oraciones a continuación e indica a cuál de los personajes de *Nuevos Destinos* se refiere cada una.

1. Quería averiguar si alguien de la familia Castillo podría beneficiarse de un segundo codicilo.
2. Pensaba que Raquel estaría contenta de salir a cenar con él.
3. Se preguntó si Arturo volvería a Los Ángeles.

▶ **Hace cinco años** ◀

4. Pensaba que don Fernando estaría muy interesado en saber lo que le contó de Rosario en su carta.
5. No sabía que tendría que viajar tanto cuando empezó la investigación.
6. Creía que podría ir a Puerto Rico para ayudar con la investigación, pero nunca lo hizo.
7. Creía que podría reponer el dinero sin tener que decirles nada a sus hermanos sobre sus problemas personales.
8. Pensaba que conocería al hijo que tuvo con Rosario.
9. Creían que don Fernando estaría en su cuarto del hospital.
10. Dijo que no se quedaría en La Gavia cuando había problemas en el teatro.

Paso 2

¡UN DESAFÍO! Inventa tres oraciones como las del Paso 1. Tu compañero/a tiene que adivinar a quién se refiere cada una de tus oraciones.

Para terminar

Actividad final ¿Qué harías?

En este capítulo has explorado el tema de las actividades y los pasatiempos. También has repasado el futuro y el condicional. En esta actividad final, vas a indicar qué harías o qué actividades o pasatiempos practicarías bajo ciertas circunstancias. ¿Cómo influyen en tu salud mental y física tus actividades?

Paso 1 Escoge la oración que mejor describe lo que harías en cada situación que aparece a continuación.

1. _____ Sientes mucho estrés a causa de los estudios o el trabajo.
   a. Haría ejercicio o practicaría algún deporte.
   b. Analizaría las causas del estrés para así tratar de aliviarlo.
   c. Tomaría bebidas alcohólicas.

2. _____ Te sientes deprimido/a (*depressed*).
  a. Hablaría con alguien a quien le tengo mucha confianza.
  b. Pensaría en las causas de la depresión y usaría la sugestión para no sentirme así.
  c. Me encerraría (*I would lock myself*) en mi cuarto.
3. _____ Te gustaría bajar de peso.
  a. Me afiliaría (*I would join*) a un gimnasio y seguiría un plan riguroso de ejercicio.
  b. Combinaría un plan de ejercicio con una dieta más equilibrada.
  c. Dejaría de comer helados y galletas y no tomaría tantos refrescos como antes.
4. _____ Quieres pasar un rato agradable relajándote.
  a. Trabajaría en el jardín.
  b. Leería un buen libro.
  c. Miraría la televisión.
5. _____ Tienes el día libre sin tener que trabajar ni estudiar.
  a. Andaría en bicicleta o pasearía con algunos amigos.
  b. Visitaría un museo.
  c. Me quedaría en casa, sin hacer nada en particular.
6. _____ Es sábado por la noche y vas a reunirte con algunos amigos.
  a. Tendríamos una cena en casa.
  b. Iríamos a un café para charlar (*chat*).
  c. Saldríamos a un bar o a una discoteca.
7. _____ Hace muy buen tiempo (*It's very nice weather*) afuera y quieres pasar el día al aire libre.
  a. Jugaría al vólibol (béisbol, fútbol, golf, tenis...).
  b. Llevaría un libro al parque para leerlo allí.
  c. Tomaría el sol (*I would sunbathe*) para broncearme.

Paso 2   Ahora aplícales los siguientes puntos a tus respuestas y suma el total.

  a = 3 puntos
  b = 2 puntos
  c = 1 punto

Paso 3   Ahora lee las siguientes explicaciones sobre la forma en que reaccionas bajo ciertas circunstancias.

De 21 a 17 puntos:

Tienes actitudes muy saludables. En vez de caer en la tentación de hacer algo negativo frente a situaciones difíciles, intentas cambiar tu situación de una manera positiva y enérgica. En cuanto al trato con los demás, eres una persona bastante sociable; preferirías charlar con la gente para llegar a conocerla mejor. ¡Sabes disfrutar mucho de la vida!

De 16 a 12 puntos:

A ti te gustan las actividades físicas y saludables, pero tal vez no tanto como a otras personas. También te sientes muy cómodo/a contigo mismo/a. A veces preferirías estar solo/a con tus pensamientos o con un buen libro. Piensas mucho en las consecuencias de tus acciones y tus actividades reflejan esos pensamientos.

De 11 a 7 puntos:

Parece que tomas las decisiones más fáciles para solucionar tus problemas. No te gusta mucho la actividad física, y tampoco te importa mucho salir si no es por motivos un poco superficiales. Tal vez haya en tu vida aspectos que necesiten de tu atención. ¿Será hora de hacer algunos cambios en tu vida?

Para pensar

¿Estás de acuerdo con la descripción que corresponde al número de puntos que recibiste? ¿Por qué sí o por qué no? Con otro/a estudiante, comenten tus impresiones de la encuesta.

Vocabulario

Actividades y pasatiempos

andar en bicicleta	to ride a bike
bucear	to scuba dive
disfrutar (de)	to enjoy
entrenar	to train, practice
escalar montañas	to hike; to climb mountains
gozar (de)	to enjoy
pasarlo bien/mal	to have a good/bad time
patinar	to skate
pintar	to paint
sacar fotos/vídeos	to take photos / to videotape
trabajar en el jardín	to work in the garden
ver una película	to see a movie
visitar un museo	to visit a museum

Repaso: caminar, correr, hacer *camping*, jugar, nadar, pasear, practicar, tocar (un instrumento musical)

el ajedrez	chess
las cartas	cards
el fútbol	soccer

Los deportes

el alpinismo	mountain climbing
el baloncesto	basketball
la natación	swimming
la pesca	fishing

Cognados: **el béisbol, el esquí (acuático), el fútbol americano, el golf, el tenis, el vólibol**

Otras palabras y expresiones útiles

el/la agente de bienes raíces	real estate agent
el juego	gambling
el tiempo libre	free time

Lectura 7

Amado Nervo (1870–1919) fue uno de los poetas mexicanos más conocidos de su tiempo. Gran parte de su poesía es íntima y filosófica. En algunos de sus poemas expresa su preocupación por el misterio de la muerte, y trata el tema del amor con gran delicadeza espiritual. Su poema «En paz», de la colección de poemas titulada *Elevación* (1917), trata un tema filosófico: la vida en general y la suya en particular.

Actividad

Paso 1 Las siguientes palabras aparecen en el poema. Con un compañero / una compañera, busquen y comenten el significado de cada una.

1. la esperanza
2. la hiel
3. la lozanía
4. la miel
5. la pena
6. el rosal

Paso 2 Según las palabras del Paso 1, ¿pueden Uds. deducir el tono general del poema? A continuación hay algunas ideas.

alegre   tranquilo   ¿ ?
ansioso   triste

En paz

Artifex vitæ, artifex sui.[a]

Muy cerca de mi ocaso,[b] yo te bendigo,[c] Vida,
porque nunca me diste ni esperanza fallida[d]
ni trabajos injustos, ni pena inmerecida;[e]

5   porque veo al final de mi rudo camino
que yo fuí* el arquitecto de mi propio destino;
que si extraje las mieles o la hiel de las cosas,
fué* porque en ellas puse hiel o mieles sabrosas:
cuando planté rosales coseché[f] siempre rosas.

10   ... Cierto, a mis lozanías va a seguir el invierno:
¡mas tú no me dijiste que Mayo fuese[g] eterno!

Hallé[h] sin duda largas las noches de mis penas;
mas no me prometiste tú sólo noches buenas;
y en cambio tuve algunas santamente serenas...

15   Amé, fuí* amado, el sol acarició mi faz.[i]
¡Vida, nada me debes! ¡Vida, estamos en paz! ■

[a]*Artifex...* "Creator of life, creator of himself." (fig. "Life is what you make of it.") (Latin) [b]*end* (fig.) [c]*bless* [d]*disappointing* [e]*undeserving* [f]*I harvested* [g]*was* [h]Encontré [i]cara

---

*Antiguamente, se empleaban acentos ortográficos en formas del pretérito aunque tuvieran (*they had*) una sola sílaba: **dí, dió; fuí, fué; ví, vió.**

285

Actividad **A**

Después de leer

Comprensión

1. Escoge la oración que mejor resuma el mensaje del poema.
   a. Para recibir mucho en la vida, debemos pedir mucho.
   b. Todos somos responsables de nuestro propio destino.
   c. No podemos evitar la muerte y es inútil intentar hacerlo.
2. Escoge la palabra o frase que mejor complete cada oración a continuación.
   a. Un hombre (joven / viejo) es el narrador del poema.
   b. Él parece ser muy (frustrado de / contento con) su vida.
   c. Él (le tiene miedo / no le tiene miedo) a la muerte.
   d. Él (recibió / no recibió) todo lo que esperaba en la vida.

Actividad **B**

Opinión

1. ¿Qué significan para ti los siguientes versos del poema? Comparte tus opiniones con tus compañeros de clase.
   a. «yo fuí el arquitecto de mi propio destino»
   b. «a mis lozanías va a seguir el invierno»
   c. «¡Vida, estamos en paz!»
2. Hay quienes dicen que la vida es injusta. ¿Estás de acuerdo con esta opinión? ¿Qué crees que opina Nervo? Justifica tus razones.

Actividad **C**

Expansión

En este poema, el poeta hace algunas reflexiones que pueden servir para estar en paz con la vida. Haz un breve resumen de las ideas centrales del poema. Luego, añade consejos a estas ideas.

MODELO:

IDEA CENTRAL	CONSEJO
1. Hay que estar en paz con la vida.	1. Se debe tomar responsabilidad por las propias acciones.

14 VOCES del pasado

METAS

LA TRAMA

Día 5: Raquel receives a phone call that triggers memories of her past, as well as the memory of when don Fernando expressed his doubts as to the legitimacy of Ángela's and Roberto's claim to be his grandchildren. Also, Lucía looks through don Fernando's files in an attempt to uncover the mystery of the second codicil. What a surprise when she finds her father's name in one of the files!

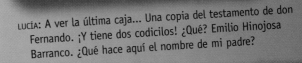

LUCÍA: A ver la última caja... Una copia del testamento de don Fernando. ¡Y tiene dos codicilos! ¿Qué? Emilio Hinojosa Barranco. ¿Qué hace aquí el nombre de mi padre?

CULTURA

As you work through the chapter, you will also find out about

- festivals, holidays, traditions, and celebrations in Hispanic countries (**Nota cultural: Otras fiestas hispánicas; Enfoque cultural: Más sobre las celebraciones hispánicas**)

COMUNICACIÓN

In this chapter of *Nuevos Destinos*, you will

- discuss holidays and holiday celebrations (**Enfoque léxico: Celebraciones y tradiciones**)
- use the past subjunctive to talk about subjective actions in the past as well as about hypothetical situations (**Enfoque estructural 14.1**)
- use the conditional perfect to talk about what would have happened, given certain conditions and situations (**14.2**)

El vídeo

El episodio previo

Actividad **A**

▶ *Hace cinco años* ◀ **¿Quién lo dijo?**

Paso 1 ¿Cuánto recuerdas del Episodio 13? Indica cuál de los siguientes personajes dijo lo siguiente. **¡OJO!** Hay más personajes que citas, y hay más de una cita de un mismo personaje.

a. un auditor
b. Carlos Castillo
c. don Fernando Castillo
d. Mercedes Castillo
e. Pedro Castillo
f. Raquel Rodríguez

1. _____ «Don Fernando no está... ¡La habitación está vacía!»
2. _____ «Mira, ahora tienes que ser un buen paciente, ayudar a los médicos.»
3. _____ «Lamentablemente, nuestra recomendación es venderla. Hace falta capital.»
4. _____ «Carlos nunca ha manejado bien el dinero. Bueno, él nunca ha manejado bien muchas cosas.»
5. _____ «Déjenme hablar. Yo sé que soy el culpable de estos problemas.»

Paso 2 Con un compañero / una compañera, expliquen las circunstancias que rodean las citas del Paso 1.

Actividad **B**

▶ *Hace cinco años* ◀ **Los problemas de los Castillo**

Indica si las siguientes afirmaciones son ciertas (**C**) o falsas (**F**). Si son falsas, modifícalas para que sean ciertas.

C F **1.** Don Fernando no estaba en su habitación del hospital porque lo trasladaron a un hospital en Cancún.
C F **2.** Don Fernando tenía muchas ganas de regresar a La Gavia porque quería hablar con los auditores.
C F **3.** Los auditores recomendaron cerrar la oficina de Miami.
C F **4.** Una agente de bienes raíces le dijo a Pedro que tenía un cliente que quería convertir La Gavia en un parque de atracciones.

C F **5.** La familia Castillo tenía problemas económicos porque nadie quería comprar el acero (*steel*) que producía la empresa.

C F **6.** La familia no sabía de las irregularidades en las cuentas que llevaba Carlos porque él tenía vergüenza de decirles la verdad a sus hermanos.

C F **7.** Por fin Carlos les contó a sus hermanos que Gloria sufría de una adicción a las drogas.

Episodio 14: Día 5

Preparación para el vídeo

Actividad **A**

Lucía revisa unos documentos

Paso 1 En el Episodio 14, Ramón Castillo le manda a Lucía una caja con unos documentos de don Fernando. ¿Qué crees que va a contener la caja? Indica lo que opinas con **sí** o **no**.

Episodio 14 of the CD-ROM to accompany *Nuevos Destinos* contains information about and the actual second codicil to don Fernando's will.

La caja va a contener...

Sí No **1.** recibos de las clínicas de rehabilitación en que estuvo Gloria.
Sí No **2.** el certificado de matrimonio de don Fernando y Rosario.
Sí No **3.** una carta de Ángel para su padrastro Martín.
Sí No **4.** una copia del certificado de nacimiento de Ángel.
Sí No **5.** una carta que Carlos le escribió a Gloria, pidiéndole el divorcio.
Sí No **6.** una carta de Gloria para don Fernando, explicándole sus problemas.
Sí No **7.** el segundo codicilo del testamento de don Fernando
Sí No **8.** títulos de propiedad de La Gavia.

Paso 2 Después de ver el episodio, verifica tus respuestas del Paso 1.

Actividad **B**

¿Quién lo dirá?

Paso 1 Lee cada cita a continuación e indica quién es el personaje que probablemente dijo esas palabras. ¡OJO! No hay citas de algunos de los personajes.

a. Ángela Castillo
b. don Fernando Castillo
c. Pedro Castillo
d. Lucía Hinojosa
e. Arturo Iglesias
f. Raquel Rodríguez

1. _____ «La última vez me prometí que no volvería a salir con él.»
2. _____ «Tengo grandes dudas.»
3. _____ «¡La copa! Está en mi carro.»
4. _____ «Las relaciones entre tú y yo no tienen ningún futuro y creo que es mejor dejarlo así.»
5. _____ «La Gavia no está ni estará nunca en venta.»
6. _____ «He ido depositando, poco a poco, los fondos necesarios... Debe haber lo suficiente para iniciar una fundación.»
7. _____ «Pues, no hay nada sospechoso por parte de Gloria.»

Paso 2

¡UN DESAFÍO!   Con un compañero / una compañera, hablen sobre las posibles circunstancias que rodean las citas: ¿Quién(es) habla? ¿De qué o con quién(es) habla(n)?

¿Qué tal es tu memoria?

Actividad

Recuerdos de Luis

En este episodio, Raquel habló con Luis y luego recordó algunos incidentes con él. Las siguientes fotos muestran algunas escenas del episodio. Emparéjalas con las citas que aparecen a continuación.

1. _____

2. _____

3. _____

4. _____

5. _____

a. «Se trata de un fin de semana en Zihuatanejo... para dos.»
b. «Es que yo les dije que los había invitado... »
c. «Bueno, no sé por qué he aceptado la invitación de Luis.»
d. «¡Vaya sorpresa! ¿Y qué haces aquí?»
e. «Yo he cambiado mucho desde esos días en la universidad y Luis parece seguir siendo el mismo.»

Actividad **B**   **Planes para La Gavia**

Indica si las siguientes oraciones son ciertas (**C**) o falsas (**F**). Si son falsas, modifícalas para que sean ciertas.

C F **1.** Mercedes quería convertir La Gavia en un orfanato.

C F **2.** Don Fernando nunca había pensado antes en fundar un orfanato.

C F **3.** Don Fernando dijo que debía escribir algo sobre el orfanato en su testamento.

C F **4.** Don Fernando dijo que las personas más indicadas para organizar y administrar el orfanato serían Ramón y Mercedes.

C F **5.** También dijo que sería buena idea que Juan y Pati volvieran a vivir en La Gavia y trabajaran en el orfanato.

C F **6.** Parece que Carlos y su familia van a vivir en México porque van a cerrar la oficina en Miami.

Para pensar

Al fin de este episodio, Lucía descubre entre los documentos y archivos de don Fernando el testamento de éste con los dos codicilos. Es más (*What's more*), se sabe que el nombre del padre de Lucía aparece entre esos documentos. ¿Qué tendrá que ver Emilio Hinojosa Barranco con el testamento de don Fernando? ¿Será un pariente lejano de don Fernando? Al fin y al cabo (*After all is said and done*), ¿tendrá que ver Lucía directamente con el segundo codicilo?

Lengua y cultura

Enfoque léxico   Celebraciones y tradiciones

VOCABULARIO DEL TEMA   *Los días festivos*

festejar	to celebrate; to honor	*Repaso:* **regalar**	
reunirse (me reúno) (con)	to get together (with)	**el Día de Año Nuevo**	New Year's Day
		el Día de los Reyes Magos	Day of the Magi (Three Kings), Epiphany

Cognados: **celebrar, conmemorar, decorar**

Feliz Navidad

*Porque eres una persona
bondadosa y llena de amor,
espero que esta Navidad
sea para ti la mejor.*

Un Próspero Año Nuevo

el Día de San Valentín	Saint Valentine's
el Día de los Enamorados	Day
el Día de San Patricio	Saint Patrick's Day
la Pascua	Passover
la Pascua (Florida)	Easter
el Día de la Raza	Hispanic Awareness Day (Columbus Day)
el Día de los Muertos	Day of the Dead
el Día de Dar Gracias	Thanksgiving
el Jánuca	Hanukkah
la Fiesta de las Luces	
la Nochebuena	Christmas Eve
la Navidad	Christmas
la Noche Vieja	New Year's Eve
el cumpleaños	birthday
el día del santo	saint's day

La fecha de las siguientes celebraciones varía, según el país en que se festejan.

el Día de la Independencia	Independence Day
el Día de la Madre	Mother's Day

el Día del Padre	Father's Day
el Día del Trabajo	Labor Day

AMPLIACIÓN LÉXICA

Las siguientes palabras y frases son útiles para hablar de las celebraciones.

el brindis	toast
la calavera	skull
el desfile	parade
la feria	fair; festival
los fuegos artificiales	fireworks
la misa	Mass (*Catholic*)
la Misa del Gallo	Midnight Mass
la vela	candle

Actividad **A**

Celebraciones personales

Paso 1 ¿Cuáles de los días festivos de la lista del Vocabulario del tema celebras tú? Haz una lista de los tres días festivos que más te gusta celebrar y lo que haces para festejar esos días. Piensa en lo siguiente: ¿Llevas ropa especial? ¿Pones decoraciones especiales en la casa? ¿Te reúnes con parientes o amigos? ¿Les haces regalos a los otros? ¿Te hacen regalos a ti? ¿Preparas alguna comida especial?

Paso 2 Con un compañero / una compañera, hagan turnos para leer sus listas. Su compañero/a tiene que adivinar cuáles son las celebraciones que se describen.

NOTA *cultural* • *Otras fiestas hispánicas*

Como te puedes imaginar, las fiestas y celebraciones varían de país en país, y el mundo hispánico no es ninguna excepción. A continuación hay más información sobre dos tradiciones típicamente hispánicas.

El día del santo

Además de celebrar el día de su cumpleaños, los hispanos también festejan el día de su santo. A causa de la fuerte tradición católica en los países hispánicos, muchas personas llevan el nombre de algún santo. En el calendario religioso católico, cada día corresponde al nombre de un santo. Por ejemplo, una persona bautizada[a] con el nombre de Juan, aunque el mes y la fecha de su cumpleaños sean otros, celebra también el 24 de junio, el día de San Juan.

El Día de los Inocentes

El 28 de diciembre se conmemora el día en que el rey Herodes ordenó a sus soldados que entraran en el pueblo de Belén y mataran[b] a todos los niños menores de dos años, esperando que uno de ellos fuera el niño Jesús. La palabra **inocente** en español tiene dos significados: uno, que es el cognado obvio en inglés, y otro, que quiere decir *naive*. En este día, mucha gente les hace trucos[c] y bromas[d] a los otros. Al descubrirse la broma, se le dice a la víctima: «¡Por inocente!»

[a]*baptized*   [b]*they kill*   [c]*hace... play tricks*   [d]*jokes*

Para pensar ¿Llevas tú el nombre de algún santo? ¿Sabes en qué día se celebraría el día de tu santo? Y el Día de los Inocentes, ¿es parecido a algún día que se celebra en los Estados Unidos? ¿Qué día es y qué se hace en ese día?

Actividad **B** ### Opiniones

Paso 1 ¿Qué opinas de las siguientes celebraciones? ¿Es tu actitud positiva, negativa o neutra? Indica también las razones por las cuales piensas así.

1. la Navidad
2. el Jánuca
3. el Día de los Enamorados
4. la Noche Vieja
5. el Día de la Raza
6. el Día de San Patricio
7. el Día de Dar Gracias
8. tu cumpleaños

Paso 2 Con un compañero / una compañera, comenten sus opiniones. ¿Son semejantes sus ideas o son distintas? ¿Por qué creen que una celebración puede tener mucha importancia para algunos, mientras que para otros no tiene ninguna?

Enfoque cultural

Más sobre las celebraciones hispánicas

La mayoría de las fiestas hispánicas son de origen religioso. A continuación se describen algunas de estas fiestas.

La Navidad y el Día de los Reyes Magos

En el mundo hispánico, la Navidad tiende[a] a mantener su significado religioso más que en los Estados Unidos. Una celebración navideña muy típica en México es la celebración de las Posadas. Consiste en una serie de ceremonias y fiestas que se celebran por ocho noches conse-

Calaveras de azúcar para celebrar el Día de los Muertos

cutivas antes del día de Navidad. En estas fiestas, la gente va, en procesión, a una casa distinta cada noche, donde cantan villancicos[b] y gozan de la comida típica de la época de Navidad. Las Posadas simbolizan el viaje de la Virgen María y San José en busca de alojamiento en Belén justo antes del nacimiento del niño Jesús. Los villancicos también son parte importante de las celebraciones navideñas en casi todos los países hispánicos.

En muchos países se acostumbra hacerles regalos a los niños el Día de los Reyes Magos, que se celebra el seis de enero. Antes de acostarse la noche anterior, los niños dejan, al lado de sus zapatos, agua y paja[c] para los camellos de los Reyes Magos. Cuando se levantan en la mañana, los niños encuentran en los zapatos los regalos que les dejaron los Reyes.

El Año Nuevo y la Noche Vieja

Durante estos días se hacen cenas especiales y fiestas para esperar la llegada del nuevo año. Una costumbre típica de algunos lugares es la de tratar de comerse doce uvas antes de que el reloj dé las doce campanadas[d] a medianoche. Se cree que la persona que logra comérselas todas tendrá buena suerte durante el año entrante.

El Día de los Muertos

El dos de noviembre es un día festejado por los hispanos católicos. En España se celebra este día sin mucha actividad, pero las personas sí tienden a visitar los sepulcros para honrar a los familiares ya fallecidos.[e]

Los mexicanos, sin embargo, celebran este día con más intensidad. Algunas familias van a misa y después pasan el día en el cementerio visitando, limpiando y decorando las tumbas de los difuntos.[f] Una de las comidas tradicionales de esta celebración es el pan de muertos, que se hace en forma de esqueletos, calaveras, lápidas[g] y ataúdes.[h] Parte de la celebración consiste en burlarse de[i] la muerte. Algunos creen que la importancia que le dan los

---

[a]*tends* [b]*Christmas carols* [c]*straw* [d]*tolls of the bell* [e]*muertos* [f]*personas muertas* [g]*tombstones* [h]*caskets, coffins*
[i]burlarse... *making fun of*

mexicanos a esta celebración se debe a la influencia indígena, pues para los indígenas, la muerte no es el fin de la vida, sino el comienzo de otro tipo de existencia.

El carnaval y la Semana Santa

El carnaval se celebra durante el período que precede a la cuaresma[j] y la Semana Santa. Son típicos de esta celebración los disfraces,[k] máscaras, bailes, desfiles y fiestas que duran, a veces, varios días. En Centroamérica, en el Caribe y en el Brasil, la influencia africana se nota en la música y en los bailes del carnaval. En contraste, la Semana Santa es una de las celebraciones más solemnes del año. En España, se celebra con procesiones, llamadas **pasos**, en las que se llevan por las calles figuras religiosas como las de la Virgen María y Jesucristo sobre plataformas, también llamadas **pasos**. Uno de los pasos más famosos e importantes de la Semana Santa en Sevilla es el del Barrio de Triana.

Un participante del Carnaval en Barranquilla, Colombia

Las fiestas de los santos patrones

En la mayoría de los pueblos y ciudades pequeñas del mundo hispánico, la fiesta más importante es la fiesta en honor del santo patrón o a la santa patrona del lugar. Estas celebraciones, que duran varios días, son más bien ferias municipales. La fiesta de San Fermín («los Sanfermines») de Pamplona, España, es muy famosa por los toros que corren por las calles de la ciudad antes de las diarias corridas de toros.

La veneración de los santos católicos quizás sea más importante en Latinoamérica que en Europa. Tal vez se deba a que muchos santos reemplazaron a los varios dioses de las religiones politeístas de los indígenas del continente y de los africanos que fueron llevados al Nuevo Mundo. En algunas partes de Latinoamérica, las características de los dioses indígenas y africanos se mezclaron con las de los santos católicos, creando así una mezcla de lo cristiano y lo pagano.

[j]*Lent*   [k]*costumes*

Actividad

Celebraciones hispánicas

Empareja las celebraciones de la columna a la izquierda con lo que se asocia con esas celebraciones, en la columna a la derecha. ¡OJO! Hay más de una respuesta posible en algunos casos.

1. _____ el Día de los Reyes Magos
2. _____ el Día de los Muertos
3. _____ la Navidad
4. _____ la Semana Santa
5. _____ la Noche Vieja
6. _____ el carnaval
7. _____ las fiestas de los santos patrones

a. las Posadas
b. los desfiles, máscaras y disfraces
c. decorar las tumbas de los difuntos
d. preparar comidas especiales
e. los pasos
f. los Sanfermines
g. los regalos en los zapatos
h. comerse doce uvas
i. los villancicos

Actividad

Celebraciones típicas

En grupos de tres o cuatro estudiantes, describan una fiesta o celebración típica de los Estados Unidos o de la región donde Uds. viven. Luego, presenten su descripción al resto de la clase. Si algunos grupos describen la misma celebración, ¿son iguales las descripciones o varían de alguna manera? ¿Se puede hacer generalizaciones sobre las celebraciones estadounidenses? ¿Cuáles son?

Enfoque estructural

14.1 El imperfecto de subjuntivo; situaciones hipotéticas

El imperfecto de subjuntivo

In previous chapters, you have reviewed many uses of the present subjunctive. The past subjunctive (also known as the imperfect subjunctive) has many similar uses, except that the time reference is in the past. The verb that triggers the use of the subjunctive is usually in the past.

To form the past subjunctive, remove the **-ron** ending of the third-person plural (**Uds.**) form of the preterite and add the following endings:*

EL IMPERFECTO DE SUBJUNTIVO		
llamar (llama*ron*)	**vender (vendie*ron*)**	**decidir (decidie*ron*)**
llamara llamáramos	vendiera vendiéramos	decidiera decidiéramos
llamaras llamarais	vendieras vendierais	decidieras decidierais
llamara llamaran	vendiera vendieran	decidiera decidieran

Era importante que Lucía **hablara** con Raquel para saber más de la familia Castillo.	*It was important for Lucía to talk to Raquel in order to find out more about the Castillo family.*
Ángela **temía** que Roberto **muriera** en la excavación.	*Ángela feared that Roberto would die at the excavation site.*
Raquel no **quería** que su madre **se metiera** en sus relaciones con Luis.	*Raquel didn't want her mother to get involved in her relationship with Luis.*

Remember that some common verbs have stem changes, spelling changes, or irregular stems in the preterite. These same irregularities are also used in the past subjunctive. For a review of these forms, see **Enfoque estructural 3.1** (stem-change, spelling-change verbs, and some irregular verbs) and **4.3** (more irregular verbs).

---

*An alternative form of the past subjunctive ends in **-se: llamase, vendieses, decidiesen**, etc. This form is used primarily in Spain and in works of literature.

Situaciones hipotéticas

The past subjunctive can be used with the conditional tense to describe hypothetical situations or contrary-to-fact statements. These statements use a clause with **si** and the past subjunctive (the **si** clause) and a clause with the conditional tense (the result clause). A sentence may begin either with the **si** clause or the result clause.

Si Arturo **llamara** a Raquel, ella **estaría** mucho más contenta.	*If Arturo were to call (called) Raquel, she would be much happier.*
Raquel **estaría** mucho más contenta **si** Arturo la **llamara**.	*Raquel would be much happier if Arturo were to call (called) her.*

Note that if the **si** clause refers to a possible present or future situation, rather than a hypothetical or contrary-to-fact situation, the past subjunctive and conditional are *not* used.

Si Lucía **tiene** paciencia, **resolverá** por fin el misterio de los dos codicilos.	*If Lucía is patient, she will finally solve the mystery of the two codicils.*

Práctica

Al comienzo de la historia

¿Te acuerdas de lo que pasó en los primeros episodios de *Nuevos Destinos*? Empareja frases de las dos columnas para formar oraciones completas sobre la trama de la historia.

1. _____ Ramón le escribió una carta a Raquel pidiéndole que...
2. _____ Cuando Lucía conoció a Raquel, le pidió que...
3. _____ Lucía también quería que...
4. _____ Lucía temía que...

▶ Hace cinco años ◀

5. _____ Cuando Miguel Ruiz habló con su madre, Teresa Suárez, ella insistió en que...
6. _____ Alfredo Sánchez, el reportero, esperaba que...
7. _____ Antes de salir de España, Raquel le pidió a Elena Ramírez que...
8. _____ Al despedirse de Raquel, Teresa Suárez le aconsejó que...

a. Raquel le diera información sobre la persona que ella buscaba.
b. Raquel fuera a verla a Madrid.
c. la tratara de **tú** en vez de **Ud.**
d. se pusiera en contacto con Lucía Hinojosa, albacea de Pedro.
e. alguien de la familia Castillo tuviera algo que ver con el segundo codicilo.
f. le dedicara más tiempo al corazón.
g. Raquel le contara toda la historia de la primera investigación y la grabara.
h. le mandara una copia del certificado de nacimiento de Ángel.

Práctica **B**

Cuando yo era niño/a

Paso 1 Cuando eras ñino/a, ¿qué esperabas que hicieran o no hicieran los otros? ¿Qué esperaban ellos que hicieras o no hicieras tú? Completa las oraciones a continuación con frases de la lista de abajo u otras, si quieres.

MODELO: Yo deseaba que mis hermanos no me pegaran (*hit*).

1. Yo quería que mis padres (abuelos, tíos, ¿ ?)...
2. Mis padres (abuelos, tíos, ¿ ?) temían que yo...
3. (No) Me gustaba que mis amigos...
4. El día de mi cumpleaños, esperaba que los otros...
5. Los maestros insistían en que nosotros los niños...
6. Era necesario que yo...
7. Durante la Navidad (la Fiesta de las Luces, ¿ ?), me gustaba que...

Frases sugeridas: acordarse de mí, estudiar todos los días, ir a mi casa a jugar, participar en muchas actividades escolares, no pelearse tanto con mis amigos/as, pensar como ellos, regalarme dinero/muchos juguetes, reunirse toda la familia, (no) ser aventurados/as, ser más paciente, (no) ver la televisión (películas violentas, ¿ ?)

Paso 2 Ahora, compara tus oraciones con las de otro/a estudiante. ¿Tienen Uds. la misma perspectiva de su vida o son sus ideas totalmente distintas?

Práctica **C**

¿Qué harías?

Paso 1 Completa las siguientes oraciones, indicando lo que harías en cada situación.

MODELO: Si alguien me ofreciera marihuana, no la aceptaría.

1. Si encontrara las cartas de amor que mi padre le escribió a mi madre hace muchos años,...
2. Si el gobierno me devolviera más dinero de los impuestos del que me debía,...
3. Si estuviera haciendo las compras y viera a otro/a cliente robar en una tienda,...
4. Si hubiera un incendio (*fire*) en este edificio,...
5. Si alguien me pidiera una composición que yo hubiera escrito para otro curso,...
6. Si mis padres (hijos) insistieran en que terminara mis relaciones con alguien,...
7. Si me enfermara el día del examen final,...

Paso 2 Compara tus ideas con las de los demás estudiantes. ¿Cuáles fueron las oraciones más difíciles de terminar? ¿Por qué? ¿Quiénes de Uds. terminaron algunas oraciones de la misma manera?

14.2 Expresando lo que habría pasado: El condicional perfecto

You have already learned to form and use the present perfect (**Enfoque estructural 8.1**) and the conditional tense (**Enfoque estructural 13.2**) in Spanish. The conditional perfect tense is formed with the conditional of **haber** and the past participle of the main verb. This tense is used primarily to talk about what *would have* or *might have* happened by a certain time or under particular conditions. It may also be used with the past subjunctive in contrary-to-fact statements.

EL CONDICIONAL PERFECTO	
habría leído	habríamos leído
habrías leído	habríais leído
habría leído	habrían leído

Pati **se habría quedado** en México, pero había problemas en el teatro.	*Pati would have stayed in Mexico, but there were problems at the theater.*
¿Crees que Raquel **habría estado** contenta si Arturo nunca hubiera ido a Buenos Aires?	*Do you think that Raquel would have been happy if Arturo never had gone to Buenos Aires?*

Práctica ▶ *Hace cinco años* ◀ **¿Qué habría sido diferente?**

Paso 1 Imagínate que las siguientes situaciones y circunstancias ocurrieron en la historia de *Nuevos Destinos*. ¿Habrían sido diferentes las cosas? Con un compañero / una compañera, expresen lo que creen que habría pasado en las siguientes circunstancias.

MODELO: Don Fernando murió justo después de recibir la carta de Teresa Suárez. →
En ese caso, Pedro no habría contratado a Raquel para hacer la investigación.

1. Teresa Suárez no quiso darle a Raquel la dirección de Rosario en la Argentina.
2. Raquel no pudo encontrar a ningún pariente de Rosario en la Argentina.
3. Ángel todavía vivía en la Argentina, pero no tenía interés en conocer a su padre, don Fernando.
4. Raquel y Arturo nunca se cayeron bien.
5. Doña Carmen no le dio permiso a Ángela de viajar a México.
6. Roberto murió en la excavación.
7. La familia Castillo le vendió La Gavia al empresario estadounidense.

Paso 2

¡UN DESAFÍO! Basándose en las afirmaciones del Paso 1, inventen tres oraciones más y léanselas a otro grupo de estudiantes. Éstos deben indicar qué habría pasado bajo esas circunstancias.

Práctica **B** ¿Qué habrías hecho tú?

Paso 1 Indica lo que habrías hecho tú bajo las siguientes circunstancias.

MODELO: Decidiste no asistir a esta universidad este semestre. →
Habría trabajado en la fábrica de mi padre. (Habría asistido a otra
universidad., ¿ ?)

1. Decidiste no tomar una clase de español este semestre/trimestre.
2. No quisiste asistir a la última clase de español.
3. Tenías que trabajar ayer, pero no lo hiciste porque no te dio la gana
(*you didn't feel like it*).
4. No le entregaste la última composición a tu profesor(a).
5. Este semestre/trimestre, decidiste tomar seis cursos y trabajar treinta horas a la semana.
6. Compraste un billete de la lotería y te ganaste con él el premio gordo
(*grand prize*), ¡pero no pudiste encontrar el billete!

Paso 2 Con un compañero / una compañera, léanse sus oraciones. ¿Son semejantes o muy diferentes? ¿Quién tiene las reacciones más originales?

Para terminar

Actividad final   La evolución de las tradiciones

Además de repasar algunos puntos gramaticales, en este capítulo has aprendido mucho sobre las celebraciones, tradiciones y costumbres hispánicas. Como has de saber, estos aspectos son parte integral de una cultura. Pero, las celebraciones, tradiciones y costumbres también cambian. ¿Cuáles son algunas de las celebraciones, tradiciones o costumbres que para ti representan la cultura estadounidense? ¿Han cambiado o todavía se conservan como en el pasado? En esta actividad, vas a explorar este tema más a fondo, comentando con tus compañeros cuáles son las tradiciones «típicas» estadounidenses y cómo éstas han cambiado o no a través de los años.

Paso 1 En grupos de cuatro estudiantes, hagan una lista de cuatro celebraciones, tradiciones o costumbres que Uds. consideran como las más representativas de los Estados Unidos. Pueden ser días festivos, ferias regionales, costumbres regionales o nacionales, etcétera. Indiquen también por qué creen que representan «lo típico estadounidense».

Paso 2 Ahora piensen en cómo eran esas tradiciones y costumbres en el pasado y cómo son en el presente. ¿Qué cambios han experimentado? ¿Son positivos o negativos los cambios? Apunten sus ideas.

MODELO: (la Navidad) La Navidad es una celebración que muchos estadounidenses celebran. Antes, la idea era celebrar el nacimiento de Jesús. Ahora, esta fiesta se ha comercializado...

Paso 3 Comparen sus listas con las de otros grupos y comenten las semejanzas y diferencias entre las listas. ¿Qué tradiciones y costumbres se mencionaron con más frecuencia? ¿Están todos de acuerdo en cuanto a los cambios mencionados?

Paso 4

¡UN DESAFÍO! Busquen entre las listas de todos los grupos algunas tradiciones y costumbres iguales o semejantes a las hispánicas. ¿Por qué creen Uds. que son semejantes? ¿Será porque no son propias de ninguna de las dos culturas? ¿Será por la influencia de una cultura en la otra? ¿Y a qué creen Uds. que se deben las diferencias entre estas tradiciones compartidas?

Vocabulario

Los días festivos

festejar	to celebrate; to honor
reunirse (me reúno) (con)	to get together (with)

Cognados: celebrar, conmemorar, decorar

Repaso: regalar

el Día de Año Nuevo	New Year's Day
el Día de Dar Gracias	Thanksgiving
el Día de los Enamorados	Valentine's Day
el Día de la Independencia	Independence Day
el Día de la Madre	Mother's Day
el Día de los Muertos	Day of the Dead
el Día del Padre	Father's Day
el Día de la Raza	Hispanic Awareness Day (Columbus Day)

el Día de los Reyes Magos	Day of the Magi (Three Kings), Epiphany
el Día de San Patricio	Saint Patrick's Day
el Día de San Valentín	Saint Valentine's Day
el Día del Trabajo	Labor Day
el Jánuca	Hannukah
la Fiesta de las Luces	Hannukah
la Navidad	Christmas
la Nochebuena	Christmas Eve
la Noche Vieja	New Year's Eve
la Pascua	Passover
la Pascua (Florida)	Easter
el cumpleaños	birthday
el día del santo	saint's day

CAPÍTULO

15 PASADO, Presente, Futuro

METAS

LA TRAMA

La próxima semana: It has been difficult for Lucía, but she is relieved to have solved the mystery of the two codicils. How do you think it was resolved? Raquel finishes telling Lucía the story of the moment at which don Fernando realized without a doubt that Ángela and Roberto were truly his grandchildren. The only remaining question, then, is: What will happen between Arturo and Raquel?

RAQUEL: Bien. [...] Ya sé, tenemos mucho de que hablar. Por eso yo estaba pensando que...

El vídeo

Actividad

Lucía seguía con la investigación

En el Episodio 14, Lucía encontró algunos documentos en las carpetas (*folders*) de don Fernando. Indica si las siguientes afirmaciones sobre el episodio son ciertas (**C**) o falsas (**F**). Si son falsas, modifícalas para que sean ciertas.

En las carpetas, Lucía encontró...

C F **1.** recibos de clínicas de rehabilitación en la carpeta de Pati.

C F **2.** una copia del certificado de nacimiento de Ángel.

C F **3.** una carta que Gloria le escribió a don Fernando, culpándose por los problemas financieros de la oficina en Miami.

C F **4.** el certificado de matrimonio de Rosario y don Fernando.

C F **5.** dibujos de Ángel.

C F **6.** títulos de propiedad de La Gavia.

C F **7.** una foto de Ángel.

Actividad

▶ *Hace cinco años* ◀ **Don Fernando**

Paso 1 Con un compañero / una compañera, completen las siguientes oraciones sobre los acontecimientos del episodio previo.

1. Durante la cena con toda la familia, don Fernando les dijo a todos que tenía grandes dudas. No estaba seguro de que...

2. Para disipar las dudas de don Fernando, Ángela dijo que en su carro tenía...

3. Don Fernando le dijo a la agente de bienes raíces que...

4. Con respecto a La Gavia, hacía muchos años que don Fernando tenía la idea de...

5. Él sabía que costaría mucho dinero llevar a cabo (*to carry out*) su plan, así que por muchos años...
6. Les dijo a Pedro y a sus hijos que todo el plan estaba escrito en...
7. Don Fernando pensaba que las personas que mejor podían realizar el plan serían...
8. Con respecto a su hijo Juan, don Fernando le dijo que sería mejor que él...

Paso 2   Ahora compartan sus respuestas con otro grupo. ¿Están todos de acuerdo con lo que pasó en el episodio previo?

Episodio 15: La próxima semana

Preparación para el vídeo

Actividad **A**

El testamento de don Fernando

Paso 1   En el episodio previo, supiste que el nombre del padre de Lucía estaba en el segundo codicilo del testamento de don Fernando. ¿Por qué será? Indica si las siguientes oraciones son ciertas (**C**), falsas (**F**) o si no estás seguro/a (**NS**).

C   F   NS   **1.** El padre de Lucía era un viejo amigo de don Fernando, y éste decidió incluirlo en su testamento.

C   F   NS   **2.** El padre de Lucía era otro hijo de don Fernando que nunca había mencionado a la familia. Decidió incluir a Emilio Hinojosa Barranco en el testamento para recompensarlo por no haberlo reconocido como hijo suyo.

C   F   NS   **3.** Don Fernando había ganado mucho dinero gracias a un invento del padre de Lucía, y la inclusión de él en el testamento de don Fernando era una forma de recompensarlo.

C   F   NS   **4.** El padre de Lucía fue empleado de don Fernando y nunca recibió el dinero que le merecía (*he deserved*).

C   F   NS   **5.** El gobierno mexicano acusó a don Fernando de despojar (*stripping*) al padre de Lucía de sus bienes (*wealth*), así que don Fernando lo incluyó en su testamento.

C   F   NS   **6.** Pedro había aconsejado a don Fernando que no se preocupara porque no había hecho nada ilegal. Sin embargo, don Fernando quiso corregir la situación.

Paso 2   Después de ver el Episodio 15, verifica tus respuestas del Paso 1.

Actividad **B**

¿Quién lo dirá?

Paso 1   Indica quién crees que dirá lo siguiente en este episodio. ¡OJO! No se cita lo que dijo uno de los personajes.

a. Ángela Castillo   d. Raquel Rodríguez
b. don Fernando Castillo   e. Luis Villarreal
c. Lucía Hinojosa

1. _____ «...la Sra. Suárez me dijo que Rosario nunca dejó de pensar en Ud., que siempre lo amó.»
2. _____ «...eres hijo de Rosario... eres como un hijo verdadero para mí.»
3. _____ «Si sigues así, vas a tener más clientes ricos de los que puedas atender.»
4. _____ «¡Ojalá sea la prueba que buscas!»
5. _____ «Yo me estoy preparando para lo peor... »
6. _____ «Lo que sientes por él. Es serio, ¿verdad?»
7. _____ «O tú te vas para Buenos Aires o él se va para Los Ángeles. Pero no dejen perder un amor verdadero.»
8. _____ «Él también tiene opciones, y creo que tú eres una de las más importantes.»

Paso 2

 ¡UN DESAFÍO!   Indica a quién iban dirigidas las palabras de cada cita del Paso 1 y cuáles son las circunstancias que rodean cada una.

¿Qué tal es tu memoria?

Actividad **A**

La investigación termina

Indica si las siguientes oraciones sobre este episodio son ciertas (**C**) o falsas (**F**). Si son falsas, modifícalas para que sean ciertas.

C F **1.** El padre de Lucía inventó un proceso metalúrgico que don Fernando compró.

C F **2.** El padre de Lucía no ganó mucho dinero con la venta de su invento porque, en su juventud, don Fernando era un hombre sin escrúpulos.

C F **3.** Pedro le aconsejó a su hermano que mintiera sobre la compra del invento porque había hecho algo ilegal.

C F **4.** Pero al fin y al cabo, don Fernando decidió incluir a Emilio Hinojosa Barranco en su testamento para recompensarlo.

In **Episodio 15** of the CD-ROM to accompany *Nuevos Destinos*, you can read a letter from the Mexican government about the claim against La Gavia.

C F **5.** Siguiendo los deseos de su hermano, Pedro incorporó al testamento de don Fernando el segundo codicilo que iba a proporcionarle dinero a la familia Hinojosa.

C F **6.** Lucía cree que Pedro convenció a su hermano de posponer la entrega de su parte de la herencia hasta que se calmara la situación causada por el descubrimiento de la nueva familia puertorriqueña.

C F **7.** Aunque se ha resuelto el misterio de los dos codicilos, sigue pendiente la reclamación del gobierno mexicano contra La Gavia.

Actividad **B** ▶ *Hace cinco años* ◀ **La despedida**

¿Qué pasó cuando Raquel y Arturo llegaron al cuarto de don Fernando para despedirse de él? Empareja frases de las dos columnas para hacer oraciones completas.

1. _____ Don Fernando le dijo a Arturo que éste...
2. _____ Ángela le mostró a don Fernando...
3. _____ Luego, Mercedes sacó de una gaveta (*drawer*)...
4. _____ Don Fernando le dijo a Raquel que...
5. _____ Raquel le contestó que...
6. _____ Raquel también le dijo a don Fernando que...

a. ella y Arturo ya habían hablado un poco sobre el futuro de sus relaciones.
b. no dejara perder un amor verdadero.
c. Rosario nunca dejó de pensar en él, que siempre lo amó.
d. la copa que había traído de Puerto Rico.
e. era como un hijo para él.
f. la otra copa de bodas que don Fernando había guardado durante tantos años.

Actividad **C**

Para pensar

Opciones

¿De qué hablaron Raquel y Lucía al final de este episodio? Con un compañero / una compañera, contesten las siguientes preguntas sobre esa conversación.

1. ¿Cómo le explicó Raquel a Lucía su decisión de no salir con Luis?
2. ¿Por qué estaba pensando Raquel en ir a la Argentina?
3. ¿Dónde estaba Arturo cuando llamó a Raquel por teléfono?
4. ¿Qué opinó Lucía de las noticias de Arturo?
5. ¿Hacia adónde iba Raquel cuando terminó el episodio?

Ahora que Arturo ha regresado a Los Ángeles, ¿qué crees que pasará entre él y Raquel? ¿Se reconciliarán? ¿Se irán a separar? ¿Se irán a vivir a la Argentina? ¿Se quedarán en Los Ángeles? Los dos tienen muchas opciones, pero... ¡quién sabe lo que pasará!

Para terminar

Actividad final | Pasado, Presente, Futuro

Bueno, ya ha terminado la investigación de Lucía, y Raquel le ha contado a Lucía la última parte de la investigación que realizó hace cinco años. Y ya que Arturo ha regresado a Los Ángeles de Buenos Aires, hay la posibilidad de que él y Raquel hablen seriamente de los dilemas que enfrentan. Parece que hay muchas posibilidades... Como actividad final de *Nuevos Destinos*, vas a imaginarte que han pasado cinco años más y vas a escribirle una carta a algún personaje de la serie.

Paso 1 Primero, escoge a uno de los personajes de la serie. ¿Tienes algún personaje predilecto? ¿A quién te gustaría más dirigirte? ¿Quién crees que tendrá en el futuro la vida más interesante? También piensa en lo que quieres decirle a ese personaje. ¿Cómo será ese personaje en el futuro? ¿Tendrá muchos problemas? ¿mucho éxito? ¿una familia más grande?

Paso 2 Ahora escríbele la carta a ese personaje. ¡Usa tu imaginación!

Paso 3 Finalmente, entrega tu composición al profesor / a la profesora. Es posible que él/ella quiera leerles algunas de las cartas a los demás miembros de la clase.

APÉNDICE 1: Tabla de verbos

A. Regular Verbs: Simple Tenses

hablar / hablando / hablado

	INDICATIVE					SUBJUNCTIVE		IMPERATIVE
	PRESENT	IMPERFECT	PRETERITE	FUTURE	CONDITIONAL	PRESENT	IMPERFECT	
	hablo	hablaba	hablé	hablaré	hablaría	hable	hablara	
	hablas	hablabas	hablaste	hablarás	hablarías	hables	hablaras	habla tú,
	habla	hablaba	habló	hablará	hablaría	hable	hablara	no hables
	hablamos	hablábamos	hablamos	hablaremos	hablaríamos	hablemos	habláramos	hable Ud.
	habláis	hablabais	hablasteis	hablaréis	hablaríais	habléis	hablarais	hablemos
	hablan	hablaban	hablaron	hablarán	hablarían	hablen	hablaran	hablen

comer / comiendo / comido

	PRESENT	IMPERFECT	PRETERITE	FUTURE	CONDITIONAL	PRESENT	IMPERFECT	IMPERATIVE
	como	comía	comí	comeré	comería	coma	comiera	
	comes	comías	comiste	comerás	comerías	comas	comieras	come tú,
	come	comía	comió	comerá	comería	coma	comiera	no comas
	comemos	comíamos	comimos	comeremos	comeríamos	comamos	comiéramos	coma Ud.
	coméis	comíais	comisteis	comeréis	comeríais	comáis	comierais	comamos
	comen	comían	comieron	comerán	comerían	coman	comieran	coman

vivir / viviendo / vivido

	PRESENT	IMPERFECT	PRETERITE	FUTURE	CONDITIONAL	PRESENT	IMPERFECT	IMPERATIVE
	vivo	vivía	viví	viviré	viviría	viva	viviera	
	vives	vivías	viviste	vivirás	vivirías	vivas	vivieras	vive tú,
	vive	vivía	vivió	vivirá	viviría	viva	viviera	no vivas
	vivimos	vivíamos	vivimos	viviremos	viviríamos	vivamos	viviéramos	viva Ud.
	vivís	vivíais	vivisteis	viviréis	viviríais	viváis	vivierais	vivamos
	viven	vivían	vivieron	vivirán	vivirían	vivan	vivieran	vivan

B. Regular Verbs: Perfect Tenses

INDICATIVE

PRESENT PERFECT		PAST PERFECT		PRETERITE PERFECT		FUTURE PERFECT		CONDITIONAL PERFECT	
he		había		hube		habré		habría	
has	hablado	habías	hablado	hubiste	hablado	habrás	hablado	habrías	hablado
ha	comido	había	comido	hubo	comido	habrá	comido	habría	comido
hemos	vivido	habíamos	vivido	hubimos	vivido	habremos	vivido	habríamos	vivido
habéis		habíais		hubisteis		habréis		habríais	
han		habían		hubieron		habrán		habrían	

SUBJUNCTIVE

PRESENT PERFECT		PAST PERFECT	
haya		hubiera	
hayas	hablado	hubieras	hablado
haya	comido	hubiera	comido
hayamos	vivido	hubiéramos	vivido
hayáis		hubierais	
hayan		hubieran	

C. Irregular Verbs

INFINITIVE PRESENT PARTICIPLE PAST PARTICIPLE	INDICATIVE					SUBJUNCTIVE		IMPERATIVE
	PRESENT	IMPERFECT	PRETERITE	FUTURE	CONDITIONAL	PRESENT	IMPERFECT	
andar andando andado	ando andas anda andamos andáis andan	andaba andabas andaba andábamos andabais andaban	anduve anduviste anduvo anduvimos anduvisteis anduvieron	andaré andarás andará andaremos andaréis andarán	andaría andarías andaría andaríamos andaríais andarían	ande andes ande andemos andéis anden	anduviera anduvieras anduviera anduviéramos anduvierais anduvieran	anda tú, no andes ande Ud. andemos anden
caer cayendo caído	caigo caes cae caemos caéis caen	caía caías caía caíamos caíais caían	caí caíste cayó caímos caísteis cayeron	caeré caerás caerá caeremos caeréis caerán	caería caerías caería caeríamos caeríais caerían	caiga caigas caiga caigamos caigáis caigan	cayera cayeras cayera cayéramos cayerais cayeran	cae tú, no caigas caiga Ud. caigamos caigan
dar dando dado	doy das da damos dais dan	daba dabas daba dábamos dabais daban	di diste dio dimos disteis dieron	daré darás dará daremos daréis darán	daría darías daría daríamos daríais darían	dé des dé demos deis den	diera dieras diera diéramos dierais dieran	da tú, no des dé Ud. demos den
decir diciendo dicho	digo dices dice decimos decís dicen	decía decías decía decíamos decíais decían	dije dijiste dijo dijimos dijisteis dijeron	diré dirás dirá diremos diréis dirán	diría dirías diría diríamos diríais dirían	diga digas diga digamos digáis digan	dijera dijeras dijera dijéramos dijerais dijeran	di tú, no digas diga Ud. digamos digan
estar estando estado	estoy estás está estamos estáis están	estaba estabas estaba estábamos estabais estaban	estuve estuviste estuvo estuvimos estuvisteis estuvieron	estaré estarás estará estaremos estaréis estarán	estaría estarías estaría estaríamos estaríais estarían	esté estés esté estemos estéis estén	estuviera estuvieras estuviera estuviéramos estuvierais estuvieran	está tú, no estés esté Ud. estemos estén
haber habiendo habido	he has ha hemos habéis han	había habías había habíamos habíais habían	hube hubiste hubo hubimos hubisteis hubieron	habré habrás habrá habremos habréis habrán	habría habrías habría habríamos habríais habrían	haya hayas haya hayamos hayáis hayan	hubiera hubieras hubiera hubiéramos hubierais hubieran	

C. Irregular Verbs (continued)

INFINITIVE PRESENT PARTICIPLE PAST PARTICIPLE	INDICATIVE					SUBJUNCTIVE		IMPERATIVE
	PRESENT	IMPERFECT	PRETERITE	FUTURE	CONDITIONAL	PRESENT	IMPERFECT	
hacer haciendo hecho	hago haces hace hacemos hacéis hacen	hacía hacías hacía hacíamos hacíais hacían	hice hiciste hizo hicimos hicisteis hicieron	haré harás hará haremos haréis harán	haría harías haría haríamos haríais harían	haga hagas haga hagamos hagáis hagan	hiciera hicieras hiciera hiciéramos hicierais hicieran	haz tú, no hagas haga Ud. hagamos hagan
ir yendo ido	voy vas va vamos vais van	iba ibas iba íbamos ibais iban	fui fuiste fue fuimos fuisteis fueron	iré irás irá iremos iréis irán	iría irías iría iríamos iríais irían	vaya vayas vaya vayamos vayáis vayan	fuera fueras fuera fuéramos fuerais fueran	ve tú, no vayas vaya Ud. vayamos vayan
oír oyendo oído	oigo oyes oye oímos oís oyen	oía oías oía oíamos oíais oían	oí oíste oyó oímos oísteis oyeron	oiré oirás oirá oiremos oiréis oirán	oiría oirías oiría oiríamos oiríais oirían	oiga oigas oiga oigamos oigáis oigan	oyera oyeras oyera oyéramos oyerais oyeran	oye tú, no oigas oiga Ud. oigamos oigan
poder pudiendo podido	puedo puedes puede podemos podéis pueden	podía podías podía podíamos podíais podían	pude pudiste pudo pudimos pudisteis pudieron	podré podrás podrá podremos podréis podrán	podría podrías podría podríamos podríais podrían	pueda puedas pueda podamos podáis puedan	pudiera pudieras pudiera pudiéramos pudierais pudieran	
poner poniendo puesto	pongo pones pone ponemos ponéis ponen	ponía ponías ponía poníamos poníais ponían	puse pusiste puso pusimos pusisteis pusieron	pondré pondrás pondrá pondremos pondréis pondrán	pondría pondrías pondría pondríamos pondríais pondrían	ponga pongas ponga pongamos pongáis pongan	pusiera pusieras pusiera pusiéramos pusierais pusieran	pon tú, no pongas ponga Ud. pongamos pongan
querer queriendo querido	quiero quieres quiere queremos queréis quieren	quería querías quería queríamos queríais querían	quise quisiste quiso quisimos quisisteis quisieron	querré querrás querrá querremos querréis querrán	querría querrías querría querríamos querríais querrían	quiera quieras quiera queramos queráis quieran	quisiera quisieras quisiera quisiéramos quisierais quisieran	quiere tú, no quieras quiera Ud. queramos quieran

C. Irregular Verbs (continued)

INFINITIVE / PRESENT PARTICIPLE / PAST PARTICIPLE	INDICATIVE					SUBJUNCTIVE		IMPERATIVE
	PRESENT	IMPERFECT	PRETERITE	FUTURE	CONDITIONAL	PRESENT	IMPERFECT	
saber sabiendo sabido	sé sabes sabe sabemos sabéis saben	sabía sabías sabía sabíamos sabíais sabían	supe supiste supo supimos supisteis supieron	sabré sabrás sabrá sabremos sabréis sabrán	sabría sabrías sabría sabríamos sabríais sabrían	sepa sepas sepa sepamos sepáis sepan	supiera supieras supiera supiéramos supierais supieran	sabe tú, no sepas sepa Ud. sepamos sepan
salir saliendo salido	salgo sales sale salimos salís salen	salía salías salía salíamos salíais salían	salí saliste salió salimos salisteis salieron	saldré saldrás saldrá saldremos saldréis saldrán	saldría saldrías saldría saldríamos saldríais saldrían	salga salgas salga salgamos salgáis salgan	saliera salieras saliera saliéramos salierais salieran	sal tú, no salgas salga Ud. salgamos salgan
ser siendo sido	soy eres es somos sois son	era eras era éramos erais eran	fui fuiste fue fuimos fuisteis fueron	seré serás será seremos seréis serán	sería serías sería seríamos seríais serían	sea seas sea seamos seáis sean	fuera fueras fuera fuéramos fuerais fueran	sé tú, no seas sea Ud. seamos sean
tener teniendo tenido	tengo tienes tiene tenemos tenéis tienen	tenía tenías tenía teníamos teníais tenían	tuve tuviste tuvo tuvimos tuvisteis tuvieron	tendré tendrás tendrá tendremos tendréis tendrán	tendría tendrías tendría tendríamos tendríais tendrían	tenga tengas tenga tengamos tengáis tengan	tuviera tuvieras tuviera tuviéramos tuvierais tuvieran	ten tú, no tengas tenga Ud. tengamos tengan
traer trayendo traído	traigo traes trae traemos traéis traen	traía traías traía traíamos traíais traían	traje trajiste trajo trajimos trajisteis trajeron	traeré traerás traerá traeremos traeréis traerán	traería traerías traería traeríamos traeríais traerían	traiga traigas traiga traigamos traigáis traigan	trajera trajeras trajera trajéramos trajerais trajeran	trae tú, no traigas traiga Ud. traigamos traigan
venir viniendo venido	vengo vienes viene venimos venís vienen	venía venías venía veníamos veníais venían	vine viniste vino vinimos vinisteis vinieron	vendré vendrás vendrá vendremos vendréis vendrán	vendría vendrías vendría vendríamos vendríais vendrían	venga vengas venga vengamos vengáis vengan	viniera vinieras viniera viniéramos vinierais vinieran	ven tú, no vengas venga Ud. vengamos vengan

C. Irregular Verbs (continued)

INFINITIVE / PRESENT PARTICIPLE / PAST PARTICIPLE	INDICATIVE					SUBJUNCTIVE		IMPERATIVE
	PRESENT	IMPERFECT	PRETERITE	FUTURE	CONDITIONAL	PRESENT	IMPERFECT	
ver / viendo / visto	veo	veía	vi	veré	vería	vea	viera	ve tú,
	ves	veías	viste	verás	verías	veas	vieras	no veas
	ve	veía	vio	verá	vería	vea	viera	vea Ud.
	vemos	veíamos	vimos	veremos	veríamos	veamos	viéramos	veamos
	veis	veíais	visteis	veréis	veríais	veáis	vierais	vean
	ven	veían	vieron	verán	verían	vean	vieran	

D. Stem-changing and Spelling Change Verbs

INFINITIVE / PRESENT PARTICIPLE / PAST PARTICIPLE	INDICATIVE					SUBJUNCTIVE		IMPERATIVE
	PRESENT	IMPERFECT	PRETERITE	FUTURE	CONDITIONAL	PRESENT	IMPERFECT	
construir (y) / construyendo / construido	construyo	construía	construí	construiré	construiría	construya	construyera	construye tú,
	construyes	construías	construiste	construirás	construirías	construyas	construyeras	no construyas
	construye	construía	construyó	construirá	construiría	construya	construyera	construya Ud.
	construimos	construíamos	construimos	construiremos	construiríamos	construyamos	construyéramos	construyamos
	construís	construíais	construisteis	construiréis	construiríais	construyáis	construyerais	construyan
	construyen	construían	construyeron	construirán	construirían	construyan	construyeran	
dormir (ue, u) / durmiendo / dormido	duermo	dormía	dormí	dormiré	dormiría	duerma	durmiera	duerme tú,
	duermes	dormías	dormiste	dormirás	dormirías	duermas	durmieras	no duermas
	duerme	dormía	durmió	dormirá	dormiría	duerma	durmiera	duerma Ud.
	dormimos	dormíamos	dormimos	dormiremos	dormiríamos	durmamos	durmiéramos	durmamos
	dormís	dormíais	dormisteis	dormiréis	dormiríais	durmáis	durmierais	duerman
	duermen	dormían	durmieron	dormirán	dormirían	duerman	durmieran	
pedir (i, i) / pidiendo / pedido	pido	pedía	pedí	pediré	pediría	pida	pidiera	pide tú,
	pides	pedías	pediste	pedirás	pedirías	pidas	pidieras	no pidas
	pide	pedía	pidió	pedirá	pediría	pida	pidiera	pida Ud.
	pedimos	pedíamos	pedimos	pediremos	pediríamos	pidamos	pidiéramos	pidamos
	pedís	pedíais	pedisteis	pediréis	pediríais	pidáis	pidierais	pidan
	piden	pedían	pidieron	pedirán	pedirían	pidan	pidieran	
pensar (ie) / pensando / pensado	pienso	pensaba	pensé	pensaré	pensaría	piense	pensara	piensa tú,
	piensas	pensabas	pensaste	pensarás	pensarías	pienses	pensaras	no pienses
	piensa	pensaba	pensó	pensará	pensaría	piense	pensara	piense Ud.
	pensamos	pensábamos	pensamos	pensaremos	pensaríamos	pensemos	pensáramos	pensemos
	pensáis	pensabais	pensasteis	pensaréis	pensaríais	penséis	pensarais	piensen
	piensan	pensaban	pensaron	pensarán	pensarían	piensen	pensaran	

D. Stem-changing and Spelling Change Verbs (continued)

INFINITIVE PRESENT PARTICIPLE PAST PARTICIPLE	INDICATIVE					SUBJUNCTIVE		IMPERATIVE
	PRESENT	IMPERFECT	PRETERITE	FUTURE	CONDITIONAL	PRESENT	IMPERFECT	
producir (zc, j) produciendo producido	produzco produces produce producimos producís producen	producía producías producía producíamos producíais producían	produje produjiste produjo produjimos produjisteis produjeron	produciré producirás producirá produciremos produciréis producirán	produciría producirías produciría produciríamos produciríais producirían	produzca produzcas produzca produzcamos produzcáis produzcan	produjera produjeras produjera produjéramos produjerais produjeran	produce tú, no produzcas produzca Ud. produzcamos produzcan
reír (i, i) riendo reído	río ríes ríe reímos reís ríen	reía reías reía reíamos reíais reían	reí reíste rió reímos reísteis rieron	reiré reirás reirá reiremos reiréis reirán	reiría reirías reiría reiríamos reiríais reirían	ría rías ría riamos riáis rían	riera rieras riera riéramos rierais rieran	ríe tú, no rías ría Ud. riamos rían
seguir (i, i) (g) siguiendo seguido	sigo sigues sigue seguimos seguís siguen	seguía seguías seguía seguíamos seguíais seguían	seguí seguiste siguió seguimos seguisteis siguieron	seguiré seguirás seguirá seguiremos seguiréis seguirán	seguiría seguirías seguiría seguiríamos seguiríais seguirían	siga sigas siga sigamos sigáis sigan	siguiera siguieras siguiera siguiéramos siguierais siguieran	sigue tú, no sigas siga Ud. sigamos sigan
sentir (ie, i) sintiendo sentido	siento sientes siente sentimos sentís sienten	sentía sentías sentía sentíamos sentíais sentían	sentí sentiste sintió sentimos sentisteis sintieron	sentiré sentirás sentirá sentiremos sentiréis sentirán	sentiría sentirías sentiría sentiríamos sentiríais sentirían	sienta sientas sienta sintamos sintáis sientan	sintiera sintieras sintiera sintiéramos sintierais sintieran	siente tú, no sientas sienta Ud. sintamos sientan
volver (ue) volviendo vuelto	vuelvo vuelves vuelve volvemos volvéis vuelven	volvía volvías volvía volvíamos volvíais volvían	volví volviste volvió volvimos volvisteis volvieron	volveré volverás volverá volveremos volveréis volverán	volvería volverías volvería volveríamos volveríais volverían	vuelva vuelvas vuelva volvamos volváis vuelvan	volviera volvieras volviera volviéramos volvierais volvieran	vuelve tú, no vuelvas vuelva Ud. volvamos vuelvan

APÉNDICE 2:
Índice de personajes

This index includes the names of most of the characters who appear in *Nuevos Destinos*, alphabetized by their first name in most cases. Photographs are included for many characters as well, along with a brief description of them and a city in which they live. Indications in italics reflect updated information on some characters as pertains to the *Nuevos Destinos* storyline.

Alfredo Sánchez, Madrid, España. A reporter who meets Raquel.

Ángel Castillo del Valle, Buenos Aires, Argentina. Son of Fernando Castillo Saavedra and Rosario del Valle.

Ángela Castillo Soto, San Juan, Puerto Rico. Daughter of Ángel Castillo and María Luisa Soto. *Married her boyfriend Jorge after she met her family in Mexico. She and Jorge are now seeking a divorce.*

el Dr. Arturo Iglesias, Buenos Aires, Argentina. A psychiatrist and the son of Rosario and Martín Iglesias. *Moved to Los Angeles, California. Is currently away at a psychiatric conference in Argentina.*

Carlitos Castillo, Miami, Florida (*La Gavia, México*). Son of Carlos and Gloria and grandson of don Fernando.

Carmen Contreras de Soto, San Germán, Puerto Rico. Ángela and Roberto's grandmother. *Recently deceased.*

Carmen Márquez de Castillo, La Gavia, México. Second wife of don Fernando and mother of their four children, Ramón, Carlos, Mercedes, and Juan.

Carlos Castillo Márquez, Miami, Florida (*La Gavia, México*). One of don Fernando's sons and director of the Miami office of the family company. *Currently runs the orphanage at La Gavia with his sister, Mercedes.*

Cirilo, Estancia Santa Susana, Argentina. A gaucho and ex-employee of Rosario.

Consuelo Castillo, La Gavia, México. Don Fernando's daughter-in-law, she lives at La Gavia with her husband Ramón and daughter Maricarmen.

Elena Ramírez de Ruiz, Sevilla, España. Daughter-in-law of Teresa Suárez and mother of Miguel and Jaime. Her husband is Miguel Ruiz.

Federico Ruiz Suárez, Madrid, España. Son of Teresa Suárez.

Fernando Castillo Saavedra, La Gavia, México. Patriarch of the Castillo family, don Fernando initiated the original investigation that was carried out by Raquel Rodríguez. *Died shortly after meeting his Puerto Rican grandchildren.*

Francisco Rodríguez Trujillo, Los Angeles, California. Raquel's father.

Gloria Castillo, Miami, Florida (*La Gavia, México*). Carlos's wife and mother of Juanita and Carlitos.

Héctor Condotti, Buenos Aires, Argentina. An experienced sailor and friend of Ángel.

Jaime Ruiz Ramírez, Sevilla, España. Grandson of Teresa Suárez and son of Miguel Ruiz.

Jaime Soto Contreras, San Juan, Puerto Rico. One of Ángela's uncles.

Jorge Alonso, San Juan, Puerto Rico. Ángela's boyfriend and a professor of theater at the University of Puerto Rico. *Married Ángela after she met her family in Mexico. He and Ángela are now seeking a divorce.*

José, Buenos Aires, Argentina. A sailor and friend of Héctor.

Juan Castillo Márquez, New York, New York. The youngest child of don Fernando and a professor of literature at New York University; married to Pati. *New father of a baby boy.*

Juanita Castillo, Miami, Florida (*La Gavia, México*). Daughter of Carlos and Gloria.

Laura Soto, San Juan, Puerto Rico. One of Ángela's cousins and the daughter of tío Jaime.

Luis Villarreal, Los Angeles, California. The former boyfriend of Raquel.

María Orozco de Rodríguez, Los Angeles, California. Raquel's mother.

Maricarmen Castillo, La Gavia, México. Daughter of Ramón and Consuelo.

Mario, Buenos Aires, Argentina. A storekeeper in the La Boca district.

Martín Iglesias, Buenos Aires, Argentina. Second husband of Rosario, stepfather of Ángel Castillo, and father of Arturo Iglesias.

Mercedes Castillo de Martínez, La Gavia, México. Don Fernando's only daughter. *Currently runs the orphanage at La Gavia with her brother, Carlos.*

Miguel Ruiz Ramírez, Sevilla, España. Grandson of Teresa Suárez and son of Miguel Ruiz.

Miguel Ruiz Suárez, Sevilla, España. Son of Teresa Suárez and father of Miguel and Jaime.

Olga Soto Contreras, San Juan, Puerto Rico. One of Ángela's aunts.

Pati Castillo, New York, New York. The wife of Juan and professor of theater at New York University, as well as a writer/director. *Recently gave birth to a baby boy.*

Pedro Castillo Saavedra, México, D.F., México. Law professor at the National University of México and brother of don Fernando. *Recently deceased.*

Ramón Castillo Márquez, La Gavia, México. The oldest son of don Fernando. He runs Castillo Saavedra, S.A.

Roberto Castillo Soto, San Juan, Puerto Rico (*México, D.F.*). Son of Ángel Castillo and María Luisa Soto. *Professor of archaeology in Mexico.*

Roberto García, Sevilla, España. A taxi driver from the Triana district.

el Padre Rodrigo, un pueblo, México. A priest who offers comfort to Raquel and Ángela.

Rosario del Valle de Iglesias, Buenos Aires, Argentina. First wife of don Fernando Castillo.

Teresa Suárez, Madrid, España. Friend of Rosario who writes the letter to don Fernando that initiates the original investigation.

Virginia López Estrada, México, D.F., México. A real estate agent.

APÉNDICE 3:
Los países del mundo hispánico

ARGENTINA

población: 34.000.000 de habitantes
capital: Buenos Aires
moneda: el peso
idioma oficial: el español

BOLIVIA

población: 8.000.000 de habitantes
capitales: La Paz (sede[a] del gobierno),
Sucre (constitucional)
moneda: el peso boliviano
idiomas oficiales: el español,
el quechua, el aimará

CHILE

población: 14.000.000 de habitantes
capital: Santiago
moneda: el peso
idiomas: el español (oficial), el mapuche

COLOMBIA

población: 36.000.000 de habitantes
capital: Bogotá
moneda: el peso
idioma oficial: el español

COSTA RICA

población: 3.000.000 de habitantes
capital: San José
moneda: el colón
idioma oficial: el español

CUBA

población: 11.000.000 de habitantes
capital: La Habana
moneda: el peso
idioma oficial: el español

ECUADOR

población: 11.000.000 de habitantes
capital: Quito
moneda: el sucre
idiomas: el español (oficial), el quechua

EL SALVADOR

población: 6.000.000 de habitantes
capital: San Salvador
moneda: el colón
idioma oficial: el español

ESPAÑA

población: 39.000.000 de habitantes
capital: Madrid
moneda: la peseta
idiomas: el español (oficial), el catalán,
el gallego, el vascuence

GUATEMALA

población: 11.000.000 de habitantes
capital: la Ciudad de Guatemala
moneda: el quetzal
idiomas: el español (oficial), varios
dialectos maya-quiché

---

[a]seat

GUINEA ECUATORIAL

población: 430.000 de habitantes
capital: Malabo
moneda: el CFA (Communauté Financière Africaine) franc
idiomas: el español (oficial), el inglés, varios dialectos indígenas

HONDURAS

población: 5.000.000 de habitantes
capital: Tegucigalpa
moneda: el lempira
idioma oficial: el español

MÉXICO

población: 94.000.000 de habitantes
capital: la Ciudad de México
moneda: el nuevo peso
idiomas: el español (oficial), el zapoteca, el mixteca, el náhuatl, varios dialectos mayas

NICARAGUA

población: 4.000.000 de habitantes
capital: Managua
moneda: el córdoba
idiomas: el español (oficial), el misquito

PANAMÁ

población: 3.000.000 de habitantes
capital: La Ciudad de Panamá
moneda: el balboa
idioma oficial: el español

PARAGUAY

población: 5.000.000 de habitantes
capital: Asunción
moneda: el guaraní
idiomas oficiales: el español, el guaraní

PERÚ

población: 24.000.000 de habitantes
capital: Lima
moneda: el sol
idiomas oficiales: el español, el quechua, el aimará

PUERTO RICO

población: 4.000.000 de habitantes
capital: San Juan
moneda: el dólar estadounidense
idiomas oficiales: el español, el inglés

REPÚBLICA DOMINICANA

población: 8.000.000 de habitantes
capital: Santo Domingo
moneda: el peso
idiomas: el español (oficial), el francés criollo

URUGUAY

población: 3.000.000 de habitantes
capital: Montevideo
moneda: el peso
idioma oficial: el español

VENEZUELA

población: 21.000.000 de habitantes
capital: Caracas
moneda: el bolívar
idiomas: el español (oficial), varios idiomas indígenas

Vocabulario español-inglés

This Spanish-English vocabulary contains most of the Spanish words that appear in the text, with the following exceptions: (1) most close or identical cognates that do not appear in the chapter vocabulary lists; (2) most conjugated verb forms; (3) diminutives in **-ito/a**; (4) absolute superlatives in **-ísimo/a**; and (5) most adverbs in **-mente**. Active vocabulary is indicated by the number of the chapter in the main text in which a word or given meaning is first listed (**P = Capítulo preliminar**). Only meanings that are used in the text are given.

The gender of nouns is indicated, except for masculine nouns ending in **-o** and feminine nouns ending in **-a**. Stem changes and spelling changes are indicated for verbs: **reunirse (me reúno); dormir (ue, u); llegar (gu)**. Because **ch** and **ll** are no longer considered separate letters, words beginning with **ch** and **ll** are found as they would be found in an English list. The letter **ñ** follows the letter **n**: **añadir** follows **anuncio**, for example. The following abbreviations are used in the text:

abbrev.	abbreviation	*irreg.*	irregular
adj.	adjective	*m.*	masculine
adv.	adverb	*Mex.*	Mexico
Arg.	Argentina	*n.*	noun
coll.	colloquial	*obj. of prep.*	object of preposition
conj.	conjunction	*pl.*	plural
d.o.	direct object	*poss.*	possessive
f.	feminine	*p.p.*	past participle
fam.	familiar	*prep.*	preposition
fig.	figurative	*pron.*	pronoun
form.	formal	*refl. pron.*	reflexive pronoun
gram.	grammatical	*rel. pron.*	relative pronoun
infin.	infinitive	*sing.*	singular
interj.	interjection	*Sp.*	Spain
inv.	invariable	*sub. pron.*	subject pronoun
i.o.	indirect object		

A

a to; at; **a cuestas** on one's back; **a fin de cuentas** finally, in the end; **a fines de** at the end of; **a fondo** in depth, thoroughly; **a la(s)** at (*time*); **a la semana** per week; **a largo plazo** in the long run; **a principios de** at the beginning of; **a solas** alone, by oneself; **al** *contraction of* **a** + **el** to the; **al fondo** at the back, rear

abajo below, underneath

abandonar to abandon, leave behind

abarcar (qu) to include, contain

abarrotería grocery store

abertura opening, hole, gap

abierto/a (*p.p. of* **abrir**) open; opened

abogado/a lawyer (1)

abogar (gu) to plead for, advocate

abolir to abolish

abrazar (c) to hug, embrace

abril *m.* April

abrir *irreg.* to open

absoluto/a absolute; **en absoluto** not at all

absorber (*p.p.* **absorto/a**) to absorb, soak up

abuelo/a grandfather, grandmother (2); **abuelos** *pl.* grandparents

abundancia abundance

aburrido/a boring (P); bored

acá here

acabamiento finishing, completion; end

acabar to finish, come to an end; **acabar de** + *infin.* to have just (*done something*)

academia academy; **Real Academia de la Lengua Española** Royal Academy of the Spanish Language

acariciar to caress

acceso access

accidente *m.* accident

acción *f.* action; **Día** (*m.*) **de Dar Gracias** Thanksgiving Day (14)

aceite *m.* oil (5)

aceituna olive (5)

acento accent

acentuar (acentúo) to stress

aceptar to accept

acerca de about, concerning

acercarse (qu) to approach, come near

acero steel

acertar (ie) to get (*something*) right

acogedor (a) cozy, inviting

acoger (j) to receive, welcome

acompañar to accompany

aconsejable advisable

aconsejar to advise (10)

acontecimiento event

acordarse (ue) (de) to remember (4)

acostarse (ue) to go to bed (1)

acostumbrar + *infin.* to be in the habit of (*doing something*); **acostumbrarse a** to get used to, get accustomed to

actitud *f.* attitude

actividad *f.* activity

acto act
actor *m.* actor
actriz *f.* (*pl.* actrices) actress
actual current, up-to-date
actualmente currently, at present
acuático/a: esquí (*m.*) acuático
   waterskiing (13)
acudir to turn to (*advice*)
acueducto aqueduct
acuerdo agreement; de acuerdo I agree,
   OK; de acuerdo con according to; estar
   (*irreg.*) de acuerdo to agree, be in
   agreement
acumulación *f.* accumulation
acusar to accuse
adaptación *f.* adaptation
adaptar to adapt
adecuado/a adequate
adelante onward; forward; ahead
además besides, moreover; además de
   besides, in addition to
aderezar (c) to dress, season (food)
adicción *f.* addiction
adicional additional
adicto/a addict
adiós good-bye (P)
adivinanza riddle
adivinar to guess
adjetivo adjective; adjetivo demostrativo
   demonstrative adjective
adjuntar to enclose, attach
administración *f.* administration
administrador (a) administrator
administrar to administrate
admirar to admire
admitir to admit
adolescencia adolescence
adolescente *m., f.* adolescent
¿adónde? where (to)? (P)
adoptar to adopt
adoración *f.* adoration; worship
adquirir (ie, i) to acquire, obtain
advertir (ie, i) to warn; to advise
aéreo/a *adj.* aerial
aeróbico/a aerobic
aeropuerto airport (7)
afectar to affect
afecto affection (12)
afectuoso/a affectionate (12)
afeitar to shave (*someone*); afeitarse to
   shave (*oneself*) (1)
afiliarse a to join, become a member
afirmación *f.* statement
afirmativo/a *adj.* affirmative
afortunado/a fortunately
africano/a *n., adj.* African
afroamericano/a *n., adj.* African American
afrocubano/a *n., adj.* Afro-Cuban
afuera *adv.* outside
agazapado/a restricted

agencia agency; agencia de viajes travel
   agency
agenda *f.* address book (8); notebook
agente *m., f.* agent; agente de bienes raíces
   real estate agent (13)
agitar to shake
agonía agony
agosto August
agotamiento depletion
agotar to exhaust, deplete (11)
agradable *adj. m., f.* pleasant, nice
agradecer (zc) to thank
agrario/a *adj.* land; reforma agraria land
   reform
agregar (gu) to add
agresivo/a aggressive
agrícola *adj. m., f.* agricultural; producto
   agrícola agricultural product
agricultura agriculture
agua *f.* (*but* el agua) water; agua potable
   drinking water
aguacate *m.* avocado
aguardar to wait for, expect
águila *f.* (*but* el águila) eagle
aguinaldo holiday bonus (3)
ahí there
ahogar (gu) to drown
ahora *adv.* now; ahora mismo right now;
   ahora que *conj.* now that; hasta ahora
   up to now
ahorrar to save
aire *m.* air; al aire libre outdoors
aislado/a isolated
ajedrez *m.* chess (13)
ajeno/a strange, foreign
ajo garlic
ajustar to adjust
al *contraction of* a + el to the; al + *infin.*
   upon (*doing something*); (una vez) al
   año (once) a year; al final in the end; al
   horno baked (5); al lado de next to; al
   mismo tiempo at the same time; al
   principio in the beginning; al vapor
   steamed (5); pagar al contado to pay
   cash (9)
ala *f.* (*but* el ala) wing
alameda public walk lined with trees
alargar (gu) to lengthen
albacea *m., f.* executor (*of an estate*)
albaricoque *m.* apricot
albergue *m.* hostel; albergue (juvenil)
   (youth) hostel (7)
alcance *m.* reach
alcanzar (c) to reach
alcázar *m.* castle, fortress
aldea village
alegrarse (de) to become happy (about)
   (4); to be glad, happy (about)
alegre *adj. m., f.* happy
alegría happiness

alejarse to move away, leave
alemán, alemana *n., adj.* German
Alemania Germany
alfabetismo literacy
alfabeto alphabet
alfombra rug, carpet (4)
alfombrado/a carpeted
álgebra *f.* (*but* el álgebra) algebra (3)
algo *pron.* something (1); *adv.* somewhat
algodón *m.* cotton
alguien someone, anyone (1)
algún, alguno/a some; any (1); algún día
   someday; alguna vez once; ever
algunos/as some
aliado/a *n.* ally
aliento courage; strength
alimento food item (5)
aliviar to alleviate
allá (over) there
allí there
alma *f.* (*but* el alma) soul
almacén *m.* department store (9)
almohada pillow (4)
almorzar (ue) (c) to have (eat) lunch (1)
almuerzo lunch (5)
alojamiento lodging (7)
alojarse to lodge, stay in a place (7)
alpinismo mountain climbing (13)
alquilar to rent (7)
alrededor de *prep.* around
altiplano high plateau
altitud *f.* altitude; height
alto/a tall (P); high; upper; en voz (*f.*) alta
   out loud, aloud
altura height
amable *adj. m., f.* kind; friendly
amante *m., f.* lover
amar to love
amargo/a bitter
amargura bitterness
amarillo/a yellow (P)
ambicioso/a ambitious
ambiente *m.* atmosphere; environment;
   medio ambiente environment (11)
ambos/as *adj., indef. pron., pl.* both
amenazar (c) to threaten
americano/a *n., adj.* American; fútbol (*m.*)
   americano football (13)
amigo/a friend (P); mejor amigo/a best
   friend
amistad *f.* friendship
amistoso/a friendly
amor *m.* love (12)
amoroso/a amorous, loving
ampliación *f.* expansion
amplio/a full; wide, broad
analizar (c) to analyze
ananás *m. inv.* pineapple
anaranjado/a orange (*color*) (P)
anaranjarse to become orange

anaranjoso/a orange-colored
anatomía anatomy (3)
ancho/a wide
anciano/a *n.* elderly person; *adj.* old
Andalucía Andalusia (*southern region of Spain*)
andaluz(a) *n., adj.* (*pl.* **andaluces**) Andalusian (*from region in southern Spain*)
andar *irreg.* to walk (4); **andar en bicicleta** to ride a bike (13); **andar en mateo** to ride in a carriage
Andes *m. pl.* Andes (*mountain range in South America*)
andino/a: países (*m. pl.*) **andinos** Andean countries
anexión *f.* annexation
anfitrión, anfitriona host, hostess
ángulo angle
angustia anxiety, distress; agony
anhelante *adj. m., f.* eager; longing, yearning
animado/a animated, lively
animal *m.* animal
animar to encourage
aniversario de bodas wedding anniversary
anoche last night
anochecer (**zc**) to get dark
anónimo/a anonymous; **sociedad** (*f.*) **anónima (S.A.)** incorporated (Inc.)
ansioso/a anxious
ante before, in the presence of, in front of; with regard to
antecedente *m.* antecedent
antepasado/a *n.* ancestor
anterior *adj. m., f.* previous
antes *adv.* before; **antes (de)** *prep.* before; **antes (de) que** *conj.* before (11)
anticomunista *n., adj. m., f.* anti-Communist
antiguamente formerly
antigüedad *f.* antiquity
antiguo/a old; ancient; former
Antillas *pl.* Antilles; **Antillas Mayores** Greater Antilles
antimonio antimony (*chemistry*)
antipatía antipathy, dislike; unfriendliness
antipático/a mean (P); disagreeable
antología anthology
antropología anthropology (3)
anudar to knot, tie
anunciar to announce
anuncio advertisement
añadir to add
año year; (**una vez**) **al año** (once) a year; **año pasado** last year; **cumplir años** to have a birthday; **de... años** . . . years old; **Día** (*m.*) **de Año Nuevo** New Year's Day (14); **hace... años** . . . years ago; **los años cincuenta** the fifties; **tener** (*irreg.*)**... años** to be . . . years old; **todos los años** every year

aparato appliance; **aparato eléctrico** electrical appliance (4); **aparato electrodoméstico** household appliance
aparcería sharecropping
aparecer (**zc**) to appear
aparición *f.* appearance
apariencia (outward) appearance
apartamento apartment
aparte *adv.* separate; apart
apasionado/a passionate
apellido last name, family name (2); **apellido de soltera** maiden name (2)
apenar to distress
apenas hardly, barely
apio celery (5)
aplicación *f.* application
aplicar (**qu**) to apply
apoderado/a manager
aportar to bring, contribute
apóstol *m.* apostle
apoyar to support; to lean, rest
apoyo support
apreciar to appreciate
aprender to learn
apresurado *adv.* hurried, quickly
apresurarse to hurry
apretado/a clenched
apropiado/a appropriate
aprovecharse de to take advantage of (7)
aproximado/a approximate
apuntar to point out; to note, jot down
apunte *m.* note; **tomar apuntes** to take notes (P)
aquel, aquella *adj.* that (over there) (2); **aquel entonces** those days (6); **en aquel entonces** at that time
aquél, aquélla *pron.* that one (over there) (2)
aquello that, that thing, that fact (2)
aquellos/as *adj.* those (over there)
aquéllos/as *pron.* those ones (over there)
aquí here; **aquí mismo** right here; **por aquí** around here
árabe *n. m., f.* Arab; *adj. m., f.* Arabic
Aragón *m.* Aragon (*region of Spain*)
árbol *m.* tree; **árbol genealógico** family tree
archivar to file (8)
archivo file (8)
arder to burn
área *f.* (*but* **el área**) area
arena sand
argentino/a *n., adj.* Argentine
argumento argument; reasoning
árido/a arid
aristocracia aristocracy
aristocrático/a aristocratic
arma *f.* (*but* **el arma**) arm, weapon; **arma de fuego** firearm
armario closet (4)

armonía harmony
arqueológico/a archeological
arquitecto/a architect (3)
arquitectónico/a architectural
arquitectura architecture
arrancar (**qu**) to pull up
arreglar to arrange; to straighten up; to fix
arreglo arrangement
arrellanarse to lounge, sprawl
arriba above
arriendo *n.* leasing
arriesgado/a daring
arriesgar (**gu**) to risk
arrogante *adj. m., f.* arrogant
arrojar to throw
arroyo stream, brook; river
arroz *m.* rice (5)
arte *m.* (*but* **las artes**) art (3); **bellas artes** fine arts
artesanía *sing.* crafts; craftsmanship
artesano/a craftsperson
articular to articulate
artículo article
artificial *adj. m., f.:* **fuegos artificiales** fireworks
artista *m., f.* artist
artístico/a artistic
asado/a roast(ed) (5); **pavo asado** roast turkey
asador *m.* barbecue (*grill*)
asaltar to attack
ascendencia ancestry
ascensor *m.* elevator
asesinar to murder (11)
asesino/a murderer
así thus, so, in this way; **así como** just like; **así que** so (that), with the result of
asignar to assign
asimilación *f.* assimilation
asistente *m., f.* assistant, helper; **asistente de vuelo** flight attendant
asistir (a) to attend, go to (a function) (P)
asociación *f.* association
asociar to associate
aspecto aspect; appearance
aspiraciones *f. pl.* aspirations
aspiradora vacuum cleaner; **pasar la aspiradora** to vacuum (4)
asterisco asterisk
astilla splinter, chip
astronomía astronomy (3)
asunto subject, topic; matter, affair
atar to tie
ataque *m.* attack; **ataque al corazón** heart attack
atardecer *m.* late afternoon
ataúd *m.* coffin
Atenas *f.* Athens
atención *f.* attention; **prestar atención** to pay attention

atender (ie) (a) to pay attention (to); to assist, take care of; **¿lo/la atienden ya?** have you been helped?

atento/a attentive

aterrador (a) frightening, terrifying

Atlántico: Océano Atlántico Atlantic Ocean

atracción *f.* attraction; **parque (***m.***) de atracciones** amusement park

atraer (*like* **traer**) to attract

atraído/a (*p.p.* of **atraer**) attracted

atrapar to trap

atrás *adv.* behind; back

atrasado/a late

atravesar (ie) to go through

atribuir (y) to attribute

atún *m.* tuna (5)

aturdido/a dazed, stunned

auditor(a) auditor

auditorio auditorium

aumentar to increase

aumento raise; increase (8)

aun even

aún still, yet

aunque although, even though

ausencia absence

ausente *adj. m., f.* absent

auto car

autobús *m.* bus (7); **parada del autobús** bus stop (6)

autoencuesta self-test

autoexilio self-imposed exile

autógrafo autograph

automático/a automatic; **contestador (***m.***) automático** answering machine (8)

automóvil *m.* automobile, car

autonomía autonomy

autónomo/a autonomous

autopista freeway (7)

autoridad *f.* authority

avanzar (c) to advance

ave *f.* (*but* **el ave**) bird; fowl (5)

avenida avenue (6)

aventura adventure

aventurado/a risky, daring

aventurero/a adventurous

avergonzado/a embarrassed, ashamed

averiguar (gü) to find out; to look up, check (7)

aversión *f.* aversion, distaste

avión *m.* airplane (7); **por avion** by plane

avisar to notify, inform; to advise

ayer yesterday

aymará *m.* Aymara (*South American indigenous language*)

ayuda help (5); **pedir (i, i) ayuda** to ask for help

ayudar to help

ayuntamiento city hall (6)

azar *m.* chance, fate

azotar to whip

azteca *n., adj. m., f.* Aztec

azúcar *m.* sugar (5); **caña de azúcar** sugar cane

azucarero/a *adj.* sugar; **remolacha azucarera** sugar beet

azul blue (P); **azul marino** navy blue

azuloso/a bluish

B

bahía bay

bailar to dance (P)

baile *m.* dance

bajo *prep.* under

bajo/a short (P); low; **planta baja** ground floor, first floor (4)

bala bullet, shot

balcón *m.* balcony (4)

Baleares *pl.*: **Islas Baleares** Balearic Islands

ballet *m.* ballet

baloncesto basketball (13)

banano banana tree

bancarrota bankruptcy

banco bank (6)

bandera flag

banquero/a banker (3)

banqueta sidewalk (*Mex.*)

bañar to bathe (*someone*); **bañarse** to take a bath (1)

bañera bathtub (4)

baño bathroom (4)

bar *m.* bar (6)

barato/a inexpensive, cheap (9)

barba beard

barbarie *f.* barbarism

barbero barber

barbilla chin

barco boat (7); **por barco** by boat

barrer to sweep; **barrer (el suelo)** to sweep (the floor) (4)

barrio neighborhood (6)

basarse (en) to be based (on)

base *f.* base; **a base de** on the basis of, by means of

básico/a basic

¡basta! enough!

bastante *adj.* enough, sufficient; *adv.* rather, quite

basura trash; **sacar (qu) la basura** to take out the trash (4)

basurero trashcan, wastebasket (4)

batalla battle; **campo de batalla** battlefield

batir to beat

baúl *m.* trunk (10)

bautizar (c) to baptize

bebé *m., f.* baby

beber to drink (P)

bebida drink (5)

béisbol *m.* baseball (13)

Belén *m.* Bethlehem

bélgico/a *n., adj.* Belgian

Belice *m.* Belize

belleza beauty

bello/a beautiful; **bellas artes** fine arts

bendecir (*like* **decir**) to bless

bendición *f.* blessing

beneficiar to benefit

beneficio benefit

beso kiss

biblioteca library

bibliotecario/a librarian

bicicleta bicycle (7); **andar (irreg.) en bicicleta** (13) to go for a bicycle ride

bien *adv.* well (P); **bien + adj.** very + *adj.*; **caerle (irreg.) bien** to like (*someone*) (5); **llevarse bien (con)** to get along well (with); **(muy) bien** very well, very good (P); **pasarlo bien** to have a good time (13); **portarse bien** to behave well (4); **quedarle bien** to look nice (*on someone*); **salir (irreg.) bien** to turn out well (12)

bienes *m. pl.* possessions, goods; **agente (***m., f.***) de bienes raíces** real estate agent (13)

bienestar *m.* well-being (12)

bilingüe *adj. m., f.* bilingual

bilingüismo bilingualism

billete *m.* ticket; bill (*paper money*)

biología biology (3)

bistec *m.* steak (5)

blanco/a white (P); **espacio en blanco** blank (space); **vino blanco** white wine (5)

blusa blouse

boca mouth

boda wedding (12); **aniversario de bodas** wedding anniversary; **copa de bodas** wedding cup (10)

boleto ticket (*performance*)

bolígrafo pen (P)

boliviano/a *n., adj.* Bolivian

bolsa bag; purse

bolsillo pocket

bombardeo *n.* bombing

bombero, mujer (*f.***) bombero** firefighter (3)

bombilla lightbulb; (large) drinking straw

bondad *f.* goodness

bonito/a pretty (P)

Borinquén *f. Arawak name for present-day Puerto Rico*

borronear to scribble

bosque *m.* forest (11); woods

bosquejo sketch, outline; draft

bote *m.* rowboat (7)

botella bottle

botones *m. sing.* bellhop (7)

brazo arm

breve *adj. m., f.* brief

brigada brigade; squad; gang

brillo brightness; shine
brindis *m. inv.* toast
brocha brush
brócoli *m.* broccoli (5)
broncearse to get a tan
brotar to gush forth, flow
bruma mist
bucear to scuba dive (13)
buen, bueno/a good (P); **buenas tardes/noches** good afternoon/evening (P); **buenos días** good morning (P); **hace buen tiempo** it's nice weather; **sacar (qu) buenas notas** to get good grades; **tener** (*irreg.*) **buena suerte** to have good luck
bufete *m.* lawyer's office
burlarse (de) to make fun (of)
busca search; **en busca de** in search of
buscar (qu) to look for
búsqueda search

C

caballo horse; **montar a caballo** to ride a horse
cabaña cabin (7); hut
cabellera head of hair
cabello hair
cabeza head
cabildo town council
cabo: al fin y al cabo after all, at last; **llevar a cabo** to carry out, fulfill
cacahuete *m.* peanut
cada *inv.* each, every; **cada día** each day (6); **cada uno/a** each one; **cada vez que** whenever, every time that
cadena chain
caer *irreg.* to fall (3); **caerle bien/mal** to like/dislike (*someone*) (5); **caerse** to fall down (4); **dejar caer** to drop
café *m.* coffee (P); café (6); **tomar café** to drink coffee
cafetera coffee maker (4)
cafetería cafeteria
caja box
cajero/a cashier (3)
cajón *m.* drawer
calabaza squash
calavera skull
calculadora calculator (8)
calcular to add up, calculate
cálculo calculus (3)
calefacción *f.* heating
calendario calendar (8)
calentador *m.* heater (4)
calentar (ie) to heat, warm up
calidad *f.* quality
cálido/a hot
caliente *adj. m., f.* warm, hot
calificación *f.* grade; assessment; **sacar (qu) calificaciones** to get grades
callado/a quiet (7)

calle *f.* street (6)
calmante *m.* tranquilizer, sedative
calmar to calm, quiet down
calamidad *f.* calamity
calor *m.* heat; **hace calor** it's hot (weather); **hace un calor de todos los demonios** it's devilishly hot; **tener** (*irreg.*) **calor** to be warm, feel warm (6)
cama bed (4); **tender (ie) la cama** to make the bed (4)
camarones *m. pl.* shrimp (5)
cambiar (de) to change
cambio change; **en cambio** on the other hand; **tasa de cambio** exchange rate
camello camel
caminante *m., f.* walker; traveler
caminar to walk (1)
camino road, path; journey, trip
camión *m.* truck
camioneta station wagon (7)
camisa shirt
camiseta T-shirt
campamento campsite (7)
campana bell
campanada stroke, peal (*of a bell*)
campanario belfry, bell tower
campaña: tienda de campaña tent (7)
camping: hacer (*irreg.*) **camping** to camp (7)
campo field; countryside; **campo de batalla** battlefield
campus *m.* campus
canal *m.* canal
canción *f.* song
cansado/a tired (7)
cantar *v.* to sing (P); *n. m.* song
cantidad *f.* quantity
cantina bar
caña de azúcar sugar cane
cañaveral *m.* sugar-cane plantation
cañón *m.* canyon
caos *m. sing.* chaos
capa layer; **capa de ozono** ozone layer (11)
capacidad *f.* capacity
capilla chapel
capital *f.* capital (*city*)
capitán *m.* captain
capítulo chapter
captar to capture; to grasp
capullo cocoon
cara face
carácter *m.* personality, character
característica *n.* characteristic
característico/a *adj.* characteristic
caracterizar (c) to characterize
¡caramba! my gosh! (*exclamation of surprise*)
cárcel *f.* jail
cardinal *adj. m., f.* cardinal; **numéro cardinal** cardinal

carecer (zc) to lack
cargado/a loaded
Caribe *m.* Caribbean
caribeño/a *n., adj.* Caribbean
caricia *n.* caress, stroke
cariño affection (12); **tomarle cariño a alguien** to start to have affection for someone (12)
cariñoso/a caring, loving (12)
carnaval *m.* carnival
carne *f.* meat (5); beef; **carne de cerdo** pork (5); **carne de res** beef
carnicería butcher shop (9)
caro/a expensive (9)
carpeta file; folder
carpintero/a carpenter (3)
carrera career (3); profession
carretera highway (7)
carro car, automobile
carta letter (*correspondence*); card (13)
cartel *m.* poster
cartera wallet
cartero/a mail carrier (3)
casa house; **casa de reposo** rest home
casado/a: está casado/a he/she is married (2)
casarse (con) to get married (to); to marry (12)
casi almost; **casi nunca** almost never (P)
caso case; **en caso de que** in case (11); **hacer** (*irreg.*) **caso** to pay attention
castellano Spanish (language)
castigar (gu) to punish (11)
Castilla *central region of Spain*
castillo castle
casto/a chaste
catalán *n. m.* Catalan (language)
catalán, catalana *n., adj.* Catalan
Cataluña Catalonia (*northeast region of Spain*)
catedral *f.* cathedral
categoría category
católico/a *n., adj.* Catholic
catorce fourteen
caucho rubber
caudillo leader, chief
causa cause; **a causa de** because of
causar to cause
cazar (c) to hunt
cebolla onion (5)
ceder to give up, yield; to give way
celebración *f.* celebration
celebrar to celebrate (14)
celo zeal, fervor; *pl.* jealousy; **tener** (*irreg.*) **celos (de)** to be jealous (of) (12)
celosía jealousy
celoso/a jealous
céltico/a *n., adj.* Celtic
celular *adj. m., f.:* **teléfono celular** cellular telephone (8)

cementerio cemetery
cena dinner (5)
cenar to have (eat) dinner (1)
censura censorship (11)
centro downtown (6); center; **centro comercial** mall (6)
Centroamérica Central America
centroamericano/a *n., adj.* Central American
ceñir (i, i) to fit tight
cepillarse los dientes to brush one's teeth (1)
cerca de near
cerdo: carne (*f.*) **de cerdo** pork (5)
cereales *m. pl.* cereal, grain (5)
ceremonia ceremony
cereza cherry (5)
cerrado/a closed
cerrar (ie) to close (1); to turn off
cerro hill
certeza certainty
certificado certificate; **certificado de matrimonio** marriage certificate; **certificado de nacimiento** birth certificate
cerveza beer (P)
cesar (de) + *infin.* to cease, stop (*doing something*)
champiñón *m.* mushroom (5)
chaparro/a little oak tree; shorty (*coll.*)
charlar to chat
cheque *m.* check (9); **cheque de viajero** traveler's check
chicano/a *n., adj.* Chicano, Mexican-American
chico/a *n. m., f.* young man, young woman; boy, girl; child; *adj.* small
chicotazo lash; swipe
chile *m.* chili pepper (5)
chimenea fireplace (4)
chimpancé *m.* chimpanzee
chino/a *n., adj.* Chinese
chiste *m.* joke (5)
chistoso/a funny, amusing
chocar (qu) to collide, crash
chofer *m., f.* driver
chorro stream; trickle
chueco/a twisted
cielo sky; heaven
cien, ciento/a one hundred; **por ciento** percent
ciencia science; **ciencia ficción** science fiction; **ciencias económicas** economics; **ciencias naturales** natural sciences (3); **ciencias políticas** political science (3); **ciencias sociales** social sciences (3)
científico/a scientist
cierto/a certain; true
cigarrillo cigarette
cinco five
cincuenta fifty; **los años cincuenta** the fifties

cine *m.* movie theater (6)
cinta (adhesive) tape; cassette
cintura waist
cinturón *m.* belt
círculo circle
circunstancia circumstance
ciruela plum
cirugía surgery
cita date; appointment (8)
ciudad *f.* city
ciudadano/a citizen
civil *adj. m., f.* civil; **estado civil** marital status (2); **Guerra Civil española** Spanish Civil War
civilización *f.* civilization
clandestino/a secret, clandestine
claro *interj.* of course
claro/a clear
clase *f.* class; **clase media** middle class; **compañero/a de clase** classmate (P); **salón de clase** classroom (P)
clásico/a classical
clasificación *f.* classification
clasificar (qu) to classify
cláusula clause
clavo nail
cliente, clienta customer (8)
clima *m.* climate
clínica clinic
club *m.* club
coartada alibi
cobardía cowardliness
cobija blanket (4)
cobrar to charge (*money*)
cobre *m.* copper
coche *m.* car (7)
cocina kitchen (4); stove
cocinar to cook (4)
cocinero/a cook (3)
codicilo codicil (*supplement to a will*) (9)
codo elbow (10)
coger (j) to catch
cognado cognate
coincidencia coincidence
coincidir to coincide
cola line; **hacer** (*irreg.*) **cola** to wait in line
colección *f.* collection
colega *m., f.* colleague (8)
colgar (ue) (gu) to hang
coliflor *f.* cauliflower (5)
collage *m.* collage
colmo: para colmo to top it off
colocar (qu) to place
colombiano/a *n., adj.* Colombian
colonia colony
colonización *f.* colonization
colonizar (c) to colonize
color *m.* color
columna column
combatir to fight against

combinación *f.* combination
combinar to combine
comedor *m.* dining room (4)
comentar to comment, make a comment on
comenzar (ie) (c) to begin (1); **comenzar a** + *infin.* to begin to (*do something*)
comer to eat (P); **comerse** to eat up
comercial *adj. m., f.* commercial, business; **centro comercial** mall (6)
comercializar (c) to commercialize
comerciante *m., f.* merchant (3)
comercio business (9)
comestible food item
cometer to commit (*error, crime*)
cómico/a comical
comida food (P); meal; dinner (5)
comienzo *n.* beginning
como as; as a; like; since; **así como** just like; **tal como** such as; **tan... como** as ... as; **tan pronto como** as soon as (12); **tanto(s)/tanta(s)... como** as much/many ... as ... (2)
¿cómo? how? (P); what? **¿cómo está usted?** how are you? (*form.*) (P); **¿cómo estás?** how are you? (*fam.*) (P); **cómo no** of course; **¿cómo se llama usted?** what is your name? (*form.*) (P); **¿cómo te llamas?** what is your name? (*fam.*) (P)
cómoda dresser, chest of drawers (4)
cómodo/a comfortable
compadre *m.* very good friend (*male*); godfather
compañero/a companion, "significant other" (12); **compañero/a de clase** classmate (P); **compañero/a de cuarto** roommate
compañía company (8)
comparación *f.* comparison
comparar to compare
comparativo *n.* comparative (*grammar*)
compartimiento compartment
compartir to share
compasivo/a compassionate
compensar to compensate
complemento complement; **pronombre** (*m.*) **de complemento directo/indirecto** direct/indirect object pronoun
completar to complete
completo/a complete; **pensión** (*f.*) **completa** room and full board (7); **por completo** completely; **trabajo de tiempo completo** full-time work
complicar (qu) to complicate
composición *f.* composition
compra purchase; grocery shopping; **hacer** (*irreg.*) **las compras** to do the shopping (9); **ir** (*irreg.*) **de compras** to go shopping (9)
comprador(a) buyer, shopper
comprar to buy (P)

compraventa *n.* buying and selling; dealing
comprender to understand
comprensión *f.* comprehension, understanding
comprobar (**ue**) to confirm, prove
comprometido/a engaged; (politically/ socially) involved; **estar** (*irreg.*) **comprometido/a** to be engaged
compuesto/a compound
computadora computer; **computadora** (**portátil**) (laptop) computer (P)
común *adj. m., f.* common; **tener** (*irreg.*) **en común** to have in common
comunicación *f.* communication; *pl.* communications (*subject*) (3)
comunicar (**qu**) to communicate
comunidad *f.* community
comunista *n., adj. m., f.* communist
con with; **con cuidado** with care, carefully; **con frecuencia** often (P); **con respecto a** with respect to; **con tal (de) que** provided that (11)
conceder to concede, grant, admit
concentrar to concentrate
conciencia conscience
concierto concert
concluir (**y**) to conclude
conclusión *f.* conclusion
concordar (**ue**) to agree
conde, condesa count, countess
condenar to condemn
condición *f.* condition; **a condición de que** on the condition that (11)
condicional *n. m.* conditional (*gram.*)
condimento condiment (5)
conducir *irreg.* to drive (4)
conducta conduct, behavior
conectar to connect
conejo rabbit
conexión *f.* connection
confederación *f.* confederation
confederado/a confederated
conferencia lecture (8)
confianza confidence
confiar (**confío**) (**en**) to trust
confirmar to confirm
confitería confectionery
confusión *f.* confusion
conjunción *f.* conjunction
conjuntamente jointly, together
conmemorar to commemorate, remember (14)
conmigo with me
connotación *f.* connotation
cono cone; **Cono Sur** Southern Cone (*Argentina, Paraguay, and Uruguay*)
conocer (**zc**) to know, be familiar with; to meet (2); to be acquainted with
conocido/a known, familiar

conocimiento knowledge
conquista conquest
conquistador(a) conqueror
conquistar to conquer
consecuencia consequence
conseguir (**i, i**) (**g**) to get, obtain
consejero/a adviser
consejo council; piece of advice (7); *pl.* advice
consenso consensus
conservación *f.* preservation
conservador(a) *adj.* conservative
conservar to preserve, maintain (11); to keep
considerar to consider
consigo with him/her/you (*form.*)/oneself
consiguiente: por consiguiente therefore, consequently
consistir (**en**) to consist (of)
conspirar to conspire
constitución *f.* constitution
constitucional *adj. m., f.* constitutional
constituir (**y**) to constitute
construcción *f.* construction
construir (**y**) to build
consultar to consult
consultorio (**médico**) doctor's office
consumidor (**a**) consumer
contado: pagar (**gu**) **al contado/en efectivo** to pay cash (9)
contador(a) accountant (3)
contaminación *f.* (**del agua/aire**) (water, air) pollution (11)
contaminar to pollute (11)
contar (**ue**) to tell; to count (1)
contemporáneo/a contemporary
contener (*like* **tener**) to contain
contenido *sing.* contents
contento/a happy
contestador (*m.*) **automático** answering machine (8)
contestar to answer (5)
contigo with you (*fam. sing.*)
continente *m.* continent
continuación: a continuación next, following
continuar (**continúo**) to continue (6)
continuidad *f.* continuity
continuo/a continual
contra against; (**estar**) [*irreg.*] **en contra de** (to be) against
contraste *m.* contrast
contratar to hire
contribución *f.* contribution
contribuir (**y**) to contribute
control *m.* control; **control de la natalidad** birth control
controlar to control
controversia controversy
controvertible *adj. m., f.* controversial

convencer (**z**) to convince
convencional *adj. m., f.* conventional
conveniencia convenience
conveniente *adj. m., f.* suitable, fitting
convenir (*like* **venir**) to be advisable, appropriate
conversación *f.* conversation
conversar to converse, talk, chat
convertir (**ie, i**) to change; **convertirse en** to become
convidado/a *n.* guest
convincente *adj. m., f.* convincing
convivencia *n.* living together; cohabitation
copa (wine) glass; **copa de bodas** wedding cup (10)
copia *n.* copy
copiar (**copío**) to copy
coquetear to flirt
corazón *m.* heart; **ataque** (*m.*) **al corazón** heart attack
corbata tie (*clothing*)
cordillera mountain range
coro chorus
corrección *f.* correction
corregir (**i, i**) (**j**) to correct
correo post office (6); mail; **correo electrónico** electronic mail (e-mail) (8)
correr to run; to jog (1); **correr riesgo** to run a risk
corresponder to correspond
correspondiente *adj. m., f.* corresponding
corrida de toros bullfight
corriente *n. f.* current, course, flow
corromper to corrupt
cortar to cut; **cortarse el pelo** to cut one's hair, have one's hair cut
corte *f.* (royal) court
cosa thing; matter; affair
cosecha crop, harvest
cosechar to harvest
cosmopolita *adj. m., f.* cosmopolitan
costa coast
costar (**ue**) to cost (9)
costo cost
costoso/a expensive
costumbre *f.* habit, custom
costurera seamstress
cotidiano/a daily
creación *f.* creation
crear to create
crecer (**zc**) to grow (up)
crecimiento growth
crédito credit; **tarjeta de crédito** credit card (9)
creencia belief
creer (**y**) to think, believe (3)
crepúsculo twilight, dusk
crespo/a curly
Creta Crete

crianza *n.* raising, upbringing
criar(se) (**me crío**) to bring up
crimen *m.* crime
criollo/a *n., adj.* Creole; American born of European parents
crisis *f. inv.* crisis
cristal *m.* crystal, glass; pane of glass
cristiano/a *n., adj.* Christian
criticar (**qu**) to criticize
crónica chronicle
cronológico/a chronological
crudeza courage (*coll.*)
crudo/a raw (5)
cruz *f.* (*pl.* **cruces**) cross; **Cruz Roja** Red Cross
cruzar (**c**) to cross; **cruzarse** to pass each other
cuaderno notebook (P); **cuaderno de ejercicios** workbook
cuadra city block
cuadro picture, painting (4)
cual *rel. pron.* which; who
¿cuál? what?, which? (ones) (P); **¿cuáles?** which (ones)? (P)
cualidad *f.* quality
cualquier(a) *adj.* any; any at all
cuando when; **de vez en cuando** from time to time (P)
¿cuándo? when? (P)
cuanto: en cuanto as soon as (12); **en cuanto a...** as far as . . . is concerned; **unos/as cuantos/as** a few
¿cuánto/a? how much? (P); how long?; **¿cuántos/as?** how many (P)? **¿por cuánto?** for how much?
cuarenta forty
cuaresma Lent
cuarto room; bedroom (4); **compañero/a de cuarto** roommate; **la(s)... y/menos cuarto** quarter past/to (*time*)
cuarto/a fourth (2)
cuatro four
cuatrocientos/as four hundred
cubano/a *n., adj.* Cuban
cubanoamericano/a *n., adj.* Cuban American
cubierto/a (*p.p. of* **cubrir**) covered
cubrir to cover (7)
cucaracha cockroach
cuello neck
cuenca deep valley, basin
cuenta bill, check; account; **darse** (*irreg.*) **cuenta** (**de**) to realize; **tomar en cuenta** to take into account
cuentista *m., f.* short story writer
cuento story, tale, narrative; **cuento de terror** horror story
cuero leather
cuerpo body
cuesta: a cuestas on one's back

cuestión *f.* question, issue, matter
cuestionar to question
cueva cave
cuidado care; **con cuidado** with care, carefully; **¡cuidado!** (be) careful; **tener** (*irreg.*) **cuidado** to be careful (6)
cuidar (**a**) to care (for) (12); **cuidar** (**de**) to take care (of)
culebra snake
culinario/a culinary
culpable *adj. m., f.* guilty
culpar to blame (6); to accuse
cultivar to grow, cultivate
cultivo cultivation
cumpleaños *m. inv.* birthday (14)
cumplir (**con**) to fulfill, carry out; **cumplir años** to have a birthday
cuñado/a brother-in-law/sister-in-law
cura *f.* cure
curar to cure
curioso/a curious
currículum *m.* résumé (8)
cursivo/a cursive; **letra cursiva** italics
curso course (*of study*)
curtido/a tanned
cuyo/a whose

D

danzar (**c**) to dance
dañoso/a harmful
dar *irreg.* to give (1); **dar gusto** to give pleasure, gratify; **dar miedo** to frighten; **dar pena** to grieve, cause pain; **dar permiso** to give permission; **dar una fiesta** to give a party; **darle la mano (a alguien)** to shake (someone's) hand (10); **darse cuenta (de)** to realize; **Día** (*m.*) **de Dar Gracias** Thanksgiving (14); **me da igual** it's all the same to me
dársena dock; harbor
datar (**de**) to date (from)
dato piece of information (4); *pl.* data; facts, information
de *prep.* of; from; by; **de... años** . . . years old; **de día** by day; **¿de dónde?** from where? (P); **de espaldas** from behind; **de la mañana/tarde** in the morning/afternoon; **de niño/a** as a child (6); **de noche** at night; **de nuevo** again; **de prisa** quickly; **de pronto** suddenly; **de vez en cuando** once in a while (P); **del** (*contraction of* **de** + **el**) of the; from the; **estar** (*irreg.*) **de moda** to be in style (9)
debajo (**de**) under, below
debate *m.* debate
deber should, ought to, must (1); to owe; **deber** + *infin.* should, ought to (*do something*)
debido/a: debido a due to, owing to, because of

debilidad *f.* weakness
debilitar to weaken
década decade
decaer (*like* **caer**) to decline; to wane
decidir to decide
décimo/a tenth (2)
decir *irreg.* to say, tell (1); **es decir** in other words; **querer** (*irreg.*) **decir** to mean
decisión *f.* decision; **tomar una decisión** to make a decision
declaración *f.* declaration; statement
declarar to declare
decoración *f.* decoration
decorar to decorate (14)
dedicación *f.* dedication
dedicar (**qu**) to dedicate
dedo finger; **dedo gordo** big toe; **yema del dedo** fingertip
deducir (*like* **conducir**) to deduce
defender (**ie**) to defend
definición *f.* definition
definido/a definite; definitive; **artículo definido** definite article
definir to define
definitivo/a definitely
degollar to slit the throat
dejar to leave; to let; to allow; **dejar** + *infin.* to allow someone to (*do something*); **dejar caer** to drop; **dejar de** + *infin.* to stop (*doing something*); **dejar que** + *subjunctive* to allow someone to (*do something*); **dejarse** + *infin.* to allow oneself to be . . .
del (*contraction of* **de** + **el**) of the; from the
deletrear to spell
delgado/a thin (P)
delicado/a delicate
demás: los/las demás the rest, others
demasiado/a *adj.* too much, too many; *adv.* too, too much
democracia democracy (11)
demonio devil; demon; **hace un calor de todos los demonios** it's devilishly hot; **¿qué demonios es... ?** what in the devil is . . . ?
demora delay (7)
demostrar (**ue**) to demonstrate
demostrativo/a: adjetivo/pronombre (*m.*) **demostrativo** demonstrative adjective/pronoun
denominar to call, name
denso/a dense
dentista *m., f.* dentist (3)
dentro de inside; within; **dentro de poco** within a short time; **por dentro** on the inside
departamento department
dependencia dependency
depender (**de**) to depend (on)
dependiente, dependienta clerk, salesperson

deporte *m.* sport (P); **practicar (qu) deportes** to practice, play sports
deportista *m., f.* sportsman, sportswoman; sports fan
deportivo/a *adj.* sporting, sports
depositar to deposit
depósito deposit
depresión *f.* depression
deprimente *adj. m., f.* depressing
deprimir to depress
derecha: a/de la derecha to/from the right
derecho *n.* right (*legal*); law; **derechos humanos** human rights (11); **Facultad** (*f.*) **de Derecho** School of Law
derivar to derive
derrocar (qu) to overthrow
derrota defeat
desafío challenge
desafortunado/a unfortunate
desagradable *adj. m., f.* disagreeable, unpleasant
desaparecer (zc) to disappear
desarrollar to develop
desarrollo development
desastroso/a disastrous
desayunar to have (eat) breakfast (1)
desayuno breakfast (5)
descalzar (c) to remove
descansar to rest (1)
descanso rest; break
descendencia descent, origin
descender (ie) to descend
descendiente *m., f.* descendant
desconcertar (ie) to disconcert, bewilder
desconfiado/a doubtful (7)
desconfiar (desconfío) to be distrustful, doubt
desconocido/a unknown
describir to describe
descripción *f.* description
descrito/a (*p.p.* of **describir**) described
descubierto/a (*p.p.* of **descubrir**) discovered
descubridor(a) discoverer
descubrir to discover
descuento discount (9)
descuidar to neglect
desde *prep.* from (3); since (3); **desde hace... años** for . . . years; **desde que** *conj.* since
desear to wish, desire (1)
desechos *pl.* (industrial) waste (11)
desempeñar to fulfill (*a function*)
desempleo unemployment (11)
desenfrenado/a wild, uncontrolled
deseo desire, wish
desesperación *f.* desperation
desesperado/a desperate
desfiladero narrow pass
desfilar to parade, file by
desfile *m.* parade

desgajar to break off, tear off
desgraciado/a unfortunate
deshacer (*like* **hacer**) (*p.p.* **deshecho/a**) to undo
deshora: a deshoras at the wrong time
desierto desert
designar to designate, name
desilusión *f.* disillusion
desinteresado/a disinterested
desnudo/a naked
desobediente *adj. m., f.* disobedient
desordenado/a disorderly, disarranged
despacio *adj.* slow; *adv.* slowly
despectivo/a contemptuous, scornful
despedazar (c) to tear apart
despedida farewell; leavetaking
despedir (i, i) to dismiss; to fire (*job*); **despedirse (de)** to say good-bye (to)
desperdiciar to waste (11)
desperdicios *pl.* waste
despertar (ie) to awaken (*someone*); **despertarse** to wake up (*oneself*) (1)
despiadado/a cruel, merciless
despojar to strip, take away
desposar to unite
después *adv.* after; **después de** *prep.* after; **después (de) que** *conj.* after (12)
destacado/a outstanding
destacarse (qu) to stand out
destino destination; destiny, fate
destreza skill
destrucción *f.* destruction
destruir (y) to destroy (11)
desventaja disadvantage
desviar (desvío) to turn aside, turn away
detalle *m.* detail
detective *m., f.* detective
detenerse (*like* **tener**) to stop; to linger
deteriorarse to deteriorate
determinado/a specific
determinar to determine
detestar to hate
detrás de *prep.* behind
devolver (ue) to return (*something*), give back
devorar to devour
devuelto/a (*p.p.* of **devolver**) returned
día *m.* day; **algún día** someday; **buenos días** good morning (P); **cada día** each day (6); **de día** by day; **Día de Año Nuevo** New Year's Day (14); **Día de Dar Gracias** Thanksgiving (14); **Día de la Independencia** Independence Day (14); **Día de la Madre** Mother's Day (14); **Día de la Raza** Hispanic Awareness Day (Columbus Day) (14); **Día de los Enamorados** Valentine's Day (14); **Día de los Inocentes** Day of the Innocents; **Día de los Muertos** Day of the Dead (14); **Día de los Reyes Magos**

Day of the Magi (Three Kings), Epiphany (14); **Día de Navidad** Christmas Day; **Día de San Patricio** Saint Patrick's Day (14); **Día de San Valentín** Saint Valentine's Day (14); **Día del Padre** Father's Day (14); **día del santo** saint's day (14); **Día del Trabajo** Labor Day (14); **día festivo** holiday (14); **hoy en día** nowadays; **todo el día** all day long; **todos los días** every day (P)
diablo devil
diagrama *m.* diagram
diálogo dialogue
diario/a *adj.* daily; **rutina diaria** daily routine (1)
dibujar to draw
dibujo drawing
diccionario dictionary
dicho/a (*p.p.* of **decir**) said; **propiamente dicho** in the true sense
diciembre *m.* December
dictador (a) dictator
dictadura dictatorship (11)
dictatorio/a dictatorial
diecinueve nineteen
dieciocho eighteen
dieciséis sixteen
diecisiete seventeen
diente *m.* tooth; **cepillarse los dientes** to brush one's teeth (1); **limpiarse los dientes** to brush one's teeth
dieta diet
diez ten
diferenciar(se) to differ
diferir (ie, i) to differ, be different
difícil *adj. m., f.* difficult, hard (P)
dificultad *f.* difficulty
difundido/a widespread
difunto/a *n.* dead person
diminuto/a tiny, minute
dinámico/a dynamic
dinero money; **ganar dinero** to earn money
dios *m.* god; idol; **Dios** God
diptongo diphthong
dirección *f.* address
directo/a direct; **pronombre** (*m.*) **de complemento directo** direct object pronoun
director(a) director; principal (*school*)
dirigir (j) to direct
disco disk
discoteca discotheque (6)
discreto/a discreet
discriminación *f.* discrimination (11)
disculpar to excuse, pardon; **disculpe** excuse me
discurso speech
discusión *f.* discussion
discutir to discuss; to argue

disfraz *m.* (*pl.* **disfraces**) disguise
disfrutar (**de**) to enjoy (13)
disgusto dislike
disimular to hide, conceal
disminuir (**y**) to diminish
disolución *f.* dissolution, disappearance
disponer (*irreg.*) **de** to have (*at one's disposal*)
disponible *adj. m., f.* available
dispuesto/a (*p.p. of* **disponer**) willing; **estar** (*irreg.*) **dispuesto/a** to be willing
disputa dispute, disputing
distinción *f.* distinction
distinguir (**g**) to distinguish
distinto/a different
distracción *f.* distraction
distribución *f.* distribution
distribuir (**y**) to distribute
disuadir to dissuade, deter
disyuntiva dilemma, crisis; alternative
diversificación *f.* diversification
diversión *f.*: **parque** (*m.*) **de diversiones** amusement park
divertido/a fun (P); amusing
divertirse (**ie, i**) to have fun, enjoy oneself (1)
dividir to divide
división *f.* division
divorciado/a: **está divorciado/a** he/she is divorced (2)
divorciarse (**de**) to get divorced (12)
divorcio divorce (12)
doble *adj. m., f.* double; **habitación** (*f.*) **doble** double room (7)
doce twelve
dócil *adj. m., f.* docile; obedient; gentle
doctor(a) doctor (of medicine)
documentación *f.* documentation
documental *m.* documentary
dólar *m.* dollar
dolor *m.* grief, pain
doloroso/a painful
doméstico/a domestic; **aparato doméstico** household appliance; **quehacer** (*m.*) **doméstico** household chore (4)
dominar to dominate
domingo Sunday
dominicano/a *n., adj.* of the Dominican Republic; **República Dominicana** Dominican Republic
dominio power; authority
don *m. title of respect used with a man's first name*
doncel *m.* young nobleman; page
donde where (P)
¿dónde? where? (P); **¿de dónde?** from where? (P)
doña *title of respect used with a woman's first name*
dorar to brown

dormir (**ue, u**) to sleep (1); **dormir la siesta** to take a nap; **dormirse** to fall asleep (1)
dormitorio bedroom (4)
dorso *n.* back
dos two
doscientos/as two hundred
dosis *f.* dose
dramático/a dramatic
dramatizar (**c**) to dramatize
drástico/a drastic
droga drug
drogadicto/a drug addict
ducha shower (4)
ducharse to take a shower (1)
duda doubt; **sin duda** undoubtedly, certainly
dudar to doubt
dudoso/a doubtful
dueño/a owner (1)
dulce *adj. m., f.* sweet; *m. pl.* candy
duplicarse (**qu**) to double
duración *f.* duration
durante during
durar to last
durazno peach (5)
duro/a hard; harsh

E

e and (*used instead of* **y** *before words beginning with* **i** *or* **hi**)
echar to throw, cast; **echar un vistazo** to glance at, take a look at; **echarse a** + *infin.* to begin (*doing something*); **echar de menos** to miss
ecológico/a ecological
economía economy (3)
económico/a economic
ecuador *m.* equator
ecuatorial *adj. m., f.*: **Guinea Ecuatorial** Equatorial Guinea
ecuatoriano/a *n., adj.* Ecuadoran
edad *f.* age
edificio building (6)
editorial *f.* publishing house
educación *f.* education, training; upbringing
educar (**qu**) to educate; to rear, bring up (*children*)
EE.UU. (*abbrev. for* **Estados Unidos**) United States
efectivamente in fact; sure enough; really
efectivo cash; **pagar** (**gu**) **al contado / en efectivo** to pay cash (9)
eficaz *adj. m., f.* (*pl.* **eficaces**) effective
egocéntrico/a self-centered
egoísta *adj. m., f.* selfish
eje *m.* crux, core
ejecutivo/a *n., adj.* executive
ejemplo example; **por ejemplo** for example (3)

ejercer (**z**) to practice (*a profession*) (3)
ejercicio exercise; **hacer** (*irreg.*) **ejercicio** to exercise; **cuaderno de ejercicios** workbook
ejército army (11)
el *definite article m.* the
él *sub. pron.* he; *obj. of prep.* him
elección *f.* election
electricista *m., f.* electrician (3)
eléctrico/a electrical; **aparato eléctrico** electrical appliance (4); **energía eléctrica** electric energy (11)
electrodoméstico/a: **aparato electrodoméstico** household appliance
electrónico/a electronic; **correo electrónico** e-mail (8)
elegir (**i, i**) (**j**) to elect; to select
elevador *m.* elevator
eliminar to eliminate
ella *sub. pron.* she; *obj. of prep.* her
ello it; this matter, this thing
ellos/as *sub. pron.* they; *obj. of prep.* them
embarazada pregnant
embarcarse (**qu**) to embark (*on an enterprise*)
embargo embargo; **sin embargo** nevertheless, however
emigración *f.* emigration
emigrar to emigrate
emitir to emit; to express
emoción *f.* emotion
emocionado/a excited
emocionante *adj. m., f.* exciting; moving
empapar to soak, drench
emparejar to pair, match
emperador, emperatriz *m.* emperor, empress
empezar (**ie**) (**c**) to begin (1); **empezar a** + *infin.* to begin to (*do something*)
empleado/a *n.* employee, worker
emplear to employ, use
empleo employment; job (8)
emprender to undertake, take on
empresa company, business (8)
empresario/a manager; employer
en in; on; at; **en absoluto** by no means; **en aquel entonces** at that time; **en caso de que** in case (11); **en contra de** against; **en cuanto** as soon as (12); **en el extranjero** abroad; **en este momento** now, at this time; **en fin** finally; in short, in brief; **en frente de** in front of; **en pro de** in favor of; **en seguida** immediately; **en venta** for sale
enamorado/a *adj.* in love (7); *n. m., f.* sweetheart; **Día** (*m.*) **de los Enamorados** Valentine's Day (14)
enamorarse (**de**) to fall in love (with) (1)
encalado/a whitewashed

encantado/a delighted, pleased (*to meet someone*) (P)
encantar to love; to be delighted (5)
encender (**ie**) to turn on; to light
encerrar (**ie**) to shut in; to lock up
encima (**de**) on top (of)
encontrar (**ue**) to find (1); to meet; **encontrarse con** to meet (up with); to run into
encuentro encounter; meeting
encuesta survey, poll
enemigo/a enemy
energético/a energetic; related to energy
energía energy (11); **energía eléctrica** electric energy (11); **energía solar** solar energy (11)
enero January
enfadarse to become angry (4)
enfatizar (**c**) to emphasize
enfermarse to get sick (1)
enfermedad *f.* illness; disease (12)
enfermero/a nurse (3)
enfermo/a sick, ill
enfoque *m.* focus
enfrentamiento confrontation (12)
enfrentarse con to confront; to face (12)
enfrente (**de**) in front (of)
enfriar (**enfrío**) to cool off
enjabonar to lather
enmienda amendment
enojado/a angry (7)
enojarse to become angry (1)
enorme *adj. m., f.* enormous
enredar to entangle
enriquecer (**zc**) to enrich
enriquecimiento enrichment
enrojecer (**zc**) to become red, blush
ensalada salad (5)
ensangrentado/a bloody
ensayar to test; to try (out)
ensayo essay; rehearsal; attempt
enseñanza *n.* teaching
enseñar to teach (1); to show (8)
entablar to strike up (*conversation*)
entender (**ie**) to understand (1)
enterarse (**de**) to find out (about)
entero/a whole, entire
enterrar (**ie**) to bury
entibiarse to cool down, cool off
entierro burial
entonces then, at that time; **aquel entonces** those days (6); **en aquel entonces** at that time; **hasta entonces** see you then
entrada entrance
entrante *adj. m., f.* next, coming
entrar (**en**) to enter
entre between, among; **entre paréntesis** in parentheses
entregar (**gu**) to hand in; to turn, hand over

entrenador(a) trainer, coach
entrenar to train, practice (13)
entresemana midweek, weekdays
entrevista interview
entrevistar to interview
entusiasmar to excite
entusiasta *adj. m., f.* enthusiastic
envejecer (**zc**) to age
enviar (**envío**) to send (8)
envidia envy; **tener** (*irreg.*) **evidia** (**de**) to be envious (of) (12)
envío *n.* shipping
envolver (**ue**) to wrap
envuelto/a (*p.p. of* **envolver**) wrapped (up)
episodio episode
época era, age
equilibrar to balance
equipo team
equivocación *f.* mistake, error
equivocarse (**qu**) to make a mistake, be wrong
era era, age
errar (**yerro**) to wander
error *m.* error
escala scale
escalar montañas to hike; to climb mountains (13)
escalera stairway, stairs (4)
escandaloso/a scandalous, shocking
escapada escape
escapar to escape; **escaparse** to escape, run away
escarlata scarlet
escarmentar to punish severely; to teach a lesson
escasez *f.* (*pl.* **escaseces**) shortage (11); scarcity
escena scene
escenario stage; setting
esclavo/a slave
escoba broom (4)
escoger (**j**) to choose, pick
escolar *adj. m., f.* of or pertaining to school
esconder to hide
escribir *irreg.* to write (P); **máquina de escribir** typewriter (8)
escrito/a (*p.p. of* **escribir**) written
escritor(a) writer
escritorio (instructor's) desk (P)
escritura *n.* writing
escrúpulo scruple
escuchar to listen to (P)
escuela school; **escuela primaria** elementary school; **escuela secundaria** high school
escultura sculpture
ese, esa *adj.* that (2)
ése, ésa *pron.* that (one) (2)
esencial *adj. m., f.* essential

esfuerzo strength, effort
esmero care, carefulness
eso that, that thing, that fact (2); **nada de eso** nothing of the kind; **para eso** just for that; **por eso** for that reason; that's why (3)
eso/a *adj.* that (2)
ésos/as *pron.* those (ones) (2)
espacio space; **espacio en blanco** blank
espada sword
espalda *n.* back; **de espaldas** from behind
espantar to frighten, scare
espantoso/a frightful, terrifying
España Spain
español *m.* Spanish (language)
español(a) *n.* Spaniard; *adj.* Spanish; **Guerra Civil española** Spanish Civil War; **Real Academia de la Lengua Española** Royal Academy of the Spanish Language
esparcir (**z**) to scatter
especialidad *f.* specialty
especialista *m., f.* specialist
especialización *f.* specialization, major (3)
especializado/a specialized
especializarse (**c**) (**en**) to specialize, major (in)
especie *f. sing.* species (11)
específico/a specific
espectáculo spectacle; show; performance
espectador(a) spectator
espectral *adj. m., f.* spectral
espejo mirror (4)
esperanza hope
esperar to wait (for) (6); to hope; to expect
espina thorn, prickle
espinacas *f. pl.* spinach (5)
espíritu *m.* spirit
espiritualidad *f.* spirituality
esplendor *m.* splendor
espontáneo/a spontaneous
esposo/a husband, wife (2)
espuma foam, spray
esqueleto skeleton
esquí *m.* skiing; ski; **esquí (acuático)** (water) skiing (13)
esquiar (**esquío**) to ski
establecer (**zc**) to establish
establecimiento establishment
estación *f.* station; season (*weather*); **estación del tren** train station (7)
estacionamiento parking lot (5)
estacionar to park (5)
estadio stadium (6)
estado state; **estado civil** marital status (2); **Estados Unidos** United States
estadounidense *n., adj. m., f.* of or from the United States
estafa rip-off, swindle (9)
estancia farm; ranch

estante *m.* shelf (4)
estaño tin
estar *irreg.* to be (1); **¿cómo está usted?** how are you? (*form.*) (P); **¿cómo estás?** how are you? (*fam.*) (P); **estar casado/a** to be married (2); **estar comprometido/a** to be engaged; **estar de acuerdo** to agree; **estar de moda** to be in style (9); **estar de vacaciones/viaje** to be on a vacation/trip; **estar dispuesto/a a** to be willing to; **estar divorciado/a** to be divorced (2); **estar en contra de** to be against; **estar vivo/a** to be living, be alive (2)
este, esta *adj.* this (2); **esta noche** tonight, this night
éste, ésta *pron.* this (one) (2)
estela wake (*nautical*)
estéreo stereo
estereotipar to stereotype
estética *n. sing.* esthetics
estilo style (9)
estimado/a... dear . . . (*salutation in a letter*)
estimulante *adj. m., f.* stimulating
estimular to stimulate; to encourage
esto this, this thing, this matter (2)
estos/as *adj.* these (2)
éstos/as *pron.* these (ones) (2)
estratégico/a strategic
estrecho/a close (9); narrow
estrés *m.* stress
estuario estuary
estudiante *m., f.* student (P)
estudiantil *adj. m., f.* student; **residencia estudiantil** dormitory (P)
estudiar to study
estudio study (4); *pl.* studies, schooling
estudioso/a studious
etapa stage, period
eternidad *f.* eternity
eterno/a eternal
etnicidad *f.* ethnicity
Europa Europe
europeo/a *n., adj.* European
euskera *n., adj.* Basque
evidencia evidence
evidente *adj. m., f.* obvious
evitar to avoid (11)
evolución *f.* evolution
evolucionar to evolve, change
examen *m.* test
examinar to examine
excavación *f.* excavation site (11)
excepción *f.* exception
excursión *f.* excursion
excusa apology; excuse
exigente *adj. m., f.* demanding
exigir (j) to demand
exiliado/a *n.* person in exile, refugee
exilio exile

existir to exist
éxito success; **tener** (*irreg.*) **éxito** to be successful (12)
exitoso/a successful
expansión *f.* expansion
expedición *f.* expedition
experimentar to experience
expirar to expire
explicación *f.* explanation
explicar (**qu**) to explain (5)
explorar to explore
explotación *f.* exploitation
explotar to exploit (11)
exportación *f.* export
exportador(a) exporter
exportar to export
expresar to express
expresión *f.* expression
expulsar to expel
extender (**ie**) to extend; to spread (out)
extensión *f.* extension
exterminar to exterminate
extinción *f.* extinction (11); end
extraer (*like* **traer**) to extract, take out
extranjero/a *n.* foreigner (7); *m.* abroad; *adj.* foreign; **en el extranjero** abroad; **lenguas extranjeras** foreign languages (3)
extrañar to miss (10); to long for
extremista *n. m., f.* extremist

F

fábrica factory (11)
facción *f.* faction
fácil easy (P)
facilitar to facilitate
factor *m.* factor
facultad *f.* college, school (*of a university*); **Facultad de Derecho** School of Law
faena task, job
fallar to "crash" (*computer*) (8)
fallecido/a dead, deceased
fallido/a disappointed
falso/a false
falta *n.* lack; **hacer** (*irreg.*) **falta** to be necessary; **por falta de** for want of
faltar to be missing, lacking; to need (5); **faltar a** to miss, be absent
fama fame; reputation
familia family (2)
familiar *n. m., f.* member of the family; relative; *adj. m., f.* family; familiar
fantasma *m.* ghost
farmacia pharmacy (6)
fascinar to fascinate (5)
fascista *adj. m., f.* fascist
fatiga weariness
favor *m.* favor; **me haces el favor de...** + *infin.* would you please (*do something*); **por favor** please (3)
favorecer (**zc**) to favor

fax *m.* fax (8)
faz *f.* face (*poetic*)
fe *f.* faith
febrero February
fecha date (*time*)
fechar to date (*a letter, bill, etc.*)
federación *f.* federation
felicidad *f.* happiness
feliz *adj. m., f.* (*pl.* **felices**) happy
fenómeno phenomenon
feo/a ugly (P)
feria fair, festival
ferretería hardware store
ferrocarril *m.* railway
ferroviario/a *adj.* railroad
fértil *adj. m., f.* fertile
fervor *m.* fervor
festejar to celebrate; to honor (14)
festivo: día (*m.*) **festivo** holiday (14)
fibras *n. pl.* being
ficción *f.*: **ciencia ficción** science fiction
fiel *adj. m., f.* faithful
fiesta party; celebration; **dar** (*irreg.*) **una fiesta** to give a party; **Fiesta de las Luces** Hannukah (14); **hacer** (*irreg.*) **una fiesta** to have a party
figurado/a figurative; **sentido figurado** figurative sense/meaning
figurar to include; to figure
fijarse to notice; to pay attention
fijo/a fixed, fastened
filial *adj. m., f.* subsidiary, affiliated; branch (*office*)
filipino/a *n., adj.* Philippine; **Islas Filipinas** Philippine Islands
filo edge, blade
filosofía philosophy (3)
filosófico/a philosophical
filósofo/a philosopher
fin *m.* end; purpose, goal; **a fin de que** in order that (11); **al fin y al cabo** at long last; in the end; after all; **en fin** finally; in short, in brief; **fin de semana** weekend; **por fin** finally (3)
final *n. m.* end; *adj. m., f.* final; **al final** in the end; **al final de** at the end of
financiero/a financial
finca farm
fino/a fine; slender
firma signature; firm (*company*)
firmar to sign
física *n. sing.* physics (3)
físico/a physical
flamboyán *m. tree native to the Caribbean*
flamenco *type of song and dance*
flaco/a thin, skinny
flor *f.* flower
florecido/a flowery
florecimiento *n.* flourishing
florería flower shop (9)

florido/a in bloom, in flower; **Pascua Florida** Easter (14)
flota fleet
flotante *adj. m., f.* floating
fluvial *adj. m., f.* river
foco focus
folio folio; leaf, sheet
folklore *m.* folklore
folklórico/a folkloric, relating to folklore
folleto brochure
fondo *n.* back; bottom; fund; **a fondo** in depth, thoroughly; **al fondo** at the back/rear
forjar to forge, shape
forma form; manner, way; **en forma de** in the form of
formal *adj. m., f.* formal; strict
formar to form
fortalecer (**zc**) to strengthen
fortalecido/a fortified
fortaleza stronghold
foto *f.* photo; **sacar** (**qu**) **fotos** to take pictures (13)
fotocopia photocopy
fotografía photography (*general*); photo
fotógrafo *m., f.* photographer (3)
francés *m.* French (language)
francés, francesa *n., adj.* French
Francia France
francoamericano/a *n., adj.* French-American
frase *f.* phrase
frecuencia frequency; **con frecuencia** often (P)
frecuente *adj. m., f.* frequent
fregadero kitchen sink (4)
freír (**frío**) (**i, i**) to fry
frente *m.* front; **en frente de** in front of; **frente a** faced with; in front of
fresa strawberry (5)
fresco/a fresh; cool; **hace** (*irreg.*) **fresco** it's cool (*weather*)
frijol *m.* bean (5)
frío *n.* cold **hace** (*irreg.*) **frío** it's cold (*weather*); **tener** (*irreg.*) **frío** to be cold (6)
frío/a *adj.* cold
frito/a (*p.p.* of **freír**) fried; **papas fritas** French fries
fronterizo/a *adj.* frontier, border
fructífero/a fruitful, productive
frustración *f.* frustration
frustrado/a frustrated (7)
fruta fruit (5)
frutería fruit store (9)
frutero/a *adj.* fruit
frutilla strawberry
fuego fire; **arma** (*f., but* **el arma**) **de fuego** firearm; **fuegos artificiales** fireworks
fuente *f.* fountain
fuera (**de**) outside (of); **por fuera** on the outside

fuerte *adj. m., f.* strong
fuerza force
fugarse (**gu**) to flee, escape
fumar to smoke
funcionar to function, work
fundación *f.* foundation
fundar to found, establish
furioso/a furious
furtivo/a furtive, clandestine
fusilamiento shooting, execution
fusilar to shoot, execute by firing squad
fútbol *m.* soccer (13); **fútbol americano** football (13)
futuro *n.* future
futuro/a *adj.* future

G

gabinete *m.* cabinet (4); cupboard
gajo branch, bough
Galápagos: Islas Galápagos Galapagos Islands
galería gallery (6); passage, corridor
gallego/a *n., adj.* of or pertaining to Galicia (*northwest region of Spain*); Galician
galleta cookie (5)
gallo: misa de gallo Midnight Mass
galopar to gallop
gana: de buena gana gladly
ganadería cattle raising, ranching
ganado *n. sing.* cattle
ganador(a) winner
ganancias *pl.* earnings
ganar to earn; to win; **ganar dinero** to earn money
ganas *pl.* desire, wish; **tener** (*irreg.*) **ganas de** + *infin.* to feel like (*doing something*)
ganga bargain (9)
garaje *m.* garage (4)
garantizar (**c**) to guarantee
gasolina gasoline
gasolinera gas station (6)
gasto expense, cost
gato cat
gauchesco/a *relating to* **guachos**
gaucho gaucho, cowboy (*Arg.*)
gaveta drawer
gemido wail
gemir (**i, i**) to wail
genealógico/a genealogical; **árbol** (*m.*) **genealógico** family tree
general *adj. m., f.* general; *n. m.* general; **por lo general** in general
generalización generalization
generar to generate
género gender; genre; kind, type
generoso/a generous
genio genius
gente *f. sing.* people
geografía geography (3)

geográfico/a geographical
geometría geometry (3)
gerente *m., f.* manager
gerundio gerund (*gram.*)
gesto gesture; expression
gimnasio gymnasium (6)
gitano/a *n., adj.* gypsy
gobernar (**ie**) to govern, rule (11)
gobierno government
golf *m.* golf (13)
golfo gulf; **Golfo Pérsico** Persian Gulf
golpe *m.* blow, hit
gordo/a fat (P); **dedo gordo** big toe; **premio gordo** first (grand) prize
gota *n.* drop
gozar (**c**) (**de**) to enjoy (13)
grabar to record
gracias thank you, thanks; **Día** (*m.*) **de Dar Gracias** Thanksgiving (14); **gracias a** thanks to; **muchas gracias** thank you very much
gracioso/a funny
graduarse (**me gradúo**) to graduate
gráfico *n.* chart; diagram
gráfico/a *adj.* graphic
gramática grammar
gran, grande big (P); large; great; **en gran parte** to a large degree
grandeza grandeur, greatness
grano grain; seed
grasa *n.* fat (*animal*)
grave *adj.* grave, serious
Grecia Greece
griego/a *n., adj.* Greek
gringo/a foreigner (*usually referring to those from the United States*)
gris gray (P)
gritar to scream, shout
grito shout, scream
grosero/a rude, vulgar
grueso/a thick
gruñón, gruñona grouch (9)
guacamole *m.* dip or sauce made of avocados
guagua bus (*Cuba, Puerto Rico*)
guapo/a handsome; pretty (P)
guardar to put; to keep (4)
guatemalteco/a *n., adj.* Guatemalan
guayaba guava
guerra war (11); **Guerra Civil española** Spanish Civil War; **Primera/Segunda Guerra mundial** First/Second World War
guerrero/a *adj.* war; fighting
guía guide
guisante *m.* pea (5)
guitarra guitar
gustar to be pleasing (1); to like, appeal to, please; **le gusta...** you (*form. sing.*) like to . . . ; he/she likes to . . . ; **les gusta...** you (*form. pl.*), they like to . . .

gusto taste; pleasure, delight; **a gusto** at home; **dar gusto** to give pleasure, gratify; **de mal gusto** in bad taste; **mucho gusto** pleased to meet you (P)

H

Habana: La Habana Havana
haber *irreg.* (*infin.* of **hay**) to have (*auxiliary*); to be; **haber que** + *infin.* must (*do something*)
habilidad *f.* ability; skill
habitación *f.* room; dwelling; **habitación (sencilla, doble)** (single, double) room (7)
habitado/a inhabited
habitante *m., f.* inhabitant
hablante *m., f.* speaker
hablar to speak (P); to talk; **hablar por teléfono** to speak on the phone
hacendado/a owner of an **hacienda**
hacer *irreg.* to do; to make (1); **hace +** *time* (*time*) . . . ago; **hace +** *time* **+ que + present** I (you, he . . .) have/has been (*doing something*) for (*time*) (3); **hace +** *time* **+ que + preterite** I (you, he . . .) (*did something*) (*time*) ago (3); **hace buen/mal tiempo** it's nice/bad weather; **hace calor/fresco/frío/sol** it's hot/cool/cold/sunny weather; **hace un calor de todos los demonios** it's devilishly hot; **hacer +** *infin.* to get or have (*something done*); **hacer** *camping* to camp (7); **hacer caso** to pay attention; **hacer cola** to wait in line (7); **hacer ejercicio** to exercise; **hacer el papel de** to play the role of; **hacer falta** to be necessary, lacking; **hacer las compras** to do the shopping (9); **hacer las maletas** to pack the suitcases (7); **hacer reservaciones** to make reservations (7); **hacer preguntas** to ask questions; **hacer regalos** to give gifts; **hacer reservaciones** to make reservations (7); **hacer turnos** to take turns; **hacer un picnic** to have a picnic; **hacer un viaje** to take a trip (7); **hacer una fiesta** to have a party; **hacerse** to become; to pretend/feign to be; **me haces el favor de... +** *infin.* would you please (*do something*)
hacha *f.* (*but* **el hacha**) hatchet
hacia toward
hacienda farm, ranch; property, estate
hallar to find
hambre *f.* (*but* **el hambre**) hunger; **tener** (*irreg.*) **hambre** to be hungry (6)
hambruna famine (11)
hamburguesa hamburger (5)
hasta *prep.* until, up to; *adv.* even; **hasta entonces** see you then; **hasta luego** see you later (P); **hasta mañana** see you tomorrow (P); **hasta pronto** see you soon (P); **hasta que** *conj.* until (12)

hay there is/there are (P); **hay que** + *infin.* one has to (*do something*)
hebilla buckle, clasp
hecho *n.* fact; deed, event; **de hecho** in fact
hecho/a (*p.p. of* **hacer**) made
helado ice cream (5)
helado/a frozen
helicóptero helicopter
hemisferio hemisphere
heredar to inherit
heredero/a heir
herencia heritage; inheritance
herida wound
herido/a wounded
hermano/a brother, sister (2)
hermoso/a beautiful
héroe, heroína hero, heroine
hervir (ie, i) to boil
hiel *f.* gall, bitterness
hielo ice; **patinar en hielo** to ice skate
hierro iron
hijo/a son, daughter (2); **hijo/a único/a** only child; *pl.* children
hipotético/a hypothetical
hispánico/a *n., adj.* Hispanic
Hispanidad *f.*: **Día** (*m.*) **de la Hispanidad** Hispanic Awareness Day (Columbus Day)
hispano/a *n.,* Hispanic
Hispanoamérica Spanish America
hispanoamericano/a *n., adj.* Spanish American
hispanohablante *m., f.* native Spanish speaker
historia history; story (3)
histórico/a historical
hogar *m.* home
hoja page; leaf; sheet; blade; **hoja rayada** ruled sheet of paper
hola hi (P)
hombre *m.* man (P); **hombre/mujer** (*f.*) **de negocios** businessman, businesswoman (3)
homogéneo/a homogeneous
hondo/a deep
honor *m.* honor
honrado/a honorable, honest
honrar to honor, pay homage
hora hour; time; **¿a qué hora (es)... ?** at what time (is) . . . ?; **por hora** per hour; **¿qué hora es?** what time is it?
horario schedule
hornear to bake
horno oven (4); **al horno** baked (5); **(horno de) microondas** microwave oven (4)
horror *m.* horror
horrorífico/a horrifying
horrorizado/a horrified
hospital *m.* hospital
hotel *m.* hotel; **hotel (de lujo)** (luxury) hotel (7)

hoy today; **hoy en día** nowadays
hueco empty space
huelga strike (11)
huella trail, track
huerto garden; orchard
hueso bone
huésped(a) guest (7)
huevo egg (5)
huir (y) to run away, flee
humanidad *f.* humanity; *pl.* humanities (*subject*) (3)
humano/a *n., adj.* human; **derechos humanos** human rights (11); **ser** (*m.*) **humano** human being
húmedo/a humid
humilde *adj. m., f.* humble
humo smoke
hundir to submerge, sink

I

ibérico/a *n., adj.* Iberian (*of the Iberian Peninsula, where Spain and Portugal are located*)
idéntico/a identical
identidad *f.* identity
identificación *f.* identification; **tarjeta de identificación** identification card
identificar (qu) to identify
ideología ideology
ideológico/a ideological
idioma *m.* language
idóneo/a suitable, fitting
iglesia church (6)
igual *adj. m., f.* equal; same; **igual que** the same as; **me da igual** it's all the same to me
igualdad *f.* equality
igualmente same here; likewise (P)
iluminado/a illuminated
ilusión *f.* illusion
ilustrar to illustrate
imagen *f.* image, picture
imaginación *f.* imagination
imaginar (se) to imagine
impaciente *adj. m., f.* impatient
impedir (i, i) to impede, prevent
imperfecto imperfect (*gram.*)
imperio empire
imperioso/a urgent
implacable *adj. m., f.* implacable, relentless
implementar to implement
implicar (qu) to implicate; to involve; to imply
imponer *irreg.* to impose
importar to be important; to matter (5); to import; **no importa** it doesn't matter
importe *m.* amount
imprescindible *adj. m., f.* essential, indispensable
impresión *f.* impression

impresionante *adj. m., f.* impressive
impresionar to impress
impreso/a printed
impresora printer (8)
imprimir to print (8)
impuesto/a (*p.p.* of **imponer**) imposed
impuestos *m. pl.* taxes; **impuestos de la propiedad** property taxes
inaceptable *adj. m., f.* unacceptable
inca *n. m., f.* Inca
incapaz *adj. m., f.* (*pl.* **incapaces**) incapable
incendio fire
incidente *m.* incident
incisión *f.* incision
incitar to incite
inclinado/a bent over
inclinar to bow, bend; **inclinarse** to lean
incluir (**y**) to include
inclusión *f.* inclusion
incómodo/a uncomfortable
inconsciente *adj. m., f.* unconscious
incontenible *adj. m., f.* unstoppable
incorporar to incorporate; **incorporarse** to sit up, raise oneself up
increíble *adj. m., f.* unbelievable
independencia independence; **Día** (*m.*) **de la Independencia** Independence Day (14)
independizarse (**c**) to become free/independent
indicación *f.* indication
indicar (**qu**) to indicate
indicativo indicative (*gram.*)
indígena *n. m., f.* Indian; indigenous person; *adj. m., f.* indigenous, native
indio/a *n., adj.* Indian
indirecto: pronombre (*m.*) **de complemento indirecto** indirect object pronoun
individualidad *f.* individuality
individuo person, individual
indócil *adj. m., f.* unmanageable
indoeuropeo/a *n., adj.* Indo-European
industria industry (11)
industrial *n. m., f.* industrialist; *adj. m., f.* industrial
industrializado/a industrialized
inesperado/a unexpected
inexistente *adj. m., f.* nonexistent
inexpresivo/a unexpressive
infancia infancy; childhood
inferioridad *f.* inferiority
infinitivo infinitive (*gram.*)
infinito/a infinite
influir (**y**) (**en**) to influence
influjo influence
información *f.* information
informar to inform
informe *m.* report (8)

infusión *f.* infusion
ingeniería *n.* engineering
ingeniero/a engineer (3)
Inglaterra England
inglés *m.* English language
inglés, inglesa *n.* Englishman, Englishwoman; *adj.* English
ingrediente *m.* ingredient
ingresos *pl.* income
iniciador(a) initiator
iniciar to initiate; **iniciarse** to begin
iniciativa initiative
ininterrumpido/a uninterrupted
injusto/a unjust, unfair
inmediato/a immediate
inmenso/a immense
inmerecido/a undeserved
inmigración *f.* immigration (11)
inmigrante *m., f.* immigrant
inmigrar to immigrate
inocente *n., adj. m., f.* innocent; **Día** (*m.*) **de los Inocentes** Day of the Innocents
inodoro toilet (4)
inolvidable *adj. m., f.* unforgettable
inquietante *adj. m., f.* worrisome, disturbing
inquietud *f.* anxiety; concern (12)
insatisfecho/a unsatisfied
insistir en to insist on (10)
insólito/a unexpected
inspirar to inspire; **inspirarse en** to be inspired by
instalar to install; **instalarse** to settle; to establish oneself
instante *m.* moment
institución *f.* institution
instrucción *f.* instruction
íntegro/a integral
intelectual *n., adj. m., f.* intellectual
intencionado/a: bien intencionado/a well-intentioned
intensidad *f.* intensity
intentar to try, attempt; **intentar** + *infin.* to try to (*do something*)
interacción *f.* interaction
intercambiar to exchange
interés *m.* interest, concern
interesante *adj. m., f.* interesting
interesar to interest (5); **interesarse** (**en**) to become interested (in)
interior *n. m., adj. m., f.* interior, inside
Internet *m.* Internet
interno/a internal
interrumpir to interrupt
íntimo/a intimate
introducir *irreg.* to introduce
intrusión *f.* intrusion
intuir (**y**) to know by intuition; to intuit
inútil *adj. m., f.* useless
invadir to overrun; to invade

invasión *f.* invasion
invasor(a) invader
inventar to invent
invento invention
inventor(a) inventer
inversión *f.* investment
inversionista *m., f.* investor
invertir (**ie, i**) to invest
investigación *f.* research; investigation
investigador(a) investigator
investigar (**gu**) to investigate
invierno winter
invitación *f.* invitation
invitado/a *n.* guest
invitar to invite; to treat
involucrado/a *adj.* involved
inyección *f.* injection
ir *irreg.* to go (1); **ir** + *gerund* to be in the process of (*doing something*); **ir a** + *infin.* to be going to (*do something*); **ir bien/mal** to go well/poorly; **ir de compras** to go shopping (9); **ir de vacaciones** to go on vacation; **irse** to go away (4); **vamos a** + *infin.* let's (*do something*) (1)
irracional *adj. m., f.* irrational
irregularidad *f.* irregularity
irritado/a irritated
irritante *adj. m., f.* irritating
isla island; **Islas Baleares** Balearic Islands; **Islas Filipinas** Philippine Islands; **Islas Galápagos** Galapagos Islands
islote *m.* small island
Italia Italy
italiano Italian (*language*)
italiano/a *n., adj.* Italian
italoamericano/a *n., adj.* Italian American
izquierdo/a left, left-hand; **a/de la izquierda** to/from the left

J

jabón *m.* soap (4)
jamás never
jamón *m.* ham (5)
Jánuca *m.* Hanukkah (14)
jardín *m.* garden (4); **trabajar en el jardín** to work in the garden (13)
jefe/a, boss (8); chief
joven *n. m., f.* young person, youth; *adj. m., f.* young (P)
joyería jewelry store (9)
jubilado/a retired
juego game, play; gambling (13)
jueves *m. inv.* Thursday
juez (*pl.* **jueces**), **jueza** judge
jugador(a) player
jugar (**ue**) (**gu**) to play; **jugar a** to play (*a sport*) (1)
jugo juice (5)
juguete *m.* toy

julio July
junio June
junta meeting (8)
juntar to join, unite
juntos/as *pl.* together
justificar (**qu**) to justify
justo *adv.* just
justo/a *adj.* fair
juvenil *adj. m., f.* youthful; **albergue** (*m.*) **juvenil** youth hostel (7)
juventud *f.* youth (12)

K

kilómetro kilometer

L

la *f. definite article* the; *d.o.* her, it, you (*form. sing.*)
laboral *adj. m., f.* of or relating to work
laboratorio laboratory; **laboratorio de lenguas** language lab
lácteo/a *adj.* dairy (5)
lado side; **al lado de** next to; **por otro lado** on the other hand; **por todos lados** on all sides
ladrar to bark
lago lake
lágrima tear
lamentable *adj. m., f.* unfortunate
lamentar to lament
lamento lament
lámpara lamp (4)
langosta lobster (5)
langostino prawn, crayfish (*Arg.*)
lánguido/a listless
lanzar (**c**) to launch
lápida headstone
lápiz *m.* (*pl.* lápices) pencil (P)
largo/a long; **a lo largo de** along, throughout
las *f. pl. definite article* the; *d.o.* them; you (*form. pl.*)
lástima compassion; shame; **es lástima que** it's a shame that (9)
lastimado/a harmed, injured
latín *m.* Latin language; **latín vulgar** popular or spoken Latin
latino/a *n., adj.* Latin, Hispanic
Latinoamérica Latin America
latinoamericano/a *n., adj.* Latin American
latir to beat
lavabo bathroom sink (4)
lavadora washing machine (4)
lavandería laundry (9)
lavaplatos *m. inv.* dishwasher (4)
lavar (**la ropa, los platos**) to wash (*the clothes, the dishes*) (4); **lavarse** to wash (*oneself*); **lavarse el pelo** to wash one's hair
le *i.o.* to/for him, her, it; to/for you (*form. sing.*)

leal *adj. m., f.* loyal
lealtad *f.* loyalty
lección *f.* lesson
leche *f.* milk (5)
lecho bed
lechuga lettuce (5)
lectura *n.* reading
leer (**y**) to read (P)
legalización *f.* legalization
legítimo/a legitimate
lejano/a distant, remote
lejos *adv.* far away; **lejos de** far (away) from
lengua language; **laboratorio de lenguas** language lab; **lenguas extranjeras** foreign languages (3); **Real Academia de la Lengua Española** Royal Academy of the Spanish Language
lenguaje *m.* language, speech
lento/a slow
les *i.o.* to/for them; to/for you (*form. pl.*)
lesión *f.* injury
letanía litany
letra letter (*of the alphabet*); **letra cursiva** *sing.* italics
letrero sign
levantar to lift, raise up; **levantarse** to get up (1); to stand up
leve *adj. m., f.* slight
léxico/a lexical
ley *f.* law (11)
leyenda legend
libertad *f.* freedom, liberty (11)
libertador(a) liberator
libre *adj. m., f.* free; available; **al aire libre** outdoors; **tiempo libre** free time (13)
librería bookstore (9)
libro book (P)
licencia de manejar driver's license
licenciado/a holding a university degree
licorería liquor store (9)
líder *m.* leader
ligero/a *adj.* light
limitado/a limited
límite *m.* limit
limón *m.* lemon (5)
limpiar to clean (4); **limpiarse los dientes** to brush one's teeth
límpido/a limpid
limpio/a clean
línea line; **patinar en línea** in-line skating
lingüístico/a linguistic
lío: meter a alguien en líos to get someone into trouble
lista list
listo/a ready, prepared; smart; **estar** (*irreg.*) **listo/a** to be ready; **ser** (*irreg.*) **listo/a** to be smart, clever
literario/a literary
literatura literature (3)
lívido/a pale

llamada call
llamar to call; **¿cómo se llama usted?** what is your name? (*form.*) (P); **¿cómo te llamas?** what is your name? (*fam.*) (P); **llamar por teléfono** to call on the phone (P); **llamarse** to be called, named (4); **me llamo...** my name is . . . (P)
llano *n.* plain
llanta tire; **llanta desinflada** flat tire
llave *f.* key (7)
llegada arrival
llegar (**gu**) to arrive (1); **llegar a** + *infin.* to manage to (*do something*); **llegar a ser** to become; **llegar a tiempo** to arrive/be on time; **llegar tarde** to arrive/be late
llenar to fill
lleno/a full
llevar to take; to carry; to wear (1); to bring; **llevar a cabo** to carry out, perform; **llevarse** to carry off, take away; **llevarse bien/mal** (**con**) to get along well/poorly (with) (10)
llorar to cry
llover (**ue**) to rain
lluvioso/a rainy
lo *d.o.* him, it, you (*form. sing.*); **lo** + *adj.* the + *adj.* part, thing; that which is + *adj.*; **a lo largo de** along, throughout; **a lo mejor** perhaps; **lo más pronto posible** as soon as possible; **lo mismo** the same thing; **lo primero** the first thing; **lo que** that which, what; **lo siento** I'm sorry
lógico/a logical
lograr to achieve (7); to attain; **lograr** + *infin.* to manage to (*do something*), succeed in (*doing something*)
logro success; achievement
Londres *m.* London
los *definite article m. pl.* the; *d.o.* them; you (*form. pl.*)
lotería lottery
lozanía lushness, luxuriance
lucha struggle, fight
luchar to struggle; to fight (11); **luchar por** to fight for
luciérnaga firefly
luego then, later, next; **hasta luego** see you later (P)
lugar *m.* place; room; **tener** (*irreg.*) **lugar** to take place
lujo luxury; **hotel** (*m.*) **de lujo** luxury hotel (7)
lujoso/a luxurious
luna moon; **luna de miel** honeymoon (12)
lunes *m. inv.* Monday
lustroso/a glistening
luz *f.* (*pl.* luces) light (P); **Fiesta de las Luces** Hanukkah (14)

M

madera wood

madre *f.* mother (2); **Día** (*m.*) **de la Madre** Mother's Day (14)

madurez *f.* middle age (12); maturity

maestro/a *n.* teacher (3); *adj.* masterly, expert; **obra maestra** masterpiece

magnífico/a magnificent; great

Mago: Día (*m.*) **de los Reyes Magos** Day of the Magi (Three Kings), Epiphany (14)

maíz *m.* (*pl.* **maíces**) corn (5)

mal *n.* evil; **mal, malo/a** *adj.* bad (P); *adv.* badly; **caerle** (*irreg.*) **mal** to dislike (*someone*) (5); **de mal gusto** in bad taste; **hace mal tiempo** it's bad weather; **ir** (*irreg.*) **mal** to go poorly; **llevarse mal** (**con**) to get along poorly (with); **mala suerte** bad luck; **pasarlo mal** to have a bad time (13); **portarse mal** to behave poorly (4); **salir** (*irreg.*) **mal** to turn out poorly (12)

maldito/a cursed

maleducado/a ill-bred, bad mannered

malentendido *n.* misunderstanding

maleta suitcase (7); **hacer** (*irreg.*) **las maletas** to pack the suitcases

malva mauve-colored

mamá mom

manchar to stain

mandar to send (5); to order, command

mandato order, command (10)

mando *n.* command

mandón, mandona bossy (9)

manejar to drive (1); to manage; **licencia de manejar** driver's license

manera manner, way; **de manera que** so that; in such a way that; **de todas maneras** whatever happens; by all means

manía mania, craze

manillar *m. sing.* handlebars

mano *f.* hand (P); **a mano** by hand; **darle** (*irreg.*) **la mano** (**a alguien**) to shake hands (with someone) (10)

manta blanket (4)

manteca lard; butter (*Arg.*)

mantener (*like* **tener**) to maintain; to keep; to support

mantequilla butter (5)

manto cloak

manuscrito manuscript

manzana apple (5)

mañana *n.* morning; *adv.* tomorrow; **de/por la mañana** in the morning; **hasta mañana** see you tomorrow (P); **mañana por la mañana** tomorrow morning; **pasado mañana** day after tomorrow; **todas las mañanas** every morning

mapa *m.* map (P)

máquina machine; **máquina de escribir** typewriter (8)

maquinal *adj. m., f.* mechanical; automatic

maquinaria machinery

mar *m.* sea, ocean; **nivel** (*m.*) **del mar** sea level

maravilla wonder, marvel

maravilloso/a marvelous

marcar (**qu**) to mark

marchar to march

marido husband (2)

marihuana marijuana

marinero, mujer (*f.*) **marinero** sailor

marino/a: azul (*m.*) **marino** navy blue

marisco shellfish, seafood (5)

marrón brown (P)

Marte *m.* Mars

martes *m. inv.* Tuesday

marzo March

más more; **el/la más** + *adj.* the most + *adj.*, the -est; **lo más pronto posible** as soon as possible; **más de** + *number* more than + *number*; **más o menos** more or less (P); **más... que** more . . . than (2); **más tarde** later; **nada más** nothing more; **por más que** no matter how

máscara mask

mascota *n.* pet

masticar (**qu**) to chew

matar to kill

matemáticas *pl.* mathematics (3)

mateo: andar (*irreg.*) **en mateo** to ride in a carriage

materia subject (*school*) (3)

maternidad *f.* maternity

materno/a maternal

matrícula registration

matrimonial *adj. m., f.* marriage

matrimonio marriage; married couple (12); **certificado de matrimonio** marriage certificate

maya *n., adj. m., f.* Maya(n)

mayo May

mayonesa mayonnaise (5)

mayor *adj. m., f.* greater; older (2); higher; *n. pl.* adults; **Antillas Mayores** Greater Antilles; **el/la mayor** the oldest (2); **la mayor parte** the majority

mayordomo foreman

mayoría majority

me *d.o.* me; *i.o.* to/for me; *refl. pron.* myself; **me llamo . . .** my name is . . . (P)

mecánico/a *n.* mechanic (3); *adj.* mechanical

mediados *pl.*: (**a**) **mediados de** in the middle of

medianoche *f.* midnight

medicina medicine

médico/a *n.* doctor (3); *adj.* medical; **consultorio médico** doctor's office

medida measure, means; **tomar medidas** to take steps (*to solve a problem*)

medio *n.* method, means; *adj.* average; middle; half; **clase** (*f.*) **media** middle class; **en medio de** in the middle of; **medio ambiente** environment (11); **medio** (*sing.*) **de transporte** means of transportation (7); **pensión** (*f.*) **media** room and one other meal (*usually breakfast*) (7); **y media** half past (*with time*)

medioambiental *adj. m., f.* environmental (11)

mediodía *m.* noon

Mediterráneo *n.* Mediterranean (Sea)

mediterráneo/a *adj.* Mediterranean

mejilla cheek

mejor *adj. m., f.* better (2); **a lo mejor** perhaps; **el/la mejor** the best (2); **mejor amigo/a** best friend

mejorar to improve

melón *m.* melon (5)

memorándum *m.* notebook (8)

memoria memory

mencionar to mention

menor *adj. m., f.* younger (2); **el/la menor** the youngest (2)

menos *adv.* less; fewer; **a menos que** unless (11); **echar de menos** to miss; **en menos de** in less than; **más o menos** more or less (P); **menos... que** less . . . than (2); **por lo menos** at least (3)

mensaje *m.* message (8)

mensual *adj. m., f.* monthly

mente *f.* mind; **tener** (*irreg.*) **en mente** to keep in mind

mentir (**ie, i**) to lie

mentira lie

menú *m.* menu

mercado market (6)

merecer (**zc**) to deserve

merienda afternoon snack

mermelada marmalade (5)

mes *m.* month

mesa table (P); **mesa de noche** night table (4); **poner** (*irreg.*) **la mesa** to set the table (4); **quitar la mesa** to clear the table (4)

mesero/a server (*restaurant*) (3)

meseta meseta, plateau

mesita coffee table (4)

mestizo/a *n.* offspring of Spanish or Portuguese and Latin American Indian; *adj.* racially mixed

meta goal

metafísico/a metaphysical

metalúrgico/a metallurgical

meter to put, place; **meter a alguien en líos** to get someone into trouble; **meterse en** to meddle, interfere in

metro subway (7)

mexica *n., adj. m., f.* Mexica (*alternate name for Aztecs*)
mexicano/a *n., adj.* Mexican
mexicoamericano/a *n., adj.* Mexican-American
mezcla mixture
mezclar to mix
mezquita mosque
mí *obj. of prep.* me
mi *poss.* my (P); **mi nombre es...** my name is . . . (P)
microondas *pl.:* (**horno de**) **microondas** microwave oven (4)
miedo fear; **dar** (*irreg.*) **miedo** to frighten; **tener** (*irreg.*) **miedo** to be afraid (6)
miel *f.* honey; **luna de miel** honeymoon (12)
miembro *m., f.* member
mientras *adv.* meanwhile; **mientras que** *conj.* while; **mientras tanto** meanwhile
miércoles *m. inv.* Wednesday
migratorio/a migratory
mil thousand, one thousand
militar *adj.* military
milla mile
millón *m.* million
mimosa mimosa (*tropical plant*)
mina mine
minidiálogo minidialogue
ministro minister; **primer ministro** prime minister
minoría minority
minoritario/a *adj.* minority
minucioso/a *adj.* minute
minutas *pl.* minutes (of a meeting)
minuto *n.* minute
mío/a *poss.* my, (of) mine (4)
mirar to watch (P); to look at
misa mass (*Catholic*); **misa de gallo** Midnight Mass
mismo *adv.* right; **ahora mismo** right now; *pron.* same (one); *adj.* same; self; **al mismo tiempo** at the same time; **aquí mismo** right here; **el/la mismo/a** the same (one); **lo mismo** the same thing; **sí mismo/a** oneself
misterio mystery
misterioso/a mysterious
mitad *f.* half
mito myth
mitológico/a mythological
mochila backpack (P)
moda fashion; **estar** (*irreg.*) **de moda** to be in style (9)
modales *m. pl.* manners (10)
modelo model
moderado/a moderate
modernista *adj. m., f.* modernist
modernización *f.* modernization
modernizarse (**c**) to modernize; to get up to date

modificación *f.* modification
modificar (**qu**) to modify
modismo idiom
modo manner, way; mode; **de ningún modo** in no way; **de todos modos** by all means; anyway
molestar to bother, annoy (5)
molesto/a upset
molino de viento windmill
momento moment, time; **en este momento** now, at this time
monarquía monarchy
moneda currency; coin
monje, monja monk, nun
monocorde *adj. m., f.* with a single sound
monólogo monologue
monoparental *adj. m., f.* having one parent
monopolizar (**c**) to monopolize
montaña mountain; **escalar montañas** to hike; to climb mountains (13)
montañoso/a mountainous
montar a caballo to ride a horse
monte *m.:* **cabaña del monte** cabin in the woods
morado/a purple (P)
moreno/a brunette, dark-haired (P)
morir(se) (**ue, u**) to die (1); (**ya**) **murió** he/she (already) died (2)
mostrar (**ue**) to show (1)
moto(cicleta) motorcycle (7)
mover (**ue**) to move
movimiento movement
mozo/a boy, girl
muchacho/a boy, girl; young man, young woman
muchísimo/a *adv.* very much; *adj.* a lot of; very many
mucho *adv.* a lot; much
mucho/a *adj.* much; a lot of; *pl.* many; **mucha gente** many people; **muchas gracias** thank you very much; **muchas veces** many times (6); **mucho gusto** pleased to meet you (P); **tener** (*irreg.*) **mucha hambre** to be very hungry
mudarse to move (*from one location to another*) (3)
mudo/a mute
mueble *m.* piece of furniture (4); *pl.* furniture; **sacudir los muebles** to dust (4)
mueblería furniture store (9)
muerte *f.* death
muerto/a (*p.p. of* **morir**) died; *n.* dead person; *adj.* dead; **Día** (*m.*) **de los Muertos** Day of the Dead (14)
mujer *f.* woman (P); wife (2); **mujer bombero** (woman) firefighter (3); **mujer de negocios** businesswoman (3); **mujer policía** policewoman (3); **mujer soldado** (woman) soldier
multa fine; traffic ticket

mundial *adj. m., f.* of or pertaining to the world; **Primera/Segunda Guerra mundial** First/Second World War
mundo world; **todo el mundo** everybody
muralla wall
murmullo murmur
muro wall
museo museum (6); **visitar un museo** to visit a museum (13)
música music (3)
músico/a musician (3)
musulmán, musulmana *n., adj.* Moslem
mutilación *f.* mutilation
mutilar to mutilate
mutuo/a mutual
muy very; **muy bien** very well, very good (P)

N

nacer (**zc**) to be born
nacimiento birth; **certificado de nacimiento** birth certificate
nación *f.* nation
nacional *adj. m., f.* national
nacionalidad *f.* nationality
nacionalista *adj. m., f.* nationalist
nacionalización *f.* nationalization
nada nothing (1); **nada de eso** nothing of the kind; **nada más** nothing more
nadar to swim (1)
nadie no one, nobody (1); not anybody
naranja orange (*fruit*) (5)
narración *f.* narration
narrador(a) narrator
narrar to narrate
natación *n. f.* swimming (13)
natal *adj. m., f.* native; **país** (*m.*) **natal** native country
natalidad *f.* birthrate; birth; **control** (*m.*) **de la natalidad** birth control
natural *adj. m., f.* natural; **ciencias naturales** natural sciences (3); **recursos naturales** natural resources (11)
naturaleza nature (11)
navaja (razor) blade
Navidad *f.* Christmas (14); **Día** (*m.*) **de Navidad** Christmas Day
navideño/a *adj.* Christmas
necesario/a necessary
necesidad *f.* necessity
necesitar to need (P)
necio/a silly, stupid
negación *f.* negation
negar (**ie**) (**gu**) to deny (10)
negocio business (8); *pl.* business; **hombre** (*m.*) **/mujer** (*f.*) **de negocios** businessman, businesswoman (3); **viaje** (*m.*) **de negocios** business trip
negro/a black (P)
negruzco/a blackish
neolatino/a Romance (*language*)

nervio nerve
nervioso/a nervous
neutro/a neutral
nevera freezer (4)
ni neither; nor; even; **ni... ni** neither . . . nor; **ni siquiera** not even
nicaragüense *n., adj. m., f.* Nicaraguan
nieto/a grandson, granddaughter (2); *pl.* grandchildren
nieve *f.* snow
ningún, ninguno/a none, not one (1); (not) any; **de ningún modo** in no way
niñez *f.* childhood
niño/a boy, girl; child; *pl.* children; **de niño/a** as a child (6)
nivel *m.* level; **nivel del mar** sea level
no no; not; **no obstante** nevertheless, however; **ya no** no longer
Nóbel: Premio Nóbel Nobel Prize
noche *f.* evening; night; **buenas noches** good evening; good night (P); **cada noche** each/every night; **de noche** at night; **esta noche** tonight, this night; **mesa de noche** night table (4); **Noche Vieja** New Year's Eve (14); **por la noche** in the evening, at night
Nochebuena Christmas Eve (14)
nocturno/a nocturnal
nómada *n. m., f.* nomad
nombrar to name
nombre *m.* name; **mi nombre es...** my name is . . . (P)
nopal *m.* prickly pear
nordeste *m.* northeast
norma norm, rule, standard
norte *m.* north
Norteamérica North America
norteamericano/a *n., adj.* North American
nos *d.o.* us; *i.o.* to/for us; *refl. pron.* ourselves
nosotros/as *sub. pron.* we; *obj. of prep.* us
nostalgia nostalgia; homesickness
nota note; grade (*academic*); **sacar (qu) buenas notas** to get good grades
notar to note, notice; **notarse** to be evident
noticia piece of news; *pl.* news
novecientos/as nine hundred
novela novel
novelesco/a fictional; of or related to novels
noveno/a ninth (2)
noventa ninety
noviazgo engagement (12)
noviembre *m.* November
novio/a boyfriend, girlfriend; fiancé(e); groom, bride
nube *f.* cloud
nubloso/a cloudy
nuca nape (of the neck)
nudo knot

nuera daughter-in-law
nuestro/a *poss.* our (P); ours (4)
nueve nine
nuevo/a new (P); **de nuevo** again; **Día** (*m.*) **de Año Nuevo** New Year's Day (14)
número number; **numéro cardinal/ordinal** cardinal/ordinal number
nunca never (P); not ever; **casi nunca** almost never (P)
nupcial *adj. m., f.* nuptial

O

o or
obispo bishop
objeto object; **pronombre** (*m.*) **de complemento directo** direct object pronoun
obligación *f.* obligation
obligar (gu) to obligate, force, compel
obra work (*of art, literature*); **obra maestra** masterpiece
obrero/a worker (3); laborer
observación *f.* observation
observar to observe, watch
obsesión *f.* obsession
obstáculo obstacle
obstante: no obstante nevertheless, however
obtener (*like* **tener**) to obtain, get
obvio/a obvious
ocaso end, death; later years
occidental *adj. m., f.* western
océano ocean; **Océano Atlántico** Atlantic Ocean; **Océano Pacífico** Pacific Ocean
ochenta eighty
ocho eight
ochocientos/as eight hundred
octavo/a eighth (2)
octubre *m.* October
ocultar to hide (*something*) (9); to conceal
ocupación *f.* occupation
ocupado/a busy, occupied (7)
ocupar to occupy
ocurrencia occurrence, incident, event
ocurrir to occur, happen
odio hate (12)
oeste *m.* west
ofenderse to take offense
oferta special offer (9)
oficina office (8)
oficio job, profession; trade
ofrecer (zc) to offer (5)
oído (inner) ear
oír *irreg.* to hear (1)
ojalá I hope, let's hope (9)
ojo eye; **¡ojo!** careful! watch out!
Olimpiadas *f. pl.* Olympics
olla pot
olor *m.* odor
oloroso/a fragrant

olvidarse de to forget (1)
omitir to leave out, omit
once eleven
onda wave
opción *f.* option
ópera opera
opinar to think, believe
opinión *f.* opinion
oponerse *irreg.* (**a**) to be opposed (to)
oportunidad *f.* opportunity, chance
opuesto/a opposite
oración *f.* sentence
oratoria speech (*subject*)
orden *f.* order, command; *m.* order; **poner** (*irreg.*) **en orden** to order, put in order
ordenar to arrange, put in order (8); to order, command
ordinal *adj. m., f.*: **número ordinal** ordinal number
orfanato orphanage
organización *f.* organization
organizar (c) to organize (8)
orgullo pride
orgulloso/a proud
origen *m.* origin
originario/a de originating from
oro gold
orquesta orchestra
ortográfico/a *adj.* orthographic, spelling
os *d.o.* you (*fam. pl. Sp.*); *i.o.* to/for you (*fam. pl. Sp.*); *refl. pron.* yourselves (*fam. pl. Sp.*)
oscuro/a dark
ostentar to show, display
otoño autumn
otorgado/a granted, given
otro/a *n., adj.* other, another; **otra vez** again; **por otra parte** on the other hand; **por otro lado** on the other hand
oveja sheep
ozono: capa de ozono ozone layer (11)

P

paciencia patience
paciente *n., adj. m., f.* patient
pacífico/a peaceful; **Océano Pacífico** Pacific Ocean
padrastro stepfather
padre *m.* father (2); priest; *pl.* parents; **Día** (*m.*) **del Padre** Father's Day (14)
padrino godfather; *pl.* godparents
pagano/a pagan
pagar (gu) to pay; **pagar al contado / en efectivo** to pay cash (9)
página page
pago payment
país *m.* country; **país natal** native country; **países andinos** Andean countries
paisaje *m.* countryside
paja straw

pájaro bird
palabra word
palacio palace
pálido/a pale
palillo toothpick (10)
palo stick
paloma pigeon, dove
palpar to touch, feel
pampa pampa, prairie
pan *m.* bread (5)
pana corduroy
panadería bakery (9)
Panamá *m.* Panama
panameño/a *n., adj.* Panamanian
panceta bacon (*Arg.*)
pánico panic
pantalón, pantalones *m.* pants
papa potato (*Latin America*) (5); **papas fritas** French fries
papá *m.* papa, dad
papel *m.* (sheet of) paper (P); role; **hacer** (*irreg.*) **el papel de** to play the role of
papelera wastebasket (8)
papelería stationery store (9)
paquete *m.* package
par *m.* pair
para for, in order to; **para eso** just for that; **para que** so that (11)
paracaídas *m. inv.* parachute
parada del autobús bus stop (6)
paradero whereabouts
paralizado/a paralyzed
parapetarse to protect, shelter oneself
parcial *adj. m., f.*: **trabajo de tiempo parcial** part-time work
pardo/a brown (P)
parecer (**zc**) to seem, appear (5); **al parecer** apparently, seemingly; **parecerse** to resemble each other; **¿qué te/le parece... ?** what do you think of . . . ?
parecido/a *adj.* similar
pared *f.* wall (P)
pareja pair, couple; **en parejas** in pairs
parentesco family relationship (2)
paréntesis *m. inv.*: **entre paréntesis** in parentheses
pariente/a relative
París *m.* Paris
parque *m.* park (6); **parque de atracciones/diversiones** amusement park
párrafo paragraph
parrilla: a la parrilla grilled, charbroiled
parrillada grilled meat
parroquiano/a parishioner
parte *f.* part; side; **en gran parte** to a large degree; **la mayor parte** the majority; **por otra parte** on the other hand
participación *f.* participation
participante *m., f.* participant
participar to participate

participio participle; **participio pasado** past participle
particular *adj. m., f.* particular; private; **en particular** in particular
partida: punto de partida point of departure
partidario/a supporter, advocate
partido game; match
partir: a partir de + *time* from + *time*
pasado *n.* past
pasado/a *adj.* past, last; **el año pasado** last year; **la semana pasada** last week; **participio pasado** past participle; **pasado mañana** day after tomorrow
pasaporte *m.* passport
pasar to pass; to happen, occur (5); to come in; to spend (*time*); **pasar a ser** to become; **pasar la aspiradora** to vacuum (4); **pasar por** to go through; **pasar tiempo** to spend time; **pasarlo bien/mal** to have a good/bad time (13); **¿qué pasa?** what's going on?
pasatiempo hobby (13)
Pascua Passover (14); **Pascua (Florida)** Easter (14)
pasear to take a walk, stroll (1)
paseo walk, stroll
pasillo hall (4)
pasión *f.* passion
pasivo/a passive; **voz** (*f.*) **pasiva** passive voice
paso step; pace; passage; religious procession (*Sp.*); platform, stage in religious procession (*Sp.*)
pasta noodle (5); dough, money (*coll.*)
pastel *m.* cake; pie (5)
pastelería pastry shop (9)
patinar to skate (13); **patinar en hielo** to ice skate; **patinar en línea** in-line skating
patio patio (4)
patria country, homeland
Patricio: Día (*m.*) **de San Patricio** Saint Patrick's Day (14)
patriota *m., f.* patriot
patrón, patrona: santo patrón, santa patrona patron saint
pavo turkey (5); **pavo asado** roast turkey
paz *f.* (*pl.* **paces**) peace
pecho chest; breast
pedal *m.* pedal
pedazo piece, bit
pedido/a requested
pedir (**i, i**) to ask for, request (1); **pedir ayuda** to ask for help; **pedir permiso** to ask (for) permission
pegar (**gu**) to hit, strike; to stick; **pegar un tiro** to shoot
peinarse to comb one's hair (1)
pelar to peel
peldaño step
pelea fight

pelear to fight (6)
película movie; **ver** (*irreg.*) **una película** to see a movie (13)
peligro danger (11)
pelo hair; **cortarse el pelo** to cut one's hair, have one's hair cut; **lavarse el pelo** to wash one's hair; **secarse** (**qu**) **el pelo** to dry one's hair
peluquería beauty shop, hairdresser's (9)
peluquero/a hair stylist (3)
pena suffering, pain; **dar** (*irreg.*) **pena** to grieve, cause pain
pender to hang
penetrante *adj. m., f.* penetrating; deep
peninsular *n. m., f.* Spaniard (of the Iberian Peninsula)
pensamiento thought
pensar (**ie**) to think; **pensar** + *infin.* to plan to (*do something*); **pensar en** to think about (1); **pensar que** to think that; **pensarlo** to think about it
pensión *f.* boarding house (7); **pensión completa** room and full board (7); **pensión media** room and one other meal (usually breakfast)
penúltimo/a penultimate, next to last
peor *adj. m., f.* worse (2); **el/la peor** the worst (2)
pepino cucumber
pequeño/a small, little (P)
pera pear (5)
perceptible *adj. m., f.* perceptible, noticeable
percibir to perceive
percusión *f.* percussion
perder (**ie**) to lose; **perder vigencia** to go out of use/practice; **perderse** to get lost
perdonar to excuse, forgive; **perdóname** pardon me
peregrinaje *m.* pilgrimage
peregrino/a pilgrim
perezoso/a lazy (P)
perfección *f.* perfection
perfume *m.* perfume
periódico newspaper
periodismo journalism
periodista *m., f.* journalist (3)
período period
perla pearl
permiso permission; **dar** (*irreg.*) **permiso** to give permission; **pedir** (**i, i**) **permiso** to ask (for) permission
permitir to allow
pero but
perpetuo/a perpetual
perro/a dog
perseguir (**i, i**) (**g**) to pursue, chase; to persecute
pérsico/a *n., adj.* Persian; **Golfo Pérsico** Persian Gulf

persistir to persist
persona person
personaje *m.* character (*in a work of literature, film, etc.*)
personalidad *f.* personality
pertenecer (zc)(a) to belong to (10)
Perú *m.* Peru
pesar: a pesar de in spite of
pesca *n.* fishing (13)
pescadería fish store (9)
pescado fish (*caught*) (5)
pescar (qu) to fish
pésimo/a awful, wretched
peso peso (*monetary unit of Mexico, Colombia, Cuba, etc.*); weight
pesquero/a *adj.* fish, fishing
pestilencia pestilence
petróleo petroleum; oil (11)
pez *m.* (*pl.* peces) fish (*live*)
picnic *m.* picnic; hacer (*irreg.*) un picnic to have a picnic
pico beak, bill (*bird*)
pictografía pictograph
pie *m.* foot
piedra rock, stone
piel *f.* skin; leather
pierna leg
pieza piece
piloto *m., f.* pilot (3)
pimienta pepper (5)
pino pine
pintar to paint (13); to depict
pintor(a) painter (3)
pintura painting
piña pineapple (5)
pionero/a pioneer
pirata *m., f.* pirate
Pirineos *pl.* Pyrenees (*mountains separating Spain and France*)
pisada footstep
pisar to walk, step on
piscar (qu) to harvest
piscina swimming pool
piso floor; primer (segundo...) piso second (third . . .) floor (4)
pista hint, clue; trail
pistola gun, pistol
pizarra chalkboard (P)
placer *n. m.* pleasure
plácido/a placid, calm
plan *m.* plan
plancha iron (4)
planchar to iron (4)
planear to plan
planeta *m.* planet
plano plan, diagram; (city) map
planta plant; floor; planta baja ground floor, first floor (4)
plantación *f.* plantation
plantar to plant

plata silver
plataforma platform
plátano banana (5)
plato plate (4); dish, meal (5)
playa beach
plaza plaza (6)
pleito lawsuit, case
pleno/a full
plomero/a plumber (3)
pluma feather
pluscuamperfecto pluperfect (*gram.*)
población *f.* population
poblado *n.* village; town
poblador(a) settler; inhabitant
poblar (ue) to populate, inhabit
pobre *n. m., f.* poor person; *adj. m., f.* poor; unfortunate
pobreza poverty (11)
poco *n.* little bit; poco/a *adj.* little; *pl.* few; dentro de poco within a short time; poco a poco little by little; un poco a little
poder *v., irreg.* to be able; can (1); *n.* power; poder + *infin.* to be able to (*do something*)
poderoso/a powerful
poema *m.* poem
poesía poetry
poeta *m., f.* poet
poético/a poetic
policía, mujer (*f.*) policía policeman, policewoman (3); *f.* police force
politeísta *n., adj.* polytheist (*one who believes in more than one God*)
política *n. sing.* politics (11); policy
político/a *n.* politician; *adj.* political; ciencias políticas political science (3)
pollería poultry shop (9)
pollo chicken (5)
polo pole
pomelo grapefruit (*Arg.*)
poner *irreg.* to put, place (1); to put on; poner en orden to order, put in order; poner la mesa to set the table (4); ponerse + *adj.* to become + adj. (4); ponerse a + *infin.* to begin (*doing something*) (4); ponerse la ropa to put on clothing (1)
por by; through; because of; for; per; around, about; on; because of, on account of; pasar por to go through; por aquí around here; por avión (barco, tren) by plane (boat, train); por ciento percent; por completo totally; por consiguiente therefore, consequently; por dentro on the inside; por ejemplo for example (3); por eso for that reason, that's why (3); por favor please (3); por fin finally (3); por fuera on the outside; por hora per hour; por la mañana/tarde/noche in the

morning/afternoon/evening, at night; por lo general in general; por lo menos at least (3); por lo tanto therefore; por otro lado on the other hand; por primera vez for the first time; por suerte luckily (3); por supuesto of course (3); por teléfono on the telephone, by telephone; por todos lados everywhere; por último finally
¿por qué? why? (P); ¿por qué no? why not?
porcentaje *m.* percentage
porche *m.* porch
poro pore
porque *conj.* because; for; as
portafolios *m. inv.* briefcase (8)
portar to carry; portarse bien/mal to behave well/poorly (4)
portátil *adj. m., f.* portable; computadora portátil laptop computer (P)
portugués *m.* Portuguese (*language*)
posada inn
posado/a perched
poseer (y) to possess
posesión *f.* possession
posesivo/a possessive
posgraduado/a *adj.* postgraduate
posibilidad *f.* possibility
posible *adj. m., f.* possible; lo más pronto posible as soon as possible
posición *f.* position
posponer (*like* poner) to postpone
postre *m.* dessert (5)
postura stance
potable *adj. m., f.*: agua (*f.* [*but* el agua]) potable drinking water
pozo *n.* well
práctica practice
practicar (qu) to practice (P); to play (*sport*); practicar deportes to practice, play sports (P)
práctico/a practical
preceder to precede
precio price
precioso/a precious
preciso/a precise, exact
precursor (a) *m.* predecessor, forerunner
predecir (*like* decir) (*p.p.* predicho/a) to predict
predilecto/a favorite
predominar to predominate
preferible *adj. m., f.* preferable
preferido/a favorite
preferir (ie, i) to prefer (1)
pregunta question; hacer (*irreg.*) preguntas to ask questions
preguntar to ask (a question) (5); preguntarse to wonder
preliminar *adj. m., f.* preliminary
premio prize; premio gordo first (grand) prize; Premio Nóbel Nobel Prize

prender to turn on (*appliance*)
preocupación *f.* concern, worry
preocupado/a worried (7)
preocupar to worry; **preocuparse (por)** to worry (about) (4)
preparación *f.* preparation
preparar to prepare (1)
preparativos *pl.* preparations
presencia presence
presentación *f.* presentation; introduction
presentar to present; to introduce (*one person to another*)
presente *n. m.; adj. m., f.* present
presentimiento premonition
preservar to preserve
presidencial *adj. m., f.* presidential
presidente, presidenta president
presión *f.* pressure
presionar to pressure
préstamo loan
prestar to lend (5); **prestar atención** (*f.*) to pay attention
presupuesto budget
pretendiente *m.* suitor
pretérito preterite (*gram.*)
previo/a previous
primaria: (escuela) primaria elementary school
primavera *n.* spring (*season*)
primer, primero/a first (2); **lo primero** the first thing; **por primera vez** for the first time; **primer ministro** prime minister; **Primera Guerra mundial** First World War
primo/a cousin (2)
principio beginning; **al principio** in the beginning; **a principios de** at the beginning of
prioridad *f.* priority
prisa hurry, haste; **de prisa** quickly; **tener** (*irreg.*) **prisa** to be in a hurry (6)
prisionero/a prisoner
privado/a private
pro: en pro de in favor of
probador *m.* fitting room
probar (ue) to try on (*clothing*); to try (*something*) (9); to taste
problema *m.* problem
procedente (*adj. m., f.*) **de** coming/ originating from
procesión *f.* procession
proceso process
proclamar to proclaim
producción *f.* production
producir (*like* **conducir**) to produce
producto product; **producto agrícola** agricultural product
productor(a) producer
profesión *f.* profession
profesor(a) professor (P)
profundo/a deep

programa *m.* program
progresista *adj. m., f.* progressive
progreso progress
promesa promise
prometer to promise (5)
promover (ue) to promote; to advance, further
pronombre *m.* pronoun; **pronombre de complemento directo/indirecto** direct/ indirect object pronoun; **pronombre demostrativo** demonstrative pronoun
pronto soon; **de pronto** suddenly; **hasta pronto** see you soon (P); **lo más pronto posible** as soon as possible; **tan pronto como** as soon as (12)
pronunciación *f.* pronunciation
pronunciar to pronounce
propiamente dicho in the true sense
propiedad *f.* property; **impuestos** (*pl.*) **de la propiedad** property taxes; **título de propiedad** deed
propina tip (7)
propio/a own
proponer (*like* **poner**) to propose
proporcionar to furnish, provide
proposición *f.* proposition, proposal
propósito aim, purpose
propuesto/a (*p.p. of* **proponer**) proposed
próspero/a prosperous
protagonista *m., f.* protagonist
protección *f.* protection
protector(a) protector
proteger (j) to protect (11)
provenzal *m.* Provençal (*language*)
proverbio proverb
provincia province, region
provocar (qu) to provoke
proximidad *f.* proximity
próximo/a next, following; **la próxima semana** next week
proyectar to project; to plan; to cast (*shadow*)
proyecto *n.* project; plan
prueba test
psicología psychology (3)
psicólogo/a psychologist (3)
psiquiatra *m., f.* psychiatrist (3)
psiquiátrico/a psychiatric
publicar (qu) to publish
público/a public; **servicios** (*pl.*) **públicos** public services (11)
pueblo town; people; nation
puente *m.* bridge
puerta door (P)
puerto port (6)
puertorriqueño/a *n., adj.* Puerto Rican
pues... well . . .
puesto position; job (8); stand, booth
puesto/a (*p.p. of* **poner**) put, placed
pulcritud *f.* neatness, tidiness

pulga flea
pulido/a neat, tidy
pulposo/a pulpy
punto point; period; **a punto de** on the point of; **en punto** sharp, on the dot (*time*); **punto de partida** point of departure; **punto de vista** point of view
puñal *m.* dagger
pupitre *m.* student's desk (P)
puro/a pure

Q

que that, which; than; **a condición de que** on the condition that (11); **a fin de que** in order that (11); **a menos que** unless (11); **antes (de) que** before (11); **con tal (de) que** provided that (11); **después (de) que** *conj.* after (12); **en caso de que** in case (11); **es lástima que** it's a shame that (9); **hasta que** until (12); **lo que** that which, what; **más/menos que** more/less than; **para que** so that (11); **sin que** *conj.* without (11); **tener** (*irreg.*) **que** + *infin.* to have to (*do something*) (1); **ya que** *conj.* since
¿qué? what? which? (P); **¿qué tal?** how's it going? (P); how are you?; **¿qué tal es... ?** what is . . . like?
quechua *m.* Quechua (*language indigenous to Peru, Bolivia, etc.*)
quedar to remain; to be situated; **quedarle bien** to look nice on one (*clothing*); **quedarse** to stay (*in a place*) (7)
quehacer *m.* chore; **quehacer doméstico** household chore (4)
quejarse (de) to complain (about) (4)
quemado/a burned
querer *irreg.* to want (1); to love; **querer decir** to mean
querido/a dear; beloved
queso cheese (5)
quien(es) who, whom
¿quién(es)? who?, whom? (P); **¿de quién?** whose?
química chemistry (3)
quince fifteen
quinientos/as five hundred
quinto/a fifth (2)
quiosco kiosk
quitar(se) to remove; to take away; **quitar la mesa** to clear the table (4); **quitarse** to take off clothing (1)
quizá(s) perhaps

R

radical *adj. m., f.* radical, root (*gram.*)
radio *m.* radio (*receiver*) (4); *f.* radio (*broadcasting*)
raíz *f.* (*pl.* **raíces**) root; **agente** (*m., f.*) **de bienes raíces** real estate agent (13)

rama branch (*of a tree*)
ranchero/a: salsa ranchera *type of sauce*
rápido *n.* express train
rápido/a *adj.* rapid, fast
raqueta racket (*tennis*)
ráquetbol *m.* racquetball
raro/a rare
rascacielos *m. inv.* skyscraper (6)
ratificar (**qu**) to ratify
rato little while, short time
ratón *m.* mouse (*computer*) (8)
rayado/a: hoja rayada ruled sheet of paper
rayo ray
raza race (*ethnic*); **Día** (*m.*) **de la Raza** Hispanic Awareness Day (Columbus Day) (14)
razón *f.* reason; **no tener** (*irreg.*) **razón** to be wrong (6); **tener** (*irreg.*) **razón** to be right (6)
razonable *adj. m., f.* reasonable
reacción *f.* reaction
reaccionar to react
real *adj. m., f.* real; royal; **Real Academia de la Lengua Española** Royal Academy of the Spanish Language
realidad *f.* reality
realista *adj. m., f.* realistic
realizar (**c**) to attain; to achieve (11); to carry out; to realize
reanudar to renew
rebaja discount (9)
rebanada slice
rebelarse to rebel, revolt
rebelde *n., adj. m., f.* rebel
recado message
recámara bedroom (*Mex.*)
receloso/a suspicious
recepción *f.* lobby (*hotel*) (7)
recepcionista *m., f.* receptionist (7)
receta recipe
recetar to prescribe
rechazar (**c**) to reject
recibir to receive (1); to get
recibo receipt
reciclaje *n. m.* recycling
reciclar to recycle (11)
reciedumbre *f.* strength
recién + *p.p.* recently, newly + *p.p.*
reciente *adj. m., f.* new, recent
recipiente *m.* container
reclamación *f.* claim (4)
reclamar to claim (4)
recoger (**j**) to collect; to pick up
recomendable *adj. m., f.* recommendable, advisable
recomendación *f.* recommendation (10)
recomendar (**ie**) to recommend (5)
recompensar to compensate
reconciliarse to become reconciled

reconocer (**zc**) to recognize
reconocimiento recognition
reconquista reconquest
reconquistar to reconquer, recapture
recordar (**ue**) to remember
recorrer to traverse, go through; to travel
recuerdo memento (10); memory; remembrance; *pl.* memories
recuperación *f.* recovery, recuperation
recuperar to recuperate; to get back, reclaim
recurso resource; **recursos** (*pl.*) **naturales** natural resources (11)
redactar to write; to edit (8)
reducir (*like* **conducir**) to reduce
reemplazar (**c**) to replace
referencia reference
referirse (**ie, i**) to refer
refinado/a refined
reflejar to reflect
reflexión *f.* reflection
reflexivo/a reflexive (*gram.*)
reforma reform; **reforma agraria** land reform
refrán *m.* proverb
refrescar (**qu**) to cool; to refresh
refresco soft drink (5)
refrigerador *m.* refrigerator (4)
refugiarse to take refuge; to flee
regalar to give (*as a gift*) (5)
regalo gift; **hacer** (*irreg.*) **regalos** to give gifts
regar (**ie**) (**gu**) to water
regatear to haggle, bargain (9)
regateo *n.* haggling, bargaining (9)
región *f.* region
regir (**i, i**) (**j**) to rule
registrar to check in (*hotel*)
regla rule
reglamentar to regulate, make rules for
regresar to return (*to a place*) (1)
regreso: de regreso upon returning; coming back to
regular *adj. m., f.* regular; average; fair, so-so (P)
regularidad *f.* regularity
rehabilitación *f.* rehabilitation
reina queen
reino: Reino Unido United Kingdom
reírse (**me río**) (**i, i**) (**de**) to laugh (at) (4)
rejuvenecer (**zc**) to rejuvenate
relación *f.* relationship
relacionarse (**con**) to be related, connected (to)
relajante *adj. m., f.* relaxing
relajarse to relax (4)
relatar to relate, tell
religión *f.* religion (3)
religioso/a religious
reloj *m.* clock (P); watch (P)

remolacha beet
remolino crowd, throng of people
Renacimiento Renaissance
renombre *m.* renown
renta income
renunciar a to resign
repasar to review
repaso review
repercusión *f.* repercussion
repetir (**i, i**) to repeat (1)
reponer (*like* **poner**) (*p.p.* **repuesto/a**) to put back, replace; to reply; to recover, get over
reportaje *m.* report
reportar to report
reportero/a reporter (3)
reposo: casa de reposo rest home
representante *n. m., f.* representative
representar to represent
república republic; **República Dominicana** Dominican Republic
requerir (**ie, i**) to require
res *f.*: **carne** (*f.*) **de res** beef
rescatar to rescue (11)
resentido/a resentful, bitter
reservación *f.* reservation; **hacer** (*irreg.*) **reservaciones** to make reservations (7)
reservar to reserve
residencia residence; **residencia** (**estudiantil**) dormitory (P)
residente *m., f.* resident
resignación *f.* resignation
resignarse to resign oneself
resistencia resistence
resolver (**ue**) to solve (7)
respaldo *n.* back (*of a chair*)
respecto: (con) respecto a with respect to
respetar to respect
respeto respect
respetuoso/a respectful
respirar to breathe
responder to respond, answer
responsabilidad *f.* responsibility
responsable *adj. m., f.* responsible
respuesta answer
restañar to stanch, stop the flow of
restaurante *m.* restaurant (6)
resto rest; *pl.* remains
resuelto/a (*p.p. of* **resolver**) resolved, solved
resultado *n.* result
resultar to turn out; to work out (5); to result
resumen *m.* summary
resumir to summarize, sum up (8)
retener (*like* **tener**) to retain, keep
retirar to put away; to remove
retrato portrait
reunión *f.* meeting
reunir (**reúno**) to unite, assemble; **reunirse** (**con**) to get together (with) (14)

revelar to reveal
revisar to check, look over (8)
revisión *f.* review, reexamination
revista magazine
revolución *f.* revolution
revolucionario/a *n., adj.* revolutionary
revuelo agitation
rey *m.* king; **Día (*m.*) de los Reyes Magos** Day of the Magi (Three Kings), Epiphany (14)
rico/a *n.* rich person; *adj.* rich
ridículo/a ridiculous
riesgo risk; **correr riesgo** to run a risk
rígido/a rigid
riguroso/a severe, harsh
rincón *m.* corner
río river
riqueza *sing.* riches, wealth
risa laugh
rito rite, practice
robar to rob, steal
roble *m.* oak
rodear to surround
rodilla knee
rogar (ue) (gu) to beg (10)
rojo/a red (P); **Cruz (*f.*) Roja** Red Cross; **chile (*m.*) rojo** red pepper
romance *m.* Romance (*language group*)
romano/a *n., adj.* Roman
romántico/a romantic
romper *irreg.* to break (7); **romper (con)** to break up (with) (12)
ropa clothing (4); **ponerse (*irreg.*) la ropa** to put on clothes; **quitarse la ropa** to take off clothes
ropero closet
ropón *m.* skin, covering (*fig.*)
rosa rose
rosal *m.* rosebush
rostro face
roto/a (*p.p.* of **romper**) broken
rubio/a blond(e) (P)
rudo/a rough
rueda wheel
ruido noise
ruidoso/a noisy
ruinas *pl.* ruins
rumano (*language*) Rumanian
ruso Russian (*language*)
ruso/a *n., adj.* Russian
ruta route
rutina routine; **rutina diaria** daily routine (1)

S

sábado Saturday
sábana sheet (4)
saber *irreg.* to know (*facts, information*) (1); to find out about; **saber + *infin.*** to know how to (*do something*)
sabio/a *n.* wise person; *adj.* wise

sabor *m.* flavor, taste
sabroso/a tasty, delicious
sacar (qu) to take out; to get, receive (*grade*); **sacar buenas notas** to get good grades; **sacar fotos/vídeos** to take photos/videos (13); **sacar la basura** to take out the trash (4)
sacerdote *m.* priest
sacrificar (qu) to sacrifice
sacrificio sacrifice
sacudir to shake; to move (up and down); **sacudir (los muebles)** to dust (the furniture) (4)
sagrado/a sacred, holy
sal *f.* salt (5)
sala living room (4); room
salario salary
salida departure; exit
salir *irreg.* to leave (3); to go out; to appear; **salir a + *infin.*** to go or come out to (*do something*); **salir bien/mal** to turn out well/poorly (12); **salir de vacaciones** to go on vacation
salmón *m.* salmon (5)
salón *m.* (living) room; **salón de clase** classroom (P)
salsa sauce; **salsa ranchera** *type of sauce*
saltar to jump
salud *f.* health
saludable *adj. m., f.* healthy
saludar to greet, say hello
salvación *f.* salvation
salvadoreño/a *n., adj.* Salvadoran
salvar to save (*from danger*)
san, santo/a saint; **Día (*m.*) de San Patricio** Saint Patrick's Day (14); **Día (*m.*) de San Valentín** Saint Valentine's Day (14); **día (*m.*) del santo** saint's day (14); **santo patrón, santa patrona** patron saint; **Semana Santa** Holy Week
sandía watermelon (5)
sándwich *m.* sandwich (5)
sanfermines *m. pl.* festivities in celebration of San Fermín (*Pamplona, Sp.*)
sangre *f.* blood
sangriento/a bloody
santamente saintly
satírico/a satirical
satirizar (c) to satirize
satisfacción *f.* satisfaction
satisfacer (zc) (*pp.* **satisfecho/a**) to satisfy
se *refl. pron.* herself, himself, itself; yourself (*form. sing.*), yourselves (*form. pl.*); themselves
secadora dryer (4)
secar (qu) to dry (4); **secarse** to dry off, dry oneself; **secarse el pelo** to dry one's hair
seco/a dry

secretario/a secretary (3)
secreto *n.* secret
secreto/a *adj.* secret
sector *m.* sector, section
secundario/a secondary; **escuela secundaria** high school
sed *f.* thirst; **tener (*irreg.*) sed** to be thirsty (6)
seda silk
seguida: **en seguida** immediately
seguir (i, i) (g) to follow; to continue (1); **seguir + *gerund*** to go on (*doing something*)
según according to
segundo *n.* second (*time*)
segundo/a *adj.* second (2); **Segunda Guerra mundial** Second World War; **primer (segundo...) piso** second (third . . .) floor (4)
seguridad *f.* safety; assurance
seguro/a sure; safe; certain
seis six
seiscientos/as six hundred
selección *f.* selection, choice
seleccionar to select, choose
selva jungle
semáforo traffic light (6)
semana week; **a la semana** per week; **cada semana** each/every week; **fin (*m.*) de semana** weekend; **la próxima semana** next week; **la semana pasada** last week; **Semana Santa** Holy Week; **...veces a la / por semana** . . . times a week
semántico/a: **mapa (*m.*) semántico** semantic map
sembrado/a sown, planted
semejante *adj. m., f.* similar
semejanza likeness, similarity
semestre *m.* semester
sencillo/a simple; **habitación (*f.*) sencilla** single room (7)
senda path, track
sensible *adj. m., f.* sensitive
sentarse (ie) to sit down (4)
sentido sense; **sentido figurado** figurative sense/meaning
sentimiento sentiment, feeling
sentir (ie, i) to feel; to be sorry; **sentirse** to feel (4); **lo siento** I'm sorry
señalar to indicate, show, point out
señor (Sr.) *m.* sir; gentleman; Mr.
señora (Sra.) lady; madam; Mrs.; wife; mistress of the house
señorita (Srta.) young woman; Ms.
separación *f.* separation
separar to separate
separatista *adj. m., f.* separatist
septiembre *m.* September
séptimo/a seventh (2)

ser *v., irreg.* to be (P); **es (una) lástima
que...** it's a shame that . . . (9); **es
soltero/a** he/she is single (*unmarried*) (2);
es viudo/a he/she is a widower/widow
(2); **llegar (gu) a ser** to become; **pasar a
ser** to become; **o sea** that is; **soy...** I am
. . . (P); *n. m.* being; **ser humano** human
being; **ser vivo** living creature

sereno/a serene, calm

serie *f. sing.* series

serio/a serious

serpiente *f.* serpent

servicio service; **servicios** (*pl.*) **públicos**
public services (11)

servir (i, i) to serve (5); **servir de** to be
useful (as); **¿en qué puedo servirle?** how
may I help you?

sesenta sixty

setecientos/as seven hundred

setenta seventy

seto hedge

sevillano/a *n., adj.* from Seville

sexo sex

sexto/a sixth (2)

si if

sí yes

sí *pron.:* **en sí** in itself; **sí mismo/a** oneself

SIDA *m.* (*abbrev.* for **síndrome** [*m.*] **de
inmunodeficiencia adquirida**) AIDS

siempre always (P)

sierra mountain range, sierra

siesta nap; **dormir (ue, u) la siesta** to take
a nap; **tomar una siesta** to take a nap

siete seven (P)

siglo century

significado *n.* meaning

significar (qu) to mean

siguiente *adj. m., f.* following, next

sílaba syllable

silencio silence

silla chair (P)

sillón *m.* armchair (4)

simbolizar (c) to symbolize

símbolo symbol

simpático/a nice (P); friendly

simplificar (qu) to simplify

sin without; **sin embargo** however; **sin que**
conj. without (11)

sindicato union (*labor*) (11)

sino but (*rather*)

sinónimo synonym

sintético/a synthetic

siquiera even; **ni siquiera** not even

sistema *m.* system

sitio place, location

situación *f.* situation

situado/a located

soberanía sovereignty

sobre on, on top of; above; about; **sobre
todo** above all, especially

sobrepoblación *f.* overpopulation (11)

sobresaliente *adj. m., f.* outstanding

sobresalir (*like* **salir**) to excell; to stand out

sobrevivir to survive

sobrino/a nephew, niece (2)

social *adj. m., f.* social; **ciencias sociales**
social sciences (3); **trabajador(a) social**
social worker (3)

socialista *n., adj.* socialist

sociedad *f.* society

socio/a member; associate; partner

sociología sociology (3)

sofá *m.* sofa (4)

sol *m.* sun; **hace sol** it's sunny (weather);
tomar el sol to sunbathe

solamente only

solar solar; **energía solar** solar energy (11)

soldado soldier; **mujer** (*f.*) **soldado**
(woman) soldier

soledad *f.* solitude

solemne *adj. m., f.* solemn

soler (ue) + *infin.* to be accustomed to
(*doing something*)

solicitar to request, apply for (8)

sólido/a solid; hard

solitario/a lonely

solo/a *adj.* alone; lonely; sole; by itself

sólo *adv.* only

soltar (ue) to release

soltero/a: es soltero/a he/she is single (2);
apellido de soltera maiden name (2)

solución *f.* solution

solucionar to solve

sombra shadow

sombrío/a somber, dark

sonar (ue) to sound, ring

sondeo poll

sonido sound

sonrisa smile

soñar (ue) (con) to dream (about) (1)

sopa soup

sórdido/a nasty, dirty

sorprendente *adj. m., f.* surprising

sorprender to surprise

sorpresa *n.* surprise

sospechoso/a suspicious

soviético/a: Unión (*f.*) **Soviética** Soviet
Union

Sr. *abbrev.* for **señor**

Sra. *abbrev.* for **señora**

Srta. *abbrev.* for **señorita**

su *poss.* his, her; its; their; your (*form.
sing., pl.*) (P)

suave *adj. m., f.* gentle

subir to get in or on (*a car, bus, train,
etc.*) (3); to take up (7); **subirse** to climb

subjuntivo subjunctive (*gram.*)

subrayar to underline

subsidio subsidy

subterráneo/a subterranean

suceder to happen, come to pass

suceso event, happening

sucio/a dirty

sucursal *f.* branch office

Sudamérica South America

sudamericano/a *n., adj.* South American

sudar to sweat

sudor *m.* sweat

suegro/a father-in-law, mother-in-law

sueldo salary (8)

suelo floor; ground, soil; surface; **barrer el
suelo** to sweep the floor (4)

suelto/a (*p.p. of* **soltar**) loose

sueño sleep; dream; **tener** (*irreg.*) **sueño** to
be sleepy (6)

suerte *f.* luck; **buena/mala suerte**
good/bad luck; **por suerte** luckily (3);
tener (*irreg.*) **suerte** to be lucky

suéter *m.* sweater

suficiente *adj. m., f.* sufficient

sufrimiento *n.* suffering

sufrir to suffer

sugerencia suggestion (10)

sugerir (ie, i) to suggest (10)

sujeto subject

sumamente extremely

sumar to add up, total; to sum up

superficie *f.* surface

superioridad *f.* superiority

superlativo *n.* superlative (*gram.*); *adj.*
superlative

supermercado supermarket (6)

superstición *f.* superstition

supersticioso/a superstitious

suplicar (qu) to beg, implore (10)

suponer *irreg.* (*p.p.* **supuesto/a**) to
suppose

suprimir to suppress; to eliminate

supuestamente supposedly

supuesto: por supuesto of course (3)

sur *m.* south; **Cono Sur** Southern Cone
(*Argentina, Paraguay, and Uruguay*)

surgir (j) to arise, come forth

suroeste *m.* southwest

suspender to suspend

sustantivo noun (*gram.*)

sustentarse to sustain oneself, subsist

sustituir (y) to substitute

suyo/a *poss.* your, of yours (*form. sing.,
pl.*); his, of his, hers, of hers (4)

T

tabaco tobacco

tablero board

taco *dish made of rolled or folded tortilla
filled with meat, beans, etc.* (*Mex.*)

tal such, such a; **con tal (de) que** provided
that (11); **¿qué tal?** how's it going? (P);
how are you?; **¿qué tal es... ?** what is . . .
like? **tal como** such as; **tal vez** maybe

talentoso/a talented

talla size (*with clothing*) (9); **¿qué talla usa?** what size do you wear?

tamaño size

también also (1)

tampoco neither (1); not either

tan so, as; such; **tan... como** as . . . as (2); **tan pronto como** as soon as (12)

tango *Argentine dance*

tanto/a *adj.* so much; such, such a; *pl.* so many; *adv.* so much, as much; **mientras tanto** meanwhile; **por lo tanto** therefore; **tanto(s)/a(s)... como** as much/many . . . as (2)

tarde *n. f.* afternoon; *adv.* late; **buenas tardes** good afternoon (P); **de/por la tarde** in the afternoon; **esta tarde** this afternoon; **llegar (gu) tarde** to arrive/be late; **más tarde** later; **todas las tardes** every afternoon

tarea homework; task

tarjeta card; **tarjeta de crédito** credit card (9); **tarjeta de identificación** (*f.*) identification card

tasa rate, level; **tasa de cambio** exchange rate

taxi *m.* taxi (7)

taxista *m., f.* taxi driver (3)

te *d.o.* you (*fam. sing.*); *i.o.* to/for you (*fam. sing.*); *refl. pron.* yourself (*fam. sing.*); **te toca** it's your turn

té *m.* tea (5)

teatro theater (3) (6)

techo roof

tecla key (*piano, computer, etc.*)

técnica technique

técnico/a technician (3)

telefónico/a *adj.* telephone

teléfono telephone; **hablar por teléfono** to speak on the phone; **llamar por teléfono** to call on the phone (P); **por teléfono** on the telephone, by telephone; **teléfono (celular)** (cellular) telephone (8)

telegrama *m.* telegram

telenovela soap opera

televisión *f.* television; **ver (irreg.) la televisión** to watch television

televisor *m.* television set (4)

tema *m.* theme, topic

temblar (ie) to tremble

temer to fear (10); to be afraid of

temor *m.* fear

temperatura temperature

templo temple

temporal *adj. m., f.* temporary

temprano early

tendencia tendency

tender (ie) to stretch out; **tender a** + *infin.* to tend to (*do something*); **tender la cama** to make the bed (4)

tener *irreg.* to have (1); to possess, hold; **no tener razón** to be wrong (6); **tener... años** to be . . . years old; **tener buena/mala suerte** to have good/bad luck; **tener calor** to be warm, feel warm (6); **tener celos (de)** to be jealous (of) (12); **tener cuidado** to be careful (6); **tener en común** to have in common; **tener en mente** (*f.*) to keep in mind; **tener envidia (de)** to be envious (of) (12); **tener éxito** to be successful (12); **tener frío** to be cold (6); **tener ganas de** + *infin.* to feel like (*doing something*); **tener hambre** to be hungry (6); **tener interés en** to be interested in; **tener lugar** to take place; **tener miedo** to be afraid (6); **tener prisa** to be in a hurry (6); **tener que** + *infin.* to have to (*do something*) (1); **tener que ver con** to have to do with; **tener razón** to be right (6); **tener sed** to be thirsty (6); **tener sueño** to be sleepy (6); **tener vergüenza** to be embarrassed, ashamed (6)

tenis *m.* tennis (13)

tensión *f.* tension

tentación *f.* temptation

tenue *adj. m., f.* faint, weak

teoría theory

terapéutico/a therapeutic

tercer, tercero/a third (2)

terciopelo velvet

terminar to finish

término term

ternura tenderness

terraza terrace (4)

terreno land, terrain

territorio territory

terror *m.* terror; **cuento de terror** horror story

terrorista *adj. m., f.* terrorist

tertulia *regular informal gathering or discussion group*

testamentario/a testamentary, relating to a will

testamento will

testigo *m., f.* witness

texto text

ti *obj. of prep.* you (*fam. sing.*)

tibio/a lukewarm, tepid

tiburón *m.* shark

tiempo time; weather; **a tiempo** on time; **al mismo tiempo** at the same time; **¿cuánto tiempo hace que... ?** how long has it been since . . . ?; **hace buen/mal tiempo** it's nice/bad weather; **llegar (gu) a tiempo** to arrive/be on time; **pasar tiempo** to spend time; **tiempo libre** free time (13); **todo el tiempo** all the time; **trabajo de tiempo completo/parcial** full-time/part-time work

tienda store (9); **tienda de campaña** tent (7)

tierno/a tender

tierra earth; land; ground

tímido/a timid

tinta ink

tinto/a: vino tinto red wine (5)

tintorería dry cleaner's (9)

tío/a uncle, aunt (2)

típico/a typical

tipo type, kind

tiranía tyranny

tirar to throw, fling; to shoot, fire (*a gun*)

tiro shot (*firearm*); **pegar (gu) un tiro** to shoot

título title, degree (*academic*); **título de propiedad** deed

toalla towel (4)

tocar (qu) to touch; to play (*a musical instrument, music*) (P); **te toca** it's your turn

tocino bacon (5)

todavía still, yet

todo everything

todo/a all, all of, every; **de todas maneras** whatever happens; **de todos modos** by all means; anyway; **por todos lados** everywhere; **todas las mañanas/noches/tardes** every morning/night/afternoon; **todo el día** all day long; **todo el mundo** everybody; **todo el tiempo** all the time; **todos los años** every year; **todos los días** every day (P)

tomar to take; to eat or drink (P); **tomar apuntes** (*m. pl.*) to take notes (P); **tomar café** (*m.*) to drink coffee; **tomar el sol** to sunbathe; **tomar en cuenta** to take into account; **tomar medidas** to take steps (*to solve a problem*); **tomar parte** to take part; **tomar una decisión** to make a decision; **tomar una siesta** to take a nap; **tomarle cariño a alguien** to start to have affection for someone (12)

tomate *m.* tomato (5)

tónico/a tonic, stressed (*gram.*)

tono tone

tonto/a silly, foolish

torcido/a twisted

toro bull; **corrida de toros** bullfight

toronja grapefruit (5)

tortilla *thin cake made of cornmeal or flour* (*Mex.*)

tortillería tortilla shop (*Mex.*)

tortuga turtle

torturar to torture

tostador *m.* toaster (4)

total *n. m., adj.* total

tóxico/a toxic

trabajador(a) *n.* worker; *adj.* hard-working (P); **trabajador(a) social** social worker (3) trabajar to work (P); **trabajar en el jardín** to work in the garden (13)

trabajo job; work; paper (*academic*) (8); **Día** (*m.*) **del Trabajo** Labor Day (14); **trabajo de tiempo completo/parcial** full-time/part-time work

tradición *f.* tradition

traducción *f.* translation

traducir (*like* **conducir**) to translate

traductor(a) translator (3)

traer *irreg.* to bring (1)

tragedia tragedy

trágico/a tragic

traicionar to betray

traje *m.* suit (*of clothing*)

trama plot

tranquilidad *f.* tranquility, calm

tranquilizar (c) to soothe, calm, reassure

tranquilo/a calm, peaceful

transición *f.* transition

transmarino/a *adj.* overseas

transparencia transparency

transporte *m.* transportation; **medio** (*sing.*) **de transporte** means of transportation (7)

tranvía *m.* trolley (7)

tras *prep.* after, behind

trasladar to move

tratado *n.* treaty

tratamiento treatment

tratar to treat, deal with; **tratar de** + *infin.* to try to (*do something*); **tratar de** + *noun* to deal with + *noun*; **tratarse de** to be a question of, be about

trato agreement; treatment

través: **a través de** through, by means of, across

trece thirteen

treinta thirty

tren *m.* train; **estación** (*f.*) **del tren** train station (7); **por tren** by train

tres three

trescientos/as three hundred

tribu *f.* tribe

tributo tribute

trigo wheat

trimestre *m.* trimester, quarter (*school*)

triste *adj. m., f.* sad

tristeza sadness

trono throne

tropa troop

trozo piece, chunk

truco trick; device

tu *poss.* your (*fam. sing.*) (P)

tú *sub. pron.* you (*fam. sing.*)

tubo tube

tumba tomb, grave

tungsteno tungsten

turbio/a murky

turista *n. m., f.* tourist

turístico/a *adj.* tourist

turno turn; **hacer** (*irreg.*) **turnos** to take turns

tuteo *use of the* **tú** (*fam.*) *form of address*

tuyo/a *poss.* your, of yours (*fam. sing.*); yours (*fam. sing.*) (4)

U

u or (*used instead of* **o** *before words beginning with* **o** *or* **ho**)

últimamente lately

último/a last; latest; **la última vez** the last time; **por último** finally

umbral *m.* threshold

un, uno/a *indefinite article* a, an; one; **unos/as** some; **cada uno/a** each one

único/a only; unique; **hijo/a único/a** only child

unidad *f.* unit

unido/a close, close-knit (2); united; attached; **Estados Unidos** United States

uniforme *m.* uniform

unión *f.* union; **Unión** (*f.*) **Soviética** Soviet Union

unir to join, unite; **unirse** to join together

universidad *f.* university

universitario/a of or pertaining to a university

usar to use; to wear; **¿qué talla usa?** what size do you wear?

uso use

usted (Ud.) *sub. pron.* you (*form. sing.*); *obj. of prep.* you (*form. sing.*)

ustedes (Uds.) *sub. pron.* you (*form. pl.*); *obj. of prep.* you (*form. pl.*)

utensilio utensil

útil *adj. m., f.* useful

utilizar (c) to utilize, use

uva grape (5)

V

vacaciones *f. pl.* vacation; **estar** (*irreg.*) **de vacaciones** to be on vacation; **ir** (*irreg.*)/**salir** (*irreg.*) **de vacaciones** to go on vacation

vacilar to hesitate

vacío/a empty

Valentín: **Día** (*m.*) **de San Valentín** Saint Valentine's Day (14)

valer *irreg.* to be worth; to cost; **más vale** + *infin.* it is better to (*do something*)

valiente *adj. m., f.* brave

valor *m.* value

vamos a + *infin.* let's (*do something*) (1)

vanidad *f.* vanity

vapor *m.* steam; **al vapor** steamed (5)

vaporoso/a misty; light, ethereal

vaquero/a cowboy, cowgirl

variar (varío) to vary

variedad *f.* variety

varios/as *pl.* several, various

vasco/a *n., adj.* Basque

vascuence *m.* Basque (*language*)

¡vaya! well! there!

vecindad *f.* neighborhood

vecino/a *n.* neighbor; *adj.* neighboring

vedado/a prohibited; forbidden

vegetación *f.* vegetation

vegetal *adj. m., f.* vegetable; plant

vegeteriano/a *n., adj.* vegetarian

veinte twenty

veinticinco twenty-five

veinticuatro twenty-four

veintidós twenty-two

veintinueve twenty-nine

veintiocho twenty-eight

veintiséis twenty-six

veintisiete twenty-seven

veintitrés twenty-three

veintiún, veintiuno/a twenty-one

vejez *f.* old age (12)

vela candle

velo veil

vena vein

vendedor(a) salesman, saleswoman (3)

vender to sell (6)

Venecia Venice

venenoso/a poisonous

veneración *f.* veneration

venezolano/a *n., adj.* Venezuelan

vengador(a) avenger

venir *irreg.* to come (1); **venir a** + *infin.* to come to (*do something*)

venta sale (9); **en venta** for sale

ventaja advantage

ventana window (P)

ventanal *m.* large window

ventilador *m.* fan (4)

ver *irreg.* (*p.p.* **visto/a**) to see (1); to watch; **tener** (*irreg.*) **que ver con** to have to do with; **ver la televisión** to watch television; **ver una película** to see a movie (13); **verse** to look, appear

verano summer

veras: **¿de veras?** really?

verbal *adj. m., f.* verb (*gram.*)

verbo verb

verdad *f.*: **¿verdad?** right?, isn't it?

verdadero/a true, truthful

verde green (P); **chile** (*m.*) **verde** green pepper

verdor *m.* greenness

verdugo executioner; torturer

verdulería vegetable store (9)

verdura (green) vegetable (5)

vergüenza shame, embarrassment; **tener** (*irreg.*) **vergüenza** to be embarrassed, ashamed (6)

verificar (qu) to check
versión *f.* version
verso line (*poem*)
vestido *n.* dress, garment
vestir (i, i) to dress; **vestirse** to get dressed (1)
veterinario/a veterinarian (3)
vez *f.* (*pl.* **veces**) time; **a la vez** at the same time; **a veces** sometimes; **alguna vez** sometime, ever; **algunas veces** sometimes; **cada vez que** whenever, every time that; **de vez en cuando** from time to time (P); **en vez de** instead of; **la última vez** the last time; **muchas veces** many times (6); **otra vez** again; **por primera vez** for the first time; **tal vez** perhaps; **una vez** once; **...veces a la / por semana** . . . times a week
viajar to travel (7)
viaje *m.* trip; **agencia de viajes** travel agency; **estar** (*irreg.*) **de viaje** to be on a trip; **hacer** (*irreg.*) **un viaje** to take a trip; **viaje de negocios** business trip
viajero/a *n.* traveler (7); **cheque** (*m.*) **de viajero** traveler's check
víbora viper
vicio vice, bad habit
víctima *m., f.* victim
victoria victory
vida life
vídeo video; **sacar (qu) vídeos** to take videos (13)
vidrio glass
viejo/a *n.* old person; *adj.* old (P); **Noche** (*f.*) **Vieja** New Year's Eve (14)
viento wind; **molino de viento** windmill
vientre *m.* womb

viernes *m. inv.* Friday
vigencia: perder (ie) vigencia to go out of use/practice
vigor *m.* vigor, force
villancico Christmas carol
vinculado/a linked
vino wine; **vino (tinto, blanco)** (red, white) wine (5)
violar to violate
violencia violence
violín *m.* violin
Virgen *f.* Virgin (Mary)
virreinato viceroyalty
visado *n.* visa
visión *f.* vision
visita visit; **de visita** visiting
visitar to visit (1); **visitar un museo** to visit a museum (13)
vista view; **punto de vista** point of view
vistazo: echar un vistazo to glance at, take a look at
vitamina vitamin
viudo/a: es viudo/a he/she is a widower/widow (2)
vívido/a vivid
vivienda dwelling, housing
vivir to live (P)
vivo/a alive; **está vivo/a** he/she is alive (2); **ser** (*n. m.*) **vivo** living creature
vocabulario vocabulary
volar (ue) to fly
volcán *m.* volcano
vólibol *m.* volleyball (13)
voluntario/a *n.* volunteer; *adj.* voluntary
volver (ue) (*p.p.* **vuelto/a**) to return (*to a place*), to come back; to turn (around);

volver a + *infin.* to (*do something*) again; **volverse** to become, turn into
vos *sub. pron.* you (*fam. sing., Argentina, Guatemala, etc.*); *obj. of prep.* you (*fam. sing.*)
voseo *use of the* **vos** *form of address*
vosotros/as *sub. pron.* you (*fam. pl., Sp.*); *obj. of prep.* you (*fam. pl., Sp.*)
votar to vote (11)
voto vote
voz *f.* (*pl.* **voces**) voice; **en voz alta** aloud; **voz pasiva** passive voice
vuelo flight; **asistente** (*m., f.*) **de vuelo** flight attendant
vuestro/a *poss.* your, of yours (*fam. pl., Sp.*) (P); yours (*fam. pl., Sp.*) (4)
vulgar *adj. m., f.*: **latín** (*m.*) **vulgar** popular or spoken Latin

Y

y and; plus
ya already; now; **ya murió** he/she already died (2); **ya no** no longer; **ya que** *conj.* since, because
yema del dedo fingertip
yerno son-in-law
yo *sub. pron.* I
yogur *m.* yogurt (5)

Z

zanahoria carrot (5)
zapatería shoe store (9)
zapato shoe
¡zas! bang!
zona zone
zorro/a fox

Índice

Sobre la autora

Cynthia (Cindy) B. Medina received her B.S. and M.A. in Spanish at The Pennsylvania State University. She continued her studies there, earning an M.Ed. in Counselor Education and a Ph.D. in Curriculum and Instruction, with an emphasis in Bilingual Education. A native of Pennsylvania, Dr. Medina has also lived in Argentina, Ecuador, Panama, and Mexico. Since 1986, she has taught Spanish at York College of Pennsylvania at all levels, from beginning to advanced. She currently serves as foreign language coordinator at York. She has also written numerous articles and reviews and has presented workshops on developing oral and written skills in Spanish. *Nuevos Destinos* is her first book.

NOTAS

NOTAS

NOTAS

NOTAS

NOTAS

NOTAS

NOTAS

NOTAS

NOTAS